Berichte des German Chapter
of the ACM                 51

Thomas Herrmann /
Katharina Just-Hahn (Hrsg.)

Groupware und organisatorische
Innovation
D-CSCW '98

# Berichte des German Chapter of the ACM

Im Auftrag des German Chapter
of the ACM herausgegeben durch den Vorstand

Chairman
Wolf-Rüdiger Gawron, BMW AG, Petuelring 130, 80788 München

Vice Chairman
Prof. Dr. Günter Riedewald, Universität Rostock, Einsteinstraße 21,
18052 Rostock

Treasurer
Eckhard Jaus, CSC Ploenzke Consulting GmbH, Zettachring 2,
70567 Stuttgart

Secretary
Roland Dürre, Interface Connection GmbH, Leipziger Straße 16,
82008 Unterhaching

**Band 51**

Die Reihe dient der schnellen und weiten Verbreitung neuer, für die Praxis relevanter Entwicklungen in der Informatik. Hierbei sollen alle Gebiete der Informatik sowie ihre Anwendungen angemessen berücksichtigt werden.

Bevorzugt werden in dieser Reihe die Tagungsberichte der vom German Chapter allein oder gemeinsam mit anderen Gesellschaften veranstalteten Tagungen veröffentlicht. Darüber hinaus sollen wichtige Forschungs- und Übersichtsberichte in dieser Reihe aufgenommen werden.

Aktualität und Qualität sind entscheidend für die Veröffentlichung. Die Herausgeber nehmen Manuskripte in deutscher und englischer Sprache entgegen.

# Groupware und organisatorische Innovation

Tagungsband der Deutschen Fachtagung zu
Computer Supported Cooperative Work

Herausgegeben von

Prof. Dr.-Ing. Thomas Herrmann und
Dipl.-Inform. Katharina Just-Hahn
Fachgebiet Informatik und Gesellschaft
Fachbereich Informatik der Universität Dortmund

B.G.Teubner Stuttgart · Leipzig 1998

Die Deutsche Bibliothek – CIP-Einheitsaufnahme

**Groupware und organisatorische Innovation :** Tagungsband der
Deutschen Fachtagung zu Computer Supported Cooperative Work /
hrsg. von Thomas Herrmann und Katharina Just-Hahn. –
Stuttgart ; Leipzig : Teubner, 1998
  (Berichte des German Chapter of the ACM ; Bd. 51)

ISBN-13: 978-3-519-02692-1        e-ISBN-13: 978-3-322-80105-0
DOI: 10.1007/978-3-322-80105-0

Das Werk einschließlich aller seiner Teile ist urheberrechtlich geschützt. Jede Verwertung
außerhalb der engen Grenzen des Urheberrechtsgesetzes ist ohne Zustimmung des Verlages
unzulässig und strafbar. Das gilt besonders für Vervielfältigungen, Übersetzungen, Mikroverfil-
mungen und die Einspeicherung und Verarbeitung in elektronischen Systemen.

© 1998 B. G. Teubner Stuttgart · Leipzig

# Vorwort

Die Deutsche Tagung zu Computer Supported Cooperative Work (D-CSCW 98) verfolgt in 1998 im wesentlichen zwei Ziele:

- Die Wechselwirkung zwischen organisatorischer Innovation und den Potentialen Computergestützter Gruppenarbeit soll beleuchtet werden.
- Die Verschränkung von Praxis und Wissenschaft.

Die Forschung zu CSCW befaßt sich mit der Frage, wie sich Kommunikation, Kooperation und Koordination durch Computersysteme geeignet unterstützen läßt. Die hierzu benötigte Software wird auch als Groupware bezeichnet. CSCW ist ein interdisziplinäres Gebiet. Es sind nicht nur Erkenntnisse aus der Sicht der Informatik gefordert, sondern auch aus der Perspektive solcher Disziplinen, die sich mit den Eigenschaften von Menschen und Gruppen befassen, die sich mit Organisationsanalyse und –gestaltung auseinandersetzen oder auch soziale, betriebswirtschaftliche, rechtliche und andere Kriterien berücksichtigen.

Während in der Forschung bereits weitgehende Konzepte entwickelt werden, die die drei Aspekte Kommunikation, Kooperation und Koordination gemeinsam unterstützen, überwiegen in der Praxis eher noch einfache Arten der Softwareunterstützung (zum Beispiel E-Mail). Obwohl die raum- und zeitübergreifende Kooperation innerhalb und zwischen Betrieben in wirtschaftlicher und sozialer Hinsicht immer bedeutsamer wird, besteht bei vielen Unternehmen weiterhin eine relative Zurückhaltung hinsichtlich der Einführung von Groupware. Wesentliche Gründe hierfür sehen wir in den organisatorischen und qualifikatorischen Hürden, die vor einer solchen Einführung zu überwinden sind. Aus diesem Grund befaßt sich die D-CSCW'98 mit den Wechselwirkungen zwischen organisatorischer Innovation und den Potentialen computergestützter Gruppenarbeit. Von Interesse ist dabei einerseits, welche Eigenschaften Groupware-Systeme haben sollten, um organisatorische Innovation zu unterstützen. Dabei ist es Aufgabe der CSCW-Forschung, Konzepte zu entwickeln, die den organisatorischen Erfordernissen angemessen sind und Koordinationsaufgaben unterstützen sowie flexibel an sich ändernde Bedingungen anpaßbar sind. Andererseits ist es relevant, die organisatorischen Maßnahmen und Veränderungspotentiale auszuloten, ohne die die Einführung von Groupware nicht gelingen kann. Unter beiden Perspektiven sind zum Beispiel die Wechselwirkung zwischen organisatorischem Lernen und Technikeinsatz und die Unterstützung kontinuierlicher Verbesserungsprozesse zu sehen. Bei der Analyse all dieser Gesichtspunkte ist darüber hinaus zu beachten, daß Groupware zunehmend mit anderen technischen Entwicklungslinien gekoppelt wird, wie etwa dem WorldWideWeb oder Virtual Reality.

Insgesamt wurden 50 Beiträge für die Tagung eingereicht. Davon wurden 18 wissenschaftliche Papiere und 5 Praxisberichte nach einem Reviewverfahren mit jeweils drei oder mehr Gutachtern angenommen. Die wissenschaftlichen Einreichungen wurden gemäß der üblichen Kriterien bewertet. Bei den Praxisberichten wurde im wesentlichen darauf Wert gelegt, daß die Einführung einer Groupware konkret beschrieben wird und die dabei gewonnen Erfahrungen möglichst detailreich und nachvollziehbar vermittelt werden. Die Praxisberichte sind zum Teil auch im Rahmen wissenschaftlicher Arbeit entstanden, verfolgen aber eher das Ziel eines Erfahrungsberichtes als einer wissenschaftlichen Analyse.

Der dritte Teil dieses Bandes gibt einen Überblick über die Workshops, die im Rahmen der D-CSCW'98 durchgeführt werden. Auch hier gibt es drei eher wissenschaftliche und drei mehr praxisorientierte Veranstaltungen. Im vierten Teil werden die präsentierten Poster kurz dargestellt.

In den vier Teilen des Tagungsbandes wird CSCW unter verschiedenen inhaltlichen Perspektiven angesprochen:

Eine wesentliche Sichtweise befaßt sich mit der Frage wie Groupware Kommunikation am gleichen Ort und zur gleichen Zeit unterstützen kann. Hierzu stellt eine wissenschaftliche Untersuchung und ein Praxisbericht dar, wie sich Sitzungsunterstützung in der Politik bewährt.

Eng mit der Frage der Ablauforganisation ist das Konzept der Workflow-Management-Systeme verbunden. Während die meisten Groupware-Anwendungen davon ausgehen, daß die Benutzer ihre Zusammenarbeit selbst koordinieren, wird bei Workflow-Anwendungen ein Teil der Koordination vorprogrammiert. Wichtige Themenfelder sind in diesem Zusammenhang die Anpaßbarkeit, kontinuierliche Verbesserung, Nachvollziehbarkeit und Arbeitsverteilung.

Ferner befaßt sich die Konferenz mit der Unterstützung der Telekooptertation wobei insbesondere das WorldWideWeb und Videoconferencing als Unterstützungsmöglichkeiten betrachtet werden. Eine wichtige Voraussetzung zum Gelingen von Kooperation ist die Nachvollziehbarkeit der Aktivitäten der Kooperationspartner. Hierzu werden Konzepte dargestellt, die Awareness und Transparenz ermöglichen.

Die Gestaltung von CSCW-Systemen sollte sinnvoller Weise von den Grundeigenschaften menschlicher Zusammenarbeit und Verhaltensmuster in Gruppen ausgehen. Die Auseinandersetzung mit solchen Grundlagen erfolgt mit Hinblick auf Rollenkonzepte, Behavior-Settings, die Bildung von Communities und die Eigenschaften von Kooperation.

Ein wichtiger Teil der deutschen CSCW-Forschung befaßt sich mit der Unterstützung der Kooperation zwischen Bonn und Berlin. Hierzu werden in diesem Band aktuelle Erfahrungen zusammengefaßt und Empfehlungen abgeleitet. Ein weiterer, zukunftsträchtiger Aspekt ist die Integration von kooperationsunterstützender Soft- und Hardware in die räumliche, architektonische Umgebung, die entsprechend zu gestalten ist. Auch hierzu werden eine empirische Untersuchung und Anwendungsbeispiele dargestellt.

Ein Teil der bis hierher genannten Themen wird in den Workshops der Tagung vertieft. Weitere Workshops befassen sich mit „Intelligent Agents in CSCW", normative und soziale Aspekte werden unter dem Titel „Computerunterstützte Kooperation aus Arbeitnehmersicht" behandelt.

Vorwort 7

Die D-CSCW wird alle zwei Jahre durchgeführt und in 1998 zum vierten Mal wiederholt. Sie wird gemeinsam vom German Chapter of the ACM e.V. und der Gesellschaft für Informatik (GI) e.V. getragen. Seitens der GI wurde zu diesem Zweck eine Kooperation des Fachausschuss 2.3 "Ergonomie in der Informatik" und der Fachgruppe 5.5.1 "CSCW in Organisationen" etabliert.

Dieser Tagungsband sowie die durch ihn dokumentierte Konferenz hätten nicht ohne das Engagement und die Unterstützung durch zahlreiche Personen zu Stande kommen können, denen mein besonderer Dank gilt. Mit Nachdruck möchte ich mich für die Übernahme der organisatorischen Arbeit bei der Mitherausgeberin, Frau Katharina Just-Hahn, bedanken. Besonderer Dank richtet sich auch an Prof. Friedrich und Prof. Krcmar für die Betreuung des Diplomanden- und Doktoranden-Workshops, an Prof. Unland für die Organisation der Postersession und an Herrn Stephan Wacker für die Durchführung der Textgestaltung. Schließlich möchte ich mich für die Mitarbeit des Programmkomitees bedanken, das sich aus folgenden Mitgliedern zusammensetzt:

J. Friedrich, Univ. Bremen
M. Jarke, RWTH Aachen
K. Klöckner, GMD-FIT, St. Augustin
H. Luczak, RWTH Aachen
U. Pankoke-Babatz, GMD-FIT, St. Augustin
R. Reichwald, TU München
G. Schwabe, Univ. Hohenheim
N. Streitz, GMD-IPSI, Darmstadt
St. Uellner, Deutsche Telekom, Darmstadt
I. Wagner, TU Wien
J. Ziegler, Fraunhofer IAO, Stuttgart

P. Gorny, Univ. Oldenburg
K. Just-Hahn, Univ. Dortmund
H. Krcmar, Univ. Hohenheim
H. Oberquelle, Univ. Hamburg
W. Prinz, GMD-FIT, St. Augustin
K. Sandkuhl, Fraunhofer ISST, Berlin
J. Schweitzer, STZ, Saarbrücken
B. Sucrow, Univ. Essen
R. Unland, Univ. Essen
V. Wulf, Univ. Bonn

Dortmund, im September 1998

Thomas Herrmann

Universität Dortmund
Informatik & Gesellschaft
FB Informatik Lehrstuhl VI
D - 44221 Dortmund
Tel.: (0231) 755 - 2779
Fax: (0231) 755 - 2405
Email: herrmann@iug.informatik.uni-dortmund.de
http://iundg.informatik.uni-dortmund.de/

# Inhaltsübersicht

**Vorwort** ............................................................................................................. 5

## Eingeladener Vortrag

*J. Grudin*
    Virtual Collocation: Field Studies and Critical Choices ........................... 15

## Teil I: Wissenschaftliche Beiträge

*F. Fuchs-Kittowski, K. Fuchs-Kittowski, K. Sandkuhl*
    Synchrone Telekooperation als Baustein für virtuelle
    Unternehmen: Schlußfolgerungen aus einer empirischen
    Untersuchung .................................................................................................. 19

*T. Gross*
    CSCW3: Transparenz- und Kooperationsunterstützung für das
    WWW ................................................................................................................ 37

*G. Gryczan, A. Krabbel, I. Wetzel, H. Züllighoven*
    Implizite und explizite Kooperationsmodelle ........................................... 51

*F. Habermann, C. Wargitsch*
    IMPACT: Workflow-Management-System als Instrument zur
    koordinierten Prozeßverbesserung .............................................................. 65

*J. Hagemeyer, R. Rolles, Y. Schmidt*
    Defizite der Arbeitsverteilung in Workflow-Management-
    Systemen: Eine kritische Analyse ............................................................... 79

*C. Kumbruck*
    Wider ein positiv konnotiertes Kooperationskonzept ............................... 95

*F. Meyer*
    Customer Interaction Management - Strukturierter Umgang mit
    Kundenanfragen ............................................................................................ 111

U. Pankoke-Babatz
  Elektronische Behavior-Settings für CSCW .......................................... 125

W. Prinz
  Erfahrungen und Empfehlungen aus dem Designprozeß einer
  evolutionären Groupware-Entwicklung.................................................. 139

J. Roth, C. Unger
  „DreamTeam" - a platform for synchronous collaborative
  applications ........................................................................................... 153

G. Schwabe, H. Krcmar
  Sitzungsunterstützung für die Politik..................................................... 167

M. Sohlenkamp, W. Prinz, L. Fuchs
  POLIAwac - Design und Evaluation des
  POLITeam Awareness-Client ................................................................ 181

G. Stahl
  Collaborative Information Environments for Innovative
  Communities of Practice........................................................................ 195

J. K. Stief, J. Frand
  Role Approach for the Amplification of Individual and Higher
  Levels of Intelligence ............................................................................ 211

O. Stiemerling
  Komponentenbasierte Anpaßbarkeit von Groupware............................ 225

N. Streitz, P. Rexroth, T. Holmer
  Anforderungen an interaktive Kooperationslandschaften für
  kreatives Arbeiten und erste Realisierungen ......................................... 237

D. Wagner, G. Schneider, J. Schweitzer
  TeamInformer – ein System zum automatischen Briefing und De-
  Briefing von Konferenzteilnehmern für in Workflows integrierte
  multimediale Audio/Video Desktopkonferenzen................................... 251

T. Walter
  Visualisierungsmethoden bei Workflow-Management
  – Prototyping und Showcases – ............................................................. 265

## Teil II: Praxisberichte

A. Böhm, M. Huwer, W. Oberndorfer, R. Schmitz, S. Uellner
  Teleseminare über ISDN-basierte Videokonferenzsysteme ................... 283

A. Engel, S. Kaiser, A. Mayer
   Erfahrungen mit der organisationsübergreifenden Einführung von
   Teamarbeitsräumen .................................................................................. 297

T. Goesmann, K. Krämer, T. Löffeler, R. Striemer
   Prototyping bei Workflow-Projekten: Entwicklung und Einführung
   einer Workflow-Management-Anwendung bei der DHL
   Worldwide Express GmbH ..................................................................... 311

A. Majer, G. Schwabe
   Einführung von Telekooperation in der Landeshauptstadt Stuttgart ....... 319

G. Partsch, A. Specker, M. Weber
   Ein WWW-basiertes CSCW-System zur Optimierung der
   Bauplanung, Bauausführung und des Facility Managements ................. 331

## Teil III: Workshops

W. Deiters, Y. Schmidt, R. Striemer
   Erfahrungen mit der Entwicklung und Einführung von Workflow-
   Management-Anwendungen: Herausforderungen in der Praxis ............. 339

H. J. Müller, C. Branki, B. Lees
   Intelligent Agents in CSCW ................................................................... 341

U. Pankoke-Babatz, W. Prinz
   Von Groupware zu GroupAware .............................................................. 343

M. Rittenbruch, V. Wulf, B. Busch, U. Buchholz
   Computerunterstützte Kooperation aus Arbeitnehmersicht ..................... 345

R. Siebert, M. Weske
   Flexibilität und Kooperation in Workflow-Management-Systemen ....... 347

S. Wiedenmaier, C. Schlick, M. Wolf
   Flexible Kooperation durch computergestützte Teamarbeit ................... 349

## Teil IV: Poster

S. Abeck, C. Mayerl
   Kooperative Managementwerkzeuge für den effizienten Betrieb
   von vernetzten Systemen ......................................................................... 353

M. Becht, J. Klarmann, M. Muscholl
   Modellierung von flexiblen Kooperationsprozessen mit
   aktionsspezifischen Rollen ...................................................................... 354

D. Herbst, R. Hunecke
   Promotoren für die Einführung von Telekooperation................ 355

M. Hesselmann, C. Mittasch
   BPAFrame - ein Business Objekt-basiertes WfMS................ 356

T. Holmer, Norbert Streitz
   „Spuren" in vernetzten Dokumenten als Datenquelle für die
   Analyse computer-unterstützter Gruppenaktivitäten................ 357

R. Hunecke, D. Herbst
   CSCW als Innovationskonzept für die Produktentwicklung.......... 358

M. Koch, G. Teege
   Kombination zweier Kompositionsansätze für anpaßbare
   Groupware................ 359

M. Marin, I. Hamburg, C. Jambor
   Integrierte computergestützte Umgebungen für kooperative Entwicklungsprozesse im Maschinenbau................ 360

C. Musatescu, I. Hamburg, D. Burdescu
   Ein Softwarewerkzeug für Multicast-Kommunikation im Rahmen
   neuer Formen der Kooperation................ 361

B. Ondrackova, S. Schlaeger, J. Zülch
   Kreativität und Problemlösen in virtuellen Arbeitsgruppen.......... 362

S. Stumpf
   Entwicklung und Einsatz von Groupware aus der Perspektive
   sozial- und organisationspsychologischer Modelle zur
   Gruppeneffektivität................ 363

**Autorenverzeichnis................365**

# Eingeladener Vortrag

# Virtual Collocation: Field Studies and Critical Choices

Jonathan Grudin

Information and Computer Science, University of California, Irvine, USA

## Abstract

There is general agreement that new technologies make possible the rising focus on mergers, globalization, and widely distributed activity. However, only slowly are technologies more complex than telephone, fax, and email coming to play a role in supporting virtual collocation. I have been studying successful (and some less successful) deployments of such technologies and will report on some emerging patterns.

Early designers of group support applications hoped that their technologies could be adopted group by group, much as individual productivity tools were often adopted person by person. And some are. One example is a 3-D visualization tool running on high-end Silicon Graphics computers, used by design teams separated by hundreds of kilometers to examine extremely complex CAD models' together in real time. However, for various reasons, groupware adoption often requires the software to be available throughout an organization. Thus, desktop conferencing applications have been on the market for well over a decade, but significant reports of success only followed the appearance of NetMeeting, free software for the most common platform (and appearing on other platforms as well).

I will report on studies of these and other technologies in use. One pattern that emerges is the significance of a person's structure of activities in the way they react to and use a technology. In fact, it is probably misleading to think of even relatively simple software such as desktop conferencing or shared calendars as "an application" – as used by different people, the software is really a set of applications. The good news is that many people in an organization share activity patterns, primarily based on role, leaving those concerned with design, acquisition, support, or use a tractable task that may be approached systematically.

Another pattern that emerges from studies of virtual collocation is the extreme difficulty of understanding what is being perceived at a remote site. Misunderstandings and misperceptions are fostered in subtle ways. Fundamental forces are at work – ethnographers have shown that much activity is very contextually determined, local. To work effectively with remote participants, we need to convey as much of that context as possible to people at a distance. Because groups are not clearly-defined and change over time, the set of people to whom this context must be made available is potentially large, ill-defined.

Together these suggest that greater efficiency results from making a great deal of our local activity visible remotely to a large potential audience. This creates technical challenges – how to deliver that information effectively – and social challenges – how to maintain privacy and a desired level of control of personal information. These conflict, and I am seeking evidence that they can be reconciled.

# Teil I:

# Wissenschaftliche Beiträge

Th. Herrmann; K. Just-Hahn (Hrsg.): Groupware und organisatorische Innovation (D-CSCW'98).
Stuttgart: B. G. Teubner 1998, S. 19-36

# Synchrone Telekooperation als Baustein für virtuelle Unternehmen: Schlußfolgerungen aus einer empirischen Untersuchung

Frank Fuchs-Kittowski[1], Klaus Fuchs-Kittowski[2] und Kurt Sandkuhl[1]

[1] Fraunhofer-Institut für Software- und Systemtechnik ISST, Berlin
[2] Fachbereich Informatik, Universität Hamburg

## Zusammenfassung

Immer mehr Unternehmen setzen Telekooperationssysteme (mit Video-, Audio- und Application Sharing-Funktionalität) zur Kosteneinsparung und Beschleunigung ihrer Prozesse ein. Telekooperationssystemen werden aber auch durch die Auflösung der Restriktionen von Raum und Zeit Möglichkeiten zur Virtualisierung von Arbeitsplätzen, Projektteams, Unternehmenseinheiten oder gar ganzen Unternehmen zugesprochen. Doch wie eine Untersuchung in 18 großen deutschen Unternehmen zeigt, werden die Potentiale der Telekooperation für virtuelle Arbeits- und Organisationsformen derzeit nur unzureichend genutzt und bereiten in der praktischen Umsetzung häufig große Schwierigkeiten. In diesem Beitrag werden wesentliche Ergebnisse dieser empirischen Untersuchung dargestellt. Dies sind Erkenntnisse über die Stufen des Einsatzes und den derzeitigen Einsatzgrad von Telekooperationssystemen in Unternehmen. Aus den Ergebnissen der Untersuchung werden Schlußfolgerungen für die Gestaltung virtueller Unternehmen auf der Grundlage des Denkmodells der lebendigen, kreativ-lernenden Organisation gezogen.

# 1 Einleitung

Vor dem Hintergrund der zunehmenden Globalisierung der Märkte und Dezentralisierung von Unternehmen bieten Informations- und Kommunikationstechnologien im allgemeinen und Telekooperationssysteme im speziellen die Möglichkeit, die Kommunikations- und Kooperationsstrukturen neu zu gestalten ([11], [17]).

Telekooperation eröffnet aufgrund der Auflösung zeitlicher und örtlicher Restriktionen Möglichkeiten einer stärkeren internationalen und zwischenbetrieblichen Zusammenarbeit, die Grundlage für die Entwicklung virtueller Produkte und *virtueller Unternehmen* ist [2]. Damit ist die auf den Kunden gerichtete, maßgeschneiderte, industrielle Produktion möglich, wie sie früher nur das Handwerk zu leisten vermochte.

Während die erste industrielle Revolution in der Konzentration der Arbeit und der Arbeitnehmer in den großen Städten bestand, erfolgt jetzt durch die relative Unabhängigkeit der Arbeit von *Raum* und *Zeit* die Umkehrung dieses ökonomisch wie sozial fundamentalen Prozesses (lokal wie international). Dies wird in seinen Auswirkungen noch gar nicht voll erfaßt und von den Unternehmen kaum gesehen bzw. noch ungenügend berücksichtigt.

Vielfach werden heute Kooperation und die Konzentration auf Kernkompetenzen als Strategien gesehen, um die Flexibilität und Effizienz der Unternehmen zu verbessern [1]. Mit Hilfe moderner Informations- und Kommunikationstechnologien, wie Telekooperationssystemen, können die Kernkompetenzen verschiedener Unternehmen oder Unternehmenseinheiten zu effizienten und flexiblen Netzwerken zusammengefaßt, der Kommunikations- und Koordinationsaufwand reduziert und eine dialogische Kommunikation statt einer tayloristischen Einwegkommunikation ermöglicht werden.

Empirische Untersuchungen zum Einsatz von Telekooperationssystemen in Unternehmen liegen kaum vor und konzentrieren sich auf Aspekte der Benutzerschnittstelle [9], der Aufgabenerfüllung [22], der Funktionalitäten [19] sowie technische Aspekte [12] von Telekooperationssystemen oder sind allgemeine Marktuntersuchungen [23].

Insbesondere [23] kam zu dem Ergebnis, daß die Telekooperation in Deutschland nur langsam voran kommt. Dies war der Ausgangspunkt für eine Untersuchung [4], mit dem Ziel, die Ursachen für diese Situation aufzudecken und dem entscheidenden Ergebnis, daß Telekooperation eine technologisch realisierbare und organisatorisch viel stärker zu nutzende Gestaltungsmöglichkeit für neue, insbesondere virtuelle Arbeits- und Organisationsformen ist [5].

In dieser Arbeit sollen nun weitergehende Schlußfolgerungen hinsichtlich der Nutzung des organisatorischen Innovationspotentials von Telekooperationssystemen für virtuelle Unternehmen gezogen werden. Dies sind vor allem die Darstellung der Möglichkeit und Notwendigkeit der Arbeits- und Organisationsgestaltung beim Einsatz von Telekooperationssystemen und die Entwicklung einer dafür notwendigen neuen Sicht - die lebendige, kreativ-lernende Organisation.

## 2 Untersuchung – Methodik und Ablauf

Die *Untersuchung* betrieblicher Anwendungen synchroner Telekooperationssysteme sollte Aufschluß über Stand, Probleme und Perspektiven des Einsatzes solcher Systeme geben, um auf dieser Grundlage Schlußfolgerungen hinsichtlich weiterer erforderlicher Schritte zur Nutzung der Potentiale von Telekooperationssystemen ziehen zu können.

Dabei wurde zwischen Raum- und Arbeitsplatzsystemen[1] unterschieden. *Raumsysteme*, zu denen feste Videokonferenzstudios sowie mobile Systeme (sog. Roll-Abouts) gezählt werden, ermöglichen die Zusammenarbeit von Gruppen und werden fast ausschließlich für Besprechungen und den Informationsaustausch eingesetzt. Unter *Arbeitsplatzsystemen* werden in Arbeitsplatzrechner integrierte Systeme verstanden. Sie werden für die Zusammenarbeit von einzelnen Personen eingesetzt. Dabei steht die synchrone Bearbeitung des gemeinsamen Materials während einer computergestützten Konferenz im Vordergrund.

Die Untersuchung wurde in Form einer *Befragung* in insgesamt 18 deutschen Großunternehmen unterschiedlicher Branchen durchgeführt. Es wurden die Unternehmen in die Untersuchung aufgenommen, die bereits Erfahrungen mit dem Einsatz von Telekooperationssystemen hatten. Der überwiegende Teil gehört der Automobil- und Chemiebranche sowie dem Versicherungs- und Finanzbereich an (Tabelle 1).

Zur *Erhebung der Daten* wurden zum einen semi-strukturierte *Interviews* mit den für die Einführung der Systeme und die Betreuung der Anwender verantwortlichen Personen geführt. Aufgrund der offenen Form der Fragen und des Interviews war es möglich, die Fragen dem jeweiligen Kontext besser anzupassen und die teilweise sehr unterschiedlichen Erfahrungen und dessen Gründe besser und tiefer zu erfassen, als dies mit einem stark strukturierten Interview bzw. Fragebogen möglich gewesen wäre. Zum anderen wurden von diesen Verantwortlichen *Fragebögen* an die direkten Nutzer verteilt. Die Form des einfachen und strukturierten Fragebogens wurde gewählt, um möglichst viele direkte Nutzer befragen zu können. Durch diese Vorgehensweise war es möglich, den Einsatz von Telekooperationssystemen aus zwei Blickwinkeln - dem der direkten Nutzer und dem des Unternehmens - zu untersuchen. Insgesamt wurden in 18 Unternehmen 25 zwei- bis fünfstündige Interviews geführt und 50 Fragebögen ausgefüllt (Tabelle 1).

---

[1] Synonym kann auch Gruppensysteme für Raumsysteme bzw. Einzelplatzsysteme für Arbeitsplatzsysteme verwendet werden.

| Nr. | Branche | Interviewte Unternehmen | Fragebögen Gesamt | Fragebögen Raumsysteme | Fragebögen Arbeitsplatzsysteme |
|---|---|---|---|---|---|
| 1. | Automobilbau | 3 | 9 | 6 | 3 |
| 2. | Banken | 4 | 10 | 8 | 2 |
| 3. | Bau | 1 | 2 | 1 | 1 |
| 4. | Chemie | 3 | 3 | 1 | 2 |
| 5. | Elektrotechnik | 1 | 13 | 1 | 12 |
| 6. | Energie | 1 | 1 | 1 | 0 |
| 7. | Konsum | 1 | 0 | 0 | 0 |
| 8. | Verkehr | 1 | 0 | 0 | 0 |
| 9. | Versicherung | 3 | 12 | 12 | 0 |
| Summe: | | 18 | 50 | 30 | 20 |

Tabelle 1: Verteilung der Befragten auf einzelne Branchen

Die *Auswertung der erhobenen Daten* erfolgte überwiegend *deskriptiv*, da die verfügbare Datenbasis relativ schmal war. Die *Interviews* wurden nach den Prinzipien der inhaltlichen Strukturierung ausgewertet. Dabei wurde zunächst das Material den einzelnen Fragestellungen zugeordnet. In der anschließenden Feinanalyse wurden durch das Suchen von Gemeinsamkeiten und Unterschieden typische Erscheinungen herausgearbeitet. Für die *Fragebögen* und teilweise auch für die Interviews erfolgte eine einfache quantitative Auswertung (z.B. Häufigkeitsverteilung).

## 3 Ergebnisse der Untersuchung

### 3.1 Entwicklung des Einsatzes von Telekooperationssystemen

Beim Einsatz von Telekooperationssystemen in den Unternehmen stehen meist zuerst die Einsparung von Kosten und die Beschleunigung von Prozessen und damit die Aufrechterhaltung der bestehenden Organisationsform mit einer weitgehenden Arbeitsteilung auch über räumliche Grenzen hinweg im Vordergrund. Erst mit der Nutzung werden Potentiale gesehen, auch die Prozesse und Strukturen neu zu überdenken bzw. zu gestalten.

*Stufe 0: Vor der Einführung von Telekooperationssystemen (ohne Telekooperation)*

Vor der Einführung von Telekooperationssystemen waren Kommunikation und Kooperation über verteilte Standorte aufwendige Prozesse. Kooperationsbeziehungen zwischen verschiedenen Kooperationseinheiten existierten daher meist nur auf der Ebene der Entscheidungsträger. Für erforderliche Besprechungen (Probleme, Entscheidungen, Absprachen) waren in der Regel Dienstreisen notwendig. Gereist sind aber nur die bzw. der Entscheidungsträger, da zwischen ihnen der Kontakt bestand. Mitarbeiter unterer Hierarchieebenen waren nur an der Vorbereitung der Dienstreisen (Sammeln und Aufbereiten von Informationen) beteiligt und wurden hinterher über die Ergebnisse informiert.

Dabei entsteht zum einen das Problem, daß bei speziellen Fachfragen keine *Rückfragen* an die entsprechenden Spezialisten möglich sind. Eine Entscheidung muß dann entweder ohne dieses Wissen getroffen werden, oder eine weitere Dienstreise wird erforderlich. Zum anderen besteht das Problem der *langen Informationswege*. Diese führen zu Zeitverlusten durch das Sammeln, Aufbereiten und Verteilen von Informationen. Noch schwerer wiegt das Problem, daß mit jeder Weitergabe die *Informationen gefiltert* werden und dadurch Informationsverluste entstehen.

*Stufe 1: Telekooperation auf Führungs- und Entscheidungsebene*

Erster Anwender von Telekooperationssystemen war die obere Führungsebene (Manager). Es wurden überwiegend Gruppensysteme bzw. Raumsysteme in Form von festen Videokonferenzstudios eingesetzt. Primäres Einsatzziel war die *Reduktion des Kommunikationsaufwandes (Dienstreisen)*, d.h. die Verringerung der für das Zustandekommen der Kommunikation erforderlichen Zeit und Kosten, da man nicht mehr an einem Ort zusammenkommen mußte. Die Probleme der Rückfragen, der langen Informationswege und der Informationsfilterung bestanden aber immer noch.

Beispiel: Die Deutsche Bahn AG hat nach dem Zusammenschluß von Bundesbahn und Reichsbahn Berlin zu ihrem Hauptsitz gewählt. Da ein Großteil der oberen Führungskräfte immer noch am alten Hauptsitz der Bundesbahn Frankfurt/M. lebt und arbeitet, wurden zur Reduktion des Kommunikationsaufwandes Videokonferenzstudios in Berlin und Frankfurt eingerichtet.

*Stufe 2: Telekooperation zwischen Gruppen bzw. über mehrere Standorte*

In einigen Unternehmen wurde dann erkannt, daß eine Videokonferenz auch die Einbeziehung eines *größeren Personenkreises* und mehrerer Standorte erlaubt. Die Kooperationsbeziehung besteht nun nicht nur auf der Ebene der Entscheidungsträger, sondern durch die Einbeziehung unterer Ebenen zwischen mehreren Gruppen einschließlich Führungskräften, Spezialisten und Fachkräften. Auch hier wurden aufgrund des größeren Personenkreises meist Gruppensysteme in Form von Studios oder mobilen Systemen

(Roll-Abouts) eingesetzt. Zur Einbeziehung einzelner Personen an entfernten Standorten kamen aber auch Arbeitsplatzsysteme zum Einsatz.

Das Ziel des Einsatzes von Telekooperationssystemen auf dieser Stufe war eine weitere Beschleunigung der Prozesse in Form der Verkürzung der Kommunikationswege, des schnelleren Zugriffs auf das im Unternehmen vorhandene Wissen und der schnelleren Informationsverteilung.

Die Teilnahme eines größeren Personenkreises ermöglicht, daß alle zur Bewältigung der Aufgabe benötigten Personen beteiligt bzw. bei Bedarf einbezogen werden können. Durch die höhere Integration und Partizipation aller Beteiligten können mehr Ideen, Wissen und Meinungen eingebracht und damit mehr Aspekte der Aufgabe betrachtet werden. Ein schneller Zugriff auf im Unternehmen vorhandene Informationen sowie Rückfragen sind sofort möglich. Dabei können die Informationen direkt, ohne mehrmalige Informationsfilterung übermittelt werden. Das erfordert zwar einen höheren Kommunikationsaufwand, führt aber zu besseren Ergebnissen, höherer und breiterer Akzeptanz und Zufriedenheit mit den Ergebnissen und damit zu einer höheren Motivation und besseren Information der Mitarbeiter. Außerdem entfallen durch die eingesparte Zeit und den Wegfall von Koordinationsaufgaben, wie das Sammeln und Verteilen von Informationen, Tätigkeiten auf mittleren Managementebenen.

Beispiel: Durch die Umstrukturierung der Einkaufsorganisation des Volkswagen-Konzerns wickelt jede Gesellschaft (Volkswagen, Audi, Škoda etc.) ihren Einkauf nicht mehr einzeln ab. Vielmehr kooperieren die einzelnen Einkaufsbereiche der Gesellschaften bspw. bei der Auswahl von Zulieferern über mehrstündige, wöchentliche Videokonferenzen miteinander (Global Sourcing).

*Stufe 3: (Gruppenbasierte, virtuelle) Netzwerkorganisation durch Telekooperation*

Die Entwicklung der Stufe 2 (Einbeziehung eines größeren Personenkreises) sollte sich aber nicht nur auf die Beschaffung und Verteilung von Informationen beschränken. Ein weiterer Fortschritt wird mit der Erweiterung von Handlungs- und Entscheidungsspielräumen der einbezogenen Mitarbeiter der unteren Ebenen erreicht. Die Mitarbeiter unterer Ebenen kooperieren dann direkt miteinander. D.h. zur Zusammenarbeit zwischen verteilten Standorten muß nicht mehr der Umweg über die Hierarchieebenen gegangen werden. Dadurch entfallen vor allem auf der mittleren Führungsebene weitere Koordinationsaufgaben, was zu flacheren Hierarchien führt.

Der Einsatz von Telekooperationssystemen ist dabei nicht auf horizontale Kooperationsbeziehungen und Kooperationen zwischen Einzelpersonen beschränkt. Sie werden auch in vertikaler Richtung, d.h. auf und zwischen verschiedenen Hierarchieebenen, zur Kooperation zwischen Gruppen und Einzelpersonen eingesetzt. Je nach Anzahl der Kooperationspartner kommen sowohl Arbeitsplatz- als auch Gruppensysteme zum Einsatz[2]. Daraus ergibt sich eine netzwerkförmige Organisationsstruktur. Das Ziel einer solchen Netzorganisation durch Telekooperationssysteme besteht in einer höheren Flexibilität und Problemlösungsfähigkeit der Organisation.

Beispiel: Im Mercedes-Benz-Werk Bremen werden einzelne Leistungen des Leistungserstellungsprozesses, die nicht zum Kerngeschäft gehören, ausgelagert (Outsourcing). Bspw. wird das Kommissionieren von Waren (Verpacken von Teilen in Kisten, Verfrachten der Kisten in Bestimmungsländer) für den Complete-Knock-Down-Prozeß (Zerlegen ganzer Fahrzeuge in Einzelteile und Montage im Bestimmungsland) der Bremer Lagerhausgesellschaft überlassen. Die Kommunikation, Koordination und Kooperation mit solchen Dienstleistern erfolgt häufig über Telekooperationssysteme.

Die Entwicklung von Telekooperationen in Unternehmen steht noch am Anfang. Formen der letzten aufgeführten Stufe (virtuelles Netzwerk) sind noch sehr selten anzutreffen. Viel häufiger findet man dagegen Unternehmen, die Telekooperationen der Stufe 2 (größerer Personenkreis, mehrere Standorte) entwickelt haben.

## 3.2 Einsatzumfang, -gebiete und Anwender von Telekooperationssystemen

Telekooperationssysteme werden bisher nur in begrenztem Umfang eingesetzt. Dabei handelt es sich heute überwiegend um 'Stand-alone'-Systeme, die auf dem ISDN basieren. Systeme, die das Internet oder gar die Multicast-Technologie nutzen, wurden in den untersuchten Unternehmen bisher nicht eingesetzt.

Telekooperationssysteme werden überwiegend für die Unterstützung der internen Zusammenarbeit innerhalb eines Unternehmens eingesetzt. Dabei überwiegt der Einsatz innerhalb eines Unternehmensbereichs bzw. einer Abteilung. Die Kooperation zwischen Unternehmensbereichen eines Unternehmens oder gar verschiedener Unternehmen erfolgt eher selten über Telekooperationssysteme.

Während Raumsysteme vor allem auf oberen und mittleren Hierarchieebenen meist für explizite Kommunikation (Informationsaustausch) bereits gut genutzt werden, haben die Unternehmen bezüglich Arbeitsplatzsystemen, die überwiegend zur Kooperation (Bearbeiten von gemeinsamen Material bzw. Dokumenten) auf unteren Hierarchieebenen (Sachbearbeiter) eingesetzt werden, eine vorerst eher abwartende Haltung bezogen oder einen möglichen Einsatz gar verworfen.

---

[2] In der Regel werden auf höheren Hierarchieebenen Gruppensysteme und auf unteren Ebenen Einzelplatzsysteme eingesetzt.

Derzeit behindern vor allem die Kosten und die Qualität der Technik, die organisatorischen Strukturen, eine ungenügende Qualifikation der Mitarbeiter sowie eine mangelnde Bereitschaft der Mitarbeiter, sich auf neue Situationen einzustellen, eine weitere Nutzung und Verbreitung von Telekooperationssystemen – insbesondere der Arbeitsplatzsysteme. Ihnen wird aber bezüglich ihres Einsatzschwerpunktes, der Unterstützung der gemeinsamen Arbeit in Arbeitstreffen, für die Zukunft große Bedeutung beigemessen.

Um eine hohe Nutzung der Systeme zu erreichen, setzen die meisten Unternehmen auf die Schulung in Bedienung und Verhalten sowie die Information (Marketing, Vorführungen, Mentoren etc.) der Mitarbeiter. Teilweise werden ökonomische Restriktionen (z.B. Kürzung von Reisemitteln oder Personal) eingesetzt, um mit etwas Druck die Nutzung zu erhöhen. Eine Qualifizierung oder Beteiligung der Mitarbeiter für eine selbständige Verhaltensänderung oder eine selbständige Wahl des Arbeitsmittels wird von den wenigsten Unternehmen in Betracht gezogen.

## 3.3 Nutzen aus Sicht der Unternehmen

Während von den Herstellern überwiegend Kostenvorteile propagiert werden, sehen die Unternehmen derzeit den größten Nutzen in der möglichen Zeiteinsparung und der damit verbundenen Prozeßbeschleunigung durch den Einsatz von Telekooperationssystemen. Vorteile durch mögliche neue Arbeits- und Organisationsformen werden dagegen kaum gesehen.

Während die Nutzer von Arbeitsplatzsystemen als Nutzen vor allem eine höhere Produktivität (89%) und die Zeiteinsparung (72%) sehen, empfinden die Raumsystemanwender die Zeiteinsparung (90%) und die Kosteneinsparung (76%) als größte Vorteile. Ein hoher Nutzen wird von den Arbeitsplatzsystemnutzern aber auch in der Kosteneinsparung (61%) sowie in der verbesserten Zusammenarbeit (56%) gesehen. Eine geringere Bedeutung haben bei den Benutzern von Raumsystemen eine höhere Produktivität (45%) und eine verbesserte Zusammenarbeit (38%) durch den Einsatz von Telekooperationssystemen. Vorteile durch flexible Arbeits- und Organisationsformen werden für Raumsysteme gar nicht (0%) und für Arbeitsplatzsysteme nur von 17% der Befragten gesehen (Abbildung 1).

Werden beide Anwendergruppen zusammen betrachtet, sehen die Anwender den Nutzen der eingesetzten Systeme neben Kosteneinsparungen (70%), einer höheren Produktivität der (Zusammen-) Arbeit (62%) und einer verbesserten Zusammenarbeit (45%) vor allem in der Beschleunigung der betrieblichen Prozesse durch Zeiteinsparung (83%). Potentiale durch die Schaffung neuer Arbeits- und Organisationsformen (6%) wie Gruppenarbeit, räumliche Dezentralisierung oder virtuelle Prozeßketten werden kaum gesehen.

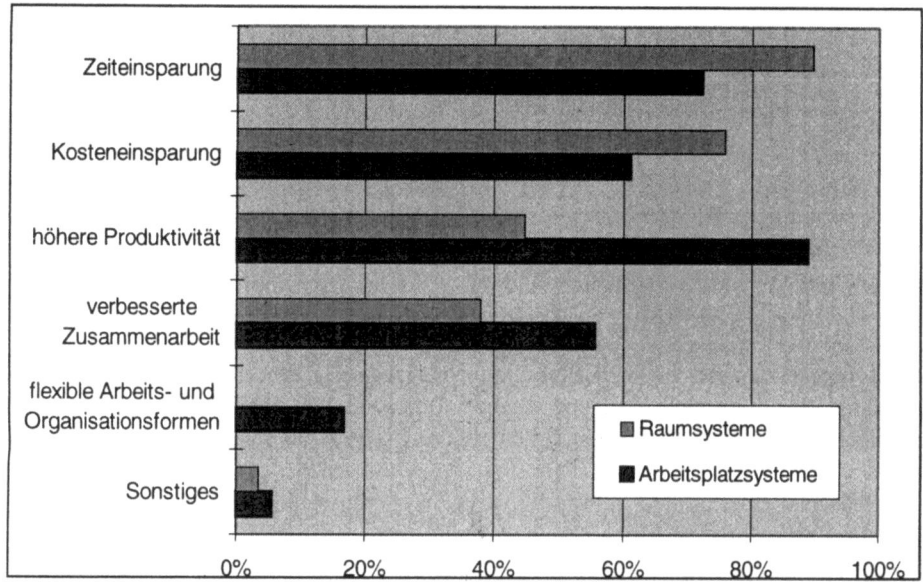

Abbildung 1: **Nutzen von Telekooperationssystemen** (Mehrfachnennung: max. 3)

Dieses Ergebnis kann auch dahingehend gedeutet werden, daß der Einsatz von Arbeitsplatzsystemen organisatorische Veränderungen voraussetzt, während Raumsysteme bisherige Abläufe und Strukturen weniger in Frage stellen bzw. deren Wandel für einen effektiven Einsatz nicht zwingend erfordern.

## 4 Schlußfolgerungen

In Übereinstimmung mit anderen Autoren, z.B. [18], ist darauf zu verweisen, daß die Telekooperation wesentliche Möglichkeiten organisatorischer Innovation eröffnet. Unsere Untersuchung zeigt aber, daß das Potential zur Organisationsgestaltung von den Unternehmen bisher kaum genutzt wird. Daher sollen im folgenden vor allem Schlußfolgerungen für die Nutzung dieses organisatorischen Potentials gezogen werden.

### 4.1 Notwendigkeit der Arbeits- und Organisationsgestaltung

Telekooperationssysteme können relativ leicht in bestehende, hierarchische Organisationsstrukturen zur Kostenreduktion und Prozeßbeschleunigung integriert werden. Vor allem auf mittleren und höheren Hierarchieebenen existieren bereits Kooperationsbeziehungen zwischen verschiedenen Standorten, bei denen die Erfüllung von komplexen, wenig strukturierten Aufgaben mit Hilfe von Telekooperationssystemen (meist Raumsystemen) unterstützt werden kann.

Auf unteren Hierarchieebenen (Sachbearbeiter) dagegen, auf denen überwiegend Arbeitsplatzsysteme eingesetzt werden, existieren aufgrund abgeschlossener Aufgabenbereiche häufig keine Kooperationsbeziehungen oder die Kooperation ist auf strukturierte Routineaufgaben beschränkt, die mit Telefon und Fax erledigt werden können. Der Einsatz von Arbeitsplatzsystemen und die weitere Ausschöpfung der Potentiale von Raumsystemen erfordern ein *Überdenken vorhandener Strukturen und Abläufe.*

Telekooperationssysteme unterstützen die gleichzeitige Zusammenarbeit mehrerer Personen zur Erfüllung einer Aufgabe. Dem wirkt das Zerlegen der Aufgabe und das voneinander unabhängige Lösen der Teilaufgaben entgegen. Es müssen also auch die Aufgaben über mehrere Standorte hinweg verteilt werden, so daß eine direkte Zusammenarbeit möglich und notwendig wird. Das Schlüsselproblem ist der Übergang zur (verteilten) *Gruppenarbeit* bzw. zu gruppenbasierten Arbeitsformen. Diese Bildung von Kooperationsbeziehungen durch das Verteilen von komplexen, wenig strukturierten Aufgaben über Standort-, Länder- und Unternehmensgrenzen hinweg muß einhergehen mit dem Abbau von Hierarchien und einer zu starken Arbeitsteilung, der Erweiterung von Handlungsspielräumen sowie der Delegation von Verantwortung und Entscheidungen auf untere Ebenen.

Die kooperative Arbeit setzt die Kooperationsbereitschaft, -fähigkeit und -möglichkeit der Mitarbeiter voraus. Eine wichtige Voraussetzung für den Einsatz von Telekooperationssystemen ist daher die Entwicklung einer entsprechenden (kooperativen) Unternehmenskultur. Wichtige Elemente für die Entwicklung einer neuen Unternehmenskultur sind u.a. eine umfassende Information und Kommunikation, die Weiterbildung und Qualifizierung der Mitarbeiter sowie eine kooperative Führung und partnerschaftliche Zusammenarbeit. Dies ist allerdings ein langwieriger Prozeß, der Möglichkeiten zur Beteiligung der Mitarbeiter, glaubwürdige tragende Persönlichkeiten (Vorbilder), Offenheit und Transparenz erfordert.

Gestützt auf dezentrale, vernetzte Einsatzkonzepte kann und muß das bisherige „Einbahnmanagement", das auf Weisung und Kontrolle beschränkt ist, überwunden und ein „dialogisches" Management entwickelt werden, das die kooperativen Strukturen nutzt, um die Aufgabenerfüllung zu stimulieren.

Nur bei einer bewußten Arbeits- und Organisationsgestaltung können Telekooperationssysteme zur Zusammenführung ehemals tayloristisch getrennter Tätigkeiten, zum Abbau von Hierarchien und damit zu neuen, virtuellen Arbeits- und Organisationsformen der Unternehmen beitragen.

## 4.2 Das lebendige, kreativ-lernende Unternehmen

### 4.2.1 Wechsel der Sichtweise

Das Herausbilden virtueller Organisationen ist gegenwärtig die entscheidende Wirkung der modernen Informations- und Kommunikationstechnologie auf die Unternehmensorganisation. Damit wird die Struktur- und Funktionsbildung und somit die Informationserzeugung und das Bilden von Werten zu einer strategischen Schlüsselaufgabe für virtuelle Unternehmen. Wie im vorangegangenen Abschnitt dargestellt wurde, verlangt die Nutzung dieses organisatorischen Potentials die bewußte Gestaltung neuer Arbeits- und Organisationsformen. Für eine solche Gestaltung ist ein Wechsel der Sicht vom Maschinenmodell der Organisation zu einem Denkmodell einer lebendigen, kreativ-lernenden, sich entwickelnden Organisation erforderlich.

Wesentliche Merkmale einer lebendigen Organisation sind wachsende Möglichkeiten zur Entfaltung der Kreativität und zur Ausprägung von Individualität in und außerhalb der betrieblichen Organisation sowie erweiterte Möglichkeiten zur sozialen Überlieferung. Das entscheidende Merkmal der Lebendigkeit ist die Kreativität, die interne Erzeugung von Information im Prozeß der Selbstorganisation.

Die Sozialwissenschaften haben schon immer Denkmodelle aus den Naturwissenschaften ihrer Zeit, wie dissipative Strukturen, Selbstorganisation und Autopoiesis, übernommen und auf soziale Vorgänge übertragen. Wenn auch eine unmittelbare Übertragung der genannten Theorien und naturwissenschaftlichen Denkmodelle kaum möglich sein wird, so ist doch zu prüfen, inwieweit Analogien bzw. verallgemeinerte Denkmodelle fruchtbar sind (vgl. [3], [15]).

Ein entscheidender Stimulus für die Forschung zur Gewinnung tieferer Einsichten in die Bedingungen von Stabilität und Entwicklung sozialer Organisation liegt in der Erkenntnis, daß es zur Bewältigung der hohen Komplexität und Dynamik ihrer Umwelt für die Unternehmen notwendig ist, daß man sich über neue Formen der Unternehmensorganisation Gedanken macht. Wie Hans-Jürgen Warnecke mit seinen Aussagen über die „Fraktale Fabrik" zeigt, kann hier das Denkmodell der Selbstorganisation durchaus fruchtbar sein. Er hebt hervor: „Die Fabrik der Zukunft basiert auf Selbstorganisation" [24].

### 4.2.2 Information als Trias von Form, Inhalt und Wirkung

Die Nutzung von Telekooperationssystemen nicht nur als *Werkzeug* zur Bearbeitung von gemeinsamen Material, sondern als *Medium* zur Überbrückung von Raum [21] erzwingt ein vertieftes, neues Verständnis der Information, verlangt die Berücksichtigung nicht nur der Prozesse syntaktischer Informationsverarbeitung, sondern auch der Informationserzeugung, das Verständnis der Information als Trias von Form (Syntax), Inhalt (Semantik) und Wirkung (Pragmatik). „Im Begriff Information ist der Mensch enthalten, denn sie braucht ihn, damit sie aus der Möglichkeit in die Wirklichkeit übertritt, um dem Zeichen Bedeutung zu geben, um die Form in Sinn und Wirkung zu verwandeln." [25].

Es ist bisher weithin üblich, die Information mit ihrer syntaktischen Struktur zu identifizieren. Unter dem Einfluß des Computermodells vom Menschen und der sozialen Organisation wurde auch vorschnell die DNS-Struktur mit der Erbinformation und die neuronalen Netze mit dem menschlichen Geist identifiziert. Es läßt sich jedoch nachweisen, daß auf keiner Ebene der Organisation lebender und sozialer Systeme die Information mit ihrem reduzierten Abbild, mit der syntaktischen Darstellungsform, zu identifizieren ist. So ist heute klar, daß die Erbinformation nicht mit dem genetischen Code zu identifizieren ist, daß die DNS-Tripel nur dann dazu befähigt sind, eine Aminosäure in einem Protein in vorhersehbarer Weise einzubauen, wenn der gesamte Syntheseapparat berücksichtigt wird. Auch schon auf dem molekularen Niveau der Organisation lebender Systeme ist es also notwendig, den allgemeinen Zusammenhang von Informung/Abbildung (Syntax), Bedeutung (Semantik) sowie Bewertung (Pragmatik), den Prozeß der Informationsentstehung, zu berücksichtigen. *Funktion ist nur in der durch Information organisierten Struktur möglich, wobei die Information nur über die realisierte Funktion ihre Bedeutung erhält.*

Die durch Telekooperationssysteme technisch-vermittelte Kommunikation schränkt die Wahrnehmung des Menschen ein. Trotzdem ist sie erfolgreich, gerade weil nicht die Information, sondern nur ihre syntaktische Repräsentation gespeichert und übertragen wird. Die Kommunikation, insbesondere über weite Strecken, ist erst dadurch möglich, daß eine solche Einschränkung der menschlichen Wahrnehmung auf Signale, also eine Abstraktion von der Semantik, vorgenommen wird und die Information (als Trias von Syntax, Semantik und Pragmatik) erst selbstorganisatorisch im Prozeß der Interpretation und Bewertung intern, im Gehirn des Menschen erzeugt wird.

Dies ist eine wichtige Erkenntnis, die zeigt, daß eine moderne Konzeption der Unternehmensorganisation, die die Möglichkeiten der Telekooperation nutzen will und kann, sich immer stärker am Denkmodell der kreativen, lebendigen Organisation orientieren muß. Struktur- und Funktionsbildung und damit Informationserzeugung und Wertbildung wird eine strategische Schlüsselaufgabe. Das zentrale theoretische Konzept dahinter heißt Selbstorganisation. Von Selbstorganisation kann wiederum nur gesprochen werden, wenn Information neu entsteht, d.h. kreative und nicht nur instruktive Lernprozesse vorliegen ([7], [ 8]).

### 4.2.3 Die kreativ-lernende Organisation

Der Einsatz von CSCW-Systemen stellt einen wichtigen Entwicklungsschritt zur lernenden Organisation dar [13]. Dabei kommt der Gestaltung der Gruppenarbeit für die Entwicklung zur lebendigen, kreativ-lernenden Organisation eine besondere Bedeutung zu.

Der Begriff der „lernenden Organisation" wird weithin als die Fähigkeit zur Aufnahme schon vorhandener Informationen aus der Außenwelt verstanden. Organisatorisches Lernen ist aber mehr als solch ein formales Lernen. Lernen der Organisation muß die interne Informationserzeugung in der Organisation und damit die Kreativität ihrer Mitglieder berücksichtigen. Ein solches kreatives Lernen der Organisation zielt auf die Persönlichkeitsentfaltung durch Partizipation und Mitbestimmung der Unternehmensmitglieder, auf ihre Bereitschaft zur Zusammenarbeit, auf ihre Kooperationsfähigkeit und Kreativität (vgl. [16]).

Die kreativ-lernende Organisation verstärkt die kreativen Potentiale der Menschen. Dies ermöglicht eine höhere Anpassungsfähigkeit an den permanenten Wandel, wie er beim Hervorbringen virtueller Produkte in virtuellen Unternehmen erforderlich ist.

### 4.2.4 Informationsentstehung und Selbstorganisation

Informationsentstehung und Selbstorganisation sind zwei Seiten eines Prozesses. Die aus der tieferen Analyse lebender und sozialer Systeme gewonnene These, daß Information nicht als vorgegebene Struktur verstanden werden kann, sondern in der lebenden und sozialen Organisation entsteht, besitzt bei der sich gegenwärtig verstärkenden Orientierung der Informatik am Menschen besondere Bedeutung für die theoretischen und methodologischen Grundlagen des Einsatzes der modernen Informations- und Kommunikationstechnologien in der sozialen Organisation.

Für die sich entwickelnde soziale Organisation sind die Prozesse der Informationsentstehung charakteristisch. Dies wird in der Betriebsorganisation bisher viel zu wenig beachtet. Statt dessen wird eher der Versuch unternommen, die Prozesse der Informationsentstehung und Wertbildung auf die Mechanismen der Informationsverarbeitung, soziale Aktionen auf reines Funktionieren zu reduzieren. In Funktionssystemen ist bereits klar, welche Aufgabe zu erfüllen bzw. welche Leistung zu erbringen ist, so daß die Abläufe bereits vom System determiniert werden. Dies entspricht dem Maschinenmodell. Im Gegensatz dazu müssen, wenn neue Leistungen gefordert werden, neue Informationen, Funktionen und Bewertungen herausgebildet werden, wie es für lebendige Organisationen charakteristisch ist. Die Aktion muß vom Menschen ausgehen.

Die Einführung von Informations- und Kommunikationstechnologien bedeutet immer einen Sprung von der Totalität der sozialen Organisation zur Gestaltbarkeit und Machbarkeit von Funktionssystemen. Soziale Organisation als Ganzes ist jedoch nicht als ein kybernetisches Funktionssystem darstellbar. Es findet ein Übergang von der sozialen Organisation als sich organisierendes System zu einem schon organisierten, dem formalen Funktionssystem statt. Dies bedeutet die Reduktion der menschlichen Tätigkeit auf formalisierbare Operationen und die Abstraktion von Prozessen der Entstehung der Information und der Bildung von Werten in der sozialen Organisation. Daher ist es die entscheidende Aufgabe, diesen Übergang theoretisch wie praktisch zu beherrschen und den Weg wieder zurückzugehen, d.h. die durch die Informations- und Kommunikationstechnologien veränderte Organisation in die Gesamtorganisation zu integrieren. Dies ist aber eben nur mit tieferen Kenntnissen über die Bedingungen von Stabilität und Entwicklung sozialer Organisation auf der Grundlage entsprechender organisationstheoretischer, sprach- und arbeitswissenschaftlicher Überlegungen möglich [6].

Telekooperationssysteme können so eingesetzt werden, daß sie die Fähigkeiten des Menschen unterstützen und so flexibel sind, daß sich die Strukturen der Organisation von innen heraus weiterentwickeln können. Dafür müssen Telekooperationssysteme so eingesetzt werden, daß die gewonnene Flexibilität durch eine relativ freie Wahl des Mediums zur Aufgabenerfüllung erhalten bleibt und somit diese Technologie keine direkte Determination auf den Arbeitsprozeß hat, sondern unterstützende, wenn auch begrenzende, Voraussetzung ist (vgl. steuernde vs. unterstützende Sicht in [10]).

Somit kann die Telekooperation als die mediengestützte, arbeitsteilige Leistungserstellung zwischen verteilten Aufgabenträgern, Organisationseinheiten und Organisationen [20] den Weg von Unternehmen zu einer lebendigen, kreativ-lernenden Organisation nachhaltig unterstützen.

### 4.2.5 Neue Möglichkeiten für soziale Überlieferung und Individualität

Die Telekooperation ermöglicht neue Arbeits- und Organisationsformen, insbesondere virtuelle Organisationen, mit neuen Sichten auf die Unternehmen und ihre Mitarbeiter. Telekooperationssysteme erfordern und ermöglichen durch den Abbau überhöhter Hierarchien und überspitzter (tayloristischer) Arbeitsteilung, die Gewährleistung einer größeren Autonomie, eine dialogische Form der Kommunikation, statt der für das Industriezeitalter typischen Einwegkommunikation in Hierarchien [14]. Ein solcher Dialog ermöglicht mehr Verantwortung, mehr Ausprägung von Individualität und durch den Zugriff auf das vergegenständlichte Wissen sowie die verstärkte zwischenmenschliche Kommunikation eine Intensivierung der sozialen Überlieferung in der Organisation.

Es wird damit die Herausbildung eines Analogons zur Erbinformation unterstützt. Die Erbinformation ermöglicht die Entwicklung des lebenden Organismus und zugleich den Erhalt seiner Identität in der ständigen Auseinandersetzung mit seiner Umwelt. In der

Gesellschaft hat diese Rolle die soziale Überlieferung, wie sie an Werkzeugen, insbesondere auch durch die Vergegenständlichung von Wissen in Software, in der Arbeitsorganisation, in der Persönlichkeit und in der Kultur manifest wird. Die Unternehmenskultur enthält das Bild der Unternehmensorganisation, die ihre Identität hervorbringende Besonderheiten sowie ihre typischen Verhaltensweisen [14].

Die Erweiterung der Möglichkeiten zur sozialen Überlieferung ist wohl der entscheidende Beitrag der Telekooperation, wenn ihre organisatorischen Potenzen bewußt zur Gestaltung lebendiger, kreativ-lernender Organisationen, zur Gestaltung von Gruppenarbeit, dem Abbau überhöhter Arbeitsteilung und hierarchischer Strukturen genutzt werden.

## 4.3 Ambivalenz der Wirkungen

Aufgrund der Ambivalenz der sozialen und gesellschaftlichen Wirkungen moderner Informations- und Kommunikationstechnologien führt auch der Einsatz von Telekooperationssystemen nicht nur zu positiven Ergebnissen in unserem Arbeits- und Alltagsleben, sondern kann auch soziale und gesellschaftliche Risiken in sich bergen.

Wir sind heute in einer neuen kulturellen Situation. Diese zeigt sich in einer jetzt erst deutlicher werdenden Beschleunigung und radikalen räumlichen Ausbreitung der kulturellen Veränderungen sowie einer stärkeren Fragmentierung der Zeit, die durch Telekooperationssysteme verstärkt wird. Die immer fragmentiertere Zeit wirft Synchronisierungsprobleme auf, eine neue Form der Fremdbestimmung, die der Emanzipation des Menschen, seiner Selbstbestimmung zuwiderlaufen kann [14].

Der umfassende, dezentrale und vernetzte Einsatz der modernen Informations- und Kommunikationstechnologien macht Dezentralisierung von Verantwortung und kooperative Arbeit möglich und erforderlich. Die sich anbahnende wirtschaftliche Umwälzung führt zu virtuellen Produkten aus virtuellen Unternehmen [2]. Die Informations- und Kommunikationssysteme sind konstituierend für virtuelle Unternehmen. Damit wächst die Abhängigkeit von ihnen und, da außerdem ihr sicheres Funktionieren keineswegs einfach vorausgesetzt werden kann, die Verwundbarkeit der virtuellen Organisation.

Die Telekooperation macht sowohl Inhalt und Form menschlicher Kommunikation, Handlungen und Operationen vielfältiger und reicher, als auch Inhalt und Formen von Organisationsstrukturen effektiver und flexibler. Zugleich gilt es aber der Gefahr möglicher Isolation und der technischen Einschränkung der Kommunikation, daß der Mensch, obwohl er mit Menschen in der ganzen Welt kommunizieren kann, ein vollständig isoliertes, nahezu abstraktes Leben führt, bewußt zu begegnen.

## 5 Zusammenfassung

Telekooperationssysteme sind ein entscheidender Wettbewerbsfaktor. Sie sind technische, organisatorische und soziale Innovation sowie ein wichtiger Baustein für virtuelle Unternehmen. Die vorgestellte (empirische) Untersuchung des Einsatzes von Telekooperationssystemen in großen Unternehmen hat gezeigt, daß die Potentiale der Telekooperation zur Gestaltung flexibler, virtueller Organisationsformen bei weitem noch nicht erkannt bzw. umgesetzt werden.

Im Gegensatz zur herrschenden industriellen (tayloristischen) Fertigung erfordern Telekooperationssysteme, wenn man die Potenzen dieser Technologie voll nutzen will, die bewußte Gestaltung der (computerunterstützten) *Gruppenarbeit* und erreichen erst damit eine Annäherung an die Vorstellungen der Arbeitswissenschaften. Die zum effektiven Einsatz von Telekooperationssystemen erforderlichen organisatorischen Maßnahmen wie Ganzheitlichkeit der Aufgaben, Autonomie, Kommunikations- und Kooperationsbeziehungen sind arbeitswissenschaftliche Forderungen, die dem Humankriterium der Persönlichkeitsförderlichkeit dienen.

Die Wechselbeziehungen zwischen den handelnden Menschen und ihren Aufgaben, der Technologie und der Organisationsstruktur sowie der Gesamtorganisation muß aus der Sicht einer lebendigen, kreativ-lernenden, zur internen Informationsvermehrung befähigten Organisation gesehen werden.

Die klassischen Organisationstheorien betrachteten die Informationstechnologien als ein Mittel zur Optimierung der Organisation. Für sie ist die Organisationsstruktur gegeben und es ergeben sich bestimmte positive oder negative Effekte, wie die Erhöhung des Formalisierungsgrades oder des Zentralisierungsgrades. Ein Verständnis der Organisation, das sich an ihrer Lebendigkeit, ihrer Kreativität orientiert, das also nicht nur die Prozesse der Informationstransformation, sondern auch die der Informationsentstehung und Wertbildung im Auge behält, bedarf der bewußten Gestaltung neuer Organisationsformen, der Gestaltung gruppenorientierter Arbeit, der Integration der Informationstechnologien in die Wertschöpfungskette, einer Planung und Kontrolle nach dem „just-in-time"-Konzept, der Prozeßintegration und der Integration des organisatorischen Wissens.

Die virtuelle Organisation von Unternehmen ist eine reale Perspektive, die jedoch weiterer theoretischer Fundierung und empirischer Untersuchungen bedarf.

## Literaturverzeichnis

[1] Byrne, J. A.: „The Virtual Corporation", In: Business Week, 8th February 1993, S. 98-103.

[2] Davidow, W. H.; Malone, M.: „Das virtuelle Unternehmen: der Kunde als Co-Produzent", Frankfurt, Campus Verlag, 1993.

[3] Eigen, M.: „Biologische Selbstorganisation – Eine Abfolge von Phasensprüngen", In: Hierholzer, Wittmann (Hrsg.): „Phasensprünge und Stetigkeit in der natürlichen und kulturellen Welt", Verlagsgesellschaft Stuttgart, 1988.

[4] Fuchs-Kittowski, F.: „Synchrone Telekooperationssysteme in der betrieblichen Anwendung", Berlin, Techn. Univ., Diplomarbeit, 1997.

[5] Fuchs-Kittowski, F.; Nentwig, L.; Sandkuhl, K.: „Einsatz von Telekooperationssystemen in großen Unternehmen: Ergebnisse einer empirischen Untersuchung", In: Mambrey, P.; Streitz, N.; Sucrow, B.; Unland, R.: „Rechnergestützte Kooperation in Verwaltungen und großen Unternehmen", Tagungsband zum Workshop im Rahmen der Jahrestagung der Gesellschaft für Informatik (Informatik'97); Aachen, 22./23.9.1997, S. 50-63.

[6] Fuchs-Kittowski, K.: „Theorie der Informatik im Spannungsfeld zwischen formalem Modell und nichtformaler Welt", In: W. Coy et al. (Hrsg.): „Sichtweisen der Informatik", Vieweg, Braunschweig, 1992.

[7] Fuchs-Kittowski, K.; Heinrich, L.J.; Rolf, A.: „Information entsteht in Organisationen - in kreativen Unternehmen: Wissenschaftstheoretische und methodologische Konsequenzen für die Wirtschaftsinformatik", In: „Wirtschaftsinformatik und Wissenschaftstheorie", Gabler Verlag, 1998.

[8] Fuchs-Kittowski, K.; Rosenthal, R.: „Selbstorganisation, Information und Evolution - Zur Kreativität der belebten Natur", in Vorbereitung.

[9] Gowan, Jack A.; Downs, James M.: „Video Conferencing Human-Machine Interface: A Field Study", In: Information & Management, 27, 1994, S. 341-356.

[10] Gryczan, G.; Wulf, M.; Züllighoven, H.: „Prozeßmuster für die situierte Koordination kooperativer Arbeit", In: Krcmar, H. et al. (Hrsg.): „Herausforderung Telekooperation", DCSCW'96, Springer Verlag, 1996, S. 89-103.

[11] Hammer, M.; Champy, J.: „Business Reengineering - Die Radikalkur für das Unternehmen", Frankfurt, Campus, 5. Aufl., 1995.

[12] Häusler, T.: „Multimediakommunikation: Ergebnisse einer Umfrage", In: Nachrichtentechnik/Elektronik, Berlin, 45, 4/1995, S. 17 - 23.

[13] Luczak, H.; Krings, K.; John, B.: „Analyse von Fällen zur Implementierung von Gruppenarbeit als ein Entwicklungsschritt zum Leitbild 'Lernende Organisation'", In: Bullinger, H.J. (Hrsg.): „Lernende Organisation - Konzepte, Methoden und Erfahrungen", Schäfer Verlag, Stuttgart, 1996.

[14] Lutz, C.: „Informationsmanagement im nachindustriellen Zeitalter", In: ik-Report, Band 6, Frankfurt/a.M., 1993.

[15] Mayntz, R.: „Soziale Diskontinuitäten: Erscheinungsformen und Ursachen", In: Hierholzer, Wittmann (Hrsg.): „Phasensprünge und Stetigkeit in der natürlichen und kulturellen Welt", Verlagsgesellschaft Stuttgart, 1988.

[16] Oberschulte, H.: „Organisatorische Intelligenz, Ein integrativer Ansatz des organisatorischen Lernens", Rainer Hampp Verlag, München und Mering, 1994.

[17] Picot, A.; Reichwald, R.; Wigand, R.: „Die grenzenlose Unternehmung – Information, Organisation und Management", Wiesbaden, Gabler, 1996.

[18] Reichwald, R.; Englberger, H.; Möslein, K.: „Telekooperation im Innovationstest", In: Wirtschaftsinformatik, 40, 3/1998, S. 205-213.

[19] Reichwald, R.; Goecke, R.; Möslein, K,: „Telekooperation im Top-Management", In: Krcmar, H.; Lewe, H.; Schwabe, G.: „Herausforderung Telekooperation", DCSCW'96, Springer Verlag, 1996, S. 107-121.

[20] Reichwald, R.; Möslein, K.; Sachenbacher, H.; Englberger, H.; Oldenburg, S.: „Telekooperation - Verteilte Arbeits- und Organisationsformen", Springer Verlag, 1997.

[21] Sandkuhl, K.: „Features of Successful Telecooperation Systems: The Technological Viewpoint", In: Smith, J. M.: „Design of Computing Systems: Social and Ergonomic Considerations", Proceedings of the Seventh International Conference on Human Computer Interaction (HCI International'97), San Francisco, August, 1997.

[22] Schrader, S., Göpfert, J., Scherk, M.: „Der Einsatz von Videokommunikation", In: Information & Management, 29, 4/1996.

[23] TechConsult: „Telekooperationsanwendungen in deutschen Unternehmen, Behörden und Organisationen", Kassel, 1996.

[24] Warnecke, H.-J.: „Die Fraktale Fabrik: Revolution der Unternehmenskultur", Springer Verlag, Berlin, 1992.

[25] Zemanek, H.: „Weltmacht Computer - Weltreich der Information", Bechtle Verlag, München, 1991.

*Th. Herrmann; K. Just-Hahn (Hrsg.): Groupware und organisatorische Innovation (D-CSCW'98).*
*Stuttgart: B. G. Teubner 1998, S. 37-50*

# CSCW3: Transparenz- und Kooperationsunterstützung für das WWW

Tom Gross

Institut für Angewandte Informatik, Johannes Kepler Universität Linz

## Zusammenfassung

Die Forschung im Bereich des CSCW hat viele interessante Erkenntnisse über Gruppen, Gruppenarbeit sowie wechselseitige Transparenz der Aktionen der verschiedenen Benutzer und deren technische Unterstützung gebracht. Nichtsdestotrotz wird CSCW oft noch immer als ein isoliertes Forschungsgebiet betrachtet, und in vielen anderen Gebieten der Informatik werden kollaborative Aspekte vernachlässigt. Besonders auffällig ist dies bei globalen Internet-basierten Informationssysteme (GIS) wie Internet Gopher, Hyper-G bzw. HyperWave oder WWW. Diese werden von vielen Benutzern gleichzeitig verwendet, die allerdings voneinander isoliert sind und kaum Möglichkeiten zur Interaktion haben. In diesem Papier wird argumentiert, daß es viele Situationen gibt, in denen Benutzer von GIS von Interaktionen mit anderen profitieren können. Es wird ein Konzept vorgestellt, das GIS um Transparenz- und Kooperationsunterstützung und somit um Möglichkeiten zum direkten Informationsaustausch zwischen Benutzern erweitert. Dieses Konzept wird anhand eines Prototypen für das WWW (CSCW3) verdeutlicht.

# 1 Einleitung

Die Forschung im Bereich des CSCW hat viele interessante Erkenntnisse über Gruppen von zusammenarbeitenden Einzelpersonen, Gruppenarbeit sowie über Phänomene wie wechselseitige Transparenz der Aktionen der verschiedenen Benutzer und deren technische Unterstützung gebracht. Nichtsdestotrotz wird CSCW oft als isoliertes Forschungsgebiet betrachtet, und dementsprechend werden in vielen anderen Gebieten kollaborative Aspekte vernachlässigt.

Globale Internet-basierte Informationssysteme (GIS) wie Internet Gopher, Hyper-G bzw. HyperWave oder das World-Wide Web (WWW) sind ein solches Gebiet, in dem sehr viele Benutzer gleichzeitig mit dem System interagieren, aber voneinander isoliert sind. Kooperationsunterstützung wäre hier vor allem dann nötig, wenn nach informellem oder sehr spezifischem Wissen gesucht wird, oder das Informationsbedürfnis (noch) schlecht definiert ist. Bei solchen „*Wissensanomalien*" (Belkin und Croft [1992] sprechen von „anomalous state of knowledge") sind persönliche Kontakte und direkter Wissensaustausch zwischen Benutzern nötig. Levy und Marshall [1995] beispielsweise argumentieren, daß Bibliotheken Orte der Begegnung sind, und daß ihre Besucher nicht nur nach Information und neuem Material suchen, sondern auch mit Kollegen kommunizieren wollen, um Bestätigung oder neue Interpretationsmöglichkeiten zu erhalten, und um neue Methoden zur Informationssuche vermittelt zu bekommen. Daraus schließen die Autoren, daß Unterstützung „for communication and collaboration is *as important* as support for information-seeking activities, and that, indeed, support for the former is needed to support the latter".

In diesem Papier wird ein Konzept für eine solche Erweiterung von GIS um *Kommunikations-* bzw. *Kooperationsunterstützung* entwickelt. Die Betonung von GIS (im Gegensatz zum WWW) ruht daher, daß diese Anforderungen sehr allgemeiner Natur sind und sich nicht nur auf das WWW beschränken, sondern vielmehr grundlegende Funktionalität für globale Informationssysteme darstellen. *Transparenzunterstützung* im Sinne aktueller Information über die derzeitige sowie vergangene Anwesenheit und die Aktivitäten anderer Benutzer stellt dabei eine Schlüsselanforderung für flexible Kontaktaufnahme, Kommunikation und Kooperation dar [Dourish & Belotti 92; Gross & Traunmueller 96; Gutwin et al. 96]. Dementsprechend werden im folgenden, nach einer kurzen Darstellung bestehender Ansätze, Anforderungen an die Transparenz- und Kooperationsunterstützung in GIS im allgemeinen beschrieben. Es wird ein Prototyp – CSCW3 (Computer-Supported Cooperative World-Wide Web) – vorgestellt, bei dessen Design diese allgemeinen Anforderungen exemplarisch auf das WWW anwendet wurden. In einer Evaluierung wird geprüft, ob der Prototyp auch tatsächlich den Anforderungen an Transparenz- und Kooperationsunterstützung gerecht wird.

# 2 Bestehende Ansätze zur Transparenzunterstützung und Kooperation im WWW

Transparenzunterstützung wird im Bereich des CSCW erst seit wenigen Jahren behandelt und hat in Bereich kollaborativer GIS noch kaum Beachtung erfahren. Die Versuche,

Transparenz- und Kooperationsunterstützung in GIS einzuführen, sind daher i.d.R. nicht durch eine grundlegende Theorie untermauert. Die nachfolgend nach der zeitlichen Verteilung präsentierten Systeme sind folglich als erste Ansätze in diese Richtung zu sehen.

*Asynchrone Erweiterungen.* Asynchrone Erweiterungen basieren i.d.R. auf Einzelbenutzer-GIS, die mit asynchroner Funktionalität für Gruppeninteraktion und rechnergestützte Gruppenarbeit ausgestattet wurden. Beispiele sind geteilte globale Arbeitsbereiche (z.b.: das BSCW System [Bentley et al. 95] oder Mushrooms [Kindberg 96]); Annotationssysteme, die das Kommentieren von Web-Seiten unterstützen (z.b.: HyperNews [LaLiberte 95], W3 Document Annotator [Schenk 95], ComMentor [Roescheisen et al. 95]) und Soziale Filtersysteme, die die Bewertung von Information durch andere Benutzer unterstützen (z.b.: GroupLens [Konstan et al. 97], Self-Enriching Library Facilities (SELF) [King et al. 94], Group Asynchronous Browsing (GAB) [Wittenburg et al. 95])

*Synchrone Erweiterungen.* Synchrone Erweiterungen versuchen GIS mit Funktionen von synchronen Groupware-Systemen (insb. Kommunikationswerkzeugen) zu kombinieren. Diese Systeme setzen höhere Bandbreiten voraus als asynchrone, was deren geringere Verbreitung zur Folge hat. Beispiele sind Kombinationen von Internet Gopher oder WWW mit MUDs oder MOOs (z.B.: MOO-Gopher [Masinter & Ostrom 93] und MOO-Based Web [Meyer & Hader 94]); YARN Web, das die Kontaktunterstützung mit Web-Autoren ermöglicht [Woo & Rees 94]; Virtual Places, bei dem Web-Seiten mit Avantaren der Besucher angereichert werden [Scott 95]; GroupWeb als gemeinsamer Web-Browser [Greenberg & Roseman 96]; Sociable Web als Web-Browser mit einem Kommunikationsfenster [Donath & Robertson 95] und das Awareness Protocol for the World Wide Web als Protokoll für Benutzerregistrierung auf Web-Servern [Palfreyman & Rodden 96]).

MetaWeb [Trevor et al. 97] ist ein zwar technisch ausgefeiltes Toolkit, geht allerdings wenig auf spezifische Anforderungen von Benutzer- und Aufgabenseite ein. CoBrow [Sidler et al. 97] ist ein sehr ausgereiftes System mit durchdachten Nachbarschaftskonzepten (Metriken für Raum, Zeit, Semantik und Benutzerinteressen), zielt aber eher auf eine allgemeine Kooperationsunterstützung von Benutzern des WWW als auf Gruppenunterstützung ab.

Insgesamt stellen all diese Systeme wichtige und interessante Erweiterungen zum bis dato vorherrschenden, strikt eindirektionalen Konsumenten/Produzenten-Modell des Informationsaustausches dar. Die meisten vorgestellten Systeme zielen allerdings auf spontane, kurzzeitige Interaktionen ab; nur wenige Systeme unterstützen nachhaltige kollaborative Informationssuche und -verwaltung in Gruppen. An eine solche nachhaltige kollaborative Informationssuche und Informationsverwaltung in Gruppen sind hohe Anforderungen zu stellen.

# 3 Anforderungen an die Transparenz- und Kooperationsunterstützung in GIS

Da im Zusammenhang mit GIS noch kaum über Transparenzunterstützung gesprochen wird, werden an dieser Stelle Anforderungen an die Transparenzunterstützung aus dem Bereich des CSCW analysiert und geprüft, inwieweit diese für GIS Gültigkeit haben. Im Anschluß daran werden Anforderungen an die Kooperationsunterstützung erarbeitet.

## 3.1 Arten der Transparenz

Im Bereich des CSCW werden oft vier Arten von Transparenz unterschieden: *informelle* Transparenz (Information über Präsenz, Aktivitäten und Verfügbarkeit von anderen Benutzern [Gutwin et al. 96]); *soziale* Transparenz (Information über Interesse, Aufmerksamkeit und emotionale Haltung der Kommunikationspartner [Ishii & Kobayashi 92]); Transparenz über die *Gruppe* (Information über die Gruppe sowie Rollen, Verantwortlichkeiten, Stati und Haltungen der Gruppenmitglieder [Donath 95]) und Transparenz über den *geteilten Arbeitsbereich* (Information über Interaktionen der anderen Benutzer im bzw. mit dem geteilten Arbeitsbereich und den darin enthaltenen Artefakten [Gutwin et al. 96]).

Informelle Transparenz ist sehr wichtig für zufällige Treffen zwischen Benutzern. Soziale Transparenz ist wichtig für das gegenseitige Verständnis. Der Bedarf nach Transparenz über die Gruppe selbst ist nicht besonders hoch, da die Interaktionen in GIS eher spontan und informell zustande kommen. Transparenz über die gemeinsame Information im geteilten Arbeitsbereich ist essentiell.

## 3.2 Situationsangemessene Transparenzunterstützung

Adäquate und flexible Transparenzunterstützung erfordert einerseits Wissen über die Faktoren, die die Art der zu unterstützenden Transparenz beeinflussen, und andererseits Wissen über die Art der Beeinflussung. Nachfolgend werden daher einige Einflußfaktoren, die im Bereich des CSCW diskutiert wurden, und deren Wirkung besprochen.

*Synchronizität der Kooperation.* In asynchronen kollaborativen Situationen wird asynchrone Information über den geteilten Arbeitsbereich benötigt (z.B.: Information über vergangene Ereignisse im geteilten Arbeitsbereich); in synchronen kollaborativen Situationen werden vor allem informelle und soziale Transparenz sowie aktuelle Informationen über die Gruppe und den geteilten Arbeitsbereich benötigt [Dourish & Belotti 92].

*Ausmaß des Engagements.* Die generelle Anforderung an das Ausmaß des Engagements ist die, daß mit zunehmendem Engagement auch die Transparenzunterstützung steigen sollte. In Situationen mit Arbeitsteilung wird vor allem Transparenz über den geteilten Arbeitsbereich zur Koordination benötigt. Typische Situationen mit hohem Engagement sind spontane Gespräche und enge Gruppenarbeit, in denen informelle und soziale Transparenz gefragt sind [Gaver et al. 92].

*Ähnlichkeit der Perspektiven.* Situationen mit großer Ähnlichkeit der Perspektiven der einzelnen Benutzer, auch What-You-See-Is-What-I-See genannt, ziehen nach sich, daß die Benutzer mehr soziale Transparenz und Transparenz über den geteilten Arbeitsbereich haben. Situationen mit unähnlichen Perspektiven ziehen nach sich, daß die Benutzer mehr informelle Transparenz und Transparenz über die Gruppe benötigen [Gutwin & Greenberg 95].

*Koppelung der Aufgaben.* Je enger die Aufgaben der unterschiedlichen Benutzer generell gekoppelt sind, desto mehr soziale Transparenz und Transparenz über den geteilten Arbeitsbereich sind erforderlich, desto feinkörniger sollte die Information sein, und desto häufiger sollte die Information aktualisiert werden. Benutzer, die Aufgaben mit loser

Kopplung erfüllen, benötigen mehr informelle Transparenz und Transparenz über den geteilten Arbeitsbereich [Gutwin & Greenberg 95].

Mit diesen grundlegenden Anforderungen an Transparenzunterstützung als Basis können wir nun spezifische Anforderungen an kollaborative GIS erarbeiten.

## 3.3 Anforderungen an kollaborative GIS

Da kollaborative GIS in der Entwicklung von Basiskonzepten und Prototypen wenig fortgeschritten sind, konnten in der Literatur nur wenige Anforderungen an kollaborative GIS gefunden werden. Die Bereiche betreffen spezifische Anforderungen an den Umgang mit Wissen und Information (Informationssuchstrategien, Community Memory, kollaboratives Verhalten im Umgang mit Information) sowie Anforderungen, die generell an Online-Gemeinschaften und „WWW-Systeme der nächsten Generation" zu stellen sind.

*Informationssuchstrategien.* Kollaborative GIS sollen Benutzer flexibel darüber entscheiden lassen, auf welche Art sie nach Information suchen möchte, wie beispielsweise durch Konsultieren anderer, durch zufälliges Treffen anderer, durch Brainstorming oder durch Bibbling (Verwenden von Literaturlisten anderer Autoren als primäre Quelle). Studien haben gezeigt, daß vor allem in frühen Stadien der Informationssuche (z.B.: in der Auswahlphase) kollaborative Strategien bevorzugt werden [Bates 79]. Kollaborative GIS sollen insbesondere auch dieser Tatsache Rechnung tragen.

*Community Memory.* Kollaborative GIS sollten die Benutzer in der Entwicklung eines Community Memory unterstützen, d.h. ein gemeinsames Verständnis ihrer Tätigkeiten und Aufgaben fördern sowie Informationen über Vorabergebnisse, den Fortschritt der Gruppenarbeit und die verwendeten Methoden liefern. Dies beinhaltet auch die Akquisition und die kontinuierliche Aktualisierung des Inhalts und der Struktur des Community Memory. Die Gruppenmitglieder müssen über die Beiträge der anderen Mitglieder informiert sein [Marshall et al. 94].

*Vielfalt kollaborativen Verhaltens.* Kollaborative GIS sollten ihren Benutzern die folgenden Handlungsweisen zur Vergrößerung und Aktualisierung des Community Memory gestatten: gemeinsames Suchen, koordiniertes Suchen, freie Abfragen, direkte Abfragen sowie zufällige Begegnungen [Bates 79; Cove & Walsh 88; Marchionini 89].

*Online-Gemeinschaften* und *„WWW-Systeme der nächsten Generation".* Hughes [1995] stellt die folgenden allgemeinen Anforderungen an Systeme, die Online-Gemeinschaften unterstützen sollen: persistente Datenspeicherung, direkte Kommunikation, zufällige Treffen, kurze Antwortzeiten und dynamische Mitgliedschaft. Spezifischer für „WWW-Systeme der nächsten Generation" fordert er einfache Bedienung, Gesprächsnotizen in HTML, Zugriffskontrolle und Privatsphäre sowie Aufzeichnung von Navigationspfaden.

All diese Anforderungen sind essentiell für erfolgreiche kollaborative GIS. Sie sind in das Design des CSCW3 Prototypen eingeflossen.

## 4 Der CSCW3 Prototyp

Das Hauptaugenmerk beim Design und bei der Entwicklung des CSCW3 Prototypen (Computer-Supported Cooperative World-Wide Web) lag auf einer benutzer- und aufgabenorientierten Transparenz- und Kooperationsunterstützung für GIS bzw. das WWW. Dementsprechend wird detailliert auf das Design und die Funktionalität von CSCW3 eingegangen und die Implementation nachfolgend eher kurz beschrieben.

### 4.1 Design und Funktionalität

Der CSCW3 Prototyp ist ein Web-Browser mit vielseitiger Funktionalität zur Kooperationsunterstützung. CSCW3 ermöglicht einen einfachen und weltweiten Zugriff auf große Mengen global verteilter Daten, asynchronen und synchronen Austausch von Informationen, zufällige Treffen zwischen Benutzern sowie gemeinsames Navigieren durch das WWW. Abbildung 1a zeigt das Hauptfenster, wobei der Knopf mit der Kette andeutet, daß der Browser gerade an den eines anderen Benutzers gekoppelt ist, der Benutzer also gerade durchs WWW geführt wird; der Cursor ist in diesem Fall der Cursor des anderen Benutzers.

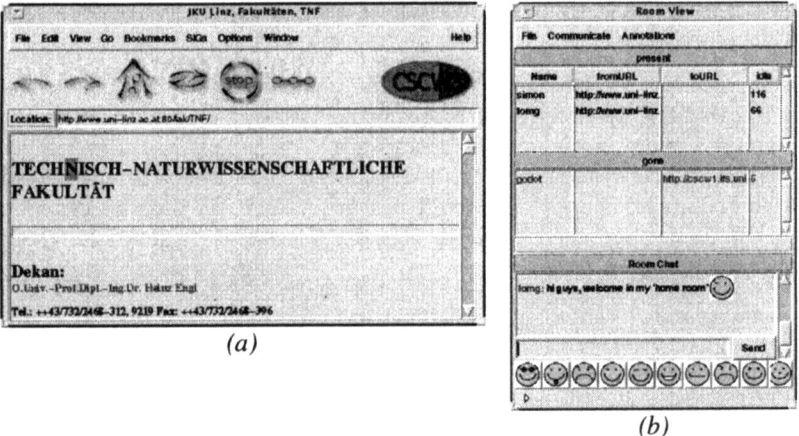

**Abbildung 1: CSCW3 Fenster: (a) Hauptfenster; (b) Raumansicht**

Der CSCW3 Prototyp kann auf verschiedene Arten verwendet werden:
- als Einzelbenutzer-Web-Browser
- als Anwendung für asynchrone Gruppenarbeit und für asynchronen Informationsaustausch mit entsprechender Transparenzunterstützung über kopräsente andere Benutzer
- als Anwendung zur synchronen Gruppenarbeit und für synchronen Informationsaustausch

Die zugrundeliegende Metapher ist die Raummetapher — jede Web-Seite wird als Raum behandelt. Benutzer, die dieselbe Web-Seite zur selben Zeit besuchen, befinden sich im selben Raum und erhalten Transparenzunterstützung über die anderen Besucher dieser Web-Seite, können diese kontaktieren, mit ihnen kommunizieren und zusammenarbeiten. In Abbildung 1b wird die Raumansicht (Room View) dargestellt; sie zeigt in der oberen Liste die Benutzer, die zur selben Zeit dieselbe Web-Seite ansehen, die URLs der Web-Seite von der sie gekommen sind sowie die Zeit, die sie auf dieser Web-Seite bereits verbracht haben; die untere Liste zeigt die Benutzer, die die Web-Seite bereits verlassen haben, die URLs der Web-Seite, auf die sie navigiert sind sowie die Zeit, die seit dem Verlassen vergangen ist.

Die Funktionalität des CSCW3 Prototypen umfaßt Einzelbenutzerfunktionalität und Funktionalität für asynchrone, synchrone sowie semi-synchrone[1] Gruppenarbeit.

*Einzelbenutzerfunktionalität.* Einzelbenutzerfunktionen ermöglichen die Übertragung und Darstellung von Dokumenten verschiedener Formate (z.B.: FTP, Internet Gopher, WWW) und bieten Historiendienste, Lesezeichen, lokale Zwischenspeicherung (Caching) sowie die Einbindung von Hilfsanwendungen. Abbildung 2 zeigt beispielsweise den Historiendienst mit einem Navigationspfad.

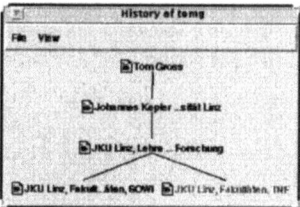

**Abbildung 2: Historiendienst mit Navigationspfad**

Verästelungen ergeben sich dabei, wenn Benutzer auf ihrem Navigationspfad zurückgehen und dann einem anderen Pfad folgen (bei den meisten derzeit verwendeten Web-Browsern wie beispielsweise Netscape Communicator oder Internet Explorer wird dabei der ursprüngliche Pfad überschrieben und Einträge gehen dadurch verloren).

*Asynchrone Funktionalität.* Die asynchronen Funktionen beinhalten den Austausch von Lesezeichen (private Lesezeichenlisten können anderen Benutzern in HTML-Format geschickt werden), Gruppenlesezeichenlisten (Listen von Titeln und URLs von Web-Seiten, die von einer Gruppe von Leuten angelegt und verwaltet werden können), geteilte lokale Zwischenspeicherung (mehrere Benutzer können sich einen Bereich für einen ge-

---

[1] Als semi-synchron bezeichne ich dabei Funktionen, die sowohl asynchrone als auch synchrone Kommunikation und Gruppenarbeit sowie flexibles Wechseln unterstützen. Die Raummetapher erweist sich für diese gewünschte Flexibilität als sehr dienlich. Sie hat gegenüber der Sitzungsmetapher mehrere Vorteile wie die Räumen inhärente Persistenz, aber auch eine Strukturierung des elektronischen Raums mit einfachen und intuitiven Übergängen zwischen verschiedenen Interaktionsformen. Beispiele für die Anwendung der Raummetapher aus dem Bereich des CSCW sind TeamRooms [Roseman 96] oder wOrlds [Mansfield et al. 97].

meinsamen Cache reservieren), asynchrone Transparenzunterstützung (die Historienlisten der Benutzer sind persistent und können von den Benutzern ausgetauscht werden), Anmerkungen zu Web-Seiten (Benutzer können beliebige Kommentare, Fragen und ähnliches an Web-Seiten anhängen) sowie elektronische Visitenkarten (mit Informationen über Name, Anschrift, Email-Adresse, Home-Page usw.).

*Synchrone Funktionalität.* Die synchronen Funktionen umfassen ein Chat-Werkzeug (jede Web-Seite ist mit einem IRC-ähnlichen Chat-Werkzeug ausgestattet) und die Unterstützung von Echtzeit-Gruppenarbeit (Benutzer können entscheiden, ob sie alleine durch das Web navigieren wollen, oder ob sie sich von einem anderen zu wählenden Benutzer führen lassen möchten).

*Semi-synchrone Funktionalität.* Die semi-synchronen Funktionen umfassen die Gruppenübersicht (Liste aller eingeloggten Gruppenmitglieder mit der jeweiligen Web-Seite, auf der sie sich gerade aufhalten), die Raumübersicht (Liste aller Räume, die von Gruppenmitgliedern besucht werden und der Anzahl der Besucher des jeweiligen Raums) und eine Benutzersuchfunktion (Suchknopf zur Suche nach Einzelpersonen). In der Glance-Raumansicht kann für eine Zeit von drei Sekunden eine Liste von Benutzern, die auf einer bestimmten Web-Seite befinden, abgefragt werden. Die Benutzer können ihre Präsenz und Verfügbarkeit selbst bestimmen; beispielsweise durch Einstellungen, ob sie während ihrer Navigation auf den diversen Listen aufscheinen möchten. Daher können die Benutzer umgekehrt davon ausgehen, daß die Personen, die auf den Listen aufscheinen, grundsätzlich offen für Kontakte sind.

## 4.2 Implementation

Eine sehr wichtige Frage, die sich im Zusammenhang mit kollaborativen GIS stellt, ist die Art der Erweiterung des WWW. Hier sind mehrere Varianten, die sich alle auf Web-Server, Web-Clients oder das HTT-Protokoll beziehen, denkbar. Keine Veränderungen an der Web-Architektur sind notwendig, wenn Plug-Ins verwendet werden, die die Funktionalität der Clients dynamisch erweitern, ohne daß der Client selbst geändert werden müßte. Common-Gateway-Interface (CGI) Skripts erweitern dynamisch die Funktionalität von Web-Servern, ohne daß die Server selbst verändert werden müssen. Applets, die beispielsweise in Java oder Tcl/Tk implementiert werden können, erweitern die Funktionalität der HyperText Markup Language (HTML). Aufwendiger sind spezielle Implementierungen wie etwa Neuimplementierungen der Web-Server (z.B.: bei BSCW [Bentley et al. 95]) oder der Web-Clients, etwa um auch nicht-standardisierten HTML-Code interpretieren zu können, oder um nicht-standardisierte APIs (z.B.: Virtual Places von Ubique [Scott 95]) zu unterstützen. Weiters ist auch denkbar, neue Protokolle einzuführen wie etwa das Awareness Protocol [Palfreyman & Rodden 96].

Im Falle von CSCW3 fiel die Entscheidung, da sehr viel Wert auf originäre Transparenz- und Kooperationsunterstützung gelegt wurde, auf die Adaptation des Web-Browsers gefallen. Besonderer Wert wurde weiters darauf gelegt, daß keine Änderungen an Web-Server und HTT-Protokoll gemacht werden müssen—nur so ist gewährleistet, daß jeder beliebige Web-Server abgefragt werden kann.

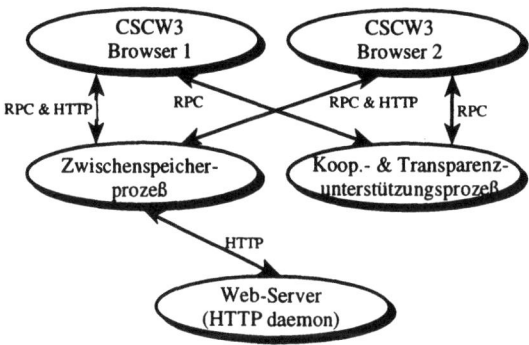

**Abbildung 3: Softwarearchitektur von CSCW3**

Der CSCW3 Prototyp besteht aus dem eigentlichen CSCW3 Browser; einem permanent laufendem Hintergrundprozeß, der für die Transparenz- und Kooperationsunterstützung zuständig ist (zentrale Verwaltung der Benutzerdaten, der Gruppenlesezeichenlisten und der Annotationen zu den Web-Seiten; die Synchronisation von CSCW3 Browsern und das Weiterleiten von Meldungen zwischen den CSCW3 Browsern etwa im Chat-Werkzeug) und einem permanent laufendem Hintergrundprozeß, der für die Zwischenspeicherung der Web-Seiten zuständig ist (für Einzelbenutzer und gemeinsame Zwischenspeicher). Der CSCW3 Prototyp ist in Tcl/Tk und Tcl-DP implementiert worden [Welch 97]. Abbildung 3 zeigt die Softwarearchitektur von CSCW3 sowie die Kommunikation zwischen den Komponenten für ein Szenario von zwei Browsern (Benutzern).

## 5 Evaluierung von CSCW3

Nach dieser kurzen Vorstellung von CSCW3, hat nun eine Bewertung entsprechend den oben beschriebenen Anforderungen zu erfolgen. Ich werde den Fokus, was die Transparenzunterstützung betrifft, gemäß der obigen Ausarbeitung der Anforderungen primär auf informelle und soziale Transparenz sowie auf Transparenz über den geteilten Arbeitsbereich legen.

### 5.1 Arten der Transparenz

Der CSCW3 Prototyp hat einige Mechanismen zur Unterstützung von *informeller* Transparenz: die Raumansicht, die Gruppenübersicht, die Raumübersicht und die Glance-Raumansicht. Das System stellt auch Information über *soziale* Transparenz zur Verfügung. Insbesondere gibt die Zeitspanne, die die Benutzer auf Web-Seiten verbringen, ein Gefühl über die Aufmerksamkeit der einzelnen Besucher. Die Benutzer können ihre Interessen, Aufmerksamkeit und Gefühlsverfassung explizit über das Chat-Werkzeug und die dort integrierten Emoticons (siehe Abbildung 1b) ausdrücken. Der Prototyp stellt detaillierte Information über den *geteilten Arbeitsbereich* zur Verfügung. Information über die

Identität und den Aufenthaltsort von anderen Benutzern wird in der Raumansicht, in der Gruppenübersicht und in der Glance-Raumansicht geboten. Die elektronische Visitenkarte einer Person gibt Informationen über Interessen, Wissen usw. einer Person. Informationen über Objekte und deren Veränderungen werden hauptsächlich über Gruppenlesezeichenlisten angeboten. Informationen über die Einflußsphäre anderer ist nicht automatisch verfügbar und muß gegebenenfalls explizit kommuniziert werden.

## 5.2 Situationsangemessene Transparenzunterstützung

Der CSCW3 Prototyp stellt *asynchrone* Transparenzunterstützung etwa durch persistente Historienlisten sowie *synchrone* Transparenzunterstützung etwa durch synchrone Transparenz über den geteilten Arbeitsbereich zur Verfügung. Insgesamt wird dadurch das häufige Wechseln zwischen individueller Arbeit, asynchroner Gruppenarbeit und synchroner Gruppenarbeit sehr schnell und leicht möglich.

Der CSCW3 Prototyp stellt verschiedene Granularitätsebenen der Transparenzunterstützung abhängig vom *Ausmaß des Engagements* zur Verfügung. Alleine arbeitende Benutzer können alle Fenster der Transparenzunterstützung schließen. Benutzer, die asynchron zusammenarbeiten, können entscheiden, ob sie die Raumansicht, die Gruppenansicht, die Raumübersicht oder die Glance-Raumansicht sehen möchten. Benutzer, die eng zusammenarbeiten möchten, können ihre CSCW3-Browser koppeln.

Der CSCW3 Prototyp stellt flexible Transparenzunterstützung in Abhängigkeit von der *Ähnlichkeit der Perspektiven* zur Verfügung. Wenn Benutzer verschiedene Perspektiven haben (z.B.: eines Web-Dokuments), werden die Benutzer mit wenig wechselseitiger Transparenz der Aktionen der verschiedenen Benutzer unterstützt. Wenn Benutzer dieselbe Perspektive haben (z.B.: dieselbe Web-Seite besuchen), bekommen sie detaillierte Transparenzunterstützung über die anderen Benutzer mit derselben Perspektive.

Der CSCW3 Prototyp bietet flexible Transparenzunterstützung in Abhängigkeit der *Koppelung der Aufgaben*. Benutzer mit verschiedenen Aufgaben können individuell durch das Web navigieren; Benutzer mit derselben Aufgabe können synchron durch das Web navigieren und haben detaillierte Transparenzunterstützung über kopräsente Kollegen.

## 5.3 Anforderungen an kollaborative GIS

Der CSCW3 Prototyp läßt die Benutzer frei die bevorzugte *Informationssuchstrategie* wählen. Er bietet Möglichkeiten zum Aufbau und zur kontinuierlichen Aktualisierung des Inhalts und der Struktur des *Community Memory*, indem private Lesezeichenlisten ausgetauscht, Gruppenlesezeichenlisten anlegt und aktualisieren werden und Web-Seiten in beliebigem Umfang annotiert werden oder indem lokale Kopien der Dialoge im Chat-Werkzeug erstellt werden. Weiters erlaubt der CSCW3 Prototyp verschiedene Arten *kollaborativen Verhaltens* um Community Memory auszuweiten oder zu aktualisieren: die Benutzer können gemeinsam nach Information suchen, indem sie ihre Browser koppeln und das Chat-Werkzeug öffnen; die Benutzer können koordinierte Suchvorhaben mit nicht gekoppelten CSCW3-Broswern aber permanenter Chat-Verbindung durchführen; die Benutzer können freie Abfragen und direkte Abfragen machen, indem sie einen CSCW3-

Browser teilen, und sie können zufällige Begegnungen haben, insbesondere mit Besuchern derselben Web-Seite.

Der CSCW3 Prototyp bietet diverse Funktionen für *Online-Gemeinschaften*. Informationen wie private Historienlisten, private Lesezeichenlisten, Gruppenlesezeichenlisten, Anmerkungen zu Web-Seiten usw. werden persistent gehalten und Veränderungen werden an andere Benutzer von CSCW3 weitergeleitet (z.B.: Gruppenlesezeichenlisten, Anmerkungen zu Web-Seiten). Kurze Antwortzeiten werden durch den Umstand garantiert, daß Chat-Nachrichten, Anmerkungen zu Web-Seiten, Gruppenlesezeichenlisten usw. aus reinem ASCII-Text bestehen und daher schnell und mit geringer Bandbreite übertragen werden können. Die Mitgliedschaft ist dynamisch—Benutzer können kurzfristig entscheiden, ob sie in den diversen Listen aufscheinen möchten und ob sie mit anderen kommunizieren oder zusammenarbeiten möchten. Der CSCW3 Prototyp erfüllt einige Anforderungen an *„WWW-Systeme der nächsten Generation"*. Die Bedienung des CSCW3-Browsers ist sehr ähnlich wie bei Netscape oder dem Internet Explorer und erfordert daher kaum Umlernen. Die Konversationen im Chat-Werkzeug erfolgen allerdings in reinem ASCII-Text (nicht in HTML) und müssen bei Bedarf manuell gesichert werden (keine automatische Archivierung). Weiters wurden bis dato keine Zugriffskontrollmechanismen implementiert. Anonymes Navigieren zum Schutz der Privatsphäre wird unterstützt. Navigationspfade können nachvollzogen werden, da in der Raumansicht für jeden Besucher die Herkunfts- und die Hinkunfts-Web-Seite angegeben wird.

## 6 Zusammenfassung

Der CSCW3 Prototyp unterstützt das kollaborative Suchen und Empfangen sowie Speichern und Verwalten von Information. Der Prototyp kombiniert Vorteile von traditionellen Bibliotheken mit Vorteilen von Digitalen Bibliotheken und mit Stärken von Groupware-Systemen.

Verglichen mit traditionellen Bibliotheken hat CSCW3 einige Vorteile. Die Benutzer müssen nicht gleichzeitig am selben physischen Ort, d.h. in derselben Bibliothek sein, um in Kontakt treten zu können. Die Benutzer können leicht andere kontaktieren ohne Dritte dadurch zu stören. Verglichen mit anderen digitalen Bibliotheken und Einzelbenutzer-Web-Browsern haben die Benutzer von CSCW3 den Vorteil, daß sie andere frei kontaktieren und in einer Gruppe nach Information suchen können. Verglichen mit anderen Groupware-Systemen verfügt CSCW3 über ausgefeilte Transparenzunterstützung und die gesamten Vorteile des WWW.

Ich möchte abschließend den anonymen Reviewern für die wertvollen Hinweise und Kommentare danken. Des weiteren möchte ich Christa Schneebauer und Andreas Schifflhuber für ihre Mithilfe beim Redigieren des Papiers danken.

## Literaturhinweise

[Bates 79] Bates, M.J. Information Search Tactics. *Journal of the American Society for Information Science 30*, 4 (Apr. 1979). pp. 205-214.

[Belkin & Croft 92] Belkin, N.J. and Croft, W.B. Information Filtering and Information Retrieval: Two Sides of the Same Coin? *Communications of the ACM 35*, 12 (Dec. 1992). pp. 29-38.

[Bentley et al. 95] Bentley, R., Horstmann, T., Sikkel, K. and Trevor, J. BSCW: Supporting Collaborative Information Sharing with the World Wide Web: The BSCW Shared Workspace System. In *Proceedings of the Fourth International WWW Conference - WWW'95* (Dec. 11-14, Boston, MA). O'Reilly, Sebastopol, CA, 1995. pp. 63-74.

[Cove & Walsh 88] Cove, J.F. and Walsh, B.C. Online Text Retrieval Via Browsing. *Information Processing and Management 24*, 1 (Jan. 1988). pp. 31-37.

[Donath 95] Donath, J.S. Visual Who: Animating the Affinities and Activities of an Electronic Community. In *Proceedings of the Third International Conference on Multimedia - Multimedia'95* (Nov. 5-9, San Francisco, CA). ACM, N.Y., 1995.

[Donath & Robertson 95] Donath, J.S. and Robertson, N. *The Sociable Web*. Presented at Workshop on WWW and Collaboration at the Fourth International WWW Conference - WWW'95 (Sept. 11-12, Boston, MA). MacArthur, K., ed. World Wide Web Consortium, 1995.

[Dourish & Belotti 92] Dourish, P. and Belotti, V. Awareness and Coordination in Shared Workspaces. In *Proceedings of the Conference on Computer-Supported Cooperative Work - CSCW'92* (Oct. 31-Nov. 4, Toronto, Canada). ACM, N.Y., 1992. pp. 107-114.

[Gaver et al. 92] Gaver, W.W., Moran, T., MacLean, A., Lövstrand, L., Dourish, P., Carter, K.A. and Buxton, W. Realising a Video Environment: EUROPARC's RAVE System. In *Proceedings of the Conference on Human Factors in Computing Systems - CHI'92* (May 3-7, Monterey, CA). ACM, N.Y., 1992. pp. 27-35.

[Greenberg & Roseman 96] Greenberg, S. and Roseman, M. Short Paper: GroupWeb: A WWW Browser as Real-Time Groupware. In *Conference Companion of the Conference on Human Factors in Computing Systems - CHI'96* (Apr. 13-18, Vancouver, Canada). ACM, N.Y., 1996. pp. 271-272.

[Gross & Traunmueller 96] Gross, T. and Traunmueller, R. Group Awareness in Global Information Systems. In *Proceedings of the Fourth International Information Management Talks - IDIMT'96* (Oct. 16-18, Zadov, Czech Republic). Oldenbourg, Vienna, 1996. pp. 149-160.

[Gutwin & Greenberg 95] Gutwin, C. and Greenberg, S. Support for Group Awareness in Real-Time Desktop Conferences. In *Proceedings of the Second New Zealand Computer Science Research Students' Conference* (Apr. 18-21, Waikato, Hamilton, NZ). 1995.

[Gutwin et al. 96] Gutwin, C., Greenberg, S. and Roseman, M. Workspace Awareness in Real-Time Distributed Groupware: Framework, Widgets, and Evaluation. In *Proceedings of the Conference on Human-Computer Interaction: People and Computers - HCI'96* (Aug. 20-23, London, UK). Springer-Verlag, Heidelberg, 1996. pp. 281-298.

[Hughes 95] Hughes, K. *From Webspace to Cyberspace*. Enterprise Integration Technologies, http://www.eit.com/~kevinh/cspace, 1995. (Accessed 21/2/97).

[Ishii & Kobayashi 92] Ishii, H. and Kobayashi, M. ClearBoard: A Seamless Medium for Shared Drawing and Conversation with Eye Contact. In *Proceedings of the Conference on Human Factors in Computing Systems - CHI'92* (May 3-7, Monterey, CA). ACM, N.Y., 1992. pp. 525-532.

[Kindberg 96] Kindberg, T. *Mushroom: A Framework for Collaboration and Interaction Across the Internet.* Presented at ERCIM Workshop on CSCW and the Web (Feb. 7-9, Sankt Augustin, Germany). Busbach, U., Kerr, D. and Sikkel, K., eds. Arbeitspapiere der GMD 984, 1996.

[King et al. 94] King, G., Kung, H.T., Grosz, B., Verba, S., Flecker, D. and Kahin, B. The Harvard Self-Enriching Library Facilities (SELF) Project. In *Proceedings of the Digital Libraries Workshop - DL'94* (May 19-20, Newark, NJ). Springer-Verlag, Heidelberg, 1994.

[Konstan et al. 97] Konstan, J.A., Miller, B.N., Maltz, D., Herlocker, J.L., Gordon, L.R. and Riedl, J. GroupLens: Applying Collaborative Filtering to Usenet News. *Communications of the ACM 40*, 3 (Mar. 1997). pp. 77-87.

[LaLiberte 95] LaLiberte, D. *Collaboration with HyperNews.* NCSA, National Centre for Supercomputing Applications, University of Illinois, http://union.ncsa.uiuc.edu:80/~laliberte/hypernews/overview.html, 1995. (Accessed 20/11/96).

[Levy & Marshall 95] Levy, D.M. and Marshall, C.C. Going Digital: A Look at Assumptions Underlying Digital Libraries. *Communications of the ACM 38*, 4 (Apr. 1995). pp. 77-84.

[Mansfield et al. 97] Mansfield, T., Kaplan, S., Fitzpatrick, G., Phelps, T., Fitzpatrick, M. and Taylor, R. Evolving Orbit: A Progress Report on Building Locales. In *Proceedings of the International ACM SIGGROUP Conference on Supporting Group Work: The Integration Challenge - Group'97* (Nov. 16-19, Phoenix, AZ). ACM, N.Y., 1997. pp. 241-250.

[Marchionini 89] Marchionini, G. Information-Seeking Strategies of Novices Using a Full-Text Electronic Encyclopaedia. *Journal of the American Society for Information Science 40*, 1 (Jan. 1989). pp. 54-66.

[Marshall et al. 94] Marshall, C., Shipman, F.M. and McCall, R.J. Putting Digital Libraries to Work: Issues from Experience with Community Memories. In *Proceedings of the Digital Libraries Workshop - DL'94* (May 19-20, Newark, NJ). Springer-Verlag, Heidelberg, 1994.

[Masinter & Ostrom 93] Masinter, L. and Ostrom, E. *Collaborative Information Retrieval: Gopher from MOO.* Xerox PARC, 3333 Coyote Hill Rd., Palo Alto, CA, 1993.

[Meyer & Hader 94] Meyer, T. and Hader, S. A MOO-Based Collaborative Hypermedia System for WWW. In *Proceedings of the Second International World-Wide Web Conference - Mosaic and the Web - WWW'94* (Oct. 17-20, Urbana-Champaign, IL). NCSA, Urbana-Champaign, IL, 1994.

[Palfreyman & Rodden 96] Palfreyman, K. and Rodden, K. A Protocol for User Awareness on the World-Wide Web. In *Proceedings of the ACM 1996 Conference on Computer-Supported Cooperative Work - CSCW'96* (Nov. 16-20, Boston, MA). ACM, N.Y., 1996. pp. 130-139.

[Roescheisen et al. 95] Roescheisen, M., Mogensen, C. and Winograd, T. Short Paper: Interaction Design for Shared World-Wide Web Annotations. In *Conference Companion of the Conference on Human Factors in Computing Systems - CHI'95* (May 7-11, Denver, CO). ACM, N.Y., 1995. pp. 328-329.

[Roseman 96] Roseman, M. TeamRooms: Network Places for Collaboration. In *Proceedings of the ACM 1996 Conference on Computer-Supported Cooperative Work - CSCW'96* (Nov. 16-20, Boston, MA). ACM, N.Y., 1996. pp. 325-333.

[Schenk 95] Schenk, M. *W3 Document Annotator.* Ecole des HEC, University of Lausanne, Switzerland, http://eliot.unil.ch:8085/docs/wda-Article.html, 1995. (Accessed 23/8/96).

[Scott 95] Scott, K. *Ubique's Virtual Places: Communication and Interaction on the World-Wide Web.* Presented at Workshop on WWW and Collaboration at the Fourth International WWW Conference - WWW'95 (Sept. 11-12, Boston, MA). MacArthur, K., ed. World Wide Web Consortium, 1995.

[Sidler et al. 97] Sidler, G., Scott, A. and Wolf, H. Collaborative Browsing in the World-Wide Web. In *8th Joint European Networking Conference* (May 12-15, Edinburgh, UK). 1997.

[Trevor et al. 97] Trevor, J., Koch, T. and Woetzel, G. MetaWeb: Bringing Synchronous Groupware to the World-Wide Web. In *Proceedings of the Fifth European Conference on Computer-Supported Cooperative Work - ECSCW'97* (Sept. 7-11, Lancaster, UK). Kluwer Academic Publishers, Dortrecht, NL, 1997. pp. 65-80.

[Welch 97] Welch, B.B. *Practical Programming in Tcl and Tk.* Prentice-Hall, Englewood Cliffs, NJ, 1997.

[Wittenburg et al. 95] Wittenburg, K., Das, D., Hill, W. and Stead, L. Group Asynchronous Browsing on the World-Wide Web. In *Proceedings of the Fourth International WWW Conference - WWW'95* (Dec. 11-14, Boston, MA). O'Reilly, Sebastopol, CA, 1995. pp. 51-62.

[Woo & Rees 94] Woo, T.K. and Rees, M.J. A Synchronous Collaboration Tool for World-Wide Web. In *Proceedings of the Second International World-Wide Web Conference - Mosaic and the Web - WWW'94* (Oct. 17-20, Urbana-Champaign, IL). NCSA, Urbana-Champaign, IL, 1994.

# Implizite und explizite Kooperationsmodelle

Eine fachlich motivierte Ausgestaltung kooperationsunterstützender Anwendungssoftware

Guido Gryczan, Anita Krabbel, Ingrid Wetzel und Heinz Züllighoven

Arbeitsbereich Softwaretechnik, FB Informatik, Universität Hamburg

## Zusammenfassung

Anwendungssysteme lassen sich heute nur dann sinnvoll in einen organisatorischen Kontext einbetten, wenn sie die funktionalen und die kooperativen Anteile der Arbeit integriert unterstützen. Bei der Gestaltung solcher Systeme sind daher beide Anteile sorgfältig zu untersuchen und in ihren Wechselwirkungen zu verstehen.

Während Menschen ohne Computerunterstützung oftmals informell zusammenarbeiten und sich flexibel koordinieren, müssen Kooperation und Koordination bei Anwendungssystemen ausdrücklich vorgesehen werden. Wir unterscheiden verschiedene Kooperationsmodelle, die entweder implizit oder explizit die Zusammenarbeit beschreiben und regeln.

Der Artikel stellt auf der Basis von Erfahrungen aus Softwareprojekten anwendungsfachlich motivierte Konzepte zur Ausgestaltung kooperationsunterstützender Anwendungssoftware vor, die die jeweiligen Erfordernisse an Flexibilität und Arbeitsorganisation berücksichtigen.

# 1 Einleitung

Im CSCW-Kontext wird wiederholt auf die Verflechtung zwischen den funktionalen und kooperativen Anteilen der Arbeit hingewiesen (z.B. [Grudin 94], [Kyng 91]). Bei der Analyse sind die Anteile kooperativer Arbeit jedoch oft erst wahrnehmbar, wenn die Arbeit insgesamt verstanden und charakterisiert ist. Denn diese kooperativen Anteile treten nicht immer explizit als Artikulationsarbeit auf [Schmidt&Bannon 92]. Bei der Systemgestaltung müssen die funktionalen und kooperativen Anteile der Arbeit dann integriert werden, da ansonsten da ansonsten kooperationsunterstützende Werkzeuge kaum verwendbar sind [Grudin 94]. Doch nur wenige Anwendungssysteme bieten eine sinnvolle Unterstützung kooperativer Arbeit *innerhalb des Systems* an. Kooperation innerhalb des Anwendungssystems soll nicht nur rein technisch ermöglicht sein, sondern die Unterstützung muß in einer verständlichen konzeptionellen Gestalt vorliegen.

In den letzten Jahren haben wir auf der Basis des Werkzeug & Materialansatzes zahlreiche Projekte im Banken-, Dienstleistungs- und Krankenhausbereich begleitet [Züllighoven 98]. Dabei stellte sich heraus, daß wir Softwareunterstützung am Arbeitsplatz nur dann sinnvoll realisieren können, wenn die Anwendungssysteme in die vorhandenen und zukünftigen Kooperationsbeziehungen und Arbeitsabläufe hineinpassen. Entsprechend haben wir unseren ursprünglich auf den einzelnen Arbeitsplatz ausgerichteten Ansatz um kooperative Komponenten erweitert. Dieses Papier legt die ersten Ergebnisse dieser Projekte vor.

## 1.1 Grundbegriffe kooperativer Arbeit

Menschen kooperieren auf vielfältige Art und Weise: Wenn wir diese Kooperation nicht anwendungsfachlich verständlich unterstützen wollen, müssen wir uns ein explizites Modell von dieser Kooperation machen. Wir sprechen von unterschiedlichen *Kooperationsmodellen*. Übertragen wir ein solches Kooperationsmodell auf ein Anwendungssystem, dann kommt zu seinem beschreibenden ein regelnder Aspekt hinzu. Ein in Software vergegenständlichtes Kooperationsmodell bestimmt die Benutzung. Daher sollte ein implementiertes Kooperationsmodell den jeweiligen Erfordernissen an Flexibilität und Arbeitsorganisation entsprechen.

Den Begriff *kooperative Arbeit* fassen wir im Sinne von [Oberquelle et al. 94]: Verschiedene Personen arbeiten geplant und koordiniert zusammen, um ein gemeinsames Ergebnis zu erreichen. Kooperation verlangt nach Koordination, d.h. nach Mechanismen zur Abstimmung von Arbeitsteilung [Malone&Crowston 94].

Bei der Unterstützung von Kooperation und Koordination durch Anwendungssoftware unterscheiden wir grundlegend:

- *Implizite Kooperation:* Hier wird der konkurrierende Zugriff mehrerer Benutzer auf gemeinsame Ressourcen im Kooperationsmodell *ermöglicht* und *verdeutlicht*. Kooperation oder Koordination selbst sind aber nicht vergegenständlicht.

- *Explizite Kooperation:* Dabei wird im Kooperationsmodell deutlich, daß mehrere Benutzer kooperativ in einer gemeinsamen Arbeitsumgebung arbeiten. Geeignete Mechanismen stehen für die Weitergabe von Materialien und die Koordination bereit.

- *Explizite Koordination:* Zusätzlich zur Kooperation wird im Kooperationsmodell deutlich, daß und wie sich mehrere Benutzer über ihre Art der Arbeitsteilung verständigen.

Im folgenden erläutern wir diese Konzepte und bringen praktische Beispiele, wie sie sich bei der Gestaltung von Anwendungssoftware umsetzen lassen.

## 2 Unterstützung der impliziten Kooperation

### 2.1 Probleme, Konzepte und Entwurfskriterien

Bei der Entwicklung von Arbeitsplatzsystemen z.B. im Bankbereich (vgl. [Bäumer et al. 96]) haben wir rasch festgestellt, daß schon aus fachlichen Gründen eine minimale Kooperationsunterstützung geboten werden muß. So ist vielfach bei der Kreditbearbeitung im Bankgeschäft das sog. Vier-Augen-Prinzip vorgeschrieben, d.h., ein Kreditantrag muß von zwei Personen bearbeitet und genehmigt werden.

Ein minimales Kooperationsmodell ermöglicht die implizite Kooperation: Ein Benutzer teilt sich mit anderen gemeinsame Arbeitsmaterialien in einer Arbeitsumgebung, ohne daß die Kooperation *zunächst* deutlich wird. Auffällig wird diese Form der Kooperation dann, wenn auf diese Materialien konkurrierend von verschiedenen Arbeitsplätzen aus zugegriffen wird.

Für diese Kooperationsform gelten folgende Merkmale:

- Zur Erledigung einer kooperativen Aufgabe muß arbeitsteilig auf ein gemeinsames Arbeitsmaterial zugegriffen werden.
- Es gibt mehrere Arbeitsplätze in einer gemeinsamen Arbeitsumgebung.
- Am einzelnen Arbeitsplatz sind die anderen Arbeitsplätze nicht sichtbar.
- Die Beteiligten koordinieren sich durch Konventionen außerhalb des Anwendungssystems.

Das zentrale Problem bei der impliziten Kooperation ist demnach die *Transparenz* bei der Verwendung gemeinsamer Materialien: Der Benutzer kann die Konkurrenzsituation mit Hilfe des Anwendungssystems erkennen. Kriterien sind:

- Das System muß verdeutlichen, daß mehr als ein Benutzer am gleichen Material arbeitet.

- Die Einheit von Raum und Zeit bei der Materialbearbeitung soll gewahrt bleiben. Dies heißt, daß ein Material zu einem Zeitpunkt nur an genau einem Ort sein und dort bearbeitet werden kann.
- Die Koordination erfolgt durch Konvention außerhalb des Systems.

In diesem Zusammenhang sprechen andere Ansätze von Awareness, wobei Awareness-Information sich auf synchrone oder asynchrone gemeinsame Materialbenutzung und Aktivitäten anderer Systembenutzer beziehen kann [Fuchs et al. 95]. Wir betrachten hier hauptsächlich den Aspekt der synchronen Materialnutzung.

Anwendungsfachlich bietet sich für diese Kooperationsform das Konzept des *Archivs* an. Wir haben dieses Konzept in einem Bankenprojekt bei der UBS Zürich realisiert, wo Kreditakten in einem Kundenarchiv verwaltet werden, zu dem die verschiedenen Kreditsachbearbeiter Zugang haben (vgl. [Züllighoven 98]).

## 2.2 Realisierung der impliziten Kooperation durch ein gemeinsames Archiv

Ein gemeinsames Archivs soll Materialien für mehrere Personen bereitzustellen und konsistent verwalten. Ein Archiv (s. Abbildung 1) führt eine *Bestandsliste*, aus der die verwalteten Materialien ersichtlich sind. Jeder Zugriff auf das Archiv wird dort durch Vermerke dokumentiert.

Die Bestandsliste enthält die Namen aller Materialien, die im Archiv verwaltet werden. Über den Namen wird ein Material identifiziert und aus dem Archiv angefordert. Aus der Liste ist weiterhin ersichtlich, ob sich das Material gerade im Archiv befindet, oder ob es ausgeliehen ist. Meist ist der Name oder die Rollenbezeichnung des Benutzers vermerkt, der ein Material ausgeliehen hat.

Ein gemeinsames Archiv ist also von mehr als einem Arbeitsplatz aus zugänglich. Damit haben wir ein fachliches Modell (Materialaustausch) für ein technisches Konzept (gemeinsamer Datenzugriff). Zusätzlich ist wesentlich, daß über die Vermerke in der Bestandsliste die Konkurrenzsituation deutlich wird und auf den Entleiher rückgeschlossen werden kann. Dadurch wird eine einfache Koordination (außerhalb des Systems) ermöglicht.

Ziel dieses Gestaltungsansatzes ist, für die Benutzer ein fachlich nachvollziehbares Modell der Arbeit mit einem gemeinsamen Archiv herzustellen. Obwohl technisch durchaus die Möglichkeit besteht, gleichzeitig mehrere Benutzer auf einem Material arbeiten zu lassen, halten wir hier bewußt an der täglichen Arbeitserfahrung der Einheit von Zeit und Raum fest. Dies schließt die gleichzeitige Bearbeitung eines Materials durch mehrere Benutzer des Archivs aus.

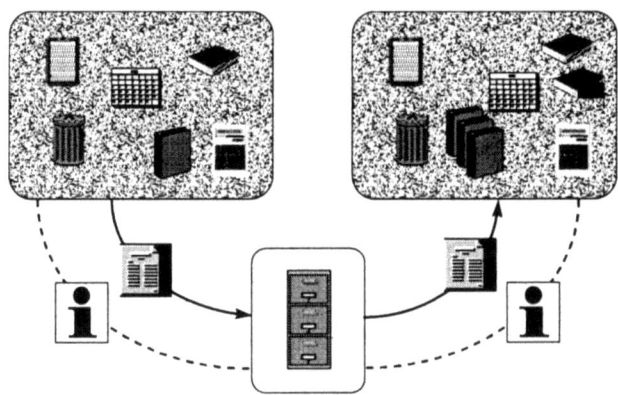

**Abbildung 1: Kooperation über ein gemeinsames Archiv**

Je nach erforderlicher Flexibilität wählen wir eine Realisierung des Konzepts von *Original und Kopie*:

- *Exklusiver Zugriff auf das Material; es gibt keine Kopien*. Das entnommene Material ist für andere Benutzer gesperrt.

Ein Material soll hier nur einmal vorhanden sein, d.h. es ist fachlich nicht sinnvoll oder technisch nicht einfach möglich, vom Material eine Kopie anzufertigen. Daher müssen die Benutzer darüber informiert werden, wo sich das Material momentan befindet. Sonst kann es zu Unterbrechungen und Störungen im Arbeitsprozeß kommen.

- *Exklusiver Zugriff auf ein Original, Kopien sind möglich*. Nur ein Benutzer kann das Original des Material aus dem Archiv nehmen. Weitere Benutzer erkennen, daß das Original ausgeliehen ist, können sich aber Arbeitskopien ziehen.

Auch wenn das Original eines Materials nicht mehr verfügbar ist, sollen bei dieser Variante Kopien verfügbar sein, die als Arbeitskopie weiteren Benutzern zur Verfügung steht. Die Koordination von Änderungen, die am Original und den Arbeitskopien vorgenommen wurden, liegt hier bei den Benutzern. Änderungen am Original ziehen keine automatischen Änderungen an den Kopien nach sich. Es kann sinnvoll sein, Benutzer von Kopien über die Rückgabe des Originals zu informieren.

- Zugriff immer nur auf Kopien möglich. Jeder Benutzer erhält nur eine Arbeitskopie, die mit einem internen Zeitstempel versehen wird. Das Original kann durch eine explizite Änderungsoperation von einer Arbeitskopie ersetzt werden. Dabei erhält sie einen aktuellen Zeitstempel. Wenn ein Original durch Arbeitskopie mit einem älteren Zeitstempel ersetzt werden soll, wird der Benutzer über den Konflikt und seine Ursache informiert.

Wenn häufig lesend auf ein Material zugegriffen wird und Änderungen eher die Ausnahme sind, dann werden zunächst beliebige Arbeitskopien ausgegeben. Dabei ist es für den lesenden Zugriff uninteressant, daß viele Benutzer konkurrierend zugreifen. Oft kommt hinzu, daß das Original aus fachlichen Gründen nicht dauerhaft für einen Benutzer exklusiv verfügbar gemacht werden kann (z.B. ein Konto). Erst wenn durch nebenläufige unkoordinierte Bearbeitung eines Materials ein Konflikt entsteht, wird der Benutzer über diesen Konflikt informiert und kann sich anhand der mitgelieferten Informationen mit anderen Benutzern über die Regelung des Konflikts verständigen.

Das Konzept von Original und Kopie ist also primär anwendungsfachlich motiviert ist und muß von der technischen Realisierung getrennt werden. Die Art und Weise, wie Originale und Kopien bei konkurrierendem Zugriff verwaltet werden und wie im Konfliktfall die Koordination erfolgen muß, kann nur anwendungsfachlich und nicht durch ein allgemeines technisches Verfahren geregelt werden.

Die Varianten des Konzepts von Original und Kopie ziehen jeweils unterschiedliche Arten der Awareness-Information nach sich, die zu Konventionen des gemeinsamen Umgangs führen (vgl. [Mark et al. 97]). Soll z.B. die Koordination zwischen den Benutzern von Original und Kopien noch weiter unterstützt werden, kann ein Archiv einen *Signalmechanismus* als zusätzliche Dienstleistung anbieten. Dabei wird der Benutzer einer Kopie vom Archiv benachrichtigt, wenn sich das zu der Kopie gehörende Original verändert hat.

Mit der Einführung von Archiven stellt sich auch die Frage der Persistenz von Materialien. Jeder Benutzer wird erwarten, daß alle Materialien in einem Archiv ohne weitere explizite Handlungen dauerhaft gespeichert sind. Daher ist ein Archiv auch eine gute Vergegenständlichung des Persistenzkonzepts. In verschiedenen Projekten haben wir über Automaten [Züllighoven 98] die verschiedenen Datenbanken und andere Speichermedien angeschlossen.

## 3 Unterstützung von expliziter Kooperation und Koordination

### 3.1 Probleme, Konzepte und Entwurfskriterien

Vielfach reicht die implizite Kooperation nicht aus. Gerade bei Büroarbeit werden Akten, Mappen oder Schriftstücke oft zwischen wenigen Beteiligten ausgetauscht, wobei jeder weiß, was seine Rolle bei der Erledigung dieses „Vorgangs" ist. Dies bezeichnen wir als *explizite Kooperation*, bei der deutlich wird, daß ein Arbeitsgegenstand weitergegeben wird und welche anderen Personen zumindest prinzipiell für die Zusammenarbeit bereitstehen.

Für die explizite Kooperation gelten folgende Merkmale:

- Zur Erledigung einer kooperativen Aufgabe werden gemeinsame Arbeitsmaterialien explizit ausgetauscht und weitergegeben.

- Die verschiedenen Arbeitsplätze innerhalb einer gemeinsamen Arbeitsumgebung sind durch Kooperationsmedien miteinander verbunden.
- Am einzelnen Arbeitsplatz ist sichtbar, welche anderen Arbeitsplätze prinzipiell oder aktuell vorhanden sind.
- Die Beteiligten kennen aufgrund von Konventionen die Art und Weise ihrer Zusammenarbeit und benötigen keine besonderen Mechanismen innerhalb des Anwendungssystems, um ihre Arbeit zu koordinieren.

Im folgenden beschreiben wir an einem Beispiel, wie explizite Kooperation unterstützt werden kann.

## 3.2 Explizite Kooperation durch Postfächer zum Materialaustausch

Die Übertragung des Konzepts von Postfächern auf Anwendungssysteme nach dem Werkzeug und Materialansatz ist auf den ersten Blick eine Erweiterung der Archividee. Bei genauer Betrachtung zeigen sich aber einige Eigenschaften, die Postfächer zu einem guten Kooperationsmedium machen:

Von jedem Arbeitsplatz aus ist der gemeinsame Postraum mit seinen Fächern sichtbar. Jeder Benutzer kann Material in jedes beliebige Postfach hineinlegen oder aus einem Fach herausnehmen. Für alle Benutzer ist sichtbar, ob etwas in den Fächern liegt (s. Abbildung 2). Herausnehmen bedeutet, ein Material aus einem Postfach heraus auf den eigenen Schreibtisch zu holen. Damit ist dieses Material dann für die anderen nicht mehr sichtbar und zugreifbar. In der Gruppe, die diese Postfächer benutzt, gibt es Konventionen, wer was in welche Postfächer legt oder aus ihnen herausholen darf.

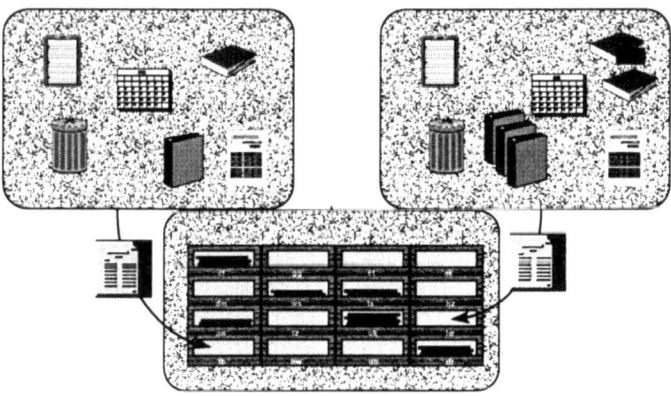

Abbildung 2: Kooperation mit gemeinsamen Postfächern

Postfächer in einem gemeinsamen Postraum sind eine wesentliche Erweiterung des Raumkonzepts. Neben dem individuellen Arbeitsplatz gibt es einen Raum, der für die Gruppe „gleichzeitig" zugänglich ist (vgl. [Pankoke-Babatz&Syri 96]). Dieses offene Konzept von Postfächern hat folgende Vorteile:

- Der Austausch von Materialien geschieht nach einem ganz einfachen Modell, das jedem sofort einsichtig ist.

- Die Koordination der Zusammenarbeit bedarf keiner eigenen Mechanismen, da für jeden Benutzer ersichtlich ist, wann ein Material im eigenen Fach oder auf dem Arbeitsplatz liegt.

- Da jeder Benutzer die Übersicht über alle Postfächer und den (technisch) freien Zugriff darauf hat, können Arbeitsüberlastung, mögliche freie Kapazitäten und Stellvertreterregelungen (als eine Form von Awareness-Information) erkannt und durch Konventionen außerhalb des Systems geregelt aber innerhalb des Systems realisiert werden.

Alternative fachliche Konzepte zu Postfächern sind ein Postversandsystem mit expliziten Adressen oder eine einfache direkte „Rohrpostverbindung" zwischen jeweils zwei eng kooperierenden Arbeitsplätzen.

Technisch läßt sich das Konzept von Postfächern bereits mit einem einfachen gemeinsamen Dateisystem für die unterschiedlichen Arbeitsplätze realisieren. Innerhalb eines Arbeitsplatzes muß dann nur eine Komponente (in unserem Ansatz ein „Automat") regelmäßig den „Eingang" oder „Ausgang" von Materialien überprüfen und an die Komponenten melden, die die Postfächer repräsentieren.

Natürlich lassen sich auch technisch anspruchsvollere Konzepte für die Realisierung verwenden, die dann wieder mit einem Persistenzmechanismus versehen werden (s. [Wetzel et al. 97]).

## 4 Unterstützung von expliziter Koordination

### 4.1 Probleme, Konzepte und Entwurfskriterien

Postfächer sind eine Gestaltungsmöglichkeit für die Unterstützung von expliziter Kooperation. Eine weitere typische Arbeitssituation finden wir in Büros, wenn es um die Vorgangsbearbeitung geht. Hier sind vor allem solche Kooperationsformen von Interesse, die in zeitlich und räumlich getrennten Arbeitsschritten ablaufen. Charakteristisch für diese Form der Arbeitsteilung ist, daß verschiedene Personen — häufig mit unterschiedlichen Qualifikationen — zu verschiedenen Zeitpunkten an der Lösung einer Aufgabe zusammenarbeiten

Um diese Art von Vorgängen zu unterstützen, reicht es nicht aus, die Kooperation durch den Austausch von Material zu realisieren, sondern wir müssen auch die Koordination explizit im System modellieren.

Charakteristisch ist:

- In der Regel *kennen sich* die kooperierenden Personen *persönlich* und haben ein bestimmtes "Muster" der Zusammenarbeit entwickelt.

Trotzdem läßt sich *kein allgemeingültiger Arbeitsablauf* für die Vorgangsbearbeitung definieren. Dafür kann es verschiedene Gründe geben: (1) Viele Tätigkeiten können an einem Arbeitsplatz parallel durch eine Person in einem Arbeitszusammenhang ausgeführt werden. (2) Nur für einen Teil der Tätigkeiten sind Ergebnisse aus vorangehenden Tätigkeiten zwingend erforderlich. (3) Je nach Situation können einzelne Tätigkeiten auch entfallen oder spezielle andere hinzukommen.

- *Materialien* werden als Teil des angestrebten Arbeitsergebnisses oder zu Informationszwecken zwischen den Beteiligten *ausgetauscht*, etwa in Vorgangsmappen oder Ordnern. Erst dadurch kann eine Gesamtaufgabe räumlich und zeitlich getrennt erledigt werden.

- Die *Anzahl* der an der Kooperation beteiligten *Personen* ist *begrenzt*. Sie haben einen gemeinsamen Erfahrungshintergrund.

- Die *Menge* der zu erledigenden *Tätigkeiten* liegt in einer *überschaubaren Größenordnung*. Inhalt und Zweck der anfallenden Tätigkeiten sind allen Beteiligten bekannt.

- Die *Kontrolle* über den weiteren Verlauf der Zusammenarbeit liegt jeweils bei der *Person*, die den gemeinsamen *Vorgang* gerade *bearbeitet*.

Diese Form der Zusammenarbeit ist zwar prinzipiell beschreibbar, ein konkreter Vorgang wird aber nur in seltenen Fällen ein genaues Abbild des Routinefalls sein. Hier liegt das Spannungsfeld für die Unterstützung kooperativer Arbeit, für die sich zwei grundlegend verschiedene Entwurfsalternativen abzeichnen.

In den meisten Workflow-Management-Systemen wird nach einer Prozeßbeschreibung gesucht, die die gesamte "Logik" des Vorgangs implementiert (vgl. [Jablonski 97]). Diese Beschreibung muß alle möglichen Sonderfälle, die in der konkreten Situation entstehen können, voraussehen und behandeln. In [Gryczan 96] und [Gryczan et al. 96] haben wir festgestellt, daß diese vollständige Prozeßbeschreibung in vielen Fällen nicht möglich oder sinnvoll ist.

Innerhalb des Werkzeug und Materialansatzes machen wir das Kooperationsmodell explizit und bearbeitbar, um die Zusammenarbeit der verschiedenen Personen zu koordinieren. Damit lassen sich auch Situationen abdecken, die aus einem vorformulierten Schema herausfallen.

Das dahinterstehende Konzept nennen wir „Prozeßmuster" [Gryczan 96]. Mit ihnen können Verantwortlichkeiten innerhalb einer Kooperation beschrieben und verändert werden, und sie machen die Koordination deutlich. Sie repräsentieren den "Normalfall", der sich aufgrund von Erfahrungen herausgebildet hat. Ein Prozeßmuster ist zunächst ein abstraktes Konzept. Praktische Erfahrungen liegen mit der einfachen Umsetzung als Laufzettel vor, die wir im weiteren beschreiben.

## 4.2 Unterstützung expliziter Koordination durch Laufzettel

Vorgangsbearbeitung explizit durch Laufzettel zu koordinieren, ist natürlich keine neue Idee (vgl. [Prinz&Kolvenbach 96]), aber sie ist einfach und funktionstüchtig:

Laufzettel lassen sie an Vorgangsmappen heften. Empfänger der Vorgangsmappen können dann schnell erkennen, wer mit den darin enthaltenen Unterlagen bereits was erledigt hat bzw. noch erledigen muß.

Im Umgang mit Laufzetteln unterscheiden wir verschiedene Aspekte:

- Ein Laufzettel ist ein Arbeitsgegenstand, der von einem Anwender für einen speziellen Vorgang erstellt wird. Dazu gehört die Festlegung, wer für welche Tätigkeiten zuständig ist, welche Reihenfolge zwischen den Arbeitsschritten bestehen und welche Dokumente benötigt werden.

- Für Routinevorgänge steht eine Sammlung vorformulierter Laufzettel bereit. Zeichnet sich ein neuer Routinevorgang ab, kann der Anwender diese Sammlung durch einen prototypischen Laufzettel (im Sinne einer Vorlage) erweitern.

- Laufzettel lassen sich entsprechend den Anforderungen der konkreten Situation von Benutzern verändern oder anpassen. Dies gilt nicht für bereits abgeschlossene Arbeitsschritte. Geändert werden können nur Zuständigkeiten (etwa wenn der vorgesehene Kollege erkrankt ist) und zu erledigende Tätigkeiten (etwa wenn ein Arbeitsschritt wiederholt werden muß).

- Ein Laufzettel ist eine Anweisung für den Transport der damit verbundenen Vorgangsmappe. Anhand des Laufzettels versendet das Postsystem die Mappe zum jeweils zuständigen Arbeitsplatz.

- Anwender koordinieren ihre Zusammenarbeit mit Laufzetteln. Sie informieren sich über den Stand der Vorgangsbearbeitung. Sie sehen, wer bisher welche Tätigkeit erledigt hat und was noch zu erledigen ist, und haken selbst einzelne Tätigkeiten als erledigt ab.

- Vorgangsmappen können verfolgt werden. Ein Anwender kann beim Postversandsystem anfragen, an welchem Arbeitsplatz eine Vorgangsmappe derzeit in Arbeit ist und wo sie bisher war. Dies sagt aber nichts darüber, ob und wie der Inhalt der Vorgangsmappe konkret bearbeitet wird. Laufzettel und Vorgangsmappen informieren somit über vergangene und zukünftige Tätigkeiten anderer. Dies kann als eine Bereitstellung asynchroner, fachbezogener Awareness-Information angesehen werden.

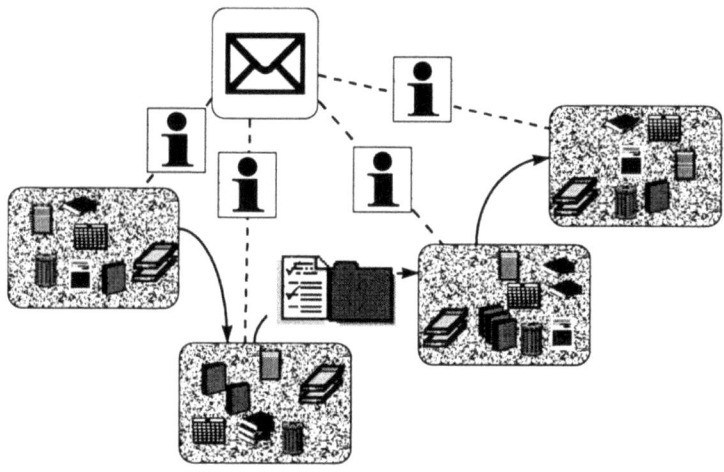

**Abbildung 3: Koordination der Kooperation durch Laufzettel**

Die Realisierung von Laufzetteln erfordert technischen Aufwand: Ein Postversandsystem mit Vorgangsmappen muß vorhanden sein. Dieses muß um einen Protokollmechanismus erweitert werden, der den Transport der Vorgangsmappen dokumentiert. Soweit Vorgangsmappen eine eindeutige Bezeichnung haben, kann darauf der Nachverfolgungsmechanismus aufgesetzt werden. In welchem Umfang er welchem Benutzer zur Verfügung steht, ist kein technisches sondern ein fachliches Problem. Der Wunsch, einen Vorgang nachzuvollziehen, muß abgewogen werden gegenüber der unerwünschten Kontrolle von Arbeit durch Dritte.

Ähnliches gilt für das Verändern von Laufzetteln. Vielfach besteht im Anwendungsmanagement der Wunsch, Vorgänge im Sinne einheitlicher Geschäftsprozesse zu standardisieren. Dies muß abgewogen werden gegenüber der notwendigen Flexibilität der Vorgangsbearbeitung.

Eine maschinelle Konsistenzprüfung zwischen Mappeninhalt, Laufzetteltexten oder gar einzusetzenden Werkzeugen erfolgt nicht. Wir haben diese Einschränkung bewußt vorgenommen. Die maschinelle inhaltliche Prüfung des Mappeninhalts oder der an einem Arbeitsplatz vorhandenen Werkzeuge ist sehr komplex und bringt im Rahmen der hier betrachteten Formen der Zusammenarbeit wenig, da die Beteiligten diese Aspekte selbst sehr gut abschätzen können.

## 5 Vergleichbare Ansätze

Direkt vergleichbar mit dem hier vorgestellten Konzept des gemeinsamen Archivs ist die von [Mark&Prinz 97] gewählte Metapher des „Shared Workspace". Auch sie betonen die Etablierung von Konventionen zwischen Benutzern eines „Folder", der von verschiedenen Personen zu nicht vorhersehbaren Zeiten und unbekannten Zwecken verwendet wird. Sie fordern, in einem Groupware-System Möglichkeiten der Rückkopplung zu integrieren, so daß eine Koordination unabhängiger individueller Tätigkeiten möglich wird.

Die von [Schmidt&Simone 96] diskutierten „Coordination Mechanisms" stimmen in der Idee mit den hier diskutierten Ansätzen weitgehend überein. Besonders eng ist dabei der Zusammenhang zu Prozeßmustern und Laufzetteln zur Vergegenständlichung routinisierter sequentiell-arbeitsteiliger Tätigkeiten.

Im Zusammenhang mit kooperationsunterstützenden System wird häufig auf die Fülle möglicher Awareness-Information hingewiesen. Benutzerspezifische Auswahlmöglichkeiten werden vorgeschlagen und die Handhabbarkeit unterschiedlicher Darstellungsformen wird untersucht [Gutwin et al. 96]. Wir gehen wie der POLITeam-Ansatz [Mark et al. 97] davon aus, daß Awareness-Information der Erarbeitung von Konventionen für kooperative Arbeit (als Teil von Artikulationsarbeit [Schmidt&Bennon 92]) dient, die dann ohne weitere Systemunterstützung durch die Benutzer eingehalten werden. Das Besondere unseres Ansatzes liegt darin, daß er sich am Umgang mit vergegenständlichten Kooperationskonzepten wie Archiv, Postfach, Laufzettel orientiert. Damit kommen wir der Forderung von [Braa&Sandahl 98] nach, auch die koordinierenden Aspekte von Artefakten bei der Softwaregestaltung zu berücksichtigen. Die vorgeschlagene Auswahl hat sich bereits als handhabbare Konkretisierung von Awareness-Information erwiesen. Wir werden sie fallweise ergänzen und in die entsprechenden Kooperationsmodelle integrieren. Awareness-Information wird hier fachlich strukturiert und für den Benutzer lokalisierbar angeboten, was zur Handhabung und der Orientierung im System beiträgt.

Im POLITeam-Projekt werden Umlaufmappen und gemeinsame Arbeitsbereiche zur Kooperationsunterstützung eingesetzt (siehe Prinz&Syri 97]). Die Umlaufmappen ähneln den hier vorgestellten Laufzetteln. Die gemeinsamen Arbeitsbereiche weichen jedoch von den hier vorgestellten gemeinsamen Archiven und den Postfächern ab, da sie spontan eingerichtet werden und eher einer Art Arbeitssitzung entsprechen. Unsere gemeinsamen Archive und Postfächer institutionalisieren dagegen feste Ort der Kooperation.

## 6  Resümee und Ausblick

In diesen Artikel haben wir anwendungsfachlich motivierte Konzepte zur Unterstützung kooperativer Arbeit vorgestellt, wie sie sich für uns aus den verschiedenen durchgeführten Projekten entwickelt haben. Sie beruhen auf unterschiedlichen Kooperationsmodellen, die entweder implizit oder explizit die Zusammenarbeit beschreiben und regeln. Erst durch ein angemessenes anwendungsfachliches Verständnis kooperativer Arbeit ist die Voraussetzung für die Gestaltung kooperationsunterstützender Anwendungssysteme geschaffen. Wir legen dabei Wert darauf, daß sich die technischen Möglichkeiten in einem anwendungsfachlichen Rahmen für alle Beteiligten interpretieren lassen.

Deshalb haben wir Einschränkungen gemacht. Zunächst haben wir uns an Kooperationsmodelle gehalten, die sich eng an die Alltagserfahrung der potentiellen Benutzer anlehnen. Wesentlich war uns die Einheit von Raum und Zeit und die Konzentration auf einige häufige und von uns konzeptionell und technisch gut verstandene Kooperationsformen. Weitergehende technische Möglichkeiten, wie sie etwa beim „Joint Editing" verwendet werden, haben wir hier bewußt ausgeklammert. In diese Richtung gehen neuere Arbeiten, die aber noch konzeptionellen und prototypischen Charakter haben (vgl. [Roock&Wolf 98]). Außen vor gelassen haben wir auch die verschiedenen Ansätze des Workflow-Management, da sie sich in den uns bekannten Formen schlecht mit dem bisher verwendeten Leitbild des Werkzeug und Materialansatzes vertragen. Alternative Arbeitsplatzkonzepte, etwa für vorrangig technisch eingebettete Systeme, sind derzeit ebenfalls in der Diskussion (vgl. [Züllighoven 98, Bleek 97]

## Danksagung

Wir danken Stefan Roock und Henning Wolf für die anregenden Diskussionen zum Awareness-Konzept und Volker Wulf für seine Verbesserungsvorschläge und Literaturhinweise. Dies hat die Qualität dieses Papiers wesentlich verbessert.

## Literatur

[Bäumer et al. 96] D. Bäumer. R. Knoll, G. Gryczan, H. Züllighoven: Large Scale Object-Oriented Software-Development in a Banking Environment - An Experience Report. In: Pierre Cointe (Ed.): ECOOP'96, Proceedings, Springer-Verlag, pp. 73-90.

[Bleek 97] W.-G. Bleek: Techniken zur Konstruktion verteilter und technisch eingebetteter Anwendungssysteme. Diplomarbeit, Universität Hamburg, Fachbereich Informatik, Arbeitsbereich Softwaretechnik, August 1997.

[Braa&Sandahl 98] K. Braa, T.I. Sandahl: From Paperwork to Network - a field study. Proc. of the 3rd Int. Conf. On Cooperative Systems - Coop98, Cannes, 26.-29.5.98, INRIA-Arbeitsbericht, pp. 131- 142.

[Fuchs et al. 97] L. Fuchs, U. Pankoke-Babatz, W. Prinz: Supporting Cooperative Awareness with Local Event Mechanisms: The GroupDesk System. In: Proc. of the 5th ECSCW, 1997, pp 253-268.

[Grudin 94] J. Grudin: Groupware and Social Dynamics: Eight Challenges for Developers. CACM, Vol 37, No 1, 1994, pp. 92-105.

[Gryczan 96] G. Gryczan: Prozeßmuster zur Unterstützung kooperativer Tätigkeit. Deutscher Universitätsverlag, 1996 (DUV: Informatik).

[Gryczan et al. 96] G. Gryczan, M. Wulf, H. Züllighoven: Prozeßmuster für die situierte Koordination kooperativer Arbeit. In: H. Krcmar/H. Lewe/G. Schwabe (Hg.) Herausforderung Telekooperation, DCSCW'96, Springer Verlag 1996. S. 89 - 103.

[Gutwin et al. 96] C. Gutwin, M. Roseman, S. Greenberg: A Usability Study of Awareness Widgets in a Shared Workspace Groupware System, In: Proc. of the ACM 1996 Conf. on CSCW, Bosten, Mass., 1996, pp 258-267.

[Jablonski 97] S. Jablonski (Hrsg.): Workflow-Management: Entwicklung von Anwendungen und Systemen ; Facetten einer neuen Technologie. dpunkt Verlag 1997

[Kyng 91] M. Kyng: Designing for cooperation: cooperation in design. CACM, Vol 34, 1994, pp. 65-73

[Malone&Crowston 94] T.W. Malone, K. Crowston: The interdisciplinary study of coordination. ACM Computing Surveys, Vol.26, No.1, pp.87-119

[Mark et al. 95] G. Mark, L. Fuchs, M. Sohlenkamp: Supporting Groupware conventions through Contextual Awareness, In: Proc. of the 4th ECSCW, 1995, pp 253-268.

[Mark&Prinz 97] G. Mark & W. Prinz: What happened to our Document in the Shared Workspace? The Need for Groupware Conventions. In S. Howard, J. Hammond, and G. Lindgaard, Human-Computer Interaction INTERACT'97, July 14-18, Chapman & Hall, pp. 413-420.

[Oberquelle et al. 94] H. Oberquelle, E. Eberleh, R. Oppermann: Einführung in die Software-Ergonomie. de Gruyter, 1994.

[Pankoke-Babatz&Syri 96] U. Pankoke-Babatz, A. Syri: Gemeinsame Arbeitsbereiche: Eine neue Form der Telekooperation? In: H. Krcmar, H. Lewe, G. Schwabe. (Hg.): Herausforderung Telekooperation: DCSCW'96, Springer Verlag 1996, S. 51-67.

[Prinz&Kolvenbach 96] W. Prinz, S. Kolvenbach: Support for Workflows in a Ministerial Environment. In: Ackermann, M. S. (ed.): Proceedings of the ACM 1996 Conference on Computer Supported Cooperative Work,. ACM Press, 1996, pp. 199-208.

[Prinz&Syri 97] W. Prinz, A. Syri, Two complementary tools for the cooperation in a ministerial environment. In: Journal of Universal Computing Science, Springer, August 1997, pp 843-864.

[Roock&Wolf 98] S. Roock, H. Wolf: Die Raummetapher zur Entwicklung kooperationsunterstützender Softwaresystem für Organisationen. Diplomarbeit, Universität Hamburg, Fachbereich Informatik, Arbeitsbereich Softwaretechnik, Januar 1998.

[Schmidt&Bannon 92] K. Schmidt, L. Bannon: Taking CSCW Seriously: Supporting Articulation Work. In: Computer Supported Cooperative Work: An International Journal, 1 (1992) 1, S. 1–33.

[Schmidt&Simone 96] K. Schmidt & C. Simone: Coordination Mechanisms: Towards a Conceptual Foundation of CSCW Systems Design. Computer Supported Cooperative Work: The Journal of Collaborative Computing 5: 155-200, 1996.

[Wetzel et al. 97] I. Wetzel, G. Gryczan, F. Wiegand, H. Züllighoven: *Verteilte, objektorientierte Anwendungen für kooperative Arbeit: ein Projektbericht aus dem Bankenbereich.* OBJEKTspektrum Nr. 2 März/April 1998, S. 54-61.

[Züllighoven 98] H. Züllighoven: Das objektorientierte Konstruktionshandbuch nach dem Werkzeug & Materialansatz. dpunkt Verlag 1998

*Th. Herrmann; K. Just-Hahn (Hrsg.): Groupware und organisatorische Innovation (D-CSCW'98). Stuttgart: B. G. Teubner 1998, S. 65-78*

# IMPACT[1]: Workflow-Management-System als Instrument zur koordinierten Prozeßverbesserung

Frank Habermann[1] und Christoph Wargitsch[2]

[1] Institut für Wirtschaftsinformatik, Universität des Saarlandes
[2] Bereich Wirtschaftsinformatik I, Universität Erlangen-Nürnberg

## Zusammenfassung

„Kontinuierliche Verbesserung von Geschäftsprozessen" wird zwar oft gefordert, entbehrt aber gegenwärtig noch einer konsequenten instrumentarischen Unterstützung, wie sie in der Fertigung bereits vorhanden ist. Vorgestellt wird ein Ansatz, wie ein Workflow-Management-System (WMS) ein solches Instrument sein kann. Es wird sowohl ein dynamisches Modell workflow-gestützter Verbesserungsprozesse präsentiert als auch ein Strukturmodell entwickelt, das als Ausgangspunkt für die informationstechnische Realisierung der WMS-Komponenten zur Prozeßverbesserung dienen kann.

---

[1] Das Projekt wird unter dem Titel „Entwicklung eines Workflow-Management-Systems als Instrument zur koordinierten Prozeßverbesserung" (kurz: IMPACT = Instrument for Supporting Improvement Process Activities) von der Deutschen Forschungsgemeinschaft gefördert. IMPACT ist eine Kooperation des Instituts für Wirtschaftsinformatik der Universität des Saarlandes (Prof. Dr. Dr. h. c. A.-W. Scheer) und des Bereichs Wirtschaftsinformatik I der Universität Erlangen-Nürnberg (Prof. Dr. Dr. h. c. mult. P. Mertens).

# 1 Einführung

Kontinuierliche Verbesserungsprozesse (KVP) gehören zu den Reorganisationsansätzen, die ursprünglich aus dem Fertigungsbereich kommen. Der Begriff entstammt der Qualitätsbewegung aus den achtziger und frühen neunziger Jahren und wird oft gleichgesetzt mit Total Quality Management (TQM) und Kaizen. Bedeutende Arbeiten zu diesem Thema stammen von Deming [Deming 86] und Imai [Imai 94]. Methoden und Instrumente des KVP sind TQC (Total Quality Control), Qualitätszirkel, Vorschlagswesen, Zero-Defect-Programme u. a. Ziel ist nicht primär die Verbesserung von Ergebnissen, sondern die Verbesserung der Prozesse, mit denen die Ergebnisse erzielt werden. Somit kann man auch von Kontinuierlicher Prozeßverbesserung sprechen [Davenport 93; Harrington 91]. Die Verbesserung erfolgt in kleinen Schritten, die Bemühungen dafür sind ständig präsent. Die Messung von Qualität und die Erforschung der Ursachen von Fehlern sind die Grundlagen, um Verbesserungen zu erreichen.

Zur Beherrschung von Fertigungsprozessen steht ein breites informationstechnisches Instrumentarium zur Verfügung, beispielsweise Produktionsplanungs- und -steuerungssysteme, Betriebsdatenerfassungssysteme und Leitstände. Die Integration dieser Systeme hat sich weitgehend durchgesetzt. Die bereitgestellten Systeminformationen sind vielfach Grundlage von Verbesserungsmaßnahmen, wie sie in eigens dafür geschaffenen Organisationseinheiten, z.B. Qualitätszirkeln [Zink et al. 93] oder Planungsinseln [Habermann & Scheer 98], oder vom Management vorgeschlagen werden. In den indirekt-produktiven Bereichen von Industriebetrieben bzw. bei Dienstleistungsunternehmen und Verwaltungen fehlt noch eine solch durchgängige Unterstützung zur Dokumentation, Planung, Steuerung und Verbesserung der Geschäftsprozesse. Die dort angebotenen Konzepte und Werkzeuge sind häufig in ihrer Funktionalität mangelhaft bzw. nicht ausreichend integriert und stehen somit in krassem Widerspruch zu den vielfach geäußerten Forderungen einer konsequenten „kontinuierlichen Verbesserung der Geschäftsprozesse".

Workflow-Management-Systeme (WMS) unterstützen die unternehmensweite Prozeßorientierung, denn sie integrieren und strukturieren betriebliche Funktionen nach ihrem zeitlichen und logischen Zusammenhang. WMS können dabei grundsätzlich sowohl zur Steuerung von Dienstleistungs- und Verwaltungsprozessen als auch von Produktionsprozessen genutzt werden [Loos 96]. Durch die Steuerung der Geschäftsprozesse über Abteilungs- und Bereichsgrenzen hinweg leisten WMS bereits einen ersten Beitrag zur Verbesserung der *Ausführung* von Geschäftsprozessen.

Zyklische Workflow-Lebensmodelle, wie sie in [Derszteler 96; Heilmann 94; Galler 97; Hilpert 95; Wargitsch 97] zu finden sind, zielen auf eine schrittweise Verbesserung von Geschäftsprozessen ab. Das Grundelement dieser Darstellung ist im wesentlichen eine Iteration von Build Time und Run Time. Der kritischste Schritt ist dabei die Umsetzung des Geschäftsprozeß-Sollmodells in eine Workflow-Spezifikation: es werden ein ablauffähiges Workflow-Modell definiert und zusätzliche Elemente konfiguriert, wie z.B. eine Organisationsdatenbank zur Abbildung der Aufbauorganisation, sowie Schnittstellen zu eingebundenen Anwendungssystemen usw. Den besonderen Anforderungen dieser Transformation widmen sich zahlreiche Forschungsarbeiten (siehe z.B. [Amberg 96; Amberg 97; Derungs 96; Galler 97; Kreuser 96; Kurbel et al. 97; Scheer 98a]). Grundlage für die Veränderung von Workflows ist, daß diese flexibel bzw. anpassungsfähig sind. Arbeiten im Bereich „Adaptive Workflows" (siehe z.B. [Han et al. 96; Schneider 96; Wargitsch et al. 98]) und „Flexible Workflows" (siehe z.B. [Bogia & Kaplan 95; Herrmann et al. 98; Wargitsch & Wewers 97]) setzen oft den Schwerpunkt auf Vorgehensmodelle, Anforderungskataloge und eine geeignete Workflow-Modellierung oder sind noch in der Konzeptionsphase. Zudem geht es meist um generelle Fragen der Anpassung. Doch was unterscheidet die Verbesserung der Workflow-Qualität von reiner Workflow-Veränderung? Und wie muß ein WMS gestaltet werden, das nicht „nur" zur operativen Steuerung der Geschäftsvorfälle, sondern zugleich auch als *Instrument* zu deren ständiger *Verbesserung* genutzt werden soll? Antworten auf diese Fragen versucht IMPACT zu geben.

IMPACT verfolgt zwei grundlegende Ziele; Zum einen sollen die organisatorischen Implikationen von WMS untersucht werden, um geeignete Voraussetzungen für eine kontinuierliche Verbesserung von Geschäftsprozessen zu schaffen (Bedingungen für Organisationslernen und Wissensmanagement). Dieses Ziel ist von der Einsicht getragen, daß ein Unternehmen nur teilweise bewußt gestalt- und steuerbar ist, der überwiegende Teil von dessen Überlebensfähigkeit und Entwicklung durch Selbstorganisation und -koordination getragen ist (vgl. [Malik & Probst 81]. Daher gilt es, die Bedingungen und Voraussetzungen für die Prozeßverbesserung möglichst gut zu gestalten, um für den nicht steuerbaren Teil der Verbesserung ein geeignetes Umfeld zu schaffen. Darüber hinaus soll ein WMS entwickelt werden, das als konkretes Tool zur Planung und Steuerung von Geschäftsprozessen dienen kann (Werkzeugunterstützung).

Gemeinsames Oberziel ist die Wirksamkeit („impact"), d.h. die Resonanz des Systems in seiner Anwendung als Instrument der Verbesserung. Voraussetzung dafür ist, daß einerseits alle Komponenten des WMS genau auf ihren spezialisierten Zweck abgestimmt und andererseits in ein schlüssiges Gesamtkonzept eingebunden sind. Dies stellt hohe Anforderungen an die Integration von Organisations- und Technikentwicklung.

Das System muß alle Formen der Prozeßverbesserung unterstützen (vgl. Abbildung 1). Prozeßverbesserungen sind auf der Ebene konkreter Geschäftsvorfälle, für Geschäftsprozeßtypen und typübergreifend möglich (Komplexität). Sie können vom Management, von den in den Workflow eingebundenen Mitarbeitern oder vom Workflow-System selbst ausgelöst werden (Initiatoren) und danach charakterisiert werden, wie stark die Auswirkungen auf die Struktur und die Prozesse sind (Tragweite).

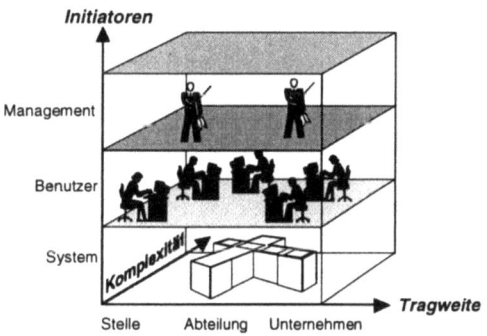

**Abbildung 1: Formen der Prozeßverbesserung**

Daraus ergeben sich zahlreiche unterschiedliche Anforderungen an das WMS als Instrument zur Prozeßverbesserung. So stellt beispielsweise eine fallweise Veränderung einzelner Vorgänge (z.B. das Auslassen der Aktivität „Bonitätsprüfung" bei der „Serienauftragsbearbeitung, Maier") grundsätzlich andere Ansprüche an die Flexibilität und Adaptierbarkeit des WMS als eine Reorganisation der Prozeßstrukturen auf Typebene (z.b. des Vertriebsprozesses) aufgrund geänderter Unternehmensziele (z.B. „besserer Kundenservice"). Durch einen Workflow-Benutzer initiierte Prozeßverbesserungen erfordern andere Koordinationsmechanismen als management- und systeminitiierte. Ebenso sind Prozeßverbesserungen mit unternehmensweiten Konsequenzen abweichend von denen auf Abteilungsebene zu koordinieren.

Aufgrund dieser - hier nur angedeuteten - Komplexität wird nachfolgend ein Rahmenwerk für ein WMS als Instrument zur koordinierten Prozeßverbesserung entwickelt. Das Rahmenwerk beschreibt die WMS-Komponenten zur Prozeßverbesserung sowie deren Zusammenwirken in einem schlüssigen Gesamtkonzept. Es besteht aus einem dynamischen Modell, in dem das Wirkungsgefüge workflow-gestützter Verbesserungsprozesse dargestellt wird, und aus dem darauf basierenden Strukturmodell der WMS-Komponenten zur Prozeßverbesserung.

## 2 Dynamisches Modell

Die im Projekt betrachteten Organisationen sind in der Regel komplexe Gebilde, deren Strukturen und Prozesse sich zeitlich ändern. Das WMS muß flexibel genug sein, um die Evolution von Aufbau- und Ablauforganisation zu unterstützen [Wargitsch et al. 98]. Um die Dynamik einer kontinuierlichen Prozeßverbesserung hinreichend gut zu erfassen und abzubilden, ist eine systemtheoretische Betrachtungsweise notwendig [vgl. Malik & Probst 81, S. 126]. Ein entsprechendes dynamisches Modell von Verbesserungsprozessen in der Fertigung und der Produktentwicklung ist in [Repenning & Sterman 96] zu finden. Dieses Modell dient in modifizierter Form als Ausgangspunkt für die Betrachtungen in diesem Abschnitt. Im Unterschied zur Darstellung von Repenning/Sterman ist die entscheidende Zielgröße nicht der *Prozeßdurchsatz* (Process Throughput), sondern - weiter gefaßt - der *Workflow-Erfolg*. Mit dem Erfolg eines Workflows sind zusammengenommen alle relevanten Faktoren wie die Durchlaufzeit, der Ressourcenverbrauch (hier v.a. in bewerteter Form als Prozeßkosten) und die Qualität des „Workflow-Produkts" gemeint, gewichtet mit der Rate abgeschlossener Workflows.

Der *Brutto-Workflow-Erfolg* ist der Ausgangspunkt für die nachfolgende Beschreibung des Wirkungsgefüges. Er wird gemindert durch erzeugte *Defekte* und erhöht durch deren Korrektur. *Defekte* können beispielsweise sein: Terminüberschreitungen, Ergebnisse minderer Qualität, wie z.B. unsauber ausgearbeitete Angebote im Rahmen eines Angebots-Workflows, oder hoher Ressourcenverbrauch infolge von Doppelarbeiten. Die *Defekte*, wie auch die *Workflow-Probleme* sind als „Speicher" dargestellt, deren „Füllstand" (Zustandsvariable) durch *Erzeugen* angehoben und durch *Korrektur* vermindert wird. Eine der grundlegenden Erkenntnisse der Total-Quality-Management-Begründer war es, zwischen dem Ausbessern von bereits aufgetretenen Defekten und deren Prävention zu unterscheiden [Deming 86].

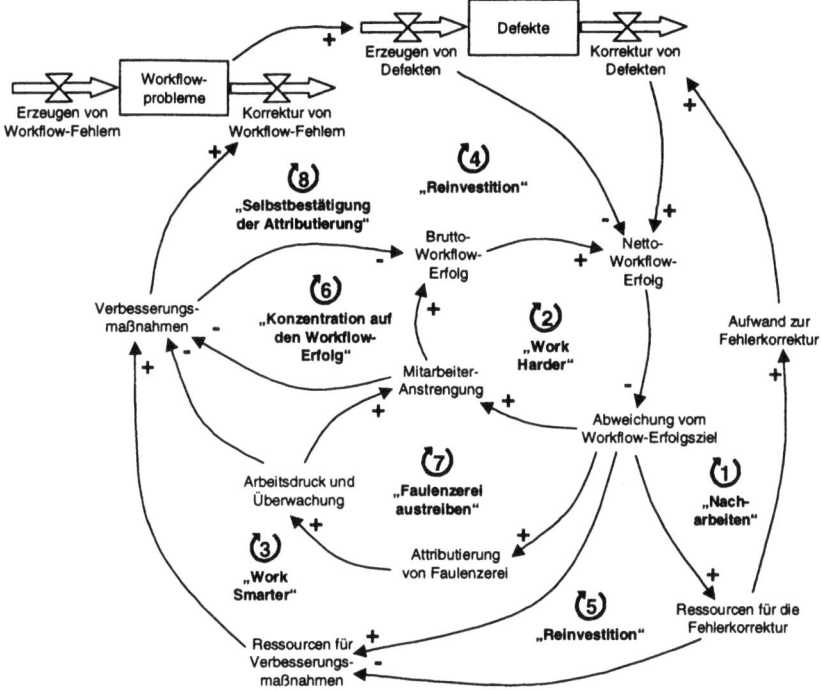

**Abbildung 2: Wirkungsgefüge von Workflows**
(in veränderter Form nach [Repenning & Sterman 96])

Die Ursache von Fehlern sind Workflow-Probleme. Je höher (niedriger) der Level im Speicher der *Workflow-Probleme*, um so mehr (weniger) Defekte werden erzeugt. Jedes *Workflow-Problem* generiert somit kontinuierlich einen Strom von *Defekten*, die wiederum solange den *Netto-Workflow-Erfolg* reduzieren, bis jeder einzelne Defekt korrigiert ist.

Es existieren nun zahlreiche Mechanismen, die auf den *Netto-Workflow-Erfolg* einwirken. In Abbildung 2 ist ein Teil davon als Feedback-Schleifen dargestellt. Ausgelöst bzw. gesteuert werden diese durch die in Abschnitt 3.4 dargestellten Akteure:

1. „Nacharbeiten": Das Management erhöht die Ressourcen-Allokation für die Korrektur bereits aufgetretener Defekte. Damit wird mehr Aufwand betrieben, um Fehler zu beseitigen, was förderlich für den Netto-Workflow-Erfolg ist. Beispielsweise kann eine Auftragsbestätigung mit falschem Lieferdatum nach Beendigung eines Workflows nicht zum Kunden gesandt werden, sondern ist vorher nachzuarbeiten.

2. „Work Harder": Die Ausnutzung der vorhandenen Ressourcen wird gesteigert. Dies kann durch kürzere Pausen, verminderte Fehlzeiten, eine stärkere „Konzentration" usw. erreicht werden. Der Brutto-Workflow-Erfolg verbessert sich damit. Alternativ ist dieses Ergebnis auch durch eine Steigerung des Einsatzes von Kapital und/oder Arbeitskräften zu erreichen. Als Beispiele seien die Verkürzung von

Planbearbeitungszeiten von Workflow-Aktivitäten bzw. im letzteren Fall die Verdoppelung der Mitarbeiter für einen Workflow-Typ genannt.

3. „Work Smarter": Es werden mehr Ressourcen für die Prozeßverbesserung allokiert, was den Level der Workflow-Probleme und demzufolge die Defekte verringert. Mittel dazu sind Verbesserungsmaßnahmen. Schulungen für ein im Workflow verwendetes CAD-System oder auch eine intelligentere Workflow-Aktivitätenfolge sind hierfür Beispiele.

Sowohl 1. als auch 2. bewirken eine direkte Verringerung des Abweichens vom Workflow-Erfolgsziel, sind aber mit signifikanten Kosten verbunden. Man spricht hier auch von Verbesserungen erster Ordnung, während 3. zu den Verbesserungen zweiter Ordnung gehört. Beide Kategorien sind nicht unabhängig voneinander, sondern aufgrund der Begrenztheit der Mitarbeiter-Ressourcen negativ gekoppelt: Werden einem der Feedback-Loops Ressourcen entzogen, so können diese in den anderen eingesetzt werden. Zusätzlich existieren zwei sich verstärkende Kopplungen:

4. „Reinvestition": Gelingt es, die Entstehung von Defekten zu reduzieren, müssen weniger Defekte korrigiert werden, d.h., es stehen vermehrt Ressourcen zur Verfügung, die in Verbesserungsmaßnahmen „reinvestiert" werden können. Diese mindern wiederum die Workflow-Probleme und bewirken folglich eine weitere Reduktion von Defekten.

5. „Reinvestition": Diese Schleife stellt die Umkehrung von 4. dar, für den Fall, daß vermehrt Defekte erzeugt werden.

Ein weiterer Zusammenhang entsteht dadurch, daß Verbesserungsmaßnahmen evtl. in der Startphase zunächst einen negativen Einfluß auf den Workflow-Erfolg haben können, da z.B. neu eingeführte Prozeßvarianten anfänglich „unrund" laufen. Diese Effekte können durch die Verbesserungen erster Ordnung aufgefangen werden, aber auch durch eine „Konzentration auf den Workflow-Erfolg":

6. „Konzentration auf den Workflow-Erfolg": Die Mitarbeiter reduzieren den Aufwand für die Verbesserungsmaßnahmen kurzfristig zugunsten der Workflow-Durchführung, um den Brutto-Workflow-Erfolg zu erhöhen.

Aus der bisherigen Diskussion wird klar, daß der größte Hebel für die Verbesserung des Workflow-Erfolgs darin besteht, den Füllstand des Workflow-Probleme-Speichers abzusenken. Generell besteht jedoch eine Tendenz, die Korrektur von Defekten zu bevorzugen. Dies läßt sich kognitionspsychologisch begründen: a) Fehler im Workflow-Ergebnis werden leichter sichtbar als prozessuale Probleme, b) die Korrektur von Defekten zeigt wesentlich schneller Wirkung als Workflow-Verbesserungen (lange Feedback-Schleife), c) Bemühungen um bessere Workflows sind mit Unsicherheiten behaftet und d) korrigierte Fehler sind meßbar, vermiedene hingegen nicht. Diese Wahrnehmungsschwächen verschieben den Fokus von systemischen auf personelle Ursachen von „Workflow-Mißerfolgen". Folge kann sein, daß das Management den Mitarbeitern „Faulenzerei" unterstellt und versucht, diese „auszutreiben":

7. „Faulenzerei austreiben": Der Arbeitsdruck wird erhöht und gleichzeitig die Frequenz und die Tiefe der Überwachung der Ergebnisse.

Obwohl dies kurzfristig eine positive Wirkung auf den Erfolg hat, entsteht mittel- bis langfristig ein Phänomen, das vergleichbar ist mit sog. sich selbst erfüllenden Prophezeiungen:

8. „Selbstbestätigung der Attributierung": Der Aufwand für Verbesserungsmaßnahmen wird stark reduziert. Workflow-Probleme werden nicht mehr behoben, die Defektrate steigt, und der Erfolg sinkt noch weiter. Nachdem 7. kurzfristig Erfolg gezeigt hat, fühlt sich das Management veranlaßt, den Arbeitsdruck noch weiter zu erhöhen.

All diese Zusammenhänge sind zu beachten, wenn es darum geht, Workflows zu verbessern. Auch bei vermeintlichen Verbesserungsmaßnahmen zweiter Ordnung muß darauf geachtet werden, ob nicht Elemente der Verbesserungen erster Ordnung enthalten sind: Verkürzen von Plandurchlaufzeiten und Aktivitätenintegration („Job Enrichment", „Case Worker") sind beispielsweise Reorganisationsmaßnahmen, die gleichermaßen mit der „Work Harder"-Schleife assoziiert werden könnten. Genauso ist eine Erhöhung der Mitarbeiterzahl eine einfache Möglichkeit, den Workflow-Erfolg, speziell über eine Steigerung der Abschlußquote, zu verbessern, stellt aber eigentlich keine Workflow-Verbesserung im Sinne von „Work Smarter" dar.

## 3 Strukturmodell

Neben der konzeptionellen Beschreibung des Gesamtzusammenhangs und der Dynamik von Workflow-Ausführung und -Verbesserung soll das Strukturmodell als Ausgangspunkt für die DV-technische Entwicklung der WMS-Komponenten dienen. Deshalb wird mit der Unified Modeling Language (UML) eine Beschreibungssprache gewählt, mit der einerseits die relevanten betriebswirtschaftlichen Inhalte abgebildet werden können und die andererseits soweit formalisiert ist, daß sie eine konsistente Überführung dieser Inhalte in die Informationstechnik ermöglicht. Darüber hinaus spricht die zunehmende Verbreitung und die Standardisierung der UML für die Wahl der verwendeten Methode (vgl. [UML Notation 97]).

### 3.1 Grundstruktur

Eine Verbesserungsinitiative wird immer von einem Individuum ausgelöst, dem zu einem bestimmten Zeitpunkt an einer Sache oder einem Geschehen etwas ein- oder auffällt (vgl. [Hauschildt 97, S. 224]). Das Triggern kann evtl. unterstützt werden durch eine Workflow-Komponente, die bei bestimmten Datenkonstellationen als „Verdachtsmoment-Generator" fungiert (vgl. [Bissantz & Hagedorn 96]). Beispielsweise könnte dem Benutzer eines WMS während der Bearbeitung eines Auftrags auffallen, daß er bestimmte Daten-Zugriffsrechte nicht hat, welche jedoch - wenn er sie hätte - die Funktionsbearbeitung erheblich beschleunigen könnten.

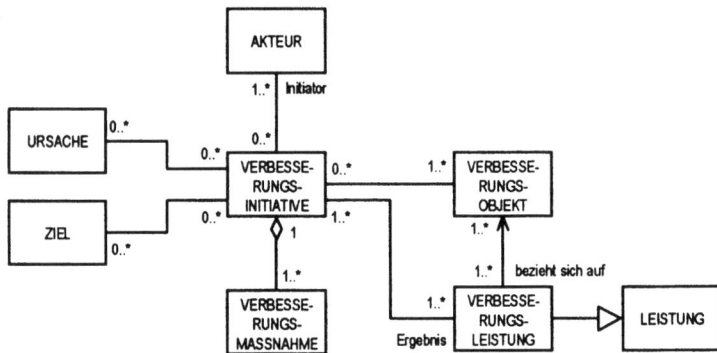

**Abbildung 3: Grundstruktur mit Ursachen und Zielen**

Im Klassendiagramm der Abbildung 3 weist die Klasse VERBESSERUNGSINITIATIVE daher Beziehungen (Assoziationen) zu den Objektklassen AKTEUR und VERBESSERUNGSOBJEKT auf. Akteur bzw. Initiator wäre im beschrieben Beispiel der Benutzer des WMS, primäres Verbesserungsobjekt wäre eine bestimmte Bildschirmmaske, woraus sich weitere Verbesserungsobjekte ableiten lassen.

Eine Verbesserungsinitiative umfaßt eine Maßnahme oder mehrere Maßnahmen, deren Ergebnis die angestrebte Prozeßverbesserung ist. Deshalb wird zwischen VERBESSERUNGSINITIATIVE und VERBESSERUNGSMASSNAHME eine Part-Of-Assoziation modelliert. Das Ergebnis wird in der Klasse VERBESSERUNGSLEISTUNG abgebildet. Ein Objekt dieser Klasse wäre z.B. „geänderte Daten-Zugriffsrechte".

Die Klasse VERBESSERUNGSLEISTUNG ist eine Spezialisierung der Klasse LEISTUNG. Damit wird einer generalisierten Betrachtungsweise gefolgt, die ausdrückt, daß eine Leistung allgemein als das Ergebnis eines Prozesses verstanden werden kann, unabhängig davon, ob es sich um eine Sachleistung, eine Dienstleistung oder eine Verbesserungsleistung handelt [Scheer 98b, S. 94f.]. Durch dieses Verständnis wird es im weiteren Verlaufe der Arbeit möglich, die gleiche Beschreibungssprache für alle Prozeßtypen zu verwenden, wodurch die Integration der WMS-Komponenten zur Steuerung von Geschäftsprozessen mit den WMS-Komponenten zur Koordination von Verbesserungsprozessen erheblich erleichtert wird.

Die bislang beschriebene Klassenstruktur bietet den Grundbaustein für ein organisatorisches Verbesserungsmanagement. Werden die bereits definierten Klassenstrukturen in eine integrierte Datenbank umgesetzt, können Verbesserungsinitiativen und -maßnahmen organisationsweit kommuniziert werden, was einen Beitrag zum organisationalen Lernen darstellt. So betonen etwa Duncan/Weiss [Duncan & Weiss 79], daß das Ziel eines organisationalen Lernens erst dann erreicht werden kann, wenn die Erweiterung der organisatorischen Wissensbasis stattfindet.

## 3.2 Ursachen und Ziele

Die Grundstruktur kann um die Ursachen, die dazu führen, daß eine Verbesserungsinitiative gestartet wird, und um die mit der Initiative verfolgten Ziele erweitert werden. Auskunft über mögliche Ursachen für Prozeßverbesserungen geben z.B. das Leavitt-Modell [Leavitt 65, S. 1145] oder das 7-S-Modell [Pascale & Athos 81, S. 93], wonach eine Verbesserungsinitiative aus einem Ungleichgewicht des komplexen Systems „Organisation" resultiert. Eine Verbesserungsinitiative kann somit wie folgt eingeordnet werden:

- produkt- bzw. marktgetrieben (z.b. neues oder geändertes Produkt),
- organisationsgetrieben (z.B. neue Organisationsparadigmen oder Führungsinstrumente),
- technologiegetrieben (z.b. neue Hardware-Generation),
- soziogetrieben (z.b. neue Arbeitszeitmodelle oder Qualifikationsprofile).

Diese vier Arten von Ursachen können in Abbildung 3 als Spezialisierung der Klasse URSACHE dargestellt werden. Da eine Verbesserungsinitiative auch *mehrere* Ursachen haben kann, wird zwischen VERBESSERUNGSINITIATIVE und URSACHE eine (*)-Kardinalität modelliert.

Ebenso wie die Ursachen interessieren auch die Ziele einer Verbesserungsinitiative. Dabei können die allgemeinen Zielklassen Kosten, Zeit und Qualität unterschieden werden. Eine Verbesserungsinitiative kann auch kombinierte Ziele verfolgen, was durch die (*)-Kardinalität zwischen den Klassen VERBESSERUNGSINITIATIVE und ZIEL ausgedrückt wird.

## 3.3 Maßnahmen und konkrete Aktionen

Wenn ein Akteur eine Verbesserung initiiert, beschreibt er mögliche Maßnahmen, wie eine bestimmte Verbesserungsleistung erzielt werden kann. Diese Verbesserungsmaßnahmen zeichnen sich in der Regel dadurch aus, daß

- sie nur grobe Vorstellungen über den Weg der Leistungserstellung beschreiben,
- sie unterschiedliche Detaillierungsgrade besitzen,
- sie in der Sprache des jeweiligen Personenkreises, aus dem der initiierende Akteur stammt, formuliert sind,
- sie nicht zwangsläufig überschneidungsfrei sind,
- sie nicht zwangsläufig widerspruchsfrei sind,
- sie in der Regel nicht vollständig sind, da insbesondere abgeleitete Maßnahmen und koordinierende Maßnahmen häufig nicht angegeben werden.

Damit die bei einer Verbesserungsinitiative angegebenen Maßnahmen - falls nötig - weiter verfeinert und auf ein einheitliches Detaillierungsniveau gebracht werden können, wird die Assoziation MASSNAHMENSTRUKTUR eingeführt (vgl. Abbildung 4). Sie erlaubt die systematische Strukturierung der Verbesserungsmaßnahmen durch Angabe von übergeordneten und untergeordneten Maßnahmen. Dabei wird durch die modellierten Kardinalitäten eine Netzstruktur ausgedrückt, d.h. eine untergeordnete Maßnahme kann auch mehreren übergeordneten Maßnahmen zugeordnet werden. Die Maßnahmen der untersten Hierarchiestufe können dann als Ausgangspunkt für die Formulierung konkreter Aktionen genutzt werden.

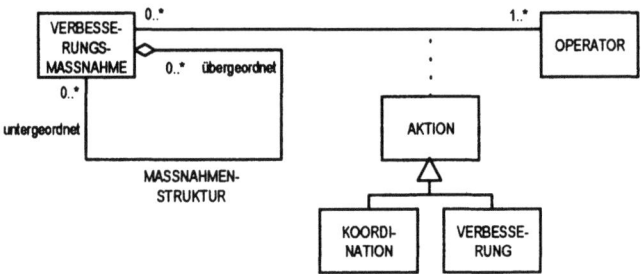

**Abbildung 4: Maßnahmen und konkrete Aktionen**

Damit Verbesserungsmaßnahmen bewertet werden können, bedarf es bestimmter Kriterien. Diese Kriterien werden durch die Objektklasse OPERATOR eingeführt. Operatoren sind quasi standardisierte Muster, die bei der Prozeßverbesserung angewendet werden können. Sie beschreiben somit eine Art Organisations- bzw. Prozeßgrammatik [vgl. Pentland 92, 94]. Operatoren können mit Zeit- und Kostenwerten versehen werden (vgl. Abschnitt 3.5). Durch die Zuordnung von Verbesserungsmaßnahmen zu Operatoren werden konkrete (bewertbare) AKTIONEN der Prozeßverbesserung definiert (vgl. Abbildung 4).

Auf der höchsten Aggregationsebene kennzeichnet ein Operator eine Aktion als KOORDINATION oder VERBESSERUNG. Verbesserungsoperatoren sind dann z.B. „Löschen *Objekt*", „Hinzufügen *Objekt*", „Tauschen (*Objekt X/Objekt Y*)", wobei *Objekt* immer als Platzhalter für das bezogene Objekt einer Verbesserungsmaßnahme (Verbesserungsobjekt) steht.

## 3.4 Rollenkonzept

Um eine flexible Arbeitsverteilung zu ermöglichen, wird bei WMS die Zuordnung von Arbeitspaketen auf Aufgabenträger in der Regel nicht auf der Ebene konkreter Mitarbeiter, sondern auf der Ebene sog. „Rollen" vorgenommen [vgl. z.B. Hagemeyer et al. 98]. Wenngleich das Rollenkonzept teilweise unterschiedlich interpretiert wird [vgl. z.B. Esswein 92; Rupietta 92; Derszteler 96], so kann eine Rolle doch als ein unternehmenstypisches Qualifikationsprofil verstanden werden.

Am Rollenkonzept wird die Integration von Prozeßausführung und -verbesserung besonders deutlich. Zu den bislang bestehenden Rollen der Vorgangsbearbeitung wie „Sachbearbeiter Vertrieb" oder „Leiter Einkauf" kommen jetzt noch Rollen, die die Aufgabenverteilung bei der Prozeßverbesserung charakterisieren. Für sie werden in Anlehnung an das Promotorenmodell (vgl. [Witte 73, S. 17f.; Hauschildt & Chakrabarti 88, S. 384]) in Abbildung 5 die Klassen FACHPROMOTOR, MACHTPROMOTOR und PROZESSPROMOTOR modelliert. Ein Mitarbeiter kann also sowohl bei einem Workflow z.B. die Rolle „Leiter Einkauf" innehaben als auch im Zuge der Verbesserung dieses Prozesses die Rollen „Machtpromotor" und „Prozeßpromotor".

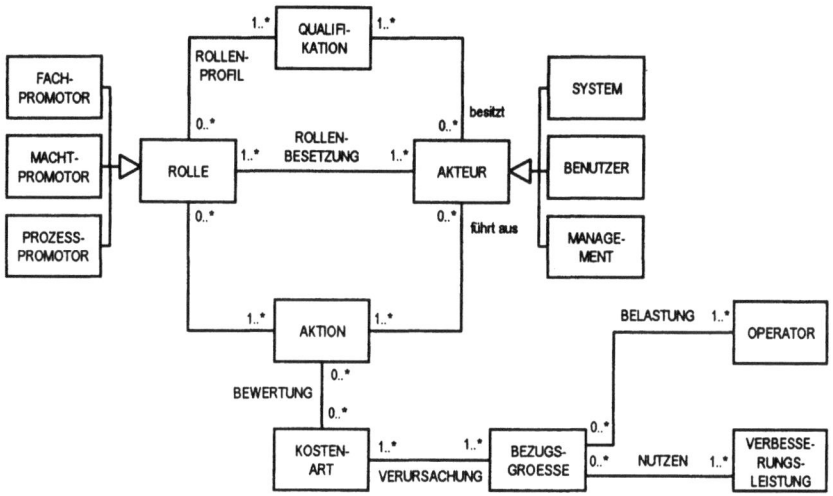

Abbildung 5: Rollenkonzept und Wertanalyse

## 3.5 Wertanalyse

Sowohl geplante Verbesserungsvorhaben als auch im Laufe eines Verbesserungsprozesses durchgeführte Aktionen sollten einer Wirtschaftlichkeitsbetrachtung unterzogen werden können. Zu diesem Zweck müssen konkrete Bezugsgrößen definiert werden. Dies können sowohl quantitative (z.B. geleistete Arbeitszeit) als auch qualitative Kennziffern (z.B. Qualifikationsgrad) sein. In beiden Fällen sind sie Maßgröße der Kostenverursachung (hier: Personalkosten).

In Abbildung 5 wird deshalb zwischen den Klassen BEZUGSGROESSE und KOSTENART die Assoziation VERURSACHUNG modelliert. Über die Beziehungen BEWERTUNG, BELASTUNG und NUTZEN können Prozeßverbesserungen dann kostenmäßig analysiert werden.

## 4 Ausblick

In dieser Arbeit wurde ein Rahmenwerk für ein WMS als Instrument zur koordinierten Prozeßverbesserung entwickelt. Dieses Rahmenwerk kann noch verfeinert und um die zeitlichen Aspekte der Prozeßkoordination erweitert werden [vgl. Habermann & Wargitsch 98]. Zur Vorbereitung der DV-technischen Umsetzung müssen die WMS-Komponenten dann näher spezifiziert werden. Damit das WMS als konkretes Werkzeug der Prozeßverbesserung genutzt werden kann, ist es darüber hinaus auf ein Anwendungsumfeld auszurichten. Deshalb müssen verschiedene Workflow-Typen, z.B. Massen-Workflows, teilstrukturierte Administrations-Workflows, hinsichtlich ihrer Anforderungen an eine systemgestützte Verbesserung untersucht werden. Die Ergebnisse können in einem Pflichtenheft zusammengestellt werden.

## Literatur

[Amberg 96] Amberg, M.: Transformation von Geschäftsprozeßmodellen des SOM-Ansatzes in workflow-orientierte Anwendungssysteme, in: Becker, J., Rosemann, M. (Hrsg.): Workflowmanagement – State-of-the-Art aus der Sicht von Theorie und Praxis, Workshop des Arbeitskreis 5.4.4 der Gesellschaft für Informatik, Münster 1996, S. 44-54.

[Amberg 97] Amberg, M.: The Benefits of Business Process Modeling for Workflow Systems, in: Lawrence, P. (Hrsg.): WfMC Workflow Handbook 1997, Chichester 1997, S. 61-68.

[Bissantz et al. 96] Bissantz, N., Hagedorn, J., Mertens, P.: Data Mining als Komponente eines Data Warehouse, in: Muksch, H., Behme, W. (Hrsg.): Das Data-Warehouse-Konzept, Wiesbaden 1996, S. 337-368.

[Bogia & Kaplan 95] Bogia, D., Kaplan, S.: Flexibility for Dynamic Workflows in the Worlds Environment, Comstock, N. et al. (Hrsg.): Conference on Organizational Computing Systems, Milpitas 1995, S. 148-159.

[Davenport 93] Davenport, T.: Process Innovation, Boston 1993.

[Deming 86] Deming, W.: Out of the Crisis, Cambridge 1986.

[Derszteler 96] Derszteler, G.: Workflow Management Cycle, Ein Ansatz zur Integration von Modellierung, Ausführung und Bewertung workflowgestützter Geschäftsprozesse, Wirtschaftsinformatik 38(1996)6, S. 591-600.

[Derungs 96] Derungs, M.: Vom Geschäftsprozeß zum Workflow, in: Vossen, G., Becker, J. (Hrsg.), Geschäftsprozeßmodellierung und Workflow-Management, Bonn 1996, S. 123-146.

[Duncan & Weiss 79] Duncan, R.B., Weiss, A.: Organizational Learning: Implications for organizational design, in: Staw, B.M. (Hrsg.): ROB 1/1979, S. 75-123.

[Esswein 92] Esswein, W.: Das Rollenmodell der Organisation: Die Berücksichtigung aufbauorganisatorischer Regelungen in Unternehmensmodellen, in: Augsburger, W., Sinz, E.J. (Hrsg.): Bamberger Beiträge zur Wirtschaftsinformatik, Nr. 18, Bamberg 1992.

[Galler 97] Galler, J.: Vom Geschäftsprozeßmodell zum Workflow-Modell, Wiesbaden 1997.

[Habermann & Scheer 98] Habermann, F., Scheer, A.-W.: Das Konzept vernetzt-dezentraler Planungsinseln, in: Scheer, A.-W., Bullinger H.-J. (Hrsg.): Mit Planungsinseln zur lernenden Organisation, Berlin et al. 1998.

[Habermann & Wargitsch 98] Habermann, F., Wargitsch, C.: IMPACT: Workflow-Management-System als Instrument zur koordinierten Prozeßverbesserung - Rahmenwerk, in: Scheer, A.-W. (Hrsg.): Veröffentlichungen des Instituts für Wirtschaftsinformatik, Nr. 148, Saarbrücken 1998; zugleich in: Mertens, P. (Hrsg.): Arbeitspapier Nr. 1/98 des Bereichs Wirtschaftsinformatik I, Universität Erlangen-Nürnberg, Erlangen 1998.

[Hagemeyer et al. 98] Hagemeyer, J. et al.: Arbeitsverteilungsverfahren in Workflow-Management-Systemen: Anforderungen, Stand und Perspektiven, in: Scheer, A.-W. (Hrsg.): Veröffentlichungen des Instituts für Wirtschaftsinformatik, Nr. 145, Saarbrücken 1998.

[Han et al. 96] Han, Y. et al.: Management of Workflow Resources to Support Runtime Adaptability and System Evolution, in: Wolf, M., Reimer, U. (Hrsg.), Proceedings of the First International Conference on Practical Aspects of Knowledge Management (PAKM'96), Basel 1996, o. S.

[Harrington 91] Harrington, H.: Business Process Improvement, New York 1991.

[Hauschildt 97] Hauschildt, J.: Innovationsmanagement, 2. Aufl., München 1997.

[Hauschildt & Chakrabarti 88] Hauschildt, J., Chakrabarti, A.K.: Arbeitsteilung im Innovationsmanagement - Forschungsergebnisse, Kriterien und Modelle, zfo 57 (1988) 6, S. 378-388.

[Heilmann 94] Heilmann, H.: Workflow Management: Integration von Organisation und Informationsverarbeitung, HMD 31 (1994) 176, S. 8-21.

[Herrmann et al. 98] Herrmann, T., Scheer, A., Weber, H. (Hrsg.): Verbesserung von Geschäftsprozessen mit flexiblen Workflow-Management-Systemen 1, Heidelberg 1998.

[Hilpert 95] Hilpert, W.: Business Process Engineeering und Workflow Management: Identifikation, Analyse und Gestaltung von Workflow-orientierten Geschäftsbereichen, Arbeitspapier, Lehr- und Forschungseinheit Wirtschaftsinformatik 2, Universität Paderborn, Paderborn 1995.

[Imai 94] Imai, M.: KAIZEN: Der Schlüssel zum Erfolg der Japaner im Wettbewerb, Berlin 1994.

[Kreuser 96] Kreuser, S.: Ableitung von Workflow-Spezifikationen aus dem Geschäftsprozeßmodell der Erstauftragsabwicklung eines Maschinenbau-Unternehmens, Diplomarbeit, Universität Bamberg, Bamberg 1996.

[Kurbel et al. 97] Kurbel, K., Nenoglu, G., Schwarz, C.: Von der Geschäftsprozeßmodellierung zur Workflow-Spezifikation – Zur Kompatibilität von Modellen und Werkzeugen, HMD 34 (1997) 198, S. 66-82.

[Leavitt 65] Leavitt, H.J.: Applied Organizational Change in Industry: Structural, Technological and Humanistic Approaches, in: March, J.D. (Hrsg.): Handbook of organizations, Chicago 1965, S. 1144-1170.

[Loos 96] Loos, P.: Workflow und industrielle Produktionsprozesse - Ansätze zur Integration, in: Scheer, A.-W. (Hrsg.): Veröffentlichungen des Instituts für Wirtschaftsinformatik, Nr. 123, Saarbrücken 1996.

[Malik & Probst 81] Malik, F., Probst, G.: Evolutionäres Management, Die Unternehmung 35 (1981) 2, S. 121-140.

[Pascale & Athos 81] Pascale, R.T., Athos, A.G.: The Art of Japanese management, Harmondsworth 1981.

[Pentland 92] Pentland, B.T.: Grammatical Models of organizational processes, Los Angeles 1992, URL: http://ccs.mit.edu/CCSWP176.html.

[Pentland 94] Pentland, B.T.: Process grammars: A generative approach to process redesign, Draft, Los Angeles 1994, URL: http://ccs.mit.edu/CCSWP178.html.

[Reppening & Sterman 96] Reppening, N., Sterman, J.: Getting Quality the Old-Fashioned Way: Self-Confirming Attributions in the Dynamics of Process Improvement, Working Paper of the System Dynamics Group, MIT, Cambridge 1996.

[Rupietta 92] Rupietta, W.: Organisationsmodellierung zur Unterstützung kooperativer Vorgangsbearbeitung, in: Wirtschaftsinformatik, 34(1992)1, S. 26-37.

[Scheer 98a] Scheer, A.-W.: ARIS - Vom Geschäftsprozeß zum Anwendungssystem, 3. Aufl., Berlin et al. 1998.

[Scheer 98b] Scheer, A.-W.: ARIS - Modellierungsmethoden, Metamodelle, Anwendungen, 3. Aufl., Berlin et al. 1998.

[Schneider 96] Schneider et al.: Concepts for a Flexibilisation of Workflow Management Systems with Respect to Task Adaptable Solutions, Proceedings of the AAAI-96 Workshop „AI in Business", Portland 1996, o. S.

[UML Notation 97] Rational Software et al.: UML Notation Guide, Version 1.1, 01.09.1997, URL: http://www.rational.com/uml/html/notation.

[Wargitsch 97] Wargitsch, C.: Ein Organizational-Memory-basierter Ansatz für ein Lernendes Workflow-Management-System, FORWISS-Report FR-1997-004, Erlangen 1997.

[Wargitsch & Wewers 97] Wargitsch, C., Wewers, T.: FLEXWARE: Fallorientiertes Konfigurieren von komplexen Workflows - Konzepte und Implementierung, in: Müller, M., Schumann, O., Schumann, S. (Hrsg.), Proceedings des 11. Workshop 'Planen und Konfigurieren' im Rahmen der 4. Deutschen Tagung „Wissensbasierte Systeme" (XPS-97), Erlangen 1997, S. 45-55.

[Wargitsch et al. 98] Wargitsch, C.; Wewers, T., Theisinger, F.: An Organizational-Memory-Based Approach for an Evolutionary Workflow-Management-System – Concept and Implementation, in: Nunamaker, J. R. (Hrsg.): Proceedings of the 31st Annual Hawaii International Conference on System Sciences, Vol. I, Los Alamitos 1998, S. 174 - 183.

[Witte 73] Witte, E.: Organisation für Innovationsentscheidungen - Das Promotoren-Modell, Göttingen 1973.

[Zink et al. 93] Zink, K., Ritter, A., Machauer-Bundschuh, S.: Arbeits- und Organisationsgestaltung durch Qualitätszirkel, Kaiserslautern 1993.

Th. Herrmann; K. Just-Hahn (Hrsg.): *Groupware und organisatorische Innovation (D-CSCW'98).*
Stuttgart: B. G. Teubner 1998, S. 79-93

# Defizite der Arbeitsverteilung in Workflow-Management-Systemen: Eine kritische Analyse

Jens Hagemeyer, Rolland Rolles und Yven Schmidt
Institut für Wirtschaftsinformatik, Universität des Saarlandes

## Zusammenfassung

Der Einsatz von Workflow-Management-Systemen bringt für die Anwender eine erhebliche Arbeitsumstellung mit sich. Die Arbeitsverteilung erfolgt automatisiert und die Bearbeitung der Aufgaben dv-gestützt. Um die für einen erfolgreichen Einsatz erforderliche Anwenderakzeptanz zu erzielen, sollte diese Umstellung idealerweise eine Verbesserung gegenüber der Ausgangssituation bedeuten. Die Arbeit mit dem System sollte also stets intuitiv und flexibel sein. Wenn es um Mechanismen der Arbeitsverteilung geht, offenbaren die Workflow-Management-Systeme der heutigen Generation allerdings erhebliche Schwächen. Dies liegt sowohl in einem zu geringen Spektrum abbildbarer Zuweisungsregeln in der Modellierung als auch in einer mangelhaften Flexibilität zur Laufzeit begründet.

In diesem Beitrag wird dargestellt, durch welche Merkmale Arbeitsverteilungsverfahren charakterisiert werden können und anhand dieser Merkmale konkrete Defizite heutiger Workflow-Management-Systeme aufgezeigt. Es wird ebenfalls untersucht, inwiefern organisatorische Zielstellungen bei der Auswahl von Arbeitsverteilungsverfahren eine Rolle spielen und in heutigen Workflow-Management-Systemen Berücksichtigung finden könnten.

# 1 Einleitung

Der Einsatz von Workflow-Management-Systemen (WMS) verspricht eine Vielzahl von Vorteilen: Reduktion der Durchlaufzeiten von Prozessen, Erhöhung von Kapazitäten, Entlastung der Mitarbeiter, Qualitätsverbesserung der Arbeitsergebnisse und Senkung der Bearbeitungskosten. Gleichzeitig soll eine größere Flexibilität der Leistungserstellung, eine Erhöhung der Transparenz der Abläufe und eine Verbesserung der Auskunftsbereitschaft über den Bearbeitungsstand erreicht werden.

Die angesprochenen Vorteile können nur durch Neustrukturierung der Ablauforganisation von Unternehmen erzielt werden. Bei der Einführung eines WMS ist allerdings auch die Aufbauorganisation Veränderungen unterworfen. Die Verteilung der Arbeitsaufgaben auf Mitarbeiter ist ein aufbau- und ablauforganisatorisches Problem. WMS stellen hierfür bestimmte Möglichkeiten zur Verfügung. Im vorliegenden Beitrag wird untersucht, welche Arbeitsverteilungsverfahren (AVV) mit WMS verwirklicht werden können. Es werden Defizite aufgezeigt, die sowohl in der Modellierung von Workflows als auch in der Ausführung anzusiedeln sind. Mit einer konkreten Arbeitsverteilung ist immer die Erreichung bestimmter organisatorischer Zielsetzungen wie Kunden- und Mitarbeiterorientierung, Schnelligkeit, Effizienz, Qualität oder Flexibilität verbunden. Es wird diskutiert, warum eine solche Zugrundelegung von Zielen im Rahmen der Auswahl eines AVV in WMS der heutigen Generation nur bedingt möglich ist.

In Abschnitt 2 werden AVV durch Darstellung ihrer spezifischen Merkmale charakterisiert und ein Schema zur Einordnung erarbeitet. Abschnitt 3 stellt nach einem kurzen Überblick über die Funktionsweise von WMS den Stand der Möglichkeiten der Arbeitsverteilung in WMS anhand der zuvor erarbeiteten Einordnungsmerkmale dar. In diesem Zusammenhang wird auf vorhandene Probleme hinsichtlich der Arbeitsverteilung mit heutigen WMS eingegangen und insbesondere auf die zu geringe Berücksichtigung betriebswirtschaftlicher Ziele eingegangen. Die gewonnenen Erkenntnisse werden in Abschnitt 4 zusammengefaßt.

Diese Arbeit ist im Rahmen des vom BMBF geförderten Forschungsprojektes *Verbesserung von Geschäftsprozessen mit flexiblen Workflow-Management-Systemen (MOVE)*[1] entstanden. Das MOVE-Projekt nähert sich der Einführung von WMS aus den Perspektiven Organisationsentwicklung, Mitarbeiterorientierung und Technikgestaltung. Die Entwicklung von Methoden zur Prozeßverbesserung, Leitfäden zur Einführung von sowie Gestaltungsempfehlungen für flexible WMS ist Gegenstand der Forschungsarbeiten dieses Projektes.

---

[1] Fördernummer 01 HB 9606/1. Weitere Informationen sind im WWW unter http://www.do.isst.fhg.de/move oder http://www.iwi.uni-sb.de/move verfügbar. Erste Projektergebnisse wurden im Physica-Verlag veröffentlicht [Herrmann et al. 98].

## 2 Charakterisierung von Arbeitsverteilungsverfahren

### 2.1 Merkmale von Arbeitsverteilungsverfahren

Konkrete Arbeitsverteilungsverfahren sind durch eine Vielzahl von Merkmalen gekennzeichnet, die im folgenden genauer analysiert werden sollen. Diese Merkmale sind organisatorischer Natur und betreffen die betriebliche Aufbau- und Ablauforganisation. Mitunter spielen auch zeitliche Faktoren bei der Arbeitsverteilung eine Rolle.

**Koordinationsform**

In Anlehnung an die klassische Organisationslehre [Kieser & Kubicek 93] wird zwischen drei Grundformen der Koordination unterschieden: *Selbstabstimmung*, *Gruppenabstimmung* und *Hierarchie*. Bei Selbstabstimmung liegt die Entscheidung des Individuums darüber, welche Tätigkeiten auszuführen sind, im eigenen Ermessen - der Mitarbeiter sucht sich aus den anstehenden Aufgaben selbständig die von ihm zu bearbeitenden aus. Bei der Gruppenabstimmung stimmen die Organisationsmitglieder gemeinsam über die Aufteilung der Tätigkeiten ab. Die Hierarchie hingegen ist durch die Existenz übergeordneter Instanzen gekennzeichnet. Diese koordinieren die Arbeitsverteilung und delegieren Aufgaben, haben also die Berechtigung, innerhalb gewisser Grenzen zu entscheiden, wer welche Aufgabe wahrnehmen soll. Hier muß also entschieden werden, wieviel Autonomie dem einzelnen gewährt werden soll.

**Anzahl der Entscheidungsinstanzen**

Bei einer *einstufigen* Arbeitsverteilung erfolgt eine direkte Zuweisung der Aufgabe zum Bearbeiter. Hingegen können bei *mehrstufiger* Arbeitsverteilung mehrere Mitarbeiter „durchlaufen" werden, bis der tatsächliche Bearbeiter gefunden ist. Ein Beispiel für eine mehrstufige Arbeitsverteilung wäre die Delegation einer Arbeitsaufgabe über mehrere Stufen von einer Entscheidungsinstanz zur nächsten [Mintzberg 79]. Eine mehrstufige Arbeitsverteilung führt zu längeren Entscheidungszeiten und Verringerung der Transparenz, ist bei großen Organisationen aber unvermeidlich.

**Planungsprinzip**

Auch das verfolgte Planungsprinzip spielt bei der Arbeitsverteilung eine Rolle. In Industriebetrieben wird im Rahmen der Bedarfsplanung häufig zwischen einer Planung nach dem *Neuaufwurf-* und dem *Net-Change-Prinzip* unterschieden [Scheer 90], [Fandel et al. 97]. Im Zusammenhang mit der Verteilung von Arbeit lassen sich diese Planungsprinzipien auf die Einplanung der Mitarbeiter für die Durchführung bestimmter Aufgaben in bestimmten Zeiträumen beziehen. Zum Beispiel zur Verteilung neu hinzugekommener Aufträge, bei Auftragsänderungen oder stornierten Aufträge sind Neu- bzw. Umplanungen erforderlich. Bei Anwendung des Planungsprinzips Net-Change erfolgt lediglich eine neue Arbeitsverteilung für den neuen oder geänderten Auftrag. Wird hingegen das Neuaufwurf-Prinzip verfolgt, so werden alle bereits terminierten Aufgaben freigegeben und erneut zugeteilt, so daß hier alle Mitarbeiter von Änderungen betroffen sein können.

**Reihenfolgebildung**

Wenn eine Vielzahl zu bearbeitender Aufgaben betrachtet wird, ergibt sich zusätzlich die Frage nach der Reihenfolge, in der diese zu bearbeiten sind. Es können verschiedene Arten der Reihenfolgebildung unterschieden werden. Anstehende Arbeitsaufträge können in einer *Reihenfolge* sortiert oder ohne Vorgabe einer Reihenfolge in einem *Aufgabenpool* gesammelt werden. Aus der Industriebetriebslehre bekannte Lagerbewirtschaftungsstrategien, wie z.B. First In First Out (FIFO) oder Last In First Out (LIFO) [Scheer 97], oder Terminierungsverfahren, wie etwa Liefertermin- oder Schlupfzeitregel [Glaser et al. 92], können in diesem Zusammenhang problemlos auf den Bürobereich übertragen werden. Auch *Mischformen* sind hier denkbar, zum Beispiel die Sammlung von Aufgaben in Arbeitspaketen, auf die über einen Pool zugegriffen wird.

**Zuordnungsprinzip**

Wenn die Aufgabe von übergeordneter Stelle delegiert wird, erfolgt die Arbeitsverteilung im Sinne eines *Push*-Prinzips, d.h. die Arbeit wird einem Mitarbeiter in Form einer Weisung zugeordnet. Bietet ein Mitarbeiter selbständig seine Arbeitsleistung an, indem er sich einer Arbeitsaufgabe annimmt, so kann von der Verwirklichung des *Pull*-Prinzips gesprochen werden. Das Pull-Prinzip ist angebots-, das Push-Prinzip nachfragegetrieben [Johnston & Lee 97]. Es sind auch *Mischformen* zwischen Pull- und Push-Prinzip denkbar. Ein Übergang von Pull zu Push wäre beispielsweise, wenn sich ein Mitarbeiter selbständig einer Aufgabe annimmt, diese im Nachhinein jedoch z.B. von der Geschäftsleitung als besonders dringend eingestuft und einem anderen Mitarbeiter zugeteilt wird.

**Zeitpunkt der Zuweisung**

Bezüglich des Zeitpunkts der Zuweisung einer Aufgabe kann unterschieden werden zwischen einer *sofortigen Zuweisung* zu einem Bearbeiter direkt bei Entstehen dieser Aufgabe und einer zum Bekanntwerden der Aufgabe *zeitlich versetzten Zuweisung*. Hier lassen sich aus der Netzplantechnik bekannte Verfahren [Gal & Gehring 81] anwenden, um z.B. resultierende Pufferzeiten bei der Bearbeitung zu errechnen, sofern ein einzuhaltender Termin für die Erfüllung der Aufgabe vorgegeben ist. Bei vorausgesetztem Ziel der fristgerechten Aufgabenerfüllung ist die Aufgabe spätestens *zum spätesten Startzeitpunkt* einem Bearbeiter zuzuweisen und dann von diesem sofort zu bearbeiten. Der späteste Startzeitpunkt liegt hierbei genau um die Bearbeitungszeit vor dem spätesten Fertigstellungszeitpunkt.

**Bearbeiterauswahl**

Es ist wichtig zu unterscheiden, auf welche Art und Weise die Auswahl des Bearbeiters einer Aufgabe stattfindet. Einerseits kann ein Mitarbeiter *direkt* starr einer Aufgabe zugeordnet werden. Andererseits bietet eine *indirekte* Arbeitsverteilung über organisatorische Konstrukte wie zum Beispiel Gruppen oder Rollen die Möglichkeit, mehreren Mitarbeitern die Aufgabe anzubieten bzw. zuzuordnen [Esswein 92].

**Bearbeitung**

Die Anzahl der an der Lösung einer Aufgabe Beteiligten ist ein weiteres organisatorisches Unterscheidungsmerkmal. Eine Aufgabe muß nicht notwendigerweise immer von einem *einzelnen* Mitarbeiter bearbeitet werden. Auch Gruppenarbeit, bei der mehrere Mitarbeiter *gemeinsam* eine Aufgabe lösen, ist denkbar. Diese Mitarbeiter müssen sich nicht zwangsläufig an einem Standort befinden. Über Groupware wie zum Beispiel Videokonferenzsysteme wird die gemeinsame Bearbeitung von Aufgaben bei verteilten Standorten unterstützt [Sen 87].

**Automatisierungsgrad**

Inwieweit die Arbeitsverteilung in einem Unternehmen automatisierbar ist, hängt ab von der Strukturiertheit der anfallenden Aufgaben und der Möglichkeit zur Definition formalisierbarer Kriterien, mittels derer sich die Automation der Arbeitsverteilung unterstützen läßt. Es ist zu unterscheiden zwischen automatisierter, teilautomatisierter und manueller Arbeitsverteilung. Eine rein *manuelle* Arbeitsverteilung impliziert, daß die Zuweisung von Aufgaben zu einem Bearbeiter durch manuelle Übergabe von einem anderen Mitarbeiter erfolgt. Bei einer *teilautomatisierten* Arbeitsverteilung greift der Mensch nur stellenweise manuell ein, wenn z.B. ein WMS in schwierigen Fällen nur Vorschläge macht und dann die endgültige Entscheidung in der Hand des Mitarbeiters liegt. Eine *vollautomatisierte* Arbeitsverteilung setzt voraus, daß sich ein Verfahren zur Feststellung eines geeigneten Bearbeiters für eine Aufgabe bei Zugrundelegung bestimmter Zielsetzungen finden und formalisieren läßt. Dieses könnte zum Beispiel über die Suche nach einem möglichst guten „matching" zwischen Aufgabeneigenschaften und Bearbeiterattributen (etwa hinterlegten Mitarbeiterprofilen) geschehen [Scholz 94].

## 2.2 Morphologischer Kasten zu Arbeitsverteilungsverfahren

Eine Übersicht über alle genannten Merkmale, die bei der Arbeitsverteilung eine Rolle spielen, gibt der morphologische Kasten der Abbildung 1 wieder. Ein morphologischer Kasten ist ein Konstrukt, das es ermöglicht, eine Vielfalt tatsächlicher und möglicher Erscheinungsformen eines Betrachtungsgegenstands durch geeignete Gliederungskriterien geordnet zu erfassen [Mehrmann 94]. In dem hier entworfenen morphologischen Kasten werden AVV derart nach Merkmalen untergliedert, daß jede Zeile ein Merkmal mit seinen möglichen Ausprägungen darstellt.

| Merkmal des Arbeits-verteilungsverfahrens | Ausprägungen | | |
|---|---|---|---|
| Koordinationsform | Gruppen-abstimmung | Selbstabstimmung | Hierarchie |
| Anzahl der Entscheidungs-instanzen | einstufig | | mehrstufig |
| Planungsprinzip | Net-Change | | Neuaufwurf |
| Reihenfolgebildung | Schlange | Pool | Mischformen |
| Zuordnungsprinzip | Push | Pull | Mischformen |
| Zeitpunkt der Zuweisung | bei Bekannt-werden | zwischen Bekannt-werden und späte-stem Startzeitpunkt | zum spätesten Startzeitpunkt |
| Bearbeiterauswahl | direkt | | indirekt |
| Bearbeitung | einzeln | | gemeinsam |
| Automatisierungsgrad | automatisch | Teilautomatisch | manuell |

**Abbildung 1: Morphologischer Kasten zu Arbeitsverteilungsverfahren**

Eine konkrete Arbeitsverteilung ist in der Regel eine Kombination von Ausprägungen mehrerer Merkmale.

**Beispiel** (➔ Merkmale, *Ausprägungen*):

Eine komplexe Aufgabe wird *direkt bei Bekanntwerden* (➔ Zeitpunkt der Zuweisung) vom Geschäftsführer eines Unternehmens *hierarchisch* (➔ Koordinationsform) im Sinne eines *Push-Prinzips* (➔ Zuordnungsprinzip) an eine Kompetenzgruppe delegiert und innerhalb dieser Gruppe einem *einzelnen Mitarbeiter* (➔ Bearbeitung) zugeordnet. Diese Arbeitsverteilung ist *mehrstufig* (➔ Anzahl der Entscheidungsinstanzen), da mehrere Entscheidungsinstanzen durchlaufen werden. Weiterhin wird diese Aufgabe dem einzelnen Mitarbeiter *indirekt* (➔ Bearbeiterauswahl) und *manuell* (➔ Automatisierungsgrad) in einer *Gruppenabstimmung* (➔ Koordinationsform) zugeteilt.

Die Einordnung dieser beispielhaften Arbeitsverteilung in den morphologischen Kasten wird durch die grau markierten Zellen in Abbildung 1 visualisiert.

## 3 Arbeitsverteilung in Workflow-Management-Systemen

Inwieweit die vorgestellten Arbeitsverteilverfahren mit heutigen Workflow-Management-Systemen durchführbar sind, ist Gegenstand der nachfolgenden Betrachtungen. Diese beziehen sich auf die Gattung der klassischen Workflow-Management-Systeme, die in die Gesamtheit der prozeßorientierten Systeme gemäß Abbildung 2 (schraffierter Quadrant) einzuordnen sind. Die Stärken dieser Systeme liegen in der Durchführung gut strukturierter Geschäftsprozesse. Auf die übrigen Systemgattungen sind die Ergebnisse nicht ohne weiteres übertragbar, obwohl auch bei diesen ähnliche Problemfelder erkennbar sind. Allerdings existiert dort ein anderer Fokus, der eine automatisierte Arbeitsverteilung z.T. überhaupt nicht vorsieht. Als Grundlage für die folgenden Aussagen dienten einerseits Erfahrungen aus Workflow-Projekten, die am Institut für Wirtschaftsinformatik mit dieser Art von Systemen gemacht wurden, und andererseits aktuelle [Karl & Deiters 97] und auch ältere [Erdl & Schönecker 95] Studien, die genau diese Systemgattung unter die Lupe nehmen.

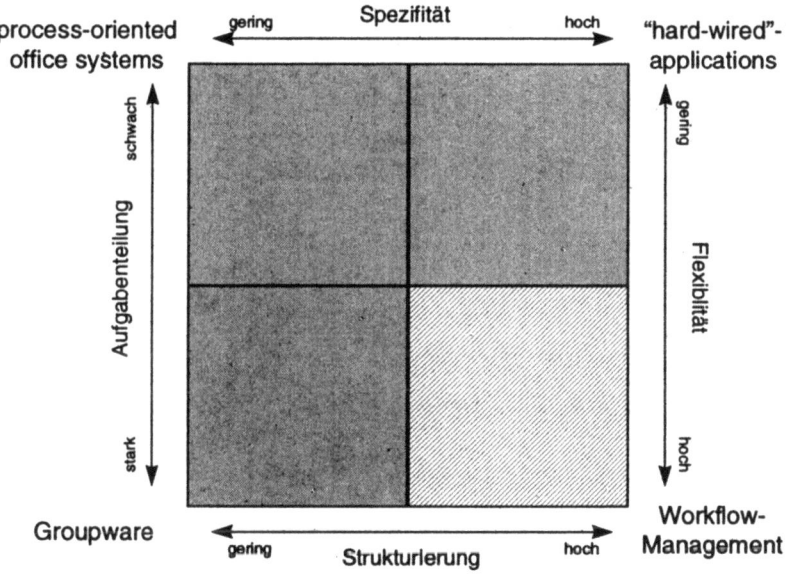

Abbildung 2: Betrachtete Systemklassen (In Anlehnung an: [Schulze & Böhm 96])

Die Koordination arbeitsteilig ablaufender Geschäftsprozesse ist das Ziel des Einsatzes von WMS. Hierzu muß zunächst das Wissen über die Abläufe abgebildet werden. Dies geschieht in der Modellierungskomponente eines WMS. Anhand der dort erstellten Workflow-Modelle kann die Steuerungskomponente die Koordination und Kontrolle der Abläufe übernehmen. Für die Arbeitsverteilung bedeutet dies, daß über die Modellierung der Aufbauorganisation und die anschließende Zuordnung bestimmter Elemente der

Aufbauorganisation zu Aufgaben die für eine bestimmte Aufgabenbearbeitung in Frage kommenden Personen(-gruppen) festgelegt werden können. Dies hat zur Folge, daß man sich beim Einsatz von WMS bereits vorab, nämlich zum Zeitpunkt der Modellierung, entscheiden muß, welche Tätigkeiten von welchen Mitarbeitern durchgeführt werden sollen. Auf dieser Grundlage werden dann die Arbeitsobjekte vom WMS verteilt. In Abhängigkeit davon, in welcher Form solche Zuständigkeiten modelliert wurden, existieren auch unterschiedliche Formen der Zuweisung von Arbeitsobjekten.

Heutigen WMS ist gemein, daß das zentrale Konstrukt zur Modellierung der Aufbauorganisation die Rolle ist. Eine Rolle beschreibt dabei häufig nur Kompetenzen (i.S. von Entscheidungskompetenzen), die einem Rollenträger übertragen werden (z.B. „ist zeichnungsbefugt"). In seltereren Fällen repräsentiert die Rolle auch die für die Ausführung einer Aktivität notwendige minimale Qualifikation eines Mitarbeiters (z.B. „spricht Spanisch") [Rosemann & zur Mühlen 97]. Die Definition von Rollen setzt voraus, daß mehrere Mitarbeiter identifiziert werden können, denen gleiche oder mindestens sehr ähnliche Kompetenzen und Qualifikationen zugeordnet werden können. Ist dies nicht der Fall, so könnte eine bestimmte Aufgabe auch einer Stelle oder direkt einer Person zugewiesen werden. Es gibt allerdings auch WMS, bei denen die Abbildung der Aufbauorganisation allein über Rollendefinition vorgenommen wird und keine weiteren Konstrukte zur Verfügung gestellt werden.

Bei Einsatz des Rollenkonzepts ergibt sich somit für die konkrete Arbeitsverteilung zur Laufzeit einer Workflow-Instanz folgende Situation: Das WMS ermittelt die im Modell festgelegten Mitarbeiter, welche dieselbe Rolle innehaben, und stellt das aktuelle Arbeitsobjekt in deren Eingangskörbe ein. Einer der Mitarbeiter erklärt sich zum aktuellen Bearbeiter, indem er das Arbeitsobjekt in seine Zwischenablage schiebt und damit die Zuständigkeit übernimmt. Nach Durchführung der Bearbeitung an diesem Arbeitsobjekt legt er es in den Ausgangskorb und gibt es damit für die anschließenden Bearbeitungen frei. Die nächsten möglichen Bearbeiter werden wiederum vom WMS ermittelt.

## 3.1 Defizite heutiger Lösungen

Die dargestellten Charakteristika von WMS weisen bereits darauf hin, daß der Benutzer bezüglich der Arbeitsverteilung in vielerlei Hinsicht mit Einschränkungen zu rechnen hat. Verfügbare WMS leisten vielfach nicht die erhoffte Unterstützung in Bezug auf Arbeitsverteilung. Anhand der in Abschnitt 3 eingeführten Merkmale soll ein Überblick über die vorhandenen Möglichkeiten gegeben werden und in Bezug auf Zielorientierung wünschenswerte Weiterentwicklungen aufgezeigt werden.

**Koordinationsform**: *Hierarchie*

Die Koordination durch Abstimmungsprozesse scheitert bei heutigen WMS bereits am Fehlen der nötigen Modellierungskonstrukte. Die Abstimmung über die Verteilung von Arbeitsobjekten muß häufig bereits bei der Konzeption der Sollprozesse erfolgen. Hier werden mögliche Bearbeiter festgelegt und über verfügbare Konstrukte wie Organisationseinheit, Rolle, Stelle o.ä. einer Aktivität zugewiesen.

Am folgenden Beispiel sei verdeutlicht, warum dies allein nicht ausreichend ist. Die Bearbeitung der Funktion 'Kundenauftrag bearbeiten' kann fallweise der gesamten Vertriebsabteilung, dem Vertriebsleiter, einem der Vertriebssachbearbeiter oder dem Projekt Kundenservice zugewiesen werden (vgl. Abbildung 3). Der geeignete Adressat kann bspw. von bestimmten Kundeneigenschaften abhängig sein (z.B. soll der Auftrag eines wichtigen Kunden immer über den Schreibtisch des Vertriebsleiters gehen). Hier reicht es dann vielfach nicht aus, einfach sämtlichen Vertriebsmitarbeitern das Arbeitsobjekt in den Eingangskorb zu legen, d.h. die Abteilung Vertrieb im Workflow-Modell mit der Funktion 'Kundenauftrag bearbeiten' über eine Kante zu verbinden. Vielmehr ist es notwendig, fallbezogen eine bestimmte Reihenfolge der Arbeitsverteilung zu definieren.

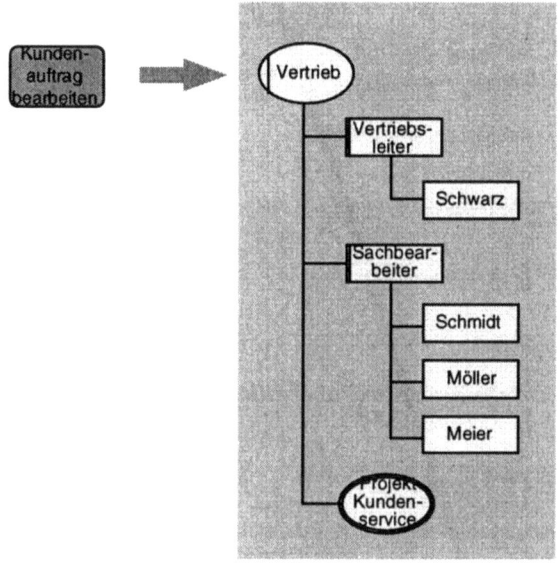

**Abbildung 3: Mögliche Adressaten der Arbeitsverteilung**

Zur Laufzeit könnte die Arbeitsverteilung dann in etwa folgendermaßen ablaufen: Aufgrund einer Kundeneigenschaft weist das WMS das Arbeitsobjekt zunächst dem Vertriebsleiter zu. Dieser entscheidet, die Aufgabe kraft seiner Weisungsbefugnis an die Vertriebssachbearbeiter weiterzuleiten. Um einen geeigneten Bearbeiter zu ermitteln, treten die Mitarbeiter Schmidt, Möller und Meier in ein Kommunikationsverhältnis. Am Ende dieser Gruppenabstimmung wird Herr Schmidt als ausführende Person der Kundenauftragsbearbeitung festgelegt. Abbildung 4 stellt diesen Ablauf der stufenweisen Arbeitsverteilung dar.

Derzeit bieten die Systeme weder Möglichkeiten zur Modellierung einer derartigen Arbeitsverteilung noch die Unterstützung eines integrierten Abstimmungsprozesses unter den Beteiligten.

**Anzahl der Entscheidungsinstanzen**: *einstufig*

Der oben dargestellte Fall ist auch ein gutes Beispiel für eine mehrstufige Arbeitsverteilung. Insgesamt läuft die Verteilung über drei Stufen bis der konkrete Bearbeiter ermittelt ist (vgl. Abbildung 4). Da jedoch in heutigen WMS ein Weitergeben von Tätigkeiten über mehrere Stufen hinweg in der Regel nur im Rahmen einer Ausnahmebehandlung als Delegation möglich ist, wird oben beschriebener Standardfall zur Laufzeit nur unzureichend unterstützt. Eine mehrstufige Arbeitsverteilung läßt sich außerdem nicht modellieren.

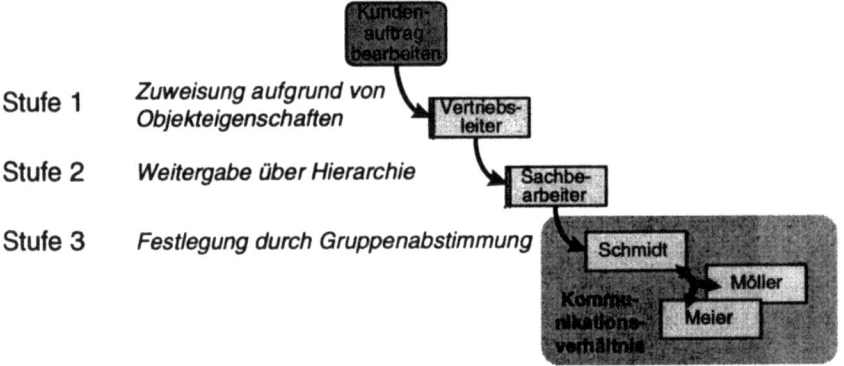

Abbildung 4: Arbeitsverteilung über unterschiedliche Koordinationsformen

**Planungsprinzip**: *Net-Change*

Eine planerisch vorausschauende Arbeitsverteilung ist nicht möglich, da die Systeme keine Planungskomponenten bereitstellen. Mit Hilfe der Monitoring-Komponente eines WMS werden zwar laufende und abgeschlossene Prozeßinstanzen untersucht, die Prozeßplanung reduziert sich jedoch auf die Erstellung der Workflow-Modelle. Aufbauend auf diesen werden Aufgaben zur Laufzeit nach dem vorgegebenen Schema verteilt, zu selten jedoch unter Berücksichtigung von Zielen (vgl. Abschnitt 3.2.2), Kapazitäten und Restriktionen. Planungszeitpunkte sind ereignisgesteuert und eine Planung nach dem Neuaufwurf-Prinzip ist nicht möglich. Neue Arbeit wird wie festgelegt verteilt, ohne zu schauen, ob beim Adressat alte Arbeit liegen geblieben ist und daher eine Umverteilung auf andere Bearbeiter notwendig wäre. Die Forderung nach der Möglichkeit zum Neuaufwurf kommt der in der Literatur diskutierten Reevaluierung gleich [Bußler 98].

**Reihenfolgebildung**: *Pool*

Arbeitsobjekte werden meist nach dem Poolprinzip verteilt, sofern mehrere Personen als mögliche Bearbeiter vorgesehen sind. Dies bedeutet, daß die zu verteilenden Objekte in einen Pool (= Eingangskörbe) eingestellt werden und dann zur Bearbeitung vom einzelnen Bearbeiter entnommen werden können. Die flexible Bildung einer Abarbeitungsreihenfolge und die weitergehende Möglichkeit zur Sortierung der anstehenden Tätigkeiten über die Vergabe von Prioritäten wird meist nicht angeboten [Bußler 98]. Der Einsatz weiterer Verfahren zur Reihenfolgebildung, wie unter Abschnitt 2 beschrieben, ist mit heutigen WMS überhaupt nicht realisierbar.

**Zuordnungsprinzip**: *pull*

Im Zusammenhang mit der Bereitstellung von Aufgabenpools kommt meist das Pull-Prinzip zur Anwendung. Für den Fall, daß nur ein möglicher Bearbeiter existiert, kann eine Verteilung nach dem Push-Prinzip vorgenommen werden. Ansonsten ist dies über Ausnahmebehandlungsmechanismen teilweise möglich. Wünschenswert wäre die fallweise Anwendung des Push-Prinzips zur Laufzeit, z.B. zur Zuweisung dringender Aufgaben in Umgehung des Pools.

**Zeitpunkt der Zuweisung**: *bei Bekanntwerden*

Arbeitsobjekte werden immer unmittelbar zum Zeitpunkt ihres Auftretens an die zuständigen Mitarbeiter weitergeleitet. Eine vorausschauende Zuweisung dergestalt, daß Arbeitsobjekte erst verteilt werden, wenn ihre Bearbeitung fällig ist, existiert momentan nicht. Die Zuweisung erfolgt immer ad hoc. Da beim Mitarbeiter dadurch möglicherweise Streßsituationen auftreten können, ist dies nicht unproblematisch. Dies zeigt, daß die den WMS heute zugrundeliegenden Planungsmechanismen zu wenig im Sinne einer ganzheitlichen Prozeßplanung und -steuerung ausgeprägt sind.

**Bearbeiterauswahl**: *direkt oder indirekt*

Die Adressierung der ausführenden Personen kann unter Verwendung der zur Verfügung stehenden Modellierungsspielräume direkt oder indirekt geschehen. Eine direkte Zuordnung erfolgt für den Fall, daß eine feste Person von vornherein zur Durchführung einer bestimmten Tätigkeit per Modellierung vorgesehen wurde. Eine indirekte Adressierung wird durch den Einsatz von Gruppen- oder Rollenkonstrukten erreicht, da hier der konkrete Bearbeiter nicht a priori festgelegt ist. Dies erhöht die Flexibilität der Vorgangsbearbeitung, da die Erledigung einer Tätigkeit nicht an eine einzige Person gebunden ist und damit auch im Krankheits-, Abwesenheits- oder Überlastungsfall erfolgen kann. Eine indirekte Bearbeiterauswahl als Ergebnis von Aushandlungsaktivitäten (vgl. vorne) ist weder abbildbar noch zur Laufzeit unterstützt.

**Bearbeitung**: *einzeln*

Schwächen weisen heutige WMS auf, wenn es darum geht, Gruppenarbeit zu unterstützen. Hier fehlen Mechanismen, mit denen zunächst (im Modell) nicht weiter zerlegte Arbeitsobjekte unter den Mitarbeitern eines Teams aufgeteilt werden können oder ein aktueller Bearbeiter ad hoc Teile seiner Tätigkeit an einem konkreten Arbeitsobjekt an Kollegen delegieren kann. Solche Aspekte sind in Groupware-Systemen stärker berücksichtigt. Zur Lösung dieser Problemstellungen ist daher eine verstärkte Integration von Groupware- und Workflow-Management-Systemen notwendig.

**Automatisierungsgrad**: *automatisch oder manuell*

Die Arbeitsverteilung in WMS erfolgt normalerweise automatisch. Dies ist gerade die Grundidee und der Vorteil von Workflow Management. Das System besitzt Kenntnis über die Reihenfolge der durchzuführenden Tätigkeiten und die jeweiligen Bearbeiter. Um eine automatische Arbeitsverteilung zu ermöglichen, muß natürlich vorab eine Festlegung der hierfür notwendigen Steuerungsinformationen erfolgen. Dies geschieht im Rahmen der Modellierung. Soll zur Laufzeit von den Wegen, die modelliert wurden, abgewichen werden, gibt es in manchen Systemen Möglichkeiten, z.B. manuell den nachfolgenden Bearbeiter durch den aktuellen Bearbeiter oder einen Prozeßverantwortlichen festlegen zu lassen. Hierbei beschränkt sich der Möglichkeitenraum allerdings vielfach auf eine Auswahl eines konkreten Bearbeiters aus einem bereits vorgegebenen Bearbeiterpool.

Die Notwendigkeit für eine manuelle Arbeitsverteilung erläutert auch Bußler [Bußler 98]. Eine teilautomatische Arbeitsverteilung in dem Sinne, daß das WMS Vorschläge über aktuell am besten geeignete Mitarbeiter (z.B. durch Feststellung und Vergleich der momentanen Auslastungen der in Frage kommenden Bearbeiter) macht und der konkrete Bearbeiter dann auf Basis dieser Information manuell (z.B. von einem Prozeßverantwortlichen) ausgewählt wird, ist in aktuellen WMS nicht realisiert.

## 3.2 Probleme bei zielorientierter Arbeitsverteilung

Die Auswahl von AVV nach Zielen stellt ein weiteres interessantes Feld dar. So sollte bei einer konkreten Arbeitsverteilung immer auch das mit ihr verfolgte Ziel im Auge behalten werden. Als organisatorische Zielsetzungen, die es in diesem Zusammenhang zu berücksichtigen gilt, können Kundenorientierung, Schnelligkeit, Qualität, Effizienz, Mitarbeiterorientierung und Flexibilität angesehen werden [Hagemeyer & Striemer 98].

Diese Zielsetzungen, die bei der Arbeitsverteilung eine Rolle spielen, werden von WMS nur unzureichend berücksichtigt. Sie finden bei einem zielorientierten Vorgehen zur Sollprozeßgestaltung implizit Eingang in die hinterlegten Modelle zur Aufbau- und Ablauforganisation, eine direkte Hinterlegung von Zielen ist in WMS allerdings nicht möglich. In der Situation nicht systemunterstützter Arbeitsverteilung kann die Auswahl eines Bearbeiters prinzipiell unter beliebigen Zielsetzungen erfolgen. Beim Einsatz von WMS ist weder eine Zielplanung in der Modellierungsphase (z.B. durch Verwendung von Zielsymbolen und Konkretisierung der Zieleigenschaften) noch eine ad hoc-Auswahl konkreter Ziele zur Laufzeit der Workflow-Anwendung möglich [vertiefend vgl. Hagemeyer et al. 98]. Im folgenden sollen hierfür einige Beispiele gegeben werden.

Ist *Qualität* die betriebswirtschaftliche Zielsetzung einer Arbeitsverteilung, erfolgt die Bearbeiterauswahl dergestalt, daß ein auf die Erledigung der Aufgabe bezogen möglichst qualifizierter Bearbeiter ausgesucht wird. Hierfür wäre es wünschenswert, daß bei WMS in der Modellierungsphase Anforderungsprofile (bezogen auf Funktionen) und Qualifikationsprofile (bezogen auf Mitarbeiter) hinterlegt werden können [Rose 96]. Zur Laufzeit wäre Aufgabe des Systems, einen optimalen Ausgleich zwischen Aufgabe und Bearbeiter herzustellen.

Bei der Zielsetzung der *Mitarbeiterorientierung* steht die Erweiterung der Entscheidungsspielräume der Mitarbeiter im Vordergrund. Hier fehlt WMS eindeutig die Möglichkeit zur Unterstützung von Aushandlungsprozessen [Herrmann 95]. Wünschenswert wäre es, in der Modellierungsphase definieren zu können, daß der letztendliche Bearbeiter aus einer Aushandlung zwischen verschiedener Beteiligten resultiert. In der Ausführung könnte das System dann die entsprechenden Beteiligten (z.B. per E-mail) ansprechen oder sogar Groupware-Unterstützung (z.B. Videokonferenz) für die Aushandlung bereitstellen. Um die Aushandlung auf Mitarbeiterseite zu erleichtern, macht die Bereitstellung von zusätzlichen Informationen über das Arbeitsobjekt und die durchzuführenden Arbeitsschritte für die Entscheidung der potentiellen Bearbeiter Sinn. Hier fehlt Workflow-Management-Systemen die Möglichkeit zur Schnellansicht der im Eingangskorb befindlichen Arbeitsmappen. Auch die Filterung und Anzeige ausgewählter Ausprägungsmerkmale eines Arbeitsauftrages (z.B. vermutlicher Arbeitsumfang), würde auf Mitarbeiterseite Entscheidungsunterstützung für Aushandlung und Arbeitsverteilung bieten (z.B. durch Berücksichtigung der individuellen Auslastung der Mitarbeiter).

Steht das Ziel der *Kundenorientierung* im Vordergrund, sollten WMS beispielsweise die Möglichkeit bereitstellen, das One-face-to-the-customer-Prinzip zu verfolgen, indem in der Ausführung auf die Historie (also alte Instanzen) zugegriffen wird, wenn in der Modellierung die Anwendung des One-face-to-the-customer-Prinzips festgelegt wurde.

Ist *Schnelligkeit* die betriebswirtschaftliche Zielsetzung einer Arbeitsverteilung, würde bei WMS in der Ausführung der Rückgriff auf Auslastungsdaten, die dem System ohnehin vorliegen, Sinn machen, um eine schnelle Bearbeitungsaufnahme zu gewährleisten.

Aus der Verfolgung des Ziels *Flexibilität* bei der Arbeitsverteilung folgt für WMS die Forderung nach Freiheitsgraden dergestalt, daß Ziele zum Beispiel erst ad hoc in der Workflow-Anwendung hinterlegt und somit auch alternierende Zielsetzungen ermöglicht werden. Ebenso sollten WMS die Möglichkeit bereitstellen, Ziele auch zu kombinieren, wie etwa die möglichen Bearbeiter nach Qualifikation zu priorisieren (Ziel der Qualität), gleichzeitig aber auch die Auslastung der Mitarbeiter zu berücksichtigen (Ziel der Mitarbeiterorientierung).

Bei der Verfolgung des Ziels *Effizienz* wäre es bei Unternehmen aus dem produzierenden Sektor sinnvoll, in der Modellierungsphase zu hinterlegen, mit welchen Technologien (und mit welchen Stückkosten) einzelne Mitarbeiter entsprechende Produktionsprozesse durchführen, um dann in der Workflow-Anwendung die kostengünstigste Alternative auswählen zu können.

## 4  Fazit und Ausblick

Workflow-Management-Systeme der heutigen Generation weisen noch erhebliche Defizite hinsichtlich der zur Verfügung stehenden Arbeitsverteilmechanismen auf. Anhand des in Abschnitt 2 entwickelten Merkmalskatalogs wurde dies für die einzelnen Merkmale in Abschnitt 3 begründet. Um die eingangs beschriebenen, mit dem Einsatz von WMS verknüpften Hoffnungen zu erfüllen, sind erhebliche Weiterentwicklungen der

Systeme vonnöten. Dies betrifft sowohl die Mächtigkeit der Modellierungskomponenten als auch die Funktionalität der Anwendung zur Laufzeit. Zum einen müssen neue Konstrukte bereitgestellt werden, die eine Modellierung der beschriebenen Arbeitsverteilungsverfahren erlauben, und zum zweiten müssen zum Zeitpunkt der Anwendung auch Möglichkeiten existieren, die ein Umgehen oder Ergänzen der modellierten Arbeitsverteilung gestatten. Die Möglichkeiten zur Berücksichtigung betriebswirtschaftlicher Ziele bei der Bearbeiterauswahl sind ebenfalls sehr begrenzt.

Insgesamt ist zu sagen, daß diese neue Technologie auch von den betroffenen Mitarbeitern erst als echte Arbeitserleichterung empfunden wird, wenn auch eine flexible Arbeitsverteilung vorgenommen werden kann und der Mitarbeiter in seinen Handlungsspielräumen nicht eingeschränkt wird.

## Literatur

[Bußler 98] Bußler, C. (1998): Organisationsverwaltung in Workflow-Management-Systemen. Wiesbaden: Deutscher Universitäts Verlag.

[Erdl & Schönecker 95] Erdl, G.; Schönecker, H. G. (1995): Workflowmanagement: Workflow-Produkte und Geschäftsprozeßoptimierung. Wiesbaden: FBO-Verlag.

[Esswein 92] Esswein, W. (Hrsg.) (1992): Das Rollenmodell der Organisation: Die Berücksichtigung aufbauorganisatorischer Regelungen in Unternehmensmodellen. Bamberger Beiträge zur Wirtschaftsinformatik Nr. 14.

[Fandel et al. 97] Fandel, G.; Francois, P.; Gubitz, K.-M. (1997): PPS- und integrierte betriebliche Softwaresysteme: Grundlagen - Methoden - Marktanalyse. 2. Aufl., Berlin et al.: Springer-Verlag.

[Gal & Gehring 81] Gal, T.; Gehring, H. (1981): Betriebswirtschaftliche Planungs- und Entscheidungstechniken. Berlin, New York: de Gruyter.

[Glaser et al. 92] Glaser, H.; Geiger, W.; Rohde, V. (1992): PPS - Produktionsplanung und -steuerung: Grundlagen - Konzepte - Anwendungen. 2. Aufl., Wiesbaden: Gabler-Verlag.

[Hagemeyer et al. 98] Hagemeyer, J.; Rolles, R.; Schmidt, Y.; Scheer, A.-W. (1998): Arbeitsverteilungsverfahren in Workflow-Management-Systemen: Anforderungen, Stand und Perspektiven. In: Scheer, A.-W. (Hrsg.): Veröffentlichungen des Instituts für Wirtschaftsinformatik, Heft 145, Juni 1998.

[Hagemeyer & Striemer 98] Hagemeyer, J.; Striemer, R. (1998): Anforderungen an die Erweiterung von Metamodellen für die Geschäftsprozeßmodellierung und das Workflow Management. In: Herrmann, Th.; Scheer, A.-W.; Weber, H. (Hrsg.): a.a.O., S. 161 - 180.

[Herrmann 95] Herrmann, Th. (1995): Workflow Management Systems: Ensuring Organizational Flexibility by Possibilities of Adaptation and Negotiation. In: Proceedings of the ACM Conference on Organizational Computing Systems (COOCS) '95, New York 1995.

[Herrmann et al. 98] Herrmann, T; Scheer, A.-W.; Weber, H. (Hrsg.) (1998): Verbesserung von Geschäftsprozessen mit flexiblen Workflow-Management-Systemen: Von der Erhebung zum Sollkonzept. Veröffentlichungen des MOVE-Projekts, Bd. 1, Heidelberg et al.: Physica-Verlag.

[Johnston & Lee 97] Johnston, R.; Lee, R. (1997): The Role of Electronic Commerce Technologies in Just-In-Time Replenishments. In: Proceedings of Hawaii International Conference on Systems Science, Hawaii. S. 439 - 448.

[Karl & Deiters 97] Karl, R.; Deiters, W. (1997): Studie Workflow Management - Groupware Computing. o. O.

[Kieser & Kubicek 92] Kieser, A.; Kubicek, H. (1992): Organisation. 3. Aufl., Berlin, New York: de Gruyter.

[Mehrmann 94] Mehrmann, E. (1994): Schnell zum Ziel - Kreativitäts- und Problemlösungstechniken. Düsseldorf, Wien: ECON Taschenbuch Verlag.

[Mintzberg 79] Mintzberg, H. (1979): The Structuring of Organizations. London et al.

[Rose 96] Rose, T. (1996): Vorgangsmanagementsysteme: Modellierungs- und Implementierungskonzepte. In: Vossen, G.; Becker, J. (Hrsg.): Geschäftsprozeßmodellierung und Workflow-Management: Modelle, Methoden, Werkzeuge. Bonn et al, S. 319 - 334.

[Rosemann 97] Rosemann, M.; zur Mühlen, M. (1997): Workflow-Management-Systeme im Spannungsfeld einer Organisation. In: Ortner, E. (Hrsg.): Proceedings zum EMISA-Fachgruppentreffen 1997 - Workflow-Management-Systeme im Spannungsfeld einer Organisation. S. 100 - 116.

[Scheer 90] Scheer, A.-W. (1990): EDV-orientierte Betriebswirtschaftslehre. 4. Aufl., Berlin et al.: Springer-Verlag.

[Scheer 97] Scheer, A.-W. (1997): Wirtschaftsinformatik - Referenzmodelle für industrielle Geschäftsprozesse. 7. Aufl., Berlin et al.: Springer-Verlag.

[Scholz 94] Scholz, C. (1994): Personalmanagement: Informationsorientierte und verhaltenstheoretische Grundlagen. 4. Aufl., München: Vahlen.

[Schulze & Böhm 96] Schulze, W.; Böhm, M. (1996): Klassifikation von Vorgangsverwaltungssystemen. In: Vossen, G.; Becker, J. (Hrsg.): a.a.O., S. 279 - 294.

[Sen 87] Sen, T. (1987): Participative Group Techniques. In: Salvendy, G. (Ed.): Handbook of Human Factors. New York et al.. S. 453 - 469.

*Th. Herrmann; K. Just-Hahn (Hrsg.): Groupware und organisatorische Innovation (D-CSCW'98). Stuttgart: B. G. Teubner 1998, S. 95-110*

# Wider ein positiv konnotiertes Kooperationskonzept

Christel Kumbruck

Arbeitswissenschaft, Technische Universität Hamburg Harburg

## Zusammenfassung

Die Bewertung und Entwicklung von CSCW-Technik erfolgt vielfach nicht auf der Grundlage eines fundierten theoretischen Konzeptes von Kooperation, sondern aus der Perspektive nur einzelner Aspekte von Kooperation und indem ein per se positives Bild von Kooperation unterstellt wird. Es wird aufgezeigt, daß Kooperation nicht per se positiv ist. Der Grund dafür ist, daß die Lebenslinien von Kooperation von unterschiedlichen Kräften geprägt sind, nämlich Konkurrenz, Konflikt, Gruppen- und individualistischen Tendenzen, Kommunikation und Vertrauen, die als mehr oder weniger positiv angesehen werden. Folglich ist es für die Gestaltung von Telekooperations- bzw. CSCW-Technik sinnvoller, von der Unterscheidung in ein formales im Sinne von neutral konnotiertes, den prozessualen Ablauf von Kooperation ins Auge nehmendes Konzept und ergänzenden Kooperation qualifizierenden (also für die positive und negative Bewertung dienlichen) Aspekten auszugehen. Ein solches Konzept wird skizziert. Die Umsetzung eines solchen Konzeptes für die konkrete Bewertungs- und Gestaltungsarbeit von Telekooperationssysteme wird exemplarisch dargestellt.

# 1 Einleitung

Um kooperationsangemessene Systeme zu gestalten, bedarf es Kriterien, die vom psychosozialen Gegenstand 'zwischenmenschliche Kooperation' ausgehen und deshalb auch ihre Fundierung in der Psychologie und den Sozialwissenschaften haben. Deshalb wird im folgenden zunächst ein Konzept von Kooperation entwickelt, das als Grundlage für den Gestaltungszweck als besonders geeignet angesehen wird. Im weiteren wird aufgezeigt, wie es durch schrittweise Konkretisierung und Annäherung an den technischen Gegenstand der Gestaltung dienen kann.

# 2 Ein psychologisches Kooperationskonzept

## 2.1 Zur Notwendigkeit eines integrativen und nicht positiv konnotierten Kooperationskonzeptes

Die theoretischen sozialwissenschaftlichen Grundlagen, die in die Modellbildung von Telekooperations- bzw. CSCW-Systemen eingehen, stammen aus unterschiedlichen Disziplinen: der Anthropologie, Soziologie, Organisationstheorie, Sprachphilosophie, Linguistik und Handlungspsychologie (um die wichtigsten zu nennen). Auch wenn sie alle in unterschiedlichem Maße Anteil an den impliziten Modellen von Kooperation haben, die in die verschiedenen Systemkonzeptionen eingehen, so liegt den Modellen doch keine kohärente theoretische Grundlage beziehungsweise kein die wichtigsten Aspekte integrierendes Konzept kooperativen Handelns zugrunde. Dieser Umgang mit dem Begriff Kooperation wird als „Eklektizismus" kritisiert [Haugeneder & Steiner 94, S. 205], der folgende Konsequenzen mit sich bringt:

1. In bestimmten CSCW-Anwendungen enthaltene Aspekte der Kooperativität werden extrem anwendungsspezifisch realisiert, so daß die Modellannahmen nicht auf andere Bereiche übertragen werden können.

2. In der Softwaretechnik ist Wissen zur Modellierung kooperativer Prozesse meist nur implizit und prozedural vorhanden.

Dieses postulierte Theoriedefizit bei der Modellbildung beruht auf zwei Gründen. Zum einen ist dies auf die pragmatische Herangehensweise in der Informatik, an der sich Informatiker in Anlehnung an angelsächsische Vorbilder orientieren, zurückzuführen. Im ersten Schritt werden die technischen Machbarkeiten eruiert und auf dieser Grundlage Systeme erstellt. Im zweiten Schritt erst beschäftigten sich Entwickler dann mit der Umsetzung in das soziale Feld und möglicherweise den dafür nötigen sozialwissenschaftlichen Grundlagen. Zum anderen drückt sich in dieser Vorgehensweise aber auch eine konzeptionelle Schwäche bezüglich des Kooperationsbegriffs in den Sozialwissenschaften, Arbeitswissenschaften und der Psychologie aus, wie dies von mehreren Autoren aus der Informatik beklagt wird [Bannon et al. 88; Oberquelle 91; Piepenburg 91].

Im folgenden soll diese konzeptionelle Lücke geschlossen werden. Aus psychologischer Sicht wird ein Verständnis des psychosozialen Anwendungsbereichs der Technik, nämlich der Kooperation, entwickelt, das der Bewertung der Veränderung von Kooperation infolge Telekooperations- bzw. CSCW-technischer Unterstützung dient.

Bei der Auswahl der auszuwertenden Theorien habe ich zunächst das Augenmerk auf Definitionen und Konzepte gerichtet. In psychologischen Wörterbüchern findet Kooperation nur marginale Erwähnung. [Arnold et al. 74, 2.Bd. S. 340; Dorsch et al. 94, S. 405] Die Sozialwissenschaften und die Psychologie bieten keine der technischen Umsetzung dienlichen Konzepte von Gruppenarbeit oder kooperativem Handeln „in ausgereifter, theoretisch und empirisch überprüfter Form". [Wehner et al. 96, S. 40] Der Begriff Kooperation ist ein Sammelbecken für eine Vielzahl unterschiedlicher Arbeitspraktiken und kommunikativer Arrangements, angefangen bei asynchroner Interaktion mit einem entfernten Kollegen bis zu synchron erfolgender gemeinsamer Aktivität am selben physikalischen Ort. Der Begriff Kooperation ist heutzutage in aller Munde. Insbesondere für Managementvertreter scheint die Beendigung der stark arbeitsteilig durchgeführten Produktionsweise angebrochen zugunsten von „Gruppenarbeit, Teamfähigkeit, Koordinationsgeschick, soziale Kompetenz, Partnerschaft und Vertrauen" [Endres & Wehner 93, S. 202; Reichwald & Hermens 94; Schmidt 97] innerhalb von Organisationen und organisationsübergreifend. In Wirtschaftshandbüchern wird organisationsübergreifende Kooperation als Zusammenarbeit zum Zwecke der Steigerung der Wettbewerbsfähigkeit angesehen. Kooperation im Arbeitsleben wird als reibungslose und harmonische Form der Verständigung angesehen. Was besonders auffällt, ist, daß die Definitionen in der Regel positive Erwartungen formulieren statt konzeptionelle Entwürfe. Für die Psychologie gilt bis auf wenige Ausnahmen, [Deutsch 49a; Wehner u.a. 96; Spieß 97] daß Kooperation fragmentarisch in diversen anderen Begriffen verborgen ist, insbesondere in den Begriffen Gruppendynamik und Gruppenarbeit. Um mögliche Quellen für ein Konzept von Kooperation zu finden, kann deshalb nicht primär auf Definitionen geschaut werden, sondern muß das begriffliche Umfeld, das zugleich das praktische Umfeld von Kooperation ist, berücksichtigt werden.

Die Belegung des Begriffs Kooperation mit positiven Konnotationen findet sich auch sowohl in der Informatik [Friedrich & Rödiger 91] als auch in der Psychologie. In der Informatik und Telekooperations-Debatte wird in den letzten Jahren jedoch verstärkt der Blick auf die Kehrseite von Systemen zur Unterstützung von Kooperation geworfen, insbesondere auf Konflikte, die auf deren unterschiedlichen Nutzen für verschiedene Rollenträger in Kooperationen beruhen, beispielsweise für Sender und Empfänger von Nachrichten [Easterbrook et al. 93; Herrmann 94; Rogers 94; Bertsch et al. 96; Rohde et al. 96; Roßnagel & Schneider 96; Wulf 97; Ammenwerth et al. 98]. Auch das Problem, daß Menschen, die bisher in einer individualismusorientierten Organisationskultur gearbeitet haben, nicht umstandslos bereit dazu sind, kooperationsunterstützende Systeme zu nutzen, wird thematisiert. [Orlikowski 92] Diese Erweiterungen gehen in die richtige Richtung, wenngleich damit nicht zwangsläufig eine Abkehr von einem prinzipiell positiven Verständnis von Kooperation verbunden ist.

Denn wir haben hier wie auch in den Sozialwissenschaften und der Psychologie weiterhin überwiegend eine Abgrenzung von Kooperation gegenüber negativ konnotierten

Begriffen wie Individualität, Konflikt, Konkurrenz, Arbeitsteilung [Endres & Wehner 93, S. 205], sowie Koordination. Die daraus resultierende implizite Bewertung macht es unmöglich, die Kooperationsbegriffe in der Psychologie und in den Sozialwissenschaften umstandslos zum Herausfinden von Qualitätsunterschieden zu nutzen, wie es ja für die Bewertung des Einflusses der Technikunterstützung auf den psychosozialen Anwendungsbereich „Kooperationssituationen" der Technik nötig wäre. Benötigt wird statt dessen die Unterscheidung zwischen einem formalen im Sinne eines neutralen prozeßbezogenen Konzeptes von Kooperation einerseits und Aspekten, die das Konzept inhaltlich ausfüllen und dadurch der Bewertung dienen und die Kooperationsbedingungen qualifizieren können, andererseits[Kumbruck 97]. Mit letzteren kann dann die Güte von Kooperation ohne technische Unterstützung mit Kooperation mit technischer Unterstützung verglichen sowie zwischen verschiedenen Unterstützungssystemen unterschieden werden.

Somit wird zunächst ein formaler Begriff von Kooperation benötigt. Eine Lehre aus den Auslassungen bei der Entwicklung von Informations- und Kommunikationstechnik ziehend, soll Kooperation aus der „Perspektive von innen und der im Innern Handelnden" [Senghaas-Knobloch 93, S. 90] statt aus einer Perspektive von „außen" oder „oben" betrachtet werden. Dies setzt neben Theoriearbeit auch empirische Feldarbeit voraus. Dadurch wird eine Reduktion auf eine informationstechnische Sichtweise [Malone et al. 88] oder auf ein funktional-strategisches Verständnis von Kooperation [Bleicher 92, S. 372] vermieden. Aus der Sicht des Akteurs kann Kooperation als prozessualer Ablauf von der wertenden Sicht auf die Kooperationsbedingungen getrennt gesehen werden. Damit komme ich zur zweiten Aufgabe, nämlich eine Grundlage für die Bewertung von Kooperationsbedingungen in Form von Aspekten zu schaffen, die die Güte der Kooperation ausdrücken. Für beide Ziele, der begrifflichen Präzisierung des Prozesses und der Bewertung, werden Bausteine benötigt. Um diese zu finden, werden im folgenden diverse Ansätze aus der Psychologie und angrenzender Wissenschaften, die solche Bausteine liefern könnten, ausgewertet. Die Bausteine werden zu einer konzeptionellen Skizze von Kooperation zusammengeführt und liefern damit eine die wichtigsten Aspekte von Kooperation integrierende Sicht. Damit kann dann die Kooperationsangemessenheit eines Systems abgewogen werden, das beispielsweise zwar viele Aspekte der Koordinationsunterstützung bietet, aber nur wenige oder gar keine Aspekte, die unter sozialpsychologisch-gruppendynamischen Gesichtspunkten wichtig wären.

## 2.2 Warum Kooperation kein Idealzustand ist? - Lebenslinien von Kooperation

Für die theoretische Analyse werden die zentralen Begriffe aus der Psychologie und den Sozialwissenschaften herangezogen, mit denen Kooperation vielfach gleichgesetzt wird oder – sozusagen als Negativfolie – von denen sie abgegrenzt wird. Bisher der Abgrenzung zu Kooperation dienende Begriffe sind Individualität, Konflikt, Wettbewerb, Arbeitsteilung sowie Koordinierung; mit großer Nähe zu Kooperation werden die Begriffe Kommunikation und Vertrauen benutzt. Sie werden näher begründet in der Arbeits- und Organisationspsychologie, der Sozialpsychologie, den Kommunikationswissenschaften, den Organisationswissenschaften, insbesondere des Management Science, der Informatik sowie der Philosophie. Diese Begriffe werden im folgenden in ihrem Verhältnis zum Begriff Kooperation diskutiert.

**Individualität**: Das Individuum kann sich zum einen nur in Auseinandersetzung mit seiner sozialen Umwelt entwickeln und ein Bild von sich selbst machen. [Erikson 66] Die Autonomie des Individuums wird zum anderen in jedem sozialen Prozeß, also auch im Kooperationsprozeß durch die anderen Menschen, durch die soziale Umwelt, eingeschränkt. Einerseits ist das Individuum auf die anderen angewiesen, erlebt idealerweise die gemeinsamen sozialen Situationen als angenehmer als den Zustand des Alleinseins. Dies haben viele psychologische Untersuchungen, insbesondere zur Gruppenarbeit, gezeigt. [Ulich 94] In Gruppen sind Menschen in der Regel, abgesehen von den Leistungsbesten, auch produktiver, so daß sie zusammen mehr erreichen als die Summe der Einzelleistungen. [Endres & Wehner 93, S. 205] Andererseits kann das Individuum seinen individuellen Bedürfnissen nicht mehr so grenzenlos nachgehen. Es herrscht somit ein psychisches Abhängigkeitsverhältnis zwischen Individuum und Kooperationsgemeinschaft, so daß Individualität und Kooperation als ein komplementäres Begriffspaar anzusehen sind. Kooperationsangemessene Systeme ermöglichen sowohl Kooperation und Gruppenerleben als auch individuelle Verfügung über den Arbeitsvollzug.

**Konflikt**: Kooperation und Konflikt werden insbesondere in der Konfliktforschung und der Sozialpsychologie als Gegensatzpaar thematisiert [Flanders 69; Deutsch 76]. Unter Konflikt wird explizit „Uneinigkeit" [Berlew 77] oder „objektive oder subjektive Gegensätzlichkeit" [Dahrendorf 61] verstanden. Die dichotome Verwendung der Begriffe Konflikt und Kooperation geht von einem relativ statischen Modell aus, zumal Differenzen und Auseinandersetzungen ebenfalls unkritisch unter den Konfliktbegriff subsumiert werden, wie Glasl ausführt. [Glasl 94, S. 11] Es wäre sinnvoller, von einem Kontinuum zwischen den Polen Konflikt und Kooperation auszugehen. Denn in der Regel ist ein Prozeß der Kooperation durchaus mit Konflikten verbunden. Zum einen müssen die zukünftigen Kooperationspartner sich über diverse Aspekte des Zusammengehens erst „zusammenraufen", zum zweiten macht die Fähigkeit, von gegensätzlichen Standpunkten aus im kooperativen Prozeß doch gemeinsame Schritte weiterzuentwickeln, gerade die Kooperationsfähigkeit aus. Und so nimmt es nicht Wunder, daß kooperationsfähige Individuen oder Gruppen über eine höhere Konfliktfähigkeit verfügen als solche, die nicht kooperieren. [Endres & Wehner 93, S. 206] Das Austragen von Konflikten, d.h. das Gegeneinanderstellen unterschiedlicher Meinungen und das Finden gemeinsamer Umgangsweisen und Regeln, verweist somit auf den produktiven Charakter von Konflikten für Kooperation. Konflikte können nicht nur in Kooperationen übergehen, sondern haben auch eine positive Wirkung auf die Kooperationsbeziehung, weil überwundene Konflikte die Gruppen-Kohäsion, also das Maß der gegenseitigen positiven Gefühle, stärken. Konflikte und Kooperation schließen sich somit trotz des ersten oberflächlichen Anscheins nicht gegenseitig aus. Vielmehr gehört der Konflikt zur Kooperation und kann ihr dienen. Kooperationsangemessene Systeme unterbinden nicht Konflikte, sondern ermöglichen den produktiven Umgang damit.

**Konkurrenz**: In der Sozialpsychologie, insbesondere auf Grundlage der Spieltheorie, werden Kooperation und Konkurrenz vielfach als Gegensatzpaare behandelt. [Deutsch

49a] Die Dichotomisierung von kooperativen und kompetitiven Gruppen geht von einem statischen Verständnis von Kooperation aus. Gerade für organisationsübergreifende Kooperationsbeziehungen ist oftmals der Ausgangspunkt gegenseitige Konkurrenz, die nur für die konkret vereinbarte Zeit der Zusammenarbeit oder den Ausschnitt der Zusammenarbeit ausgesetzt wird. Es besteht somit eine dialektische Beziehung zwischen den beiden Polen Kooperation und Konkurrenz. Kooperationsangemessene Systeme ermöglichen Durchlässigkeit vom Zustand der Konkurrenz in den der Kooperation und umgekehrt.

**Arbeitsteilung**: Technik und Arbeitsteilung stehen in einem engem Verhältnis zueinander, weil die industrielle Fertigung auf Grundlage zunehmender Technisierung überhaupt erst Arbeitsteilung im Sinne von Teilung einer Arbeit in Einzelbestandteile, die einzeln keinen Sinn ergeben, ermöglichte. Industrielle Arbeitsteilung bedeutet einerseits Abtrennung der Menschen voneinander, insofern sie nicht autonom aufeinanderzugehen im Hinblick auf eine Kooperation. Jedoch können je nach der Gestaltung der Arbeitsteilung, beispielsweise in Form von selbstregulativen teilautonomen Gruppen, auch Spielräume für individuelle und kollektive Selbstregulation identifiziert werden. [Ulich 94] Das Verhältnis von Arbeitsteilung respektive Gruppenarbeit und Kooperation ist somit näher zu bestimmen. Kooperationsangemessene Systeme sind nicht per se Systeme, die nur in teilautonomen Gruppen angewendet werden können. Sie sind jedoch nicht mit voll-automatisierten und damit Arbeitsteilung auf die Spitze treibenden Systemen vereinbar.

**Koordination**: Koordination wird als ein von außen gesteuerter Vorgang von Kooperation als einem von innen, von den Subjekten gesteuerter Vorgang abgegrenzt. [Piepenburg 91, S. 27] Diese Dichotomisierung spiegelt die faktische Nutzung dieser Steuerungsmechanismen angesichts „der jahrzehntelangen Taylorisierung von Produktions- und Organisationsstrukturen" wider. [Endres & Wehner 93, S. 219] Die Unternehmensführung beschließt Kooperation per Dekret und legt Regeln fest. Die Notwendigkeit der konkreten Umsetzung derselben durch konkrete Menschen kommt dabei nicht ins Blickfeld und damit auch nicht der Gedanke, daß regelgeleitete Koordination an Grenzen der Gültigkeit der Regeln stoßen kann und diese dann durch die agierenden Menschen kooperativ ergänzt und modifiziert werden müssen. D.h. Kooperation und Koordination stehen in einem dynamischen Verhältnis zueinander. Die hochtechnisierte Arbeitswelt, insbesondere die Vergegenständlichung von koordinierenden Regeln und Strukturen im Computer, macht es manchmal unmöglich, Änderungsanforderungen durch Kooperation nachzukommen, weil die Bedingungen diesen sozialen Prozeß nicht zulassen. In diesem Fall ist die enge Wechselbeziehung zwischen Kooperation und Koordination, die den dynamischen Übergang des einen Zustands in den anderen ermöglicht, brüchig geworden. Kooperationsangemessene Systeme zeichnen sich dadurch aus, daß sie für diesen Übergang offen sind.

**Kommunikation**: Kommunikation wird oftmals als ein Gegensatz zu Kooperation insofern aufgebaut, als es dabei nicht um gegenständliches Handeln gehe. [Oesterreich 81] Es wird weiter ein Gegensatz konstruiert insofern, als Kooperation zielbezogen, Kommunikation dagegen zielunabhängig sei. Die Unterscheidung nach Zielorientierung und Ziellosigkeit erscheint insofern gegenstandslos, weil Kooperation oftmals erst erarbeitet werden muß und Kooperationen auch bei differierenden Zielen stattfinden, insbesondere in organisationsübergreifenden Kooperationszusammenhängen. Demgegenüber ist ein Kooperationsprozeß nur schwerlich ohne Kommunikation vorstellbar, denn wie sonst sollen gemeinsame Schritte ausgehandelt werden. Kommunikation ist somit ein konstitutiver Teilaspekt von Kooperation. Systeme, die zwischenmenschliche Kommunikation als Prozeß wechselseitigen Verstehens reduzieren, sind demzufolge in ihrer Kooperationsangemessenheit eingeschränkt.

**Vertrauen**: Hier handelt es sich um einen Begriff, der nicht in Abgrenzung zu Kooperation benutzt wird. Vielmehr besteht Konsens darüber, daß Vertrauen Kooperation näher bestimmt. Manche Autoren gehen sogar so weit, vertrauensvolles Verhalten mit Kooperation gleichzusetzen. [Deutsch 49a, S. 129] Wenn die vorliegende Diskussion viele Gegensätze aufgelöst hat, beispielsweise das wechselseitige Ausschließen von Kooperation und Konkurrenz oder von Kooperation und Konflikt, so ist es umgekehrt nur konsequent, Vertrauen, das ja im Konflikt- oder Konkurrenzfalle sicherlich nur in geringem Maße vorhanden ist, nicht als den Begriff Kooperation definierende Komponente, sondern als eine Kooperation qualifizierende Komponente anzusehen. Systeme, die sowohl zwischenmenschliche Vertrauensbildung als auch Systemvertrauen einschränken, sind nur eingeschränkt kooperationsangemessen.

Kooperation verläuft somit in unterschiedlichen Phasen, in denen jeweils Konflikte, Wettbewerb, Vertrauen, gruppen- oder individuumsorientierte Kräfte die Oberhand über die Kooperationssituation gewinnen können. Ihre jeweilige Ausprägung prägt die Lebenslinie von Kooperation; ihre Durchlässigkeit gegenüber dem Prozeß Kooperation bestimmt die „Lebendigkeit" eines Kooperationsprozesses.

## 2.3 Das Kooperations-Konzept: Kooperation als formaler Prozeß und Bewertungsaspekte

Wenn man den Grad der Durchlässigkeit der verschiedenen Kräfte gegenüber Kooperation als Ausdruck ihrer Lebendigkeit ansieht, so ist daraus für die Technikgestaltung zu schlußfolgern, daß nur solche Systeme, die die Möglichkeit des Übergangs von einem in den anderen Zustand, also von Kooperation in den des Konfliktes, von Kooperation in den der Konkurrenz, von Kooperation in den der Koordination, und jeweils auch umgekehrt, ermöglichen, als kooperationsangemessen anzusehen sind. Folglich geben die Bedingungen, die die diesen Übergang ermöglichen, Hinweise auf die Güte konkreter Kooperationsbedingungen. Weiterhin ergeben sich aus dieser Dynamik Erkenntnisse über den formalen Prozeß von Kooperation.

### 2.3.1 Der „formale" Prozeß

Es gibt in der CSCW-Debatte fundierte, sozialwissenschaftliche Grundlagen berücksichtigende Konzepte von Kooperation. [Bannon & Schmidt 91; Oberquelle 91] Sie sind insofern positiv konnotiert, als sie die die Lebenslinien von Kooperation bestimmenden auch „negativen" Kräfte nicht in den Prozeß selbst mit hineinnehmen. Dies wird demgegenüber im vorliegenden Konzept gemacht.

Als Prozeß ist Kooperation das intendierte (auf ein Ende hin zielende) gemeinsame Tätigsein von Menschen, das sich durch prozessuale Komponenten auszeichnet gegenüber Einzeltätigkeiten, die durch parallele oder serielle Strukturierung (Ablauf) in einer irgendwie gearteten Beziehung stehen. Kooperation ist wie Kommunikation in der Verschiedenartigkeit der Menschen begründet. Es zeichnet sich gegenüber Kommunikation dadurch aus, daß es um mehr geht als den Austausch von Sichtweisen auf die Welt. Die konstitutiven prozessualen Mechanismen sind:

**Kommunikation**: Sie begleitet den Prozeß der Kooperation und dient zudem als kooperatives Handeln der bewußten Richtungsvorgabe, -kontrolle und -änderung des kooperativen Prozesses. Die Mittel sind Verständigung und „Perspektiventausch". [Mead 34]

**Konsensuelle Aufgabenüberlappung**: Kooperation ist Hintergrund für den alltäglichen „Regelverstoß" in Organisationen, der die Strukturen, die Koordination, mit Leben erfüllt. Kooperation ist in dieser Sichtweise das gemeinsame Umgehen mit Vagheiten und erfolgt als konsensuelle Überlappung von Aufgaben. [Kumbruck 98]

**Ausbildung und Zusammenführung von lokalem Wissen**: Kooperation in diesem Sinne besteht in der Ausbildung gruppenkulturspezifischer Begrifflichkeiten und Artefakte zur Koordinierung des gesamten Arbeitsprozesses und in der Verzahnung von Einzelhandlungen auf Grundlage des lokalen Wissens, das im Raum ist und den Prozeß funktionieren läßt, ohne daß es explizit gemacht würde oder alle es hätten [Suchman 87; Heath & Luff 91; Raeithel 91). Ein wichtiges Mittel stellt die Perspektivenübernahme für das Handeln dar, das auch außersprachlich erfolgt.

### 2.3.2 Die Bedingungen von Kooperation: Qualifizierende Aspekte

Es ergeben sich aus der Analyse weiterhin Einzelaspekte von Kooperation, sog. qualifizierende Aspekte, die der Bewertung der Kooperationsbedingungen dienen können:

**Aus arbeitspsychologischer Sicht** erweist sich für Gruppen **in arbeitsteiligen Prozessen** das Vorhandensein von Zielidentität der Kooperationsteilnehmer und ein gegenseitiges Abgestimmtsein als positiver Ausdruck der Güte der Kooperation. [Ulich 91] Weiterhin wirkt die Möglichkeit des Agierens von Menschen als leiblich-intellektuelle Einheit und als soziale Wesen kooperationsförderlich.

Für das Agieren in Gruppen wird aus **sozialpsychologischer Sicht Konkurrenz** als vorherrschende Orientierung eher als der Kooperation abträglich angesehen, so daß auch unter diesem Gesichtspunkt die gemeinsame Ausrichtung in Form eines gemeinsamen Ziels, Zielorientierung, Ersetzbarkeit, Induzierbarkeit und Erwünschtheit als kooperationsförderlich postuliert wird. [Deutsch 49b] Bedeutsam ist, daß in den Individuen vorhandene **gruppen- und individuumsorientierte Kräfte** in unterschiedliche Richtungen zielen, für die Kooperation jedoch ihre Ausgeglichenheit am vorteilhaftesten ist. Dies bedeutet, daß Gruppen oder Kooperationsbeziehungen dann stabil sind, wenn zugleich individuelle und gruppenbezogene Interessen Berücksichtigung finden. [Schiffmann 93]

Dieser Ausgleichsprozeß wird mit der Möglichkeit zur Empathie oder zum Perspektiventausch am optimalsten eingeleitet. [Mead 34] Hierfür sind jedoch sowohl individuelle Fähigkeiten als auch prozessuale Bedingungen Voraussetzung. **Vertrauen** ist ein psychodynamischer Mechanismus, der es den Menschen erleichtert, sich auf Kooperation und damit auf einen unberechenbaren Partner einzulassen. Es dient der Komplexitätsreduktion eines Zustands von Unsicherheit. [Luhmann 89] Zu diesem Zweck bedienen sich die Menschen sozialer Riten und der Mittel des symbolischen Austauschs. Vertrauen setzt Personenbezug, Reziprozität, die Fähigkeit zur Einfühlung in andere, die Erfahrung der Selbstwirksamkeit sowie die Gleichgerichtetheit von Gefühlen, Kognition und Handeln voraus. [Petermann 85] Die Vorstellung, daß **Konflikte** Kooperation definitorisch ausschließen, wurde begründet abgelehnt. Doch ist für Konflikte besser als für andere Qualifikationsaspekte von Kooperation zu zeigen, wie die jeweilige Ausprägung die Kooperation behindert oder fördert. Die letzte Konfliktphase, also wenn das Ziel der Handlungen in der Zerstörung des Gegners um jeden Preis liegt, ist nur noch schwerlich mit der Vorstellung einer Lebenslinie von Kooperation in Verbindung zu bringen.

Aus **kommunikationswissenschaftlicher Sicht** sind qualifizierende Aspekte die Möglichkeiten zur Ausbildung kommunikativer Kompetenzen, die aktive Beteiligung beider Akteure sowie die Güte der in einem semiotischen Prozeß gewonnenen Kooperations-Zeichen. [Raeithel 91]

## 3 Qualifizierende Aspekte von Kooperation als Grundlage für Technikgestaltung

Es ist jeweils zu fragen, ob die qualifizierenden Aspekte im Rahmen einer technisch bedingten konkreten Ausprägung von Kooperation Chancen haben, überhaupt angewendet zu werden und in Erscheinung zu treten, benötigt zu werden, ausgebildet und weiterentwickelt zu werden oder den ihnen gebührenden Platz einzunehmen und anerkannt zu werden.

Die Beantwortung dieser Fragen ist nicht pauschal für Telekooperationssysteme oder Systemklassen zu treffen. Vielmehr ist sie sowohl anhand der situativen Kooperationserfordernisse als auch anhand der konkreten Systempotentiale und -grenzen zu bestimmen. Zu diesem Zweck ist eine Konkretisierung der theoretisch analysierten und empirisch festgestellten psychosozialen Erfordernisse im Sinne von Vorgaben hin zu technischen Leistungsmerkmalen notwendig. Dieser Übergang erfolgt in Anlehnung an das für die schrittweise Konkretisierung rechtlicher Anforderungen zu technischen Gestaltungszielen entwickelte und erprobte Verfahren KORA [Hammer et al. 92; Hammer et al. 93; Pordesch & Roßnagel 94; Hammer 95]. KORA ermöglicht die Ableitung von Gestaltungshinweisen aus rechtlichen Vorgaben über mehrere Konkretisierungsstufen. Während für die Runteroperationalisierung von rechtlichen Vorgaben zu technischen Leistungsmerkmalen auf vergleichsweise formale schriftlich fixierte und gesellschaftlich konsentierte Vorgaben zurückgegriffen werden kann, die entsprechend formal abgeleitet werden können, gilt dies nicht für die Konkretisierung psychosozialer Vorgaben. Diese sind einerseits aus keineswegs vereinheitlichten und keineswegs für Anwendungsfälle präzisierten theoretischen Ausführungen abzuleiten, d.h. die theoretischen Erkenntnisse müssen für den gewünschten Zweck erst aufbereitet werden. Sie sind andererseits aus empirischen Ergebnissen abzuleiten, die zu diesem Zweck erst gewonnen werden müssen, und basieren damit auf „soft facts" im Sinne von interpretationsbedürftig und sind zudem kontext- und perspektivenbezogen. Die Konkretisierung erfolgt deshalb durch wechselseitige Bezugnahme von theoretischen und empirischen Erkenntnissen in jedem Konkretisierungsschritt und durch Konsensfindung im Dialog zwischen Technikentwicklern, Psychologen und Techniknutzern.

Für die schrittweise Konkretisierung psychosozialer Vorgaben wurde ein modifiziertes Verfahren anhand einer Simulationsstudie im Bereich telekooperative Rechtspflege sowie einer Simulations- und einer Feldstudie im Bereich arbeitsteilige Vorgangsbearbeitung erprobt und ausführlich dokumentiert. [Kumbruck 97] Der formale Ablauf läßt sich der Abbildung 1 [Hammer 95, S. 204] entnehmen. Im folgenden wird die Konkretisierung exemplarisch und kursorisch für den Teilaspekt Vertrauensförderlichkeit ausgeführt. Dazu werden die Veränderungen ins Blickfeld genommen, die sich durch den Übergang vom Papierdokument nebst eigenhändiger Unterschrift zum elektronischen Dokument nebst digitaler Unterschrift für die Ausbildung von Verbindlichkeit zwischen den Kooperationspartnern ergeben. [Kumbruck 94]

Ausgangspunkt der Konkretisierung sind die **psychosozialen Vorgaben**: Es wurden aufgrund der Theorie- und Empiriearbeit als globale Vorgaben „Übergang von Koordinierung und Kooperation", „Kommunikationsförderlichkeit", „Vertrauensförderlichkeit", „Vereinbarkeit von Individuum und Gruppen" und „Ausbildung und Verzahnung von lokalem Wissen" genommen. Für die im weiteren exemplarisch darzustellende Konkretisierung der Vorgabe „Vertrauensförderlichkeit" ergeben sich folgende Überlegungen: Für die „riskante Vorleistung" [Luhmann 89, S. 23] des „Handelns unter Unsicherheit" benötigt das Individuum Anhaltspunkte, die sein Vertrauen begründen. Es sind dies beispielsweise: eigene Erfahrungen mit einzelnen Personen, eine gewisse Menschenkenntnis, die sich auf Grundlage vielfältiger Erfahrungen mit unterschiedlichsten Menschen entwickelt hat, etc.

Der erste Konkretisierungsschritt gilt der **Ableitung psychosozialer Anforderungen**: Es wird ein Personenbezug der Handlungen als Bedingung im Hinblick auf technische Mediatisierung der Kooperation als wichtig erachtet. D.h. die Kooperationspartner müssen Erfahrungen über erfolgreiche und nicht erfolgreiche Vertrauensgewährungen oder Verantwortungsübernahme gewinnen können. Die psychosoziale Bereitschaft zur Verantwortungsübernahme und Vertrauensbildung setzt die Möglichkeit voraus, Handlungen Personen (oder auch Institutionen) zuordnen zu können. Für schriftliche Kooperationsbeziehungen bedeutet dies beispielsweise, daß ein Empfänger feststellen können muß, wer mit ihm schriftlich kooperiert.

Mit dem zweiten Konkretisierungsschritt erfolgt ein Wechsel der Betrachtungsebene von der psychosozialen zur soziotechnischen Ebene. Zu diesem Zweck ist zu prüfen, in welcher Weise soziale Funktionen auf Technik übertragen werden. Die **Kriterien** ergeben sich aus der Frage, welche allgemeinen Eigenschaften die Technik aufweisen muß, um die soziale Funktion unterstützen zu können. Beispielsweise gibt es Hinweise darauf, daß kooperierende Personen versuchen, sich bei der Signaturprüfung am Namen der anderen

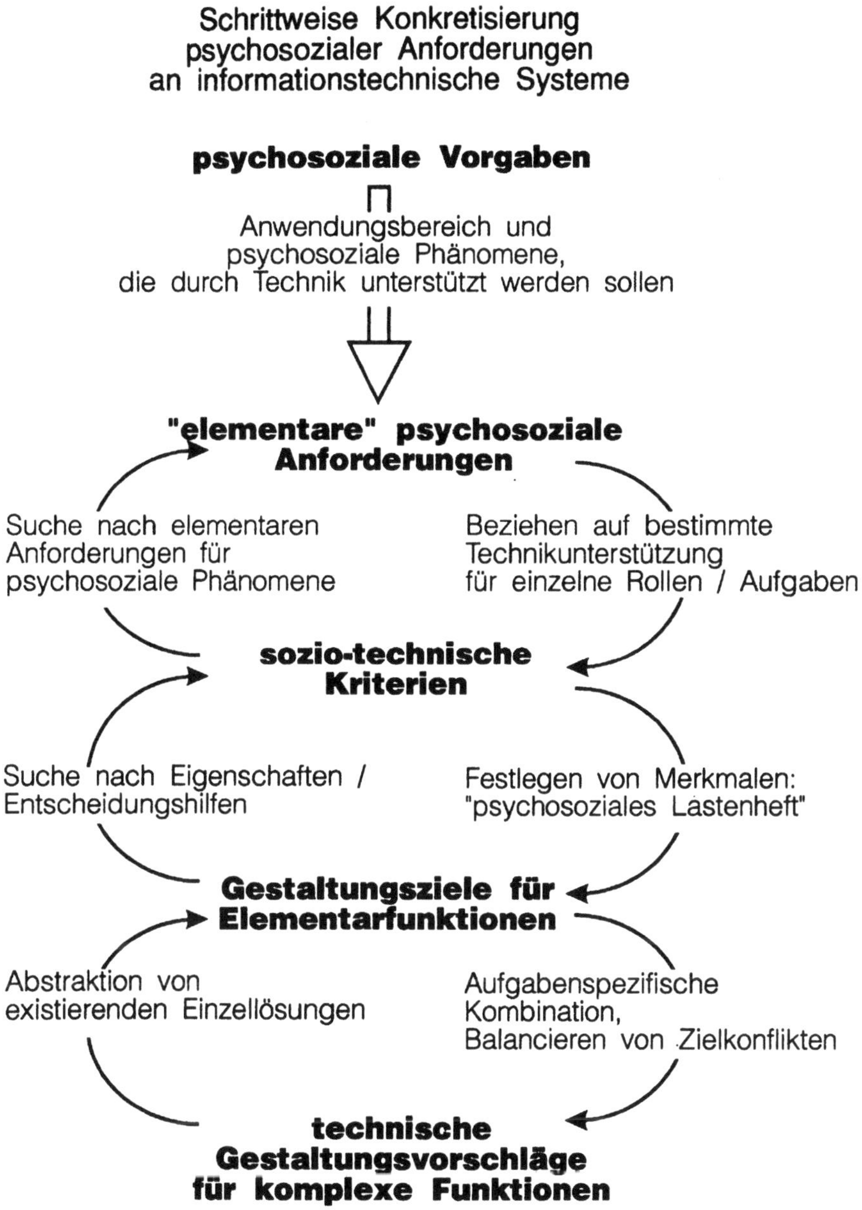

## Schrittweise Konkretisierung psychosozialer Anforderungen an informationstechnische Systeme

**psychosoziale Vorgaben**

Anwendungsbereich und psychosoziale Phänomene, die durch Technik unterstützt werden sollen

**"elementare" psychosoziale Anforderungen**

Suche nach elementaren Anforderungen für psychosoziale Phänomene

Beziehen auf bestimmte Technikunterstützung für einzelne Rollen / Aufgaben

**sozio-technische Kriterien**

Suche nach Eigenschaften / Entscheidungshilfen

Festlegen von Merkmalen: "psychosoziales Lastenheft"

**Gestaltungsziele für Elementarfunktionen**

Abstraktion von existierenden Einzellösungen

Aufgabenspezifische Kombination, Balancieren von Zielkonflikten

**technische Gestaltungsvorschläge für komplexe Funktionen**

Abbildung 1: Gesamtstruktur des Konkretisierungs- und Abstraktionsprozesses

Person, an ihrem Zeichen, zu orientieren. Die Telekooperationstechnik jedoch unterstützt den Personenbezug von Handlungen nicht. Um dem abzuhelfen, muß Telekooperationstechnik die Anforderung des Personenbezugs von Handlungen unterstützen. Diese wird realisiert, wenn ein aktueller Kooperationsakt einem Urheber zuortbar ist (Kriterium der

Transparenz), die bisherige Kooperationshistorie feststellbar ist (Kriterium der Nachvollziehbarkeit) und der Zusammenhang zwischen der Historie der Handlungen einzelner Akteure und einem aktuell relevanten Telekooperationsakt erkennbar ist (Kriterium der Wiedererkennbarkeit).

Einen noch stärkeren Wechsel der Betrachtungs- und Sprachebene macht der dritte Konkretisierungsschritt erforderlich. Hierbei **werden technische Gestaltungsziele** formuliert. Grundfunktionen, d.h. Funktionstypen, der geplanten oder realisierten Techniksysteme werden daraufhin untersucht, ob sie beziehungsweise daraus zusammengesetzte Leistungsmerkmale und Techniksysteme die Voraussetzungen zur Erfüllung der soziotechnischen Kriterien liefern. Als ein technisches Gestaltungsziel wurde formuliert: Identitätsmerkmale sollten in jedem Anwendungskontext, für jede Rolle oder für den einzelnen Anwender auf typische Art und Weise präsentiert werden.

Im vierten Schritt erfolgt der Übergang zu den bereitzustellenden **Leistungsmerkmalen**, d.h. die konkrete Umsetzung der Grundfunktionen. Jedes Leistungsmerkmal soll idealerweise alle Gestaltungsziele der verwendeten Grundfunktionen erreichen. Im Hinblick auf die Anforderung „Personenbezug von Telekooperationsakten aus der Sicht des Empfängers" dürfte es beispielsweise bei der Personalaktenverwaltung für diesen sinnvoll sein, die Personalakten Personen zuzuordnen. Möglich wäre beispielsweise das Einblenden des „Paßbildes" des Inhabers einer digitalen Signatur, die in einer Chipkarte vergegenständlicht ist.

## 4 Schlußbemerkung

Im vorliegenden Aufsatz wurde der Kooperationsbegriff aus psychologischer und sozialwissenschaftlicher Sicht beleuchtet. Durch die konzeptionelle Unterscheidung zwischen dem formalen Prozeß und der Bewertung dienlichen Bedingungen von Kooperation konnte ein Gegenentwurf zu eklektizistischen Vorgehensweisen und positiv konnotierten Konzepten vorgelegt werden. Es konnte gezeigt werden, daß dieser in enger Verzahnung mit empirischer Arbeit für die Gestaltung von Telekooperationssystemen genutzt werden kann.

Doch es soll nicht verschwiegen werden, daß sich bei diesen Konkretisierungsschritten von psychosozialen, auf ethnographischen Erhebungen beruhenden Anforderungen zu technischen Gestaltungsmerkmalen eine Reihe von Schwierigkeiten ergaben. Die Ableitung normativer Anforderungen aus theoretischen und empirischen Ergebnissen ist nicht bruchlos möglich. Psychologische und sozialwissenschaftliche Ergebnisse sind vielfach ambivalent, d.h. nicht eindeutig. Unterschiedliche Perspektiven von Nutzern führen zu widersprüchlichen Anforderungen. Es zeigte sich die in der Literatur vielfach thematisierte „Beschreibungslücke", also einer Kluft zwischen den unterschiedlichen Datenqualitäten, wie sie zum einen in Feldstudien entstehen und wie sie zum anderen von Systementwicklern benötigt werden [Button 93; Sommerville et al. 93; Shapiro 94; Plowman et al. 95]. Doch durch die enge Verschränkung von theoretischen psychologischen und empirisch gewonnenen Erkenntnisse sowie dem intensiven Dialog von Technikentwicklern, Techniknutzern und Psychologen können die Schritte von psychosozialen Anforderungen zu technischen Umsetzung vollzogen werden. [Kumbruck 97] Es bedarf der weiteren Erprobung und Ausweitung des Vorgehens auf andere Kooperationsfelder.

## Literatur

[Ammenwerth et al. 98] Ammenwerth, E.; Bludau, H.-B.; Kumbruck, C.; Roßnagel, A. (1998): Sicherer mobiler Informationsaustausch' in Praxis und Klinik. In: Stapf, R.; Müller, G. (Hrsg.): Mehrseitige Sicherheit in der Kommunikationstechnik, Kolleg der Daimler-Benz-Stiftung, Band 2, Bonn: Addison Wesley (i.E.)

[Arnold et al. 74] Arnold, W.; Eysenck, H.J.; Meili, R. (Hrsg. 1974): Lexikon der Psychologie, Zweiter Band.

[Bannon et al. 88] Bannon, L.N.; Björn-Åndersen, N.; Due-Thomsen (1988): Computer-support for cooperative work: An appraisal and critique. In: Bullinger, H.-J. (ed.): Information technology for organisational systems, Amsterdam: North-Holland, 297 ff.

[Bannon & Schmidt 91] Bannon, L.N.; Schmidt, K. (1991): CSCW: Four characters in search of a context. In: Bowers, J.M.: Benford, S.D. (eds.): Studies in Computer Supported Cooperative Work - theory, design, practice, Amsterdam: North-Holland, 3-16.

[Berlew 77] Berlew, D. E. (1977): Conflict, an under-utilized resource. Referat Nive-najaardsdag, Den Haag.

[Bertsch et al. 96] Bertsch, A.; Damker, H.; Federrath, H. (1996): Persönliches Erreichbarkeitsmanagement. In: it+ti - Informationstechnik und Technische Informatik, Schwerpunktthema: Sicherheit in der Kommunikationstechnik, 4, 20 ff.

[Bleicher 92] Bleicher, K. (1991): Kooperation als Teil des organisatorischen Harmonisationsprozesses. In: Wunderer, R. (Hrsg.): Kooperation: Gestaltungsprinzipien und Steuerung der Zusammenarbeit zwischen Organisationseinheiten, Stuttgart, 141 ff.

[Button 93] Button, G. (Ed.) (1993): Technology in working order, London.

[Dahrendorf 61] Dahrendorf, R. (1961): Gesellschaft und Freiheit, München 1961.

[Deutsch 49a] Deutsch, M. (1949): A theory of co-operation and competition. In: Human Relations, 2, 129 ff.

[Deutsch 49b] Deutsch, M. (1949): An experimental study of the effects of co-operation and competition upon group process. In: Human Relations 2, 199 ff.

[Deutsch 76] Deutsch, M. (1976): Konfliktregelung, München 1976.

[Dorsch et al. 94] Dorsch, F.; Häcker, H.; Stapf, K.H. (Hrsg. 1994): Dorsch Psychologisches Wörterbuch, Bern.

[Easterbrook et al. 93] Easterbrook, S.M.; Beck, E.E.; Goodet, J.S./ Plowman, L./ Shaples, M.; Wood, C.C. (1993): A Survey of Empirical Studies of Conflict. In: Easterbrook, S. (ed.) CSCW: Cooperation or Conflict, London: Springer, 1-68.

[Endres & Wehner 93] Endres, E.; Wehner, T. (1993): Kooperation: Die Wiederentdeckung einer Schlüsselkategorie. In: Howaldt, J.; Minssen, H. (Hrsg.): Lean, leaner ... ? Die Veränderung des Arbeitsmanagements zwischen Humanisierung und Rationalisierung, Dortmund, 201 ff.

[Erikson 66] Erikson, E.H. (1966): Identität und Lebenszyklus. Drei Aufsätze, Frankfurt/M. 1966.

[Flanders 69] Flanders, A. (1969): Collective bargaining, Harmondsworth.

[Friedrich & Rödiger 91] Friedrich, J.; Rödiger, K.-H. (1991) (Hrsg.): Computergestützte Gruppenarbeit (CSCW), Stuttgart: Teubner.

[Glasl 94] Glasl, F.(1994): Konfliktmanagement, Bern: Haupt.

[Hammer et al. 92] Hammer, V.; Pordesch, U.; Roßnagel, A. (1992): KORA. Eine Methode zur Konkretisierung rechtlicher Anforderungen zu technischen Gestaltungsvorschlägen für Informations- und Kommunikationssystemen. In: InfoTech 1/1992, 21 ff.

[Hammer et al. 93] Hammer, V.; Pordesch, U.; Roßnagel, A. (1993): Betriebliche Telefon- und ISDN-Anlagen rechtsgemäß gestaltet, Heidelberg, New York.

[Hammer 95] Hammer, V. (1995): Schrittweise Konkretisierung am Beipiel der Personenbeziehbarkeit von Telekooperationsakten. In: Kumbruck, C.; Hammer, V.: Psychologische Technikwirkungsforschung und -gestaltung im Bereich Telekooperationstechnologie, Provet-PB 15, Darmstadt.

[Haugeneder & Steiner 94] Haugeneder, H.; Steiner, D. (1994): Ein Mehragentenansatz zur Unterstützung kooperativer Arbeit. In: Hasenkamp, U.; Kirn, S.; Syring, M. (Hrsg.): CSCW - Computer Supported Cooperative Work, Bonn: Addison Wesley, 203 ff.

[Heath & Luff 91] Heath, C.C.; Luff, P. (1991): Collaborative activity and technological design: task coordination in the London Underground control rooms. In: Bannon, L.; Robinson, M.; Schmidt, K. (Eds.): ECSCW'91. Proceedings of the Second European Conference on Computer Supported Cooperative Work in Amsterdam, Dordrecht: Kluwer, 65 ff.

[Herrmann 94] Herrmann, Th. (1994): Grundsätze ergonomischer Gestaltung von Groupware. In: Hartmann, A. u.a. (Hrsg.): Menschengerechte Groupware - Software-ergonomische Gestaltung und partizipative Umsetzung, Stuttgart: Teubner.

[Kumbruck 94] Kumbruck, C. (1994): Der unsichere Anwender - vom Umgang mit Signaturverfahren. In: Datenschutz und Datensicherung 1/1994, 20 ff.

[Kumbruck 97] Kumbruck, C. (1997): Angemessenheit für situierte Kooperation - ein Kriterium arbeitswissenschaftlicher Technikforschung und -gestaltung, unveröffentl. Habilitationsschrift Universität Bremen.

[Kumbruck 98] Kumbruck, C. (1998): Tele-Kooperation und Hintergrundkooperation. In: Spieß, E.; Schuler, H. (Hrsg.): Kooperation (i.E.)

[Luhmann 89] Luhmann, N. (1989): Vertrauen - Ein Mechanismus der Reduktion sozialer Komplexität, Stuttgart.

[Malone et al. 88] Malone, Th.W.; Grant, K.R.; Lai. K.-Y.; Roa, R.; Rosenblitt, D.: Semistructured Messages are Surprisingly Useful for Computer-Supported Coordniation. In: Greif, I. (ed.): CSCW: A Book of Readings, San Mateo, 311-334.

[Mead 34] Mead, G. H. (1934): Mind, self and society, Chicago 1934 (dt. Geist, Identität und Gesellschaft, Frankfurt/M. 1968)

[Oberquelle 91] Oberquelle, H. (1991): Kooperative Arbeit und menschengerechte Groupware als Herausforderung für die Software-Ergonomie. In: Oberquelle, H. (Hrsg.): Kooperative Arbeit und Computerunterstützung, Göttingen: VAP, 1-10.

[Oesterreich 81] Oesterreich, R. (1981): Handlungsregulation und Kontrolle, München.

[Orlikowski 92] Orlikowski, W.J. (1992): Learning from Notes: organizational issues in groupware implementation. In: Turner, J.; Kraut, R. (Eds.): ACM Conference on Computer Supported Cooperative Work in Toronto, New York, 362 ff.

[Petermann 85] Petermann, F. (1985): Psychologie des Vertrauens, Salzburg.

[Piepenburg 91] Piepenburg, U. (1991): Rechnerunterstütztes kooperatives Arbeiten, Mitteilung Nr. 197 des Fachbereichs Informatik der Universität Hamburg, Hamburg.

[Plowman et al. 95] Plowman, L.; Rogers, Y.; Ramage, M. (1995): What are workplace studies for? in: Marmolin, H.; Sundblad, Y.; Schmidt, K. (Eds.): ECSCW'95. Proceedings of the Fourth European Conference on Computer-Supported Cooperative Work in Stockholm, Dordrecht: Kluwer, 309 ff.

[Pordesch & Roßnagel 94] Pordesch, U.; Roßnagel, A. (1994): Elektronische Signaturverfahren rechtsgemäß gestaltet. In: Datenschutz und Datensicherung 2, 82 ff.

[Raeithel 91] Raeithel, A. (1991): Zur Ethnographie der kooperativen Arbeit. In: Oberquelle, H. (Hrsg.): Kooperative Arbeit und Computerunterstützung, Göttingen: VAP, 99 ff.

[Reichwald & Hermens 94] Reichwald, R., Hermens, B. (1994): Telekooperation und Telearbeit; in: Office Mangement 10, 24-30.

[Rogers 94] Rogers, Y. (1994): Integrating CSCW in evolving organisation. In: Furuta, R.; Neuwirth, C. (Eds.): ACM Proceedings of the Conference on Computer-Supported Cooperative Work in Chapel Hill, New York, 67 ff.

[Rohde et al. 96] Rohde, M.; Pfeifer, A.; Wulf, V. (1996): Konfliktmanagement bei Vorgangsbearbeitungssystemen. In: Zeitschrift für Wirtschaftsinformatik.

[Roßnagel & Schneider 96] Roßnagel, A.; Schneider, M.J. (1996): Anforderungen an die mehrseitige Sicherheit in der Gesundheitsversorgung und ihre Erhebung. In: it+ti - Informationstechnik und Technische Informatik, Schwerpunktthema: Sicherheit in der Kommunikationstechnik, 4, 15 ff.

[Schiffmann 93] Schiffmann, R. (1993): Die Wahrnehmung eigener Tätigkeiten in Arbeitsgruppen als Ergebnis von Selbstverpflichtung, Gruppenkohärenz und Gruppenerfolg. In: Arbeit - Zeitschrift für Arbeitsforschung, Arbeitsgestaltung und Arbeitspolitik, 3, 223 ff.

[Schmidt 97] Schmidt, W. (1997): Besser Datenautobahn als zweimal täglich im Stau. In: Office Management 3, 31-35

[Senghaas-Knobloch 93] Senghaas-Knobloch, E. (1993): Computergestützte Arbeit und eigensinnige Kooperation. Zur Bedeutung der betrieblichen Lebenswelt bei der Systemgestaltung. In: Wagner, I. (Hrsg.): Kooperative Medien, Frankfurt/M.: Campus, 88 ff.

[Shapiro 94] Shapiro, D. (1994): The limits of ethnography: combining social sciences for CSCW. In: Furuta, R.; Neuwirth, C. (Eds.): ACM Proceedings of the Conference on Computer-Supported Cooperative Work in Chapel Hill, New York.

[Sommerville et al. 93] Sommerville, I.; Bentley, R.; Rodden, T.; Sawyer, P. (1994): Cooperative systems design. In: The Computer Journal 5.

[Spieß 97] Spieß, E. (1997): Kooperatives Handeln in Organisationen, München.

[Suchman 87] Suchman, L. (1987): Plans and situated actions. The problem of human-machine communication, Cambridge.

[Ulich 91] Ulich, E. (1991): Gruppenarbeit - arbeitspsychologische Konzepte und Beispiele. In: Friedrich, J.; Rödiger, K.-H. (Hrsg.): Computerunterstützte Gruppenarbeit (CSCW): Stuttgart: Teubner, 57 ff.

[Ulich 94] Ulich, E. (1994): Arbeitspsychologie, Zürich: VDF.

[Wehner et al. 96] Wehner, T.; Raeithel, A.; Clases, C.; Endres, E. (1996): Von der Mühe und den Wegen der Zusammenarbeit. Ein arbeitspsychologisches Kooperationsmodell. In: Wehner, T.; Endres, E. (Hrsg.): Zwischenbetriebliche Kooperation, Weinheim: Beltz.

[Wulf 97] Wulf, V. (1997): Konfliktmanagement bei Groupware. Braunschweig: Vieweg.

# Customer Interaction Management - Strukturierter Umgang mit Kundenanfragen

Felix Meyer

Computer Supported Cooperative Work, Daimler-Benz Forschung und Technologie, Ulm

## Zusammenfassung

Electronic Commerce verändert die Kommunikation zwischen Unternehmen und Kunden. Der Web Server eines Unternehmens löst den klassischen Ladentisch ab. Bei Kundenanfragen, die über "Customer Self Service" hinausgehen, ist eine Einbindung des Kunden in interne Arbeitsabläufe des Unternehmens erforderlich. Anfragen pauschal an einer zentralen Stelle auflaufen zu lassen und mehr oder weniger zufriedenstellend zu beantworten, wirft ein schlechtes Licht auf das Image des Unternehmens. Dieser Beitrag verdeutlicht die besondere Problematik der Kundenanfragen aus dem Internet und zeigt mit dem Konzept des "Customer Interaction Management System" ein Modell zur strukturierten Bearbeitung von Anfragen mit dem Ziel einer schnellen und kompetenten Beantwortung. Erreicht wird dies zum einen durch eine effiziente Erfassung der Anfragen und möglicher Sekundärinformation und zum anderen durch eine leistungsfähige Unterstützung der kooperativen Arbeitsprozesse, die mit der Findung der Experten und der Beantwortung der Anfragen verbunden sind.

# 1 Kundenanfragen im Umfeld Internet/WWW

Zunächst soll die Gesamtthematik „Customer Interaction Management" motiviert werden, indem die Problematik im Umgang mit Kundenanfragen im Umfeld Internet/WWW kurz dargestellt wird. Anschließend erfolgt eine genaue Einordnung des im weiteren betrachteten kooperativen Prozesses „Bearbeitung von/Reaktion auf Kundenanfragen" in den Gesamtzusammenhang „Management von Kundenanfragen". Dieser Gesamtzusammenhang bestimmt den weiteren Aufbau des Beitrags.

## 1.1 Problematik im Umgang mit Kundenanfragen aus dem Internet/WWW

Die grundlegende Thematik des Umgangs mit Kundenanfragen, die auf herkömmlichen Kommunikationswegen (Telefon, Post, persönliches Erscheinen) an das Unternehmen herangetragen werden, ist weitläufig bekannt und umfangreich abgehandelt [Frese & Noetel 92]. In der Betriebswirtschaftslehre wird dieses Themengebiet innerhalb von „Beziehungs- und Nachkaufmarketing" (After Sales Marketing) behandelt [Porter 88]. Gerade im Zusammenhang des Business Process Reengineering wird die Bedeutung der Kundenorientierung (Beziehungsmarketing) und die Abstimmung der internen Prozesse auf den Kunden immer wieder betont [Gaitanides et al. 94]. Kundenzufriedenheit ist eines der wesentlichen Ziele der planerischen, organisatorischen und kontrollierenden Maßnahmen des Prozeßmanagement. Kundenanfragen stellen daher einen wichtigen Informationskanal für das Unternehmen dar und der Umgang mit den Anfragen kann wesentlich zur Kundenzufriedenheit beitragen. Neue Aspekte im Umgang mit Kundenanfragen aus dem Internet/WWW ergeben sich durch die folgenden Tatsachen.

**Weltweite Verfügbarkeit**

Die weltweite Verfügbarkeit der Web-Site eines Unternehmens bedingt, daß Kundenanfragen aus aller Welt und in verschiedenen Sprachen eintreffen können. Anfragen müssen zum Teil übersetzt werden, regionale Besonderheiten des Unternehmens (z.B. Preisunterschiede, Modellvarianten) und eines Landes (z.B. Rechtsgrundlage, Kultur) müssen berücksichtigt werden. Dies setzt je nach Unternehmen und Produkten eine mehr oder weniger ausgeprägte Expertenstruktur voraus, auf die bei Anfragen aus aller Welt zurückgegriffen werden kann.

**Direkter Kontakt zum Unternehmen**

Die Kunden brauchen sich nicht mehr an ihren lokalen Zwischenhändler als einzigen Repräsentanten des Unternehmens vor Ort zu wenden, sondern haben nun die Möglichkeit, direkt an das Unternehmen heranzutreten. Der Kunde erfährt einen wesentlich direkteren und einfacheren Zugriff auf das Unternehmen als er zuvor gehabt hat. Diesem Anspruch sollte das Unternehmen bei der Behandlung von Kundenanfragen gerecht werden.

**Geringer Aufwand/geringe Kosten für Kunden**

Ein weiterer Faktor ist die relativ unproblematische Versendung von E-Mail für Kunden, die bereits Zugang zum Internet haben. Der Kunde muß nicht per Hand einen Brief formulieren, ihn frankieren und zum Briefkasten bringen. Er braucht sich auch nicht mehr um die korrekte Adresse oder Telefonnummer zu kümmern. Ein Link auf der Web-Seite übernimmt die Adressierung und die E-Mail geht für geringe Kosten direkt und schnell um die ganze Welt. Dies setzt die Barrieren für den Kunden herab, eine Anfrage zu stellen und kann dazu führen, daß er auch schon banale Fragen direkt an das Unternehmen stellt.

**Schnelle, garantierte Erreichbarkeit**

Verwendet der Kunde den elektronischen Postweg, so braucht er nicht mit Übermittlungszeiten in der Größenordnung von Tagen zu rechnen, wie dies bei konventioneller Post üblich ist. Der Einfluß der Übermittlungszeit auf die Wartezeit auf Antwort ist bei einer Anfrage per E-Mail vernachlässigbar. So kann der Kunde auch dringliche Probleme formulieren und rechnet mit der Beantwortung innerhalb von kurzer Zeit. Auch Geschäftszeiten sind für den Kunden kein Faktor mehr, er kann sich jederzeit elektronisch an das Unternehmen wenden.

Die zusätzlichen Anforderungen an Unternehmen charakterisieren gleichzeitig die neue Problematik im Umgang mit Kundenanfragen aus dem Internet/WWW. Sie lassen sich als zentrale Forderungen an Unternehmen, die sich im WWW-Umfeld engagieren, wie folgt zusammenfassen:

**Expertise** – Lokalisieren von zusätzlichen Experten

**Struktur** – Effizienter Zugriff auf Experten; Organisationsstruktur

**Anzahl** – Ausreichende Dimensionierung der Bearbeitungskapazitäten

**Reaktionszeit** – Effiziente Bearbeitungsprozesse

## 1.2 Indirekter und direkter Prozeß „Management von Kundenanfragen"

Geht man von einem systematischen Management von Kundenanfragen aus, so läßt sich in Anlehnung an die Systematik des „Aktiven Beschwerdemanagements" [Stauss & Seidel 95] der eigentliche Prozeß „Management von Kundenanfragen" in drei Schritte unterteilen (Abbildung 1). Die Anzahl der schwarzen Kreise (●) verdeutlicht, wo die Schwerpunkte dieses Beitrags liegen.

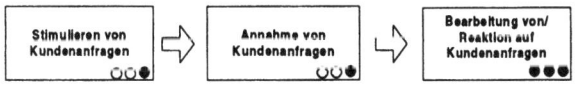

Abbildung 1: Prozeß „Management von Kundenanfragen"

Dieser Prozeß „Management von Kundenanfragen" umfaßt nicht die weitere Beurteilung und Auswertung der Anfragen für das eigene Unternehmen. Man unterscheidet daher den *direkten* und den *indirekten* Prozeß des Managements von Kundenanfragen (Abbildung 2).

Der direkte Prozeß beinhaltet immer die Interaktion mit dem Kunden, während der Kunde an dem indirekten Prozeß nicht mehr beteiligt ist. Der indirekte Prozeß birgt großes Potential für das Unternehmen, da er die Chance zur Verbesserung der Kundenbeziehungen und der eigenen betrieblichen Leistungen bietet.

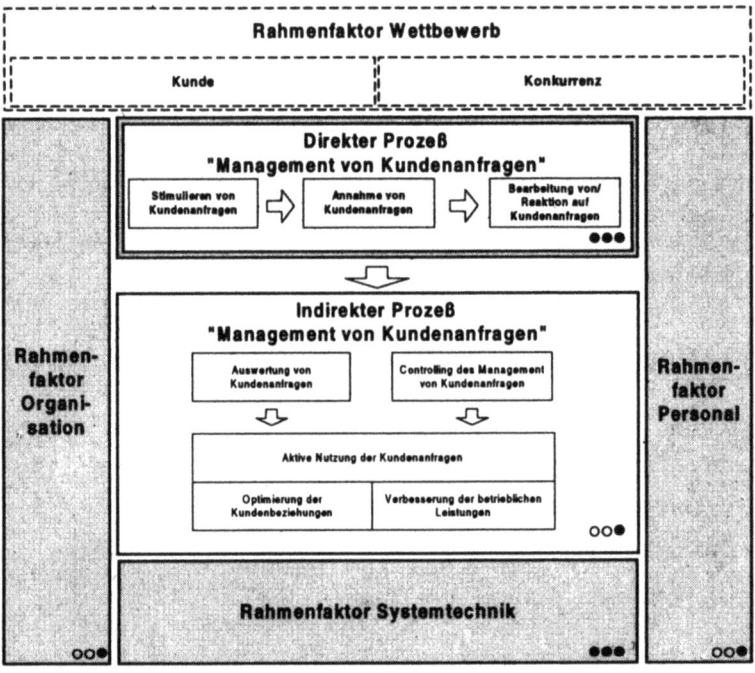

Abbildung 2: Aufgabenspektrum des Managements von Kundenanfragen

Beide Prozeßtypen werden stark von Rahmenbedingungen des Unternehmens beeinflußt. Daher sind bei einer Behandlung der Prozesse diese Rahmenfaktoren ebenfalls zu berücksichtigen. Das Management von Kundenanfragen variiert zum Teil erheblich abhängig von der Organisationsstruktur des Unternehmens, den systemtechnischen Rahmenbedingungen und dem zur Verfügung stehenden Personal. Ein wesentlicher Rahmenfaktor ist auch der Wettbewerb. Allerdings ist er als starr und vom Unternehmen nicht zu beeinflussen anzusehen.

## 2  Methoden zur Behandlung von Kundenanfragen

Die Möglichkeiten, auf Anfragen von Kunden, zu reagieren, unterscheiden sich in erster Linie danach, wie der zuständige, kompetente Experte gefunden wird. Für jede Art von Anfragen-Management ist diese Expertenzuordnung der zentrale Punkt. Sie bestimmt auch die Qualität der Antwort und den Aufwand, den das Unternehmen treiben muß, um auf Kundenanfragen fachgerecht zu reagieren.

## 2.1 Methoden der Expertenfindung

Generell läßt sich bei der Expertenfindung die statische und die dynamische Zuordnung von Anfragen zu Experten unterscheiden. Bei der statischen Zuordnung ist beim Stellen der Anfrage bereits klar, wer die Anfrage bearbeitet. Die dynamische Zuordnung ist flexibler, aber auch aufwendiger und unter Umständen weniger exakt. Der Experte muß entweder von Hand oder automatisch bestimmt werden. Bei der manuellen Expertenfindung läßt sich die einstufige von der mehrstufigen Zuordnung unterscheiden, bei der der Experte unter Umständen erst durch Zuhilfenahme mehrerer Personen gefunden werden kann (Abbildung 3).

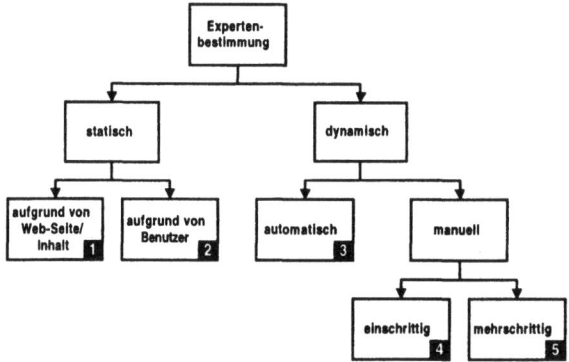

**Abbildung 3: Methoden der Expertenfindung**

Keine der Möglichkeiten garantiert eine korrekte Expertenfindung, auch weil von vornherein schwer abzusehen ist, welcher Art die Anfragen sind. Daher existieren von diesen Möglichkeiten auch Mischformen, die auf eine zweite Methode zurückgreifen, wenn die Zuordnung über die erste Methode nicht korrekt war.

**Statische Abbildung von Web-Seite bzw. Inhalt zu Experten/Verantwortlichen**

Bei Web-Servern, die mehreren Benutzern zum Ablegen von Information zur Verfügung stehen, wird oftmals derjenige, der die Seiten erstellt hat, als mögliche Kontaktperson angegeben. Diese Verfahrensweise eignet sich z.B. bei einem Intranet, auf dem verschiedene Abteilungen vertreten sind. Kontaktperson kann dann jeweils der Abteilungsleiter sein.

**Statische, zentrale Beantwortung aller Anfragen**

Eine zentrale Beantwortung wird oft für technische Fragen bezüglich des Web-Servers „mail to: webmaster@company.com" angewendet. Diese Methode ist zweckmäßig, wenn abzusehen ist, daß alle Anfragen von einer kompetenten Person beantwortet werden können oder diese Person z.B. per Telefon die gewünschte Information herbeischaffen kann. Prinzipiell ist diese Methode ein Spezialfall der vorgehenden Methode, mit der Randbedingung, daß alle Web-Seiten einer Person zugeordnet sind.

**Statische Abbildung von Kunde zu Experte/Betreuer** 2

Besteht bereits eine Beziehung zwischen Kunde und Unternehmen oder wird diese gerade durch Angabe des Kundennamens hergestellt, kann man bei Korrespondenz auf eine feste Bezugsperson verweisen. Die Realisierung kann dann explizit durch Anwahl z.B. eines Regionalbetreuers oder implizit durch Angabe einer Kundennummer oder den Namen geschehen. Dem Kunden steht bei weiteren Anfragen eine bekannte Person zur Verfügung, die über die vorangegangene Korrespondenz bereits unterrichtet ist.

**Automatisches Kategorisieren von Anfragen** 3

Mittels Software zur Texterkennung und Klassifizierung lassen sich Kundenanfragen auch automatisch nach verschiedenen Kategorien durchsuchen und an vorher definierte Experten weiterleiten [Bayer et al. 98]. Grundlage der Texterkennung kann die Kundenanfrage selbst und zusätzlich auch die Web-Seite sein, von der die Anfrage kam. Bei dieser Möglichkeit ist die Beantwortung und Rücksendung Aufgabe des Experten.

**Manuelles, einschrittiges Kategorisieren von Anfragen** 4

Als zentraler Ansprechpartner steht eine Person zur Verfügung, die manuell den die Anfrage betreffenden Experten ermittelt und die Frage weiterleitet. Die Beantwortung und Rücksendung ist Aufgabe des Experten. Schlüsselpunkt dieser Methode ist die Verantwortung des zentralen Ansprechpartners, den richtigen Experten zu finden und nur diesem die Anfrage zu übermitteln. Diese Variante der Behandlung von Kundenanfragen verbirgt sich häufig hinter Mail-Adressen wie „info@company.com".

**Manuelles, mehrschrittiges Kategorisieren und Bearbeiten von Anfragen** 5

Anfragen, die an das Unternehmen gerichtet werden, erreichen in mehreren Schritten den zuständigen Experten. Die Verteilung wird interaktiv von Personen aufgrund des Inhaltes der Anfrage vorgenommen. Dieses Verfahren findet Anwendung, falls die Anfragen sehr speziell sind und der Experte z.B. aufgrund der großen Anzahl an Experten nicht direkt bestimmt werden kann oder mehr als eine Expertenmeinung zur Anfrage abgegeben werden soll. Die Weiterleitung der Anfrage kann dabei von einem Workflow-System unterstützt werden oder per Hand geschehen. Diese Methode kalkuliert eine schlechte oder mittelmäßige Bestimmung des Experten ein und ist daher sehr flexibel und tolerant gegenüber Fehlern. Allerdings verursacht die möglicherweise große Anzahl Beteiligter eine zeitliche Verzögerung der Beantwortung der Anfrage.

## 2.2 Kommunikationswege

Die Kontaktaufnahme seitens des Kunden ist im Rahmen der Betrachtungen dieses Beitrags auf elektronische Kommunikationswege beschränkt. Aber auch in diesem Bereich gibt es verschiedene Möglichkeiten.

**E-Mail**

Das Versenden einer E-Mail erfordert eine Software zum Verfassen und Versenden von E-Mails. Zusätzlich ist ein gültiges Konto auf einem E-Mail Server notwendig. Das Versenden und Empfangen erfolgt über Standardsoftware, die wenig Anpassung erfordert.

**HTML-Form**

Die Eingabe geschieht innerhalb einer HTML-Seite und erfordert daher keinen eigenen Mail-Client. Diese Art der Eingabe von Kundenanfragen stellt die geringsten Anforderungen an die Ausstattung des Kunden. Auch ein Besucher eines Internet-Cafés, der keinen eigenen Internet Anschluß und kein E-Mail Konto besitzt, kann so in Kontakt mit dem Unternehmen treten. Das Entgegennehmen der Anfrage erfordert seitens des Web-Servers einen Auffangmechanismus, der die Anfrage in eine Datenbank oder Datei einträgt.

**Synchron, Chat (Call Center Funktionalität)**

Bei zeitkritischen Anfragen oder einer Online-Beratung, bei der der Kunde parallel die gegeben Arbeitsanwendungen ausführen muß, gibt es die Möglichkeit, direkt mit dem Kunden eine Chat-Verbindung aufzubauen. Diese Verfahrensweise entspricht der Call Center Funktionalität. Die Möglichkeiten der Zuordnung Kunde/Experte sind hierbei prinzipiell beliebig, allerdings ist die schnelle Bestimmung des Experten wichtig, wenn sofort auf die Anfrage reagiert werden soll. Ansonsten kann auch asynchron ein Termin zum Chat mit dem Kunden ausgemacht werden.

## 2.3 Grundlage der Expertenfindung

Die Expertenfindung benötigt eine Grundlage, auf der die Entscheidung getroffen werden kann, den einen oder anderen Experten zur Beantwortung der Anfrage zu bestimmen. Bei den statischen Methoden der Expertenfindung ist die Grundlage die Web-Seite/der Web-Bereich oder die Identität des Kunden. Im letzteren Fall setzt dies voraus, daß sich der Kunde auf dem Web-System zu erkennen gegeben hat und seine Identität vorliegt. Die dynamischen Methoden können sich drei Informationsquellen zunutze machen:

- die Kundenanfrage (feedback)
- den Kontext der Kundenanfrage (Web-page, die Seite, von der die Anfrage ausgegangen ist)
- (freiwillige) zusätzliche Eingaben/Schlüssel des Kunden (*customer keys*)

Selbst, wenn zur Expertenfindung lediglich eine Informationsquelle ausgenutzt wird, kann es für eine kompetente Beantwortung sinnvoll sein, weitere Informationen - z.B. die Web-Seite, von der die Anfrage kam - zu erfassen und dem Experten als Hilfestellung bei der Beantwortung der Frage an die Hand zu geben.

## 3 Prozeßunterstützung durch das Customer Interaction Management System (CIMS)

Dieses Kapitel stellt das Konzept eines Customer Interaction Management Systems vor, welches jeden Prozeßschritt des direkten Managements von Benutzeranfragen unterstützt (Abbildung 4). Anschließend wird eine Umsetzung des Konzeptes anhand eines Prototypen vorgestellt.

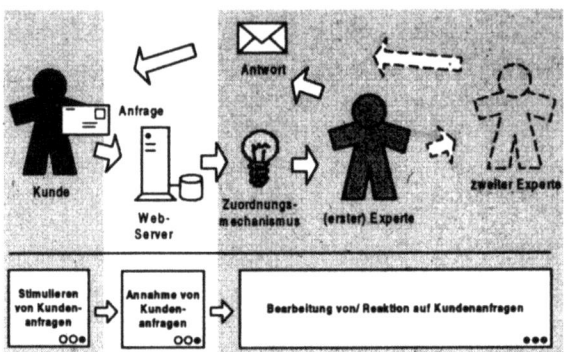

**Abbildung 4: Direkter Prozeß**

Obwohl die Zuordnungsmechanismen 1, 2 (statisch) und 3 (dynamisch – automatisch) (Abbildung 3) bei der Expertenfindung eine zentrale Rolle innerhalb des Prozesses „Bearbeitung von/Reaktion auf Kundenanfragen" spielen können, sind sie nicht Teil des Konzeptes CIMS. Vielmehr können sie als externe Implementierungen in das CIMS eingebunden werden. Hauptaugenmerk des CIMS ist die flexible Unterstützung von kooperativen Arbeitsprozessen. Da Arbeitsprozesse zwischen Menschen ablaufen, unterstützt das CIMS die manuellen Zuordnungsmechanismen 4 und 5 (Abbildung 3).

Das CIMS ist so flexibel ausgelegt, daß es prinzipiell alle fünf Methoden der Expertenfindung unterstützen kann. Der Zuordnungsmechanismus kann beliebig und auch in Kombination mit einem anderen gewählt werden. Dies ist ein wesentlicher Vorteil gegenüber anderen Systemen. Mit der Dauer der Benutzung des CIMS wird die Expertenstruktur immer feiner abgebildet und der Zugriff auf spezielle Experten weiter vereinfacht. Hauptaufgabe des Customer Interaction Management Systems ist allerdings nicht die Expertenfindung sondern die optimale Unterstützung der kooperativen Bearbeitung von Anfragen im Sinne eines einfachen Workflow Management Tools. Da der Bearbeitungsprozeß nicht von vornherein klar bestimmt ist, soll es den Bearbeitungsprozeß flexibel unterstützen. Dabei basiert das CIMS von der Erfassung der Anfrage bis zur Antwort durch den internen Experten komplett auf Internet/WWW-Technologie. Alle Eingaben und Aktionen erfolgen über einen Web-Browser.

## 3.1 Stimulieren von Kundenanfragen

Ein wichtiger Punkt insbesondere bei großen Web-sites ist eine einheitlich dargebotene Feedbackmöglichkeit, die dem Kunden die Eingabe von Feedback schnell und unkompliziert ermöglicht. Das Anbieten von verschiedenen Methoden zur Eingabe von Kundenanfragen auf unterschiedlichen Bereichen der Web-Site stiftet nicht nur beim Kunden sondern auch bei der späteren Entgegennahme von Kundenanfragen Verwirrung. Diese Grundregel beim Design von Web-sites ist einfach zu realisieren und ist in Form eines einheitlichen Hyperlinks zur Feedback-Seite von jeder Web-Seite aus auf sehr vielen Web-sites zu finden. Der Kunde ist über diesen Link - unabhängig davon, wo er sich auf der Web-Site befindet – jederzeit in der Lage, Feedback einzugeben. Auch durch das CIMS wird dem Kunden diese einheitliche Eingabemöglichkeit geboten. Im Sinne einer einheitlichen Methode zur Eingabe von Kundenanfragen mit optimaler Informationsgewinnung für das Unternehmen und minimaler Belastung des Kunden, wurde weiterhin eine CIMS Feedback Seite entworfen.

CIMS bietet die Möglichkeit, Feedback in unterschiedlicher Ausführlichkeit auf einer Web-Seite einzugeben. Die minimale Anforderung beschränkt sich auf das bloße Eingeben eines Textes. Dieser wird zur Beantwortung an das Unternehmen geleitet und nach Beantwortung zusammen mit der Expertenantwort in ein offenes Forum auf dem Web-Server gestellt. Dort kann sich der Kunde die Antwort zu seiner Anfrage durchlesen. Weitere Detaillierungsmöglichkeiten der Kundenanfrage lassen die Eingabe von Adresse und einfacher Klassifizierung der Anfrage nach Schlüsselworten zu. Dies ermöglicht die direkte Zustellung der Antwort an den Kunden und erleichtert die Expertenbestimmung.

## 3.2 Annahme von Kundenanfragen

Bei der Annahme von Anfragen kommt es darauf an, dem Kunden zu vermitteln, daß das Unternehmen auf die Anfrage Wert legt, sie ernst nimmt und an den entsprechenden Experten weiterleitet. Ein weiterer wesentlicher Punkt ist die effiziente Speicherung der Daten. Sie sollten für die spätere Bearbeitung durch den Experten einfach verfügbar sein.

Über CIMS entgegengenommene Anfragen werden direkt in eine Datenbank eingetragen. Der Kunde erhält eine kurze Mitteilung über die erfolgreiche Eintragung. Falls der Kunde seine E-Mail Adresse angegeben hat, erhält er eine Bestätigungs-Mail, sobald ein Experte für seine Anfrage bestimmt wurde. Auf Seite des Unternehmens ist es notwendig, daß alle verfügbare Information, die mit der Anfrage zusammenhängt, erfaßt und strukturiert abgespeichert wird. Ein einfacher Zugriff bei der späteren Bearbeitung muß gewährleistet sein. Das CIMS erfaßt neben dem Feedback sämtliche zusätzlichen Eingaben des Kunden auf der Feedback Seite und außerdem die Web-Seite, von der aus die Feedback Seite aufgerufen wurde. Steht die Anfrage im Zusammenhang mit der Web-Seite, so kann sie dem Experten später als Anhaltspunkt dienen. Direkt nach dem Eintrag der Anfrage in die Datenbank wird sie über den zuvor gewählten Zuordnungsmechanismus an den ersten Experten weitergeleitet.

## 3.3 Bearbeitung von/Reaktion auf Kundenanfragen

In der Bearbeitung von Kundenanfragen liegt die eigentliche Stärke des Customer Interaction Management Systems. Daher wird dieses Themengebiet im Folgenden ausführlicher behandelt. Bevor der eigentlich Prozeßablauf „Bearbeitung von/Reaktion auf Kundenanfragen" dargestellt werden kann, müssen die am Prozeß beteiligten Personen bzw. Systeme identifiziert und ihre Rolle im Prozeß bestimmt werden.

## Rollenmodell

Dem Bearbeitungsablauf „Management von Kundenanfragen" liegt folgendes Rollenmodell zugrunde.

**Kunde** — Als Kunde wird diejenige Person bezeichnet, die auf die Web-Site eines Unternehmens zugreift. Diese Person kann sich bei öffentlichen Web-sites außerhalb des Unternehmens oder bei Intranets innerhalb des Unternehmens befinden.

**Experte** — Der Experte befindet sich innerhalb des Unternehmens und verfügt über Know-how, welches zur Beantwortung von Anfragen zur Verfügung steht.

**CIMS Betreuer** — Der Betreuer ist verantwortlich für die Abwicklung einer Anfrage. Bei manueller mehrschrittiger Expertenbestimmung (Abbildung 3) wird die Expertenauswahl durch ihn getroffen. Falls ein Experte nicht korrekt gefunden wurde (z.B. automatische Zuordnung), kann dieser Experte die Anfrage an den Betreuer zurückgeben und ihm so die Verantwortung wieder übertragen.

Die Aufgaben des CIMS Betreuers und des Experten ergeben sich aus folgender Tabelle. Die Unterstützung des gesamten Prozesses geschieht durch das CIMS. Es überwacht den Prozeß und leitet gegebenenfalls Eskalationsschritte ein.

| Prozeß | Aufgabe | Person/System |
|---|---|---|
| Einzelanfrageprozeß | Betreuung bei Schwierigkeiten | UIMS Betreuer |
| Standard Anfragemanagementprozeß | Prozeßunterstützung | User Interaction Management System |
| Stellungnahme | Inhaltliche Beantwortung der Anfrage | Experte |

**Abbildung 5: Aufgaben**

## Prozeßmodell

Die Bearbeitung von Kundenanfragen folgt unterstützt durch das CIMS dem folgenden Prozeßmodell. Der Prozeßschritt „Bestimmung des Experten" kann dabei automatisch oder manuell nach den 5 Methoden der Expertenfindung des vorherigen Kapitels geschehen. Bei der manuellen Expertenfindung bietet das CIMS Möglichkeiten zur Weiterleitung der Anfragen an Experten.

Abbildung 6 zeigt, daß außer der manuellen Expertenfindung weitere dynamische Anteile des Arbeitsablaufes den Workflow flexibel machen. Dies sind die beiden Entscheidungen „Zuordnung korrekt/Experte kompetent?" und „weiterer Experte notwendig?". Hier liegt es am jeweiligen Experten, wie die weitere Bearbeitung der Anfrage geschieht. Die detaillierte Aufschlüsselung des Prozeßmodells in einzelne implementierungsneutrale Funktionsabläufe ist im Anhang B dargestellt.

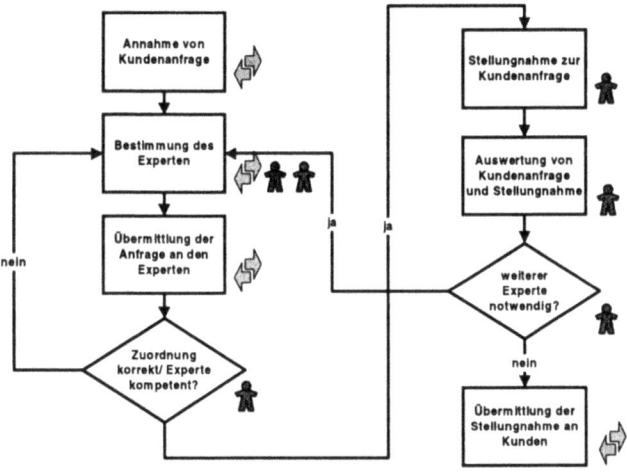

**Abbildung 6: Prozeßmodell des Customer Interaction Management Systems**

## 3.4 Expertenstruktur

Teil des CIMS ist die Expertenstruktur, die es überhaupt erst möglich macht, Arbeitsabläufe flexibel zu gestalten. Die Struktur entspricht einer hierarchischen Baumstruktur und gliedert sich von allgemeinen Themen in immer speziellere Aspekte. Sie kann sich dabei an die physikalische Dateistruktur des Web-Servers anlehnen oder aber auch zusätzliche Themen aufnehmen. Die Expertenstruktur muß von Hand initialisiert werden und wächst dann mit der Dauer und Anzahl der bearbeiteten Anfragen. Der Umfang der Initialisierung ist dabei unerheblich. Es reicht, einen globalen Ansprechpartner festzulegen, der bei Anfragen die jeweiligen Themenfelder neu anlegt und erweitert. Die Struktur spiegelt so das Wissen des Unternehmens abgebildet auf Personen bzw. Rollen wider. Sie steht den angesprochenen Experten zur Verfügung und dient ihnen zur Bestimmung von anderen Experten, falls sie selbst nicht zuständig sind. Orientierungshilfe sind dabei die Beschreibungen der Themengebiete.

Während der Anwendung des CIMS protokolliert das System die verschiedenen Stationen des Workflows und speichert sie in einer Datenbank. So läßt sich später gut nachvollziehen, welcher Experte zu welchem Themengebiet bereits konsultiert wurde und für eine erneute Bearbeitung einer Anfrage zum gleichen Themengebiet in Frage kommt. Umgekehrt ist genauso der Ausschluß bestimmter Personen möglich, die Anfragen zu dem Themengebiet bereits zuvor zurückgewiesen haben. Die Assoziation zwischen Experte und Themengebiet ist ebenso zwischen Experte und Kunde oder Experte und statischer Web-Seite möglich.

## 3.5 Prototyp

Zur Demonstration des dargestellten Konzeptes wurde ein Prototyp entwickelt, der die Anforderungen des Customer Interaction Management Systems erfüllt und zur Validierung des Konzeptes dient. Der prinzipielle Aufbau des Systems ist in Abbildung 7 dargestellt. Ein wesentliches Merkmal ist die strikte Verwendung von Standards sowohl beim Austausch von Daten (HTTP, SQL, SMTP) als auch bei der Benutzungsoberfläche und Benutzerinteraktion (HTML, JavaScript). Dies garantiert den universellen Einsatz des Systems auf unterschiedlichen Plattformen.

Anfragen von Kunden werden vom Web-Server entgegengenommen und zusammen mit der Sekundärinformation über eine JDBC Schnittstelle in die SQL-Datenbank eingetragen. Der CIMS-Server fragt zyklisch die Datenbank auf neue Einträge ab. Findet er eine neue Anfrage, so schickt er nach Anwendung einer Methode zur Expertenfindung eine SMTP E-Mail an den ersten Experten. Die E-Mail beinhaltet einen Link, der den Experten zu einer dynamisch generierten Web-Seite auf dem Web-Server führt, auf der die an ihn gerichtete Kundenanfrage zu finden ist. Weiterhin gibt diese Web-Seite dem Experten die Möglichkeit, seine Stellungnahme einzugeben oder die Anfrage an einen anderen Experten abzugeben. Hierbei wird der erste Experte durch die in der Datenbank abgelegte Expertenstruktur bei der Bestimmung des gewünschten zweiten Experten unterstützt. Soll ein weiterer Experte zurate gezogen werden, so wird die Anfrage mit dem aktuellen Bearbeitungsstatus wieder in die Datenbank eingetragen und der CIMS-Server findet bei seiner nächsten zyklischen Abfrage die zur Weiterleitung bestimmte Kundenanfrage. Ist die Anfrage abschließend beantwortet, so wird dies beim Eintrag in die Datenbank vermerkt und der CIMS-Server generiert eine E-Mail an den Kunden. Hat der Kunde keine E-Mail Adresse angegeben, sorgt der CIMS-Server für einen Eintrag im offenen Forum.

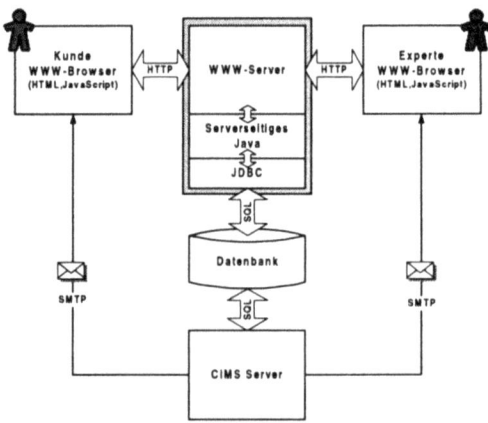

**Abbildung 7: Aufbau des CIMS Prototypen**

# 4 Ergebnis

Das Konzept des Customer Interaction Management Systems greift die gegenwärtige Problematik vieler kommerzieller Web-sites auf, die Kundenanfragen nicht die Bedeutung schenken, die sie benötigen. Kundenanfragen dürfen nicht nur als Pflicht für ein Unternehmen gesehen werden, sondern stellen eine erhebliche Chance da, über Rückmeldungen der Kunden die eigenen Produkte und Prozesse zu verbessern.

Gegenüber anderen Ansätzen weist das Konzept des CIMS einige wesentliche Alleinstellungsmerkmale auf:

1. Die strikte **Verwendung von Standards** ermöglicht den Einsatz des CIMS als Erweiterung bestehender Web-Systeme auf quasi allen Plattformen. Bei späterer technologischer Erweiterung des Systems ist der Aufwand geringer als bei Verwendung proprietärer Software.

2. Die **Erfassung und spätere Verfügbarkeit der Web-Seite**, von der die Kundenanfrage ausging, ist als Hilfestellung für die kompetente Beantwortung der Anfrage durch den Experten eine wesentliche Funktionserweiterung. Sie beugt vielen einfachen Mißverständnissen vor und erlaubt zudem eine Klassifizierung der Experten.

3. Die **Strukturierung von Experten bzw. deren Wissen** ist zum einen wichtig für die Verteilung der Last bei einer großen Anzahl von Anfragen und zum anderen für die schnelle Verfügbarkeit bei seltenen und ausgefallenen Anfragen. Sie trägt damit sowohl zur Expertise der Antworten als auch zur Verringerung der Bearbeitungszeit einer Kundenanfrage bei.

4. Viele Feedback-Systeme verwenden starre Zuordnungsmechanismen, die bei Schwankungen der Anfragelast oder ineffizienten Zuordnungsergebnissen nur schwer geändert werden können. Durch die Möglichkeit der **dynamischen Veränderung des Zuordnungsmechanismus** von Anfrage zu Experten ist die Optimierung des Gesamtsystems zu jeder Zeit möglich.

Insgesamt kann das Customer Interaction Management System einen wesentlichen Beitrag zum individuellen Service, den das Unternehmen seinen Kunden bietet, liefern. Gerade vor dem Hintergrund der internationalen Verfügbarkeit des Internets und der damit zwangsläufig auftretenden Konkurrenz ist individueller Service ein wichtiger Faktor im Bemühen um Kunden im Electronic Commerce.

## Literaturverzeichnis

[Bayer et al. 98] Bayer, T., Kressel, U., Mogg-Schneider, H., Renz, I.: Categorizing Paper Documents - A Generic System for Domain and Language Independent Text Categorization. Journal of Computer Vision and Image Understanding., 1998.

[Bishop et al. 97] Bishop, H., Pavlic, C., Hills, B.: Managing Customers with Next-Generation Software Applications: 1997 Edition. Market Research Reports, Aberdeen Group, 1997.

[Frese & Noetel 92] Frese, E., Noetel, W.: Kundenorientierung in der Auftragsabwicklung. VDI Verlag, Düsseldorf 1992.

[Gaitanides et al. 94] Gaitanides, Scholz, Vrohlings, Raster: Prozeßmanagement - Konzepte, Umsetzungen und Erfahrungen des Reengineering. Carl Hanser Verlag München 1994.

[Meyer 97] Meyer, F.: Enhancing Commercial Web Sites by Dynamic User-Interaction-Management. WebNet97, AACE, Toronto, 1997.

[Peppers & Rogers 97] Peppers, D., Rogers, M.: Enterprise One to One : Tools for Competing in the Interactive Age. Currency/Doubleday, 1997

[Porter 88] Porter, M.: Wettbewerbsstrategie – Methoden zur Analyse von Branchen und Konkurrenten. Frankfurt, 1988.

[Stauss & Seidel 95] Stauss, B., Seidel, W.: Beschwerdemanagement, Fehler vermeiden – Leistungen verbessern – Kunden binden. Carl Hanser Verlag, München, Wien 1995

## Beispiele

http://www.att.com/write/

http://www.borland.com/feedback/

http://www.broadvision.com/welcome.html

http://www.gmc.com/community/contactus.htm

https://www2.mercedes-benz.de/d/menu/dialog/redaktion/mailto.htm

Th. Herrmann; K. Just-Hahn (Hrsg.): Groupware und organisatorische Innovation (D-CSCW'98).
Stuttgart: B. G. Teubner 1998, S. 125-138

# Elektronische Behavior-Settings für CSCW

Uta Pankoke-Babatz

GMD – FIT, Forschungszentrum Informationstechnik GmbH, St. Augustin

## Zusammenfassung

Das vorliegende Papier untersucht, wie sich die Behavior-Setting-Theorie von Barker nutzen läßt, um konstruktive Hinweise für die Gestaltung von Umgebungen für CSCW zu erhalten. Die sich dadurch bietenden Möglichkeiten werden mit konkreten Erfahrungen von Anwendern mit elektronischer Zusammenarbeit verglichen. Dieser Ansatz soll helfen, situiertes Handeln in CSCW zu unterstützen.

# 1 Einleitung

Computer werden heute nicht mehr ausschließlich als Rechenmaschinen oder Spezialgeräte eingesetzt, sondern haben Einzug in alle Lebensbereiche und vor allem in die Arbeitswelt gefunden. Arbeitsplatzcomputer werden heute meist in ein lokales oder in ein öffentliches Netz eingebunden. Arbeitsplatzcomputer dürfen daher nicht mehr nur als individuelle Werkzeuge betrachtet werden, sondern müssen im kooperativen Zusammenhang gesehen werden. Kooperation wird ermöglicht, unabhängig davon, an welchem Ort und zu welchem Zeitpunkt der einzelne Beteiligte arbeitet. Dies beinhaltet eine Loslösung des Kooperationsprozesses von Raum und Zeit und der dinglichen Qualität der bearbeiteten Objekte. Das Paradoxon ist, daß diese Loslösung von räumlichen und zeitlichen Beschränkungen einerseits die Stärke von CSCW ist, dies jedoch andererseits die Hauptursache für Probleme elektronischer Kooperation und Kommunikation beinhaltet. In unserer Alltagserfahrung ist gleichzeitige Anwesenheit am selben Ort eine Grundvoraussetzung für gemeinsames Handeln. Meiner Ansicht nach ist es notwendig, mehr Kenntnisse über die Wirkung von Räumlichkeit und Dinglichkeit auf Kooperation zu erwerben und diese Kenntnisse bei der Gestaltung von CSCW umzusetzen.

Auf der Basis dieser Überlegungen möchte ich in diesem Papier das Design von CSCW-Systemen betrachten. Elektronische Systeme haben eine neue Welt erschlossen, in der wir uns intellektuell bewegen. Es genügt nicht, die Arbeit einzelner Individuen zu unterstützen und ihnen Kooperationswerkzeuge zur Verfügung zu stellen. Statt dessen sollten elektronische Handlungsumgebungen gestaltet werden können, in denen gemeinsames Handeln stattfinden kann. Für die Entwicklung von Systemen für CSCW halte ich es daher für erforderlich, das Paradigma „elektronische Umwelt" zu verwenden. Grundlage für meine Betrachtungen bilden Modelle aus der ökologischen Psychologie und der Handlungstheorie, insbesondere die Behavior-Setting-Theorie von Barker [Barker 68], die mit lebensweltlichen Erfahrungen und Erkenntnissen aus Feldversuchen mit Anwendern verbunden werden, um daraus Anforderungen an die Systemgestaltungsmöglichkeiten abzuleiten.

Im folgenden Abschnitt wird einleitend auf die Konsequenzen von Systementwicklungen hingewiesen, die überwiegend unter individueller Perspektive erfolgt sind. Anschließend wird die Behavior-Setting-Theorie von Barker vorgestellt und Gestaltungsanforderungen an elektronische Behavior-Settings abgeleitet. Im dritten Abschnitt werden Beispiele aus praktischen Erfahrungen berichtet, die zeigen, wie Anwender mit einem Groupwaresystem handeln und wie sie ihr Handeln in dieser gemeinsamen elektronischen Umgebung aufeinander abstimmen.

# 2 Individuum und elektronische Kooperation

Wenn man Groupwaresysteme näher betrachtet, so stellt man fest, daß ihre Gestaltung vorwiegend von der individuellen Perspektive aus erfolgt ist, und daß dies ihre Nutzungsmöglichkeiten für kooperatives Handeln stark einschränkt. Im wesentlichen werden heute elektronische Postsysteme und Workflow-Systeme zur Unterstützung von Gruppenarbeit eingesetzt.

Bei der Entwicklung von elektronischen Postsystemen stand die technische Unterstützung des Austauschs von Mitteilungen und Dokumenten zwischen verschiedenen lokalen elektronischen Arbeitsplätzen im Vordergrund. Ansätze zu einer Kooperationsunterstützung sind im Standard X.400 [CCITT 89] in der Spezifikation eines Protokolls zwischen Benutzern (P2) enthalten, das erlaubt, Kooperationswünsche auszudrücken. So kann der Absender z.B. um eine Antwort bitten (reply-request) oder die Priorität seiner Nachricht spezifizieren. Die Beschränkung auf die individuelle Perspektive hat jedoch dazu geführt, daß eine entsprechende operationale Unterstützung des Protokolls nicht Teil des Standards wurde. Die soziale Bedeutung der P2-Spezifikationen bleibt den unterschiedlichen Interpretationen der Beteiligten und deren jeweiligen lokalen Handlungsmöglichkeiten überlassen. Da ein Sender nicht antizipieren kann, welche Wirkung seine Spezifikationen haben, bleibt dies Protokoll wirkungslos.

Die Entwicklung von Workflow-Systemen [Swenson & Irwin 95] beruht auf der Annahme, daß Kooperation aus einer vorher festlegbaren Abfolge von Einzelhandlungen besteht. Ein Workflow selbst hat dingliche Qualität, er besteht nicht nur aus einer Menge Daten, sondern er eröffnet Handlungsmöglichkeiten und steuert, wer wie handeln soll. Situative Koordination der Handelnden ist nicht erforderlich bzw. auch nicht möglich, denn ein Workflow schreibt einen Plan vor, nach dem gehandelt werden muß. Workflows sind gut geeignet, Routinevorgänge zu unterstützen, die sich in stets gleicher Form wiederholen. Die situative Anpaßbarkeit von Workflows ist Forschungsgegenstand [Herrmann et al. 98]. Der Anwendbarkeit von Workflow-Systemen sind dadurch Grenzen gesetzt, daß Pläne - wie Bardram [Bardram 97] sagt - als rationale Antizipationen vor der eigentlichen Handlung und als post hoc Rekonstruktionen nach der Handlung zu verstehen sind, die eigentliche Handlung dagegen situiert erfolgt. Workflowsysteme schränken die Handlungsmöglichkeiten der Beteiligten ein und beschränken sie auf instrumentelles Handeln. Handlungskompetenz besteht nicht aus Planausführungskompetenz, sondern in der Kompetenz, durch angemessene Erfassung und Reaktion auf die jeweilige Situation reagieren.

Eine grundlegende neue Perspektive für die Entwicklung von CSCW-Systemen hat Lucy Suchman [Suchman 87] mit ihrer Arbeit über *Plans and situated actions* eröffnet. Sie konstatiert, daß jede menschliche Handlung als situiert betrachtet werden muß. Diesen Ansatz gilt es bei der Systementwicklung weiterzuführen. Eine situierte Handlungsabstimmung in einem Kooperationsprozeß erfordert, daß die Handlungsbedingungen der elektronischen Situation für die Beteiligten auch in ausreichendem Maße erkennbar sind.

Basierend auf dem Ansatz von Lucy Suchman wurden in den letzten Jahren vermehrt ethnographische Verfahren (z.B. [Anderson 94; Bentley et al. 92; Grudin & Grinter 95]) zur Ermittlung des Anwenderbedarfs eingesetzt. Doch auch dies hat nicht immer zur Entwicklung von zweckmäßigen Systemen geführt, wie Button und Harper [Button & Harper 96] ausführen, denn Softwaredesigner haben sich auf das konzentriert, was z.B. als Dokumentation vorlag, und auf das, was die einzelnen Betroffenen über ihre persönliche Arbeitsweise erzählt haben. Sie haben die situativ erarbeiteten Arbeitssequenzen als Grundlage genommen, statt die Situation des Erarbeitens des Planes zu betrachten. Es genügt nicht, die individuelle Situiertheit von Handlungen zu betrachten, sondern die den Handelnden gemeinsame Umgebung, die die gesamte gemeinsame relevante Situation einschließlich der Handlungsgegenstände und -partner zeigt, muß betrachtet werden.

Die faktische Fokussierung auf die Unterstützung der Handlungsmöglichkeiten an Einzelarbeitsplätzen bei der Entwicklung von Software wird in ihrer Wirkung noch dadurch verstärkt, daß letztendlich der Anwender auch allein an seinem Computerarbeitsplatz sitzt und von den anderen, deren Handlungsauswirkungen er auf seinem Computer bemerkt, eigentlich nichts sieht. Emotional ist er allein und bekommt nur mit, was auf seinem kleinen Monitor sichtbar wird.

Auch die Psychologie untersucht im wesentlichen die Verhaltensweisen und Dispositionen der einzelnen Individuen. Kooperatives situiertes Handeln (s.a. [Kumbruck 96]) erfordert, daß die Kooperationspartner, die ihr Handeln koordinieren wollen, auch die gleiche Situation wahrnehmen, und nicht jeder eine andere. Insbesondere bei zeit- und ortversetztem Arbeiten wird es notwendig, daß die den Kooperationspartnern zur Verfügung stehende Technik ihnen erlaubt, die gleiche oder besser dieselbe Situation zu erkennen, in der ihre aktuelle Beziehung stattfindet.

Rob Kling und Susan Leigh [Kling & Star 97] fordern daher die Entwicklung von „Human Centered Systems". Sie fordern, sich nicht auf die Untersuchung einzelner Aufgaben oder Tätigkeiten zu beschränken, sondern über das Individuum und seine kognitiven Fähigkeiten hinaus die Aktivitäten und Interaktionen der Einzelnen mit verschiedenen Gruppen, Organisationen und Teilen größerer Gemeinschaften einzubeziehen. Computersysteme, sagen sie, betreffen letztendlich soziale Beziehungen und sind daher unter Einbeziehung von Organisations- und Sozial-Informatik zu entwickeln. Eine ganzheitliche Sicht von Individuum und Umwelt ist bei der Systementwicklung erforderlich.

Um dem Ansatz der Human Centered Systems und dem situierten Handeln mit Groupware näher zu kommen, halte ich einen Paradigmawechsel für notwendig. Ein Computersystem ist mehr als ein Instrument oder eine Maschine, die individuelle Fähigkeiten erweitert. Es stellt faktisch eine Umgebung bereit, in der menschliches Arbeiten, Interagieren und soziales Handeln stattfinden kann. Wenn man diesen Paradigmawechsel bei der Systementwicklung vollzieht, so wird es Aufgabe, nicht Einzelwerkzeuge, sondern gemeinsame Umgebungen für CSCW zu schaffen, in denen gemeinsam gehandelt werden kann. Zur Umgebung gehört nicht nur die Sicht der Einzelnen, sondern vor allem die allen Beteiligten gemeinsame Sicht. Die Umgebung muß eine eigene Gestalt haben, die allen in einem Arbeits- oder Kommunikationszusammenhang Beteiligten ermöglicht, die gesamte relevante Situation zu erfassen, Handlungen auszuführen und Handlungswirkungen aller zu beobachten und eigene Handlungsmöglichkeiten sowie die der anderen zu antizipieren.

Im Gegensatz zur klassischen Perspektive der Informatik, die Handlungen aus der Sicht des Handelnden betrachtet, werden im folgenden Handlungen aus der Sicht der Umgebung betrachtet, die Handlungen ermöglicht und in der Handlungen stattfinden. Der Zusammenhang zwischen Umgebung und Verhalten ist Gegenstand psychologischer Forschung und insbesondere der ökologischen Psychologie, die von Barker [Barker 68] begründet wurde. Besonders interessant ist für mich Barker's Behavior-Setting-Theorie über umgebungsangemessenes menschliches Verhalten. Sie basiert auf seiner Untersuchung typischer Verhaltensweisen in speziellen sozialen Umgebungen, z.B. in Kirchen, Schulen etc. Er sieht eine Strukturähnlichkeit zwischen individuellem Verhalten in Form standardisierter Verhaltensmuster und Umwelt in Form von physischem und sozialem Milieu. Barker's Untersuchungen zeigen, daß soziale Verhaltenserwartungen nicht nur durch unmittelbare Kommunikation verbal oder nonverbal ausgedrückt, sondern auch durch die Gestaltung von Umgebungen wirksam werden können. Faktisch ist auch ein Computernetz ein solches „Setting", der Einzelne „verhält" sich auch an seinem Arbeitsplatzcomputer aus seiner Sicht „umgebungsangemessen". Im folgenden soll untersucht werden, wie elektronische Settings gestaltet werden können, damit gemeinsames Handeln gefördert wird.

## 2.1 Behavior-Setting

Zunächst muß die Frage beantwortet werden, wie umgebungsangemessenes Verhalten, d.h. Kongruenz zwischen Behavior-Setting und individuellem Verhalten entsteht. Das Synomorphie-Konzept von Barker [Fuhrer 90] nennt dazu folgende Mechanismen.

Es gibt die *physischen Kräfte*, d.h. die Anordnung von Elementen im Setting kann bestimmte Verhaltensmuster erzwingen oder verhindern. Das Handeln wird sowohl durch die Wahrnehmung von Raummerkmalen beeinflußt als auch durch deren Konnotationen. *Verhalten* und *Umgebung* können sich gegenseitig beeinflussen, Handlungen können z.B. Spuren im Milieu hinterlassen. Personen wählen auf Grund ihrer eigenen *Verhaltenswünsche* bestimmte Settings aus. Andererseits können Settings auch Zutrittsbeschränkungen haben, z.B. Eintrittskarten oder verschlossene Türen.

Soziale Kräfte beeinflussen das Handeln, mit Settings werden *Handlungsvorschriften* und Normen verbunden. Milieukonformes Verhalten wird durch ausprobieren, beobachten der Wirkung, beobachten anderer, nachahmen etc. erlernt. *Anpassungszwänge* können von Objekten aufgrund ihrer durch soziale Konventionen festgelegten Qualitäten ausgehen oder aber durch ihre dinglichen Eigenschaften bedingt sein (z.B. ein Stuhl, der zum Sitzen auffordert und bestimmte Sitzhaltungen ermöglicht). Durch ihre funktionale Bedeutung vermögen sie dem Individuum auch Handlungsspielräume zu eröffnen.

Auch die Handlungstheorie von Boesch [Boesch 80] geht von einer Wechselwirkung zwischen Mensch und Umwelt aus. Umwelten erfordern entweder eine Anpassung von Handlungsweisen (Akkomodation), oder eine Selektion von Umweltinhalten (Assimilation). Laut Boesch sind Handlungen „Resultanten eines Gleichgewichts zwischen subjektiven Zielsetzungen und situativen Konstellationen" [Boesch 80, S.77].

Gemäß diesen Theorien verhalten sich unterschiedliche Personen an denselben Orten ähnlich, d.h. die Umwelt und die Dinge in der Umwelt stimulieren oder evozieren bestimmtes Verhalten, letztendlich situiertes Verhalten. Damit wird, wenn mehrere Personen am gleichen Ort präsent sind, auch gemeinsames Handeln möglich, denn jeder wird für die anderen in der Umgebung wahrgenommen und in die Handlungssituation einbezogen. Somit implizieren die Behavior-Setting-Theorie von Barker und die Handlungstheorie von Boesch neben der individuellen Perspektive, die sie explizit untersuchen, auch eine Gruppenperspektive, die den zum Setting „gehörenden", d.h. z.b. den im Setting anwesenden Personen gemeinsam ist.

Meine These ist, daß auch vernetzte Arbeitsplatzcomputer als ein Behavior-Setting wirken, wobei jedoch Unterschiede in der Funktionalität der jeweiligen Arbeitsplatzcomputer der Beteiligten kongruentes gemeinsames Handeln erschweren können. Die Umwelt konstituiert sich in einer vernetzen Welt aus dem Zusammenwirken der unterschiedlichen Handlungsmöglichkeiten der Beteiligten. Die Untersuchungen von Barker zu Behavior-Settings haben bestätigt, daß die physikalischen Eigenschaften eines Raumes und dessen Gestaltung auch soziale Funktion haben und zum gemeinsamen Handeln beitragen. Diesen Aspekt von Räumlichkeit gilt es auch in elektronischen Umgebungen zu realisieren. Damit gemeinsames situiertes Handeln möglich wird, muß die Umgebung selbst dingliche Qualität bekommen und selbst Handlungsmöglichkeiten eröffnen oder auch beschränken. Für CSCW müssen also künstliche Umgebungen für gemeinsames Handeln geschaffen werden. Hier können wir von Architekten und Innenarchitekten lernen [Friedman & Kahn 94], die ja auch Umgebungen für soziales Handeln schaffen. Diese Umgebungen können für Kommunikation förderlich (soziopetal) oder hinderlich (soziofugal) sein. Dies ist anhängig von der Gestaltung der Architektur, der Gebäude, der Räume und ihrer Möblierung. Im Alltag haben wir diesen Zusammenhang zwischen Sozialverhalten und Umgebung verinnerlicht. Wer eine Feier organisiert, eine Wohnung einrichtet, eine Arbeitsgruppe zusammenstellt o.ä. überlegt sich, wie das gewünschte Verhalten durch räumliche Gestaltung und Ausstattung gefördert werden kann. Wenn man einen Raum betritt, ist man im Stande, den Zweck des Raumes zu antizipieren und sich „situationsgerecht" zu verhalten – dies gilt jedoch nur so lange man sich innerhalb eines vertrauten Kulturkreises bewegt. Diese Erfahrungen gilt es auf elektronische Umgebungen zu übertragen und auch dort nutzbar zu machen.

## 2.2 Elektronische Settings

Im folgenden wird nun untersucht, wie ein elektronisches Setting gestaltet sein muß, damit eine Gruppe-Umwelt-Kongruenz erreicht werden kann und situiertes Kooperieren ermöglicht wird. Elektronische Settings müssen, genau wie real-weltliche Settings, eine eigene „Physik" erhalten, die eigenes „Verhalten" und eigene „Gestalt" beinhaltet, wobei die Physik zeit- und ortversetzte Kooperation unterstützen soll. Elektronische Settings müssen sich konsistent für alle Beteiligten verhalten. Gemeinsames Handeln der Beteiligten wird durch das Zusammenwirken der durch das Setting offerierten Handlungsmöglichkeiten und durch die am Arbeitsplatzcomputer bereit gestellten Handlungsfähigkeiten realisiert.

Die *physischen Kräfte* des elektronischen Settings, die Verhaltensmuster erzwingen, eröffnen oder verhindern können, determinieren die Handlungsmöglichkeiten. Das Setting selbst muß eigenes Verhalten zeigen, d.h. es muß Handlungsmöglichkeiten eröffnen und auf Handlungen der Beteiligten reagieren können. Dies muß für die Beteiligten erkennbar und vorhersagbar sein.

Für die Interaktion mit dem Setting ist die *Visualisierung* des Settings, d.h. die Gestalt, die das Setting zeigt, und die von den Beteiligten visuell wahrgenommen werden kann, von zentraler Bedeutung. Das Setting sollte sich selbst so darstellen können, daß die gemeinsame elektronische Handlungsumgebung von jedem Beteiligten an seinem Arbeitsplatzcomputer gleich wahrgenommen werden kann und Handlungsmöglichkeiten oder –erfordernisse erkannt werden können. Dadurch werden kommunikative Abstimmungsnotwendigkeiten für kooperatives Handeln reduziert, denn die wahrnehmbare aktuelle Situation im Setting kann, ähnlich wie in einem real-weltlichen Setting, die gegenseitige Abstimmung von Handlungen unterstützen. Möglichkeiten der virtuellen Realität wären für die Visualisierung des Settings wünschenswert (s. z.B. [Benford & Fahlén 93]).

*Lernen* von milieu-konformem Verhalten z.B. durch Ausprobieren, Beobachten der Wirkung, Beobachten anderer, Nachahmen, ist wichtig für die Entwicklung von kongruentem Verhalten. Dies erfordert, daß das elektronische Setting Mechanismen enthält, die den Beteiligten erlauben, sich gegenseitig zu beobachten und die Wirkungen ihrer Handlungen und die Reaktionen anderer auf ihre Handlungen wahrzunehmen. Die Wahrnehmung des Geschehens ist außerdem auch notwendig, damit die Handlungen aufeinander abgestimmt, d.h. koordiniert werden können. Die Beobachtung des Geschehen muß auch in sogenannten „asynchronen" Umgebungen ermöglicht werden, d.h. auch bei zeitversetztem Arbeiten und zeitweiliger Abwesenheit einzelner Teilnehmer muß ein Setting den Handlungsverlauf für jeden erkennbar machen. Möglichkeiten der Wahrnehmung des Geschehens werden in CSCW unter dem Schlagwort „*Awareness*" (s. z.B. [Dourish & Bellotti 92; Fuchs et al. 95; Mariani & Prinz 93] diskutiert. Die obigen Überlegungen zeigen, daß gegenseitige Beobachtungsmöglichkeiten als Teil des jeweiligen Settings für alle „Anwesenden" gleich sein müssen. Eine individuelle teilnehmerspezifische Festlegung von Beobachtbarkeit, wie sie z.B. in den Systemen POLITeam [Sohlenkamp et al. 98] oder im BSCW [Appelt 97] nur möglich ist, widersprechen dem Setting-Ansatz. Die Beobachtbarkeit muß Eigenschaft der Physik und des Verhaltens des Settings selbst werden und damit für alle Beteiligten antizipierbar und gleichartig sein, so daß sie ihr Verhalten und gegenseitige Verhaltenserwartungen darauf abstimmen können.

Personen wählen auf Grund ihrer *Verhaltenswünsche* bestimmte Settings aus. Es muß also *verschiedene elektronische Settings* geben, die unterschiedliche Zwecke, Partner und Konventionen haben können. Individualisierung wird dadurch erreicht, daß verschiedene Individuen sich in unterschiedlichen Settings bewegen. Ein Anwender muß erkennen können, mit wem er sich in welchem elektronischen Setting befindet und welche Verhaltenserwartungen und -konventionen mit dem jeweiligen Setting verbunden sind.

Das elektronische Setting selbst kontrolliert, wer *Zugang* hat, d.h. es wird in den Eigenschaften des Settings festgelegt, wem der Zutritt gestattet ist. Das Setting „weiß" auch, wer die Anwesenden sind und was Anwesenheit im jeweiligen Setting für eine funktionale Bedeutung für alle Beteiligten hat, d.h. welche Handlungs- und Beobachtungsmöglichkeiten damit verbunden sind.

Ein elektronisches Setting sollte also wie ein real-weltlicher Raum oder ein Gebäude ein eigenständiger Ort oder Raum werden, der eine eigene dingliche Qualität und Gestalt hat, und der für die Beteiligten *erfahrbar* ist. Es sollte durch die Beteiligten entsprechend ihrem gemeinsamen Bedarf *gestaltet* werden und im Handlungsverlauf geändert werden können. Diese Änderungen können sowohl Inhalte, also Dinge im Setting als auch Eigenschaften oder Verhalten des Settings betreffen (z.b. bezüglich Beobachtbarkeit). Die Änderungen sind konstitutiv für das Setting und werden damit für alle zum Setting gehörenden Personen wirksam. Unterschiede im Verhalten verschiedener Settings müssen für die Anwender erkennbar sein. Ein Stuhl im Wohnzimmer oder im Theater hat eine andere Bedeutung und impliziert andere Konventionen, für alle im jeweiligen Setting Anwesenden jedoch die gleichen. Dies muß auch für elektronische Settings gelten.

## 2.3 Anpaßbarkeit und Gestaltbarkeit

Ein elektronisches Behavior-Setting bildet eine Werkstatt, in der gemeinsam gearbeitet wird. Es beinhaltet eine gemeinsame Sicht auf eine gemeinsame Umgebung und deren Inhalte, Handlungsgegenstände, Werkzeuge, und Akteure. Das Setting bildet sozusagen die Bühne für das gemeinsame Geschehen. Gemeinsame Handlungen erfordern, daß die Handelnden genügend über die Handlungsmöglichkeiten der anderen wissen, um ihre Reaktionen antizipieren zu können. Dies kann einerseits durch einen gemeinsamen für sie erkennbaren Handlungshintergrund, die Gestalt und Physik des Settings erreicht werden, oder andererseits dadurch, daß die Beteiligten genügend ähnliche Handlungsmöglichkeiten haben, um „von sich auf andere schließen" zu können (siehe auch Kongruenz bei Fuhrer [Fuhrer 90]).

Sich ändernde Aufgaben der Benutzer erfordern u.U. neue oder andere Handlungsmöglichkeiten und damit auch andere Systemfunktionalität. Da sich Organisationen und darin die Aufgaben der einzelnen ständig verändern, müssen auch technische Systeme an diese Änderungen angepaßt werden können. Paetau [Paetau 94] schlägt daher ein Konzept der Konfigurierbarkeit von Systemen vor. Ich möchte dies dahingehend erweitern, daß elektronische Settings zweckspezifisch von den Beteiligten gestaltet werden können und ihnen dafür geeignete Hilfsmittel zur Verfügung gestellt werden sollten. Das Gesamtsystem kann dann durch die Zusammenstellung unterschiedlicher Settings gestaltet werden.

Nun ist es jedoch auch in der Lebenswelt und in Organisationen nicht so, daß alle Beteiligten gleich sind. Besondere Aufgabenzuschreibungen und Handlungserwartungen werden an sogenannte Rollen gebunden. Eine *rollenspezifische* Individualisierung im Setting ist damit sinnvoll. Aber auch hier sollte gelten, daß alle Inhaber einer Rolle die gleichen Handlungsmöglichkeiten erhalten. Für CSCW ist eine Anpassung an Zwecke notwendig und eine, die für alle Mitbenutzer einer Umgebung erkennbar und gleichartig ist, also letztendlich gruppen- und *zweckspezifisch* ist. Adaptierbarkeit und Adaptivität sollen die Funktionalität eines Systems an die Arbeitsweisen Einzelner anpassen [Oppermann 94]. Der individuellen Adaptierbarkeit elektronischer Systeme, so wünschenswert sie auch aus der Sicht des Einzelnen sein mag, sind in CSCW Grenzen gesetzt, denn diese darf nicht die Kooperations- und Koordinationsmöglichkeiten durch mangelnde Antizipierbarkeit seitens der anderen Partner verringern. Der persönlichen Freiheit werden auch im sozialen System durch soziale Normen und Verhaltensregeln Grenzen gesetzt, ähnliches sollte auch für die Individualisierbarkeit von elektronischen Systemen gelten.

Handlungsmöglichkeiten lassen sich auch an Dinge knüpfen, d.h. die Dinge selbst können Behandlungsmöglichkeiten offerieren. Anwendern mit unterschiedlichen lokalen Handlungsmöglichkeiten eröffnet das Ding, das sie bearbeiten, zusätzlich die spezifischen Behandlungsmöglichkeiten, so wie z.B. ein Buch die Möglichkeiten des Öffnens, eine Leiter die Möglichkeit des Kletterns bieten. Das heißt, es müssen nicht mehr alle Fertigkeiten in den jeweiligen Benutzerarbeitsplätzen realisiert sein, sondern ein Teil liegt in den Handlungsgegenständen und in den elektronischen Settings selbst und steht nur dann zur Verfügung, wenn der Gegenstand bearbeitet wird oder wenn im Setting gehandelt wird.

## 2.4 Gestaltung von Dingen und Settings

Die Frage ist, ob sich diese gewünschte Gestaltbarkeit von Umgebungen zur Laufzeit überhaupt technisch umsetzen läßt. Dazu hat Anja Syri [Syri 97] im Projekt POLITeam sogenannte „Enabler" entwickelt. Diese können zur Laufzeit von den Anwendern selbst an Umgebungen und Objekte assoziiert werden und deren Verhalten verändern. Enabler können die Behandlungsmöglichkeiten des betroffenen Objektes verändern, indem sie z.B. eine zusätzliche Operation einfügen oder indem sie die Reaktion eines Objektes auf eine Aktion verändern. Die Wirkung dieser Umgestaltung gilt für diese eine Umgebung oder das eine Ding und damit für alle, die darin oder damit handeln. Dies scheint mir der richtige Ansatz, um Umgebungen zweckspezifisch anpassen zu können. Dies unterscheidet sich ganz erheblich von Adaptierbarkeit, die sich auf Anpassung an individuelle Bedarfe beschränkt.

## 3 Nutzung elektronischer Settings in POLITeam

Im folgenden möchte ich an Hand konkreter Erfahrungen aus der Zusammenarbeit mit Anwendern darstellen, wie die Anwender mit einem Groupwaresystem handeln und gemeinsames Handeln gestalten, und ich möchte prüfen, wie sich das Konzept des Behavior-Settings auf ihre elektronische Zusammenarbeit anwenden läßt. Im Projekt POLITeam [Prinz 98] hat eine Gruppe von Anwendern in einem Ministerium drei Jahre lang ein Groupwaresystem für ihre Referatsarbeit genutzt. Die Erfahrungen, die sie in dieser Zeit machten, konnten durch Interviews und vor allem durch lokale Betreuung bei der Einführung und Nutzung des Systems durch Benutzeranwälte ermittelt werden [Pankoke-Babatz et al. 97].

Im Projekt POLITeam wurden den Anwendern zwei Arten von elektronischen Settings zur Verfügung gestellt: der persönliche Schreibtisch und der gemeinsame Arbeitsbereich [Pankoke-Babatz & Syri 96]. Dieses waren insofern Settings, als sie die jeweiligen

Handlungsgegenstände bereitstellten und wohldefinierten Zugang ermöglichten. Der Setting-Charakter wurde dadurch deutlich, daß die Anwender im Verlauf der Nutzung anfingen, unterschiedliche Konventionen für die jeweiligen Settings einzuführen und sie damit sozial auszugestalten.

## 3.1 Gemeinsamkeit sorgt für reibungslosen Ablauf

Beziehungen wurden durch *gemeinsame Settings* unterstützt. Zur Organisation engerer Zusammenarbeit haben sich die Anwender mit ihren Partnern gemeinsame Arbeitsbereiche eingerichtet, in denen sie gemeinsam zu behandelnde Objekte bearbeiten konnten. Z.B. hatte die Kanzlei mit jedem Referatsmitarbeiter, die Führungskraft mit ihrer Sekretärin, aber auch das Berliner Referat mit ausgesuchten Partnern jeweils einen gemeinsamen Arbeitsbereich.

Die gemeinsamen Arbeitsbereiche boten den Anwendern *Zuverlässigkeit*, denn wie sie sagten, fanden sie hier immer die aktuellste Version ihrer Dokumente. Dadurch konnten auch Abstimmungsnotwendigkeiten reduziert werden, da nicht jeder Beteiligte eine eigene Version des Dokumentes hatte. Implizite *Handlungsabstimmung* durch Tun wurde möglich, denn jeder konnte jederzeit die Dokumente verändern; mittels einer Ereignismeldung erfuhren die anderen Beteiligten, was bereits erledigt war.

Unterschiedliche *Beziehungsqualitäten* bedingten unterschiedliche Handlungsqualitäten. Z.B. bestand zwischen Kanzlei und Referat eine Dienstleistungsbeziehung, die Wirkung der durch die Kanzlei vorgenommenen Änderungen an Dokumenten brauchte daher nicht hervorgehoben zu werden. Statt dessen war wichtig, daß der Sachbearbeiter sofort informiert wurde, wenn die Kanzlei die Korrekturen erledigt hatte. Die Beziehung von Referent und Vorgesetztem dagegen erforderte, daß für den Referenten erkennbar sein mußte, welche Änderungen der Vorgesetzte vorgenommen hatte.

## 3.2 Zusammenarbeit braucht Konventionen

Da jede Handlung in einem vernetzten System Auswirkungen auf andere haben kann, ist es notwendig, die Handlungsweisen aufeinander abzustimmen. Die Anwender in POLITeam haben diese Notwendigkeit auch erkannt, und sich auf gemeinsamen Workshops über ihre individuellen Gewohnheiten ausgetauscht und festgestellt, wo Absprachen notwendig wurden. Ein immer wiederkehrendes Thema der Anwender war, wieviel Konformität sie benötigten und wieviel Individualität sie erlauben wollten und wieviel Privatsphäre notwendig war und was alles öffentlich sein sollte. Den Anwendern war wichtig, daß es hier klare, einfache und einheitliche Regelungen und Zuständigkeiten gab. „Die Komplexität überfordert den Anwender. Und wo kommen wir da hin, wenn jeder ein anderes Verfahren hat? Da kriegen wir uns in die Köppe" drückte dies ein Anwender aus.

Wenn man die von den Anwendern gefundenen Konventionen näher betrachtet, sieht man, daß sie entweder rollenspezifisch oder settingspezifisch waren. Z.B. die Verwendung unterschiedlicher Stiftfarben bei der Überarbeitung von Texten war an die Rolle der Führungskraft gebunden. Settingspezifische Konventionen betrafen unterschiedliche gemeinsame Arbeitsbereiche. So haben die Anwender für gemeinsame Arbeitsbereiche, die für die gemeinsame Textbearbeitung genutzt wurden, andere Konventionen vereinbart, als für gemeinsame Arbeitsbereiche, in denen z.B. öffentliche Adressen oder andere für alle wichtige Informationen abgelegt wurden. Z.B. wurden automatische Informationen über Änderungen nur in Arbeitsbereichen für gemeinsame Textbearbeitung benötigt. Auch Konventionen für das Löschen oder das Entnehmen von Objekten waren für verschiedene Arbeitsbereiche unterschiedlich, damit wurden sie zu unterschiedlichen Arten von Settings.

Die Praxis zeigte, daß die Konventionen nur von denjenigen befolgt wurden, die unmittelbar davon profitierten. Z.B. hielt sich nur die Kanzlei an die Konvention zur Benennung von Objekten, die dem einfachen Wiederfinden diente, denn sie waren auch diejenigen, die später die Objekte suchen mußten. Anders dagegen die Referatsmitglieder, die meist diese Konvention nicht befolgten. Die Automatisierung von Konventionen, so zeigte sich im Anwendungsfeld, war noch viel kritischer. So wurde die Konvention, daß jedes Dokument ein Aktenzeichen haben mußte, so implementiert, daß bei jeder Dokumenterzeugung ein Aktenzeichen angefordert wurde, sonst konnte der Erstellungsvorgang nicht beendet werden. Dies führte zu massivem Widerstand und Ärger der Betroffenen, die sich durch das System bevormundet fühlten und es als Machtinstrument zur Durchsetzung der Interessen der Führungskräfte empfanden. Sie unterliefen diese Konvention durch Angabe von unsinnigen Aktenzeichen.

Andere Konventionen, wie z.B. die des täglichen Einschalten des Systems, was Voraussetzung dafür war, daß überhaupt gemeinsames Arbeiten stattfinden konnte, wurde allein dadurch erfüllt, daß es ohnehin für jeden selbst zweckmäßig war, wenn das System stets angeschaltet war. Die Einhaltung der Konvention erforderte also keinen gesonderten Aufwand. Aufwand und Ertrag müssen sich für den einzelnen Anwender die Wage halten. Auch Grudin [Grudin 94] fordert, daß nicht einer den Ertrag und ein anderer den Aufwand hat. Dies wird insbesondere bei der Einhaltung von Konventionen relevant. Aus diesen praktischen Erfahrungen mit Anwendern, läßt sich die Forderung ableiten, daß es setting- oder ding-spezifische Konventionen geben sollte. Diese sollten durch das jeweilige Setting unterstützt werden, und zwar möglichst so, daß sie deren Einhaltung vereinfachen, aber nicht erzwingen. Beispielsweise ist die Angabe eines Aktenzeichens noch nicht erforderlich, so lange ein Dokument sich im privaten Setting des Bearbeiters befindet, sondern erst, wenn das Dokument in ein öffentliches Setting, z.B. in einen gemeinsamen Arbeitsbereich oder in die Registratur wechselt. Es ist dann Sache dieses Settings festzulegen, wie die Konvention erfüllt werden kann oder muß. Eine Verlagerung der Anwendung einer Konvention aus dem lokalen Werkzeug am individuellen Arbeitsplatz in das Setting ermöglicht eine differenzierte kontext- und umgebungsabhängige Realisierung der Unterstützung von Konventionen. Gleichzeitig wird eine Realisierung im gemeinsamen Setting auch als weniger invasiv empfunden als eine am persönlichen Arbeitsplatzcomputer.

# 4 Resümee und Ausblick

Die Betrachtung von elektronischen Systemen als Umgebung für CSCW eröffnet neue Perspektiven. Anwender betrachten ihr Groupwaresystem auch als eine Umgebung und nicht als Werkzeug. Die gemeinsamen Arbeitsbereiche in POLITeam sind von den Anwendern als Settings angenommen und durch Konventionen spezifisch ausgestaltet worden. Einige Systeme, z.B. der WWW haben auch eher die Wirkung einer Umgebung, allerdings einer, in der man sich meist allein befindet und die man nicht ausgestalten kann. Ein MUD stellt gemäß meiner Definition ein Setting dar, ebenso wie virtuelle Welten. Hier treffen sich mehrere Personen und entwickeln gemeinsames Verhalten [Becker & Mark 98]. Allerdings sind dies reine Treffpunkte und keine Orte, an denen Zusammenarbeit stattfindet. Harrison und Dourish [Harrison & Dourish 96] gebrauchen den Begriff „Places" und unterscheiden ihn von „Spaces" dadurch, daß „Spaces" die Gelegenheit bieten und „Places" mit sozialer Realität erfüllt sind.

Das hier vorgestellte Konzept für elektronische Behavior-Settings ermöglicht, solche Plätze zu gestalten. Das Behavior-Setting-Konzept von Barker [Fuhrer 90] zeigt auf, wie physikalische Umwelteigenschaften auf Verhalten wirken und wie kongruentes Verhalten hergestellt werden kann. Für elektronische Settings konnten daraus Anforderungen an deren Gestaltung abgeleitet werden. Die Betrachtung von elektronischen Systemen als Settings eröffnet neue Perspektiven. Handlungsmöglichkeiten können zusätzlich zur lokalen Arbeitsplatzfunktionalität durch die Dinge, die man behandelt und die Settings, in denen man handelt, erweitert und spezifiziert werden. In Settings realisierte Verhaltenskonventionen und -normen können – wie die oben genannten Plätze – Gelegenheiten für formelle oder informelle Zusammenkünfte und Zusammenarbeit bieten. Die Freiheitsgrade der Handlungsmöglichkeiten lassen sich einschränken bis hin zu streng geregelten Handlungsabläufen. Je größer der Freiheitsgrad, desto umfangreicher müssen die Beobachtungsmöglichkeiten sein, um die situative Komplexität für die Beteiligten erfaßbar und Handlungen koordinierbar zu machen. Elektronische Behavior-Settings bieten vielleicht in Zukunft die Möglichkeit, den grundlegenden Satz von Austins Sprechakttheorie [Austin 62] „how to do things with words" quasi umzudrehen und ermöglichen, wortlos durch Handlungen elektronisch zu kommunizieren, wie das sonst nur bei gleichzeitiger Anwesenheit in einem realen Raum möglich ist. Handlungen im elektronischen Setting bewirken eine Veränderung, hinterlassen Spuren an den Objekten, die Gegenstand der Handlung waren. Wenn das Geschehen in elektronischen Behavior-Settings von allen Anwesenden beobachtet werden kann, wird situiertes kooperatives Handeln auch über räumliche und zeitliche Distanzen möglich.

# Literaturhinweise

[Anderson 94] Anderson, R. (1994): Representation and requirements: The value of Ethnography in Systemdesign. In: Human Computer Interaction 9, p. 151-182.

[Appelt 97] Appelt, W. (1997): Kooperation auf Basis des World-Wide Web - Das BSCW System des CoopWWW Projekts. In: Lehner and Dustdar (Eds.): Telekooperation in Unternehmen. Wiesbaden: Gabler. S. 151-168.

[Austin 62] Austin, J.L. (1962): How to do things with words. Oxford: Oxford University Press.

[Bardram 97] Bardram, J.E. (1997): Plans as situated Action: An Activity Theory based Approach to Workflow Systems. In: J.H. Hughes, Prinz, W, Rodden, T., Schmidt, K. (Eds.): Proceedings of the Fifth European Conference on Computer Supported Cooperative Work, Lanchester. Dordrecht: Kluwer Academic Publishers. p. 17-32.

[Barker 68] Barker, R.G. (1968): Ecological psychology. Stanford: Stanford University Press.

[Becker & Mark 98] Becker, B.; Mark, G. (1998): Social Conventions in Collaborative Virtual Environments. In: Proceedings of collaborative virtual environments, Manchester. to appear.

[Benford & Fahlén 93] Benford, S.; Fahlén (1993): A Spatial Model of Interaction in Large Virtual Environments. In: E-CSCW '93, Mailand. Dordrecht: Kluwer Academic Publishers. p. 109-123.

[Bentley et al. 92] Bentley, R.; Rodenne, T.; Sawyer, P.; Sommerville, I.; Hughes, J.; Randall, D.; Shapiro, D. (1992): Ethnographically-informed systems Design for Air Traffic Control. In: ACM Conference on Computer Supported Cooperative Work CSCW '92, Toronto, Canada. New York: ACM Press. p. 123-137.

[Boesch 80] Boesch, E.E. (1980): Kultur und Handlung: Einführung in die Kulturpsychologie. Bern: Verlag Hans Huber.

[Button & Harper 96] Button, G.; Harper, R. (1996): The Relevance of "Work-Practice" for Design. In: Computer Supported Cooperative Work 4. p. 263-280.

[CCITT 89] CCITT (1989): X.400 '88: Data Communication Networks.Message Handling System. IUT, Geneva.

[Dourish & Bellotti 92] Dourish, P.; Bellotti, V. (1992): Awareness and Coordination in Shared Workspaces. In: CSCW '92 - Sharing Perspectives, Toronto, Canada. New York: ACM Press. p. 107-114.

[Friedman & Kahn 94] Friedman, B.; Kahn, P.H. (1994): Educating Computer Scientists: Linking the Social and the Technical. In: Communication of the ACM 37/1. p. 65-70.

[Fuchs et al. 95] Fuchs, L.; Pankoke-Babatz, U.; Prinz, W. (1995): Supporting Cooperative Awareness with Local Event Mechanisms: The GroupDesk System. In: H. Marmolin, Y. Sundblad, and K. Schmidt (Eds.): ECSCW '95. Dordrecht: Kluwer Academic Publishers. p. 247-262.

[Fuhrer 90] Fuhrer, U. (1990): Person-Umwelt-Kongruenz. In: C.-F.G. L. Kruse, E.-D. Lantermann (Eds.): Ökologische Psychologie: Ein Handbuch in Schlüsselbegriffen. München: Psychologische Verlags Union. S. 143-153.

[Grudin 94] Grudin, J. (1994): Eight Challenges for Developers. In: Communication of the ACM 37/1. p. 93-105.

[Grudin & Grinter 95] Grudin, J.; Grinter, R. (1995): Ethnography and Design. In: Computer supported cooperative Work 3/1. p. 55-59.

[Harrison & Dourish 96] Harrison, S.; Dourish, P. (1996): Replace-ing Space: The Roles of Place and Space in Collaborative Systems. In: CSCW '96. New York: ACM. p. 67-76.

[Herrmann et al. 98] Herrmann, T.; Scheer, A.-W.; Weber, H. Eds. (1998): Verbesserung von Geschäftsprozessen mit flexiblen Workflow-Management-Systemen. Heidelberg: Physica-Verlag.

[Kling & Star 97] Kling, R.; Star, S.L. (1997): Human Centered Systems in the Perspective of Organizational and Social Informatics. Int. Report: National Science Foundation, http: //www.itp.uiuc.edut/nsthcs/bog_reports/bog4.htm.

[Kumbruck 96] Kumbruck, C. (1996): Angemessenheit für situierte Kooperation. Habilitationsschrift, Universität Bremen.

[Mariani & Prinz 93] Mariani, J.; Prinz, W. (1993): From Multi-User to Shared Object Systems: Awareness about Co-Workers. In: H. Reichel (Eds.): Informatik - Wirtschaft - Gesellschaft. Berlin: Springer. p. 476-481.

[Oppermann 94] Oppermann, R. (1994): Adaptive User Support - Ergonomic Design of Manually and Automatically Adaptable Software. Hillsdale: Lawrence Erlbaum Associates.

[Paetau 94] Paetau, M. (1994): Configurative Technology: Adaptation to Social Systems Dynamism. In: R. Oppermann (Eds.): Adaptive User Support - Ergonomic Design of Manually and Automatically Adaptable Software. Hillsdale: Lawrence Erlbaum Associates. p. 4-234.

[Pankoke-Babatz et al. 97] Pankoke-Babatz, U.; Mark, G.; Klöckner, K. (1997): Design in the PoliTeam Project: Evaluating User Needs through Real Work Practice. In: Design of Interactive Systems Conference, Amsterdam. p. 277-287.

[Pankoke-Babatz & Syri 96] Pankoke-Babatz, U.; Syri, A. (1996): Gemeinsame Arbeitsbereiche: Eine neue Form der Telekooperation. In: H. Krcmar, H. Lewe, and G. Schwabe (Eds.): Herausforderung Telekooperation: Fachtagung Deutsche Computer Supported Cooperative Work, Stuttgart-Hohenheim. Berlin: Springer. S. 51-68.

[Prinz 98] Prinz, W. (1998): Erfahrungen und Empfehlungen aus dem Designprozeß einer evolutionären Groupware-Entwicklung. Dieser Tagungsband.

[Sohlenkamp et al. 98] Sohlenkamp, M.; Prinz, W.; Fuchs, L. (1998): POLIAwac - Design und Evaluation des POLITeam Awareness-Client. Dieser Tagungsband.

[Suchman 87] Suchman, L. (1987): Plans and situated actions. The problem of human-machine communication. Cambridge: Cambridge University Press.

[Swenson & Irwin 95] Swenson, K.D.; Irwin, K. (1995): Workflow Technology: Tradeoffs for Business Process Re-engineering. In: Conference on Organizational Computing Systems. New York: ACM-Press. p. 22-29.

[Syri 97] Syri, A. (1997): Tailoring Cooperation Support through Mediators. In: J.A. Hughes *et al.* (Eds.): Proceedings of the ECSCW '97, Lancaster, UK. Dordrecht: Kluwer Academic Publishers. p. 157-172.

*Th. Herrmann; K. Just-Hahn (Hrsg.): Groupware und organisatorische Innovation (D-CSCW'98). Stuttgart: B. G. Teubner 1998, S. 139-151*

# Erfahrungen und Empfehlungen aus dem Designprozeß einer evolutionären Groupware-Entwicklung

Wolfgang Prinz

GMD – FIT, Forschungszentrum Informationstechnik GmbH, St. Augustin

## Zusammenfassung

Dieses Papier beschreibt Erfahrungen aus dem Designprozeß des POLITeam-Systems, einem Groupwaresystem zur Unterstützung der Vorgangsbearbeitung und gemeinsamen Dokumentbearbeitung in verteilten ministeriellen Organisationen. Zunächst werden die generellen Designrichtlinien beschrieben, die auf dem Paradigma der Kooperationsunterstützung durch Kooperationsmedien statt Kooperationsmechanismen beruhen. Anschließend werden die entwicklungsspezifischen Aspekte des Designprozesses, ausgehend von den Anforderungen an eine geeignete Systemplattform, über die Rolle von Prototypen, bis zu einer Diskussion der Probleme bei der Entwicklung und Erprobung gänzlich neuer Systemfunktionen beschrieben.

# 1 Einleitung

Ziel des POLITeam[1] Projekts ist die Realisierung und Einführung eines Groupwaresystems zur Unterstützung kooperativer Vorgänge in räumlich verteilten Ministerien. Das POLI-Team System bietet den Anwendern folgende Funktionen:

- einen elektronischen Schreibtisch, der alle genutzten Büroanwendungen integriert und die individuelle Verwaltung einzeln oder kooperativ genutzter Dokumente ermöglicht;
- Email; gemeinsame Arbeitsbereiche zur asynchronen und unstrukturierten gemeinsamen Bearbeitung von Dokumenten;
- elektronische Laufmappen zur Abwicklung strukturierter Vorgänge;
- einen Ereignis- und Informationsdienst zur Benachrichtigung über Aktionen und Aktivitäten im kooperativen Umfeld.

Alle Komponenten sind in eine grafische Oberfläche integriert, die einen prompten Handlungswechsel und eine Übernahme von Dokumenten zwischen den einzelnen Funktionskomponenten unterstützt [Prinz & Syri 97].

Charakteristisch für POLITeam ist der auf einer engen Anwenderkooperation basierende evolutionäre Designansatz. Die Anforderungsanalyse stützt sich auf die reale Nutzung des POLITeam Systems durch verschiedene Anwenderorganisationen. Die daraus entstehenden Anregungen, Wünsche und Anforderungen der Anwender fließen ständig in das Design neuer Systemversionen ein. In einer mehrjährigen Zusammenarbeit mit Anwendern wurden 4 Versionen des POLITeam Systems entwickelt und erprobt. Aus der Sicht der Systementwickler berichtet dieses Papier über die dabei gemachten Erfahrungen, die als Empfehlungen für ähnliche Vorhaben wertvoll sein können. Leitgedanke der Entwicklungen war, daß POLITeam eine flexible Kooperationsunterstützung durch integrierte Kooperationsmedien bieten soll. Dieser Ansatz wird im ersten Teil vorgestellt und diskutiert. Anschließend werden die technischen Aspekte der evolutionären Groupware-Entwicklung beschrieben. Zuerst werden die Anforderungen an eine geeignete Systemplattform dargestellt, es folgt eine Beschreibung der Rolle von Prototypen und zum Schluß werden die Probleme bei der Entwicklung und Erprobung gänzlich neuer Systemfunktionen beschrieben.

---

[1] POLITeam wird vom BMBF im Rahmen des POLIKOM Programmes gefördert. Projektpartner sind die gedas GmbH (Konsortialführer) und die Universität Bonn.

## 2 Generelle Designrichtlinien

### 2.1 Medien statt Mechanismen als Designparadigma

Auf den ersten Blick erscheinen die Vorgänge in dem ministeriellen Anwendungsfeld als verbindliche Prozesse, vorbestimmt durch die GGO (Gemeinsame Geschäftsordnung der Bundesministerien). Bei näherem Hinsehen ergeben sich jedoch für jeden an einem Kooperationsprozeß beteiligten Mitarbeiter eine Reihe von Handlungsalternativen, die den Ablauf eines Vorgang beeinflussen können [Mambrey 97]. Diese sind zudem in vielen Fällen nicht vorhersehbar. Die Wahl eines Groupware-Systems, das eine detaillierte Vorgangsbeschreibung erfordert, ist daher zur Unterstützung solcher Vorgänge nicht sinnvoll. Entweder müßte für alle in Frage kommenden Handlungsmöglichkeiten und den damit verbundenen Vorgangsalternativen eine Vorgangsbeschreibung erfolgen, oder die Benutzer müssen für jeden nicht vorweg modellierten Fall eine Ausnahmebehandlung einleiten. Interviews mit den Anwendern zeigen jedoch, daß auch unvorhergesehene Abweichungen von der Regel nicht als Ausnahmen betrachtet werden, sondern als frei wählbare Handlungsmöglichkeiten. Die Notwendigkeit in solchen Fällen spezielle Ausnahmeaktionen einzuleiten, würde zu einer Unterbrechung des Arbeitsflusses führen und als störend empfunden werden.

POLITeam strebt daher die Kooperationsunterstützung nicht durch einer Reihe von vordefinierten Kooperationsmechanismen, sondern durch Kooperationsmedien [Bentley & Dourish 95] an, die den Benutzern frei wählbare Handlungsalternativen bieten. Das Ergebnis ist die Bereitstellung miteinander kombinierbarer Werkzeuge *über* die kooperative Aktionen situationsabhängig koordiniert werden können. Die Werkzeuge selbst beinhalten nicht a priori eine Repräsentation der Kooperationsprozesse. Bei der Untersuchung der Kooperationsprozesse steht folglich nicht die Modellierung eines Gesamtprozesses im Vordergrund, sondern die Unterstützung der Handlungen mit denen die Kooperationsmedien manipuliert und Kooperationsbeziehungen situationsbezogen gestaltet werden.

Das POLITeam System bietet daher die Kooperationsunterstützung nicht durch einer Reihe von vordefinierten Kooperationsmechanismen, sondern durch Kooperationsmedien, die den Benutzern frei wählbare Handlungsalternativen bieten. Entsprechend wurden auch die Bezeichnungen für die beiden von POLITeam bereitgestellten Medien gewählt: elektronische Laufmappe und gemeinsame Arbeitsbereiche. Karbe et al. [1990] griff bereits 1990 die Metapher der elektronischen Laufmappe zur Unterstützung von kooperativen Arbeitsprozessen auf. Das daraus resultierende System ProMInanD[2] [IABG 98] erfordert für unsere Zwecke jedoch eine viel zu detaillierte Prozeßmodellierung.

---

[2] Tatsächlich wird ProMInanD zur Unterstützung stark vorstrukturierbarer Vorgänge als Ergänzung zu LinkWorks angeboten und eingesetzt.

Die elektronische Laufmappe und die gemeinsamen Arbeitsbereiche wurden nach den folgenden Designaspekten als zwei sich ergänzende Kooperationsmedien entwickelt:

- Ein Handlungswechsel zwischen verschiedenen Medien muß einfach sein.
- Der Austausch von Objekten zwischen verschiedenen Medien muß einfach sein und nicht zu einem Verlust von Metadaten führen.
- Die Kooperationsmedien müssen wechselseitig miteinander kombinierbar sein.
- Die Werkzeuge sollten den aus dem Arbeitsalltag bekannten Gegenständen in ihrer Funktion und Darstellung möglichst nachempfunden sein.
- Die Metaphernwahl soll die Funktion signalisieren und den Entwickler beim Design der Funktionalität [Mambrey & Tepper 96] leiten.

Flexible Kooperationswerkzeuge, die die Durchführung eines Kooperationsprozesses nicht vorschreiben, sondern die den Benutzern Freiraum lassen, können auch zu Verbesserungen eines Arbeitsprozesses führen. Beispielsweise wird zum Dokumentenaustausch zwischen einem Referat und der Kanzlei ein gemeinsamer Arbeitsbereich genutzt, obwohl noch während der theoretischen Analysephase E-mail oder elektronische Laufmappen dafür vorgesehen wurden. Die Tatsache jedoch, daß der Prozeß nicht auf Basis der ersten Analyse im System repräsentiert und damit vorgegeben wurde, ermöglichte Experimente und die freie Wahl des geeigneteren Mediums. Durch die flexible und nicht vorhergesehene Nutzung der Groupware ergab sich ein Innovationspotential für die kooperativen Prozesse. In anderen Teilen der Anwenderorganisation, die nicht mit dem POLITeam System arbeitet, erfolgt diese Referat/Kanzlei Kooperation weiterhin per Email, was u.a. zu Problemen beim Versionsmanagement mehrfach überarbeiteter Dokumente und dadurch zu unnötigen Mehrfacherfassungen führt. In [Mackay 90] und [Robinson 93] finden sich vergleichbare Beispiele für den ungeplanten Einsatz von Groupwareanwendungen.

## 2.2 Zugriffsrechte oder Flexibilität und soziale Kontrolle durch Gruppenwahrnehmung

Flexible und offene Systeme, die nach dem oben beschriebenen Paradigma entwickelt werden und damit den Benutzern einen großen Handlungsspielraum lassen, bergen natürlich auch die Gefahr des Mißbrauchs. Oft wird diesem Problem mit der Bereitstellung detailliert ausgearbeiteter Zugriffsrechte begegnet [Sikkel 97]. Damit sind jedoch auch Probleme verbunden.

Benutzer nehmen das Angebot zur Beschreibung von Zugriffsrechten auf ihren Dokumenten nur selten an. So deklarieren die POLITeam Anwender fast alle Dokumente als öffentlich. Sie differenzieren die Zugriffsmöglichkeiten auf ihre Dokumente nicht über die Zugriffsrechte, sondern über den Ablageort [Pankoke-Babatz 98]. Alle nicht öffentlichen Dokumente werden auf dem elektronischen Schreibtisch oder in persönlichen Ablagen gespeichert. Öffentliche Dokumente werden in gemeinsamen Ablagen verwaltet, zu denen eine bestimmte Gruppe Zugang hat. Eine zusätzliche Deklaration durch Zugriffsrechte findet nur in sehr seltenen Fällen statt und wird auch nicht als notwendig erachtet. Im Gegenteil, Dokumente, die mit einem einschränkenden Zugriffsrecht versehen waren, führten zu Unmut über sich daraus ergebende Handlungsbeschränkungen.

Zugriffsrechte werden oft genutzt, um organisatorische Regeln abzubilden. Sie legen z.B. fest, wer welche Aktionen auf einem Dokument ausüben darf oder wer eine Vorgangsbeschreibung ändern darf. Oft wird damit aber der Handlungsspielraum der Anwender eingeschränkt und Kooperationsprozesse werden behindert, wenn nicht sogar verhindert. Die verschiedenen Eingabefelder auf einem Papierformular sind ein schönes Beispiel dafür. Ein solches Formular durchläuft verschiedene Stationen in der Organisation, wobei jede Station die Berechtigung zum Ausfüllen unterschiedlicher Felder hat. Die organisatorischen Regeln sehen vor, daß jeder Mitarbeiter nur die Felder ausfüllt, für die er berechtigt ist. Eine analoge Implementierung eines solchen Formulars erscheint auf den ersten Blick sinnvoll: abhängig von seiner Rolle hat jeder Mitarbeiter nur Zugriff auf die für ihn vorgesehenen Felder, alle anderen Felder sind durch Zugriffsrechte gesperrt. Eine computergestützte Umsetzung des Vorgang macht es somit möglich, die mit dem Formular verbundenen organisatorischen Regeln *innerhalb* des Formulars zu repräsentieren.

Das Papierformular dient jedoch nur als Transport und Speichermedium, die Koordination des Vorgangs und die Beachtung der organisatorischen Regeln findet *außerhalb,* d.h. in den Köpfen der Mitarbeiter statt. So hindert das Papierformular niemanden daran, an beliebiger Stelle eine Eintragung vorzunehmen. Allerdings transportiert es die Spur der Handlung, z.B. in Form der Handschrift. Die Handlungen werden durch das Medium Papier nicht unterbunden, es macht sie aber nachvollziehbar. Dessen ist sich auch die Person bewußt, die in einem Sonderfall eine Regel bricht oder ihre Befugnisse überschreitet. Sie wird dies daher nur in begründet und vertretbaren Ausnahmen tun. Bei der oben beschriebenen Umsetzung des Papierformulars in ein elektronisches Formular hätte diese Möglichkeit nicht bestanden. Der Vorgang wäre steckengeblieben oder hätte umständlicher Ausnahmebehandlungen bedurft[3].

Eine alternative Lösung besteht darin, Aktionen, die organisatorische Regelungen verletzen, nachvollziehbar zu machen und Betroffene zu informieren. Ist dies allen Anwendern bewußt, so werden sie ihre Befugnisse nur in den Fällen überschreiten, in denen dies notwendig und begründet ist. Die Kontrolle über eine Handlung findet dann auf einer sozialen Ebene statt, in der die Handelnden die Verantwortung für ihre Aktionen übernehmen können. Sie wird nicht auf technischer Ebene durch das System abgenommen oder unterbunden. Die Möglichkeit zur flexiblen Reaktion auf besondere Situationen bleibt erhalten und Handlungsmöglichkeiten werden nicht unnötig eingeschränkt. Trotzdem existiert eine Schwelle, die eine unkontrollierbare Überschreitung verhindert. Die Repräsentation organisatorischer Regeln sollte also nicht beschränkend wirken, sondern einen Rahmen definieren, außerhalb dessen Handlungen möglich sind, gleichzeitig aber nachvollziehbar und nachprüfbar werden. Im Gegenzug muß dem Anwender eine Rückmeldung gegeben werden, die anzeigt, daß außergewöhnliche und für andere nachvollziehbare Handlungen ausgeführt werden. Zwei Beispiele aus POLITeam illustrieren dies.

Der Weg, über den eine elektronische Laufmappe Dokumente transportieren soll, wird mit einem elektronischen Laufzettel beschrieben. Dieser kann jedoch zu jeder Zeit von den Empfängern der Laufmappe durch einfache Aktionen geändert werden. Dies wird nicht durch Zugriffsrechte auf dem Laufzettel unterbunden. Allerdings wird jede Änderung

---

[3] Sicher muß man auch mit krimineller Energie ausgeführte Fälschungen berücksichtigen. Handelt es sich um Prozesse und Daten, die diesen Aufwand lohnen, ist die Anwendung von restriktiven Zugriffsrechten natürlich sinnvoll.

protokolliert. Damit wird für zukünftige Empfänger sichtbar, daß die Laufmappe einen anderen Weg genommen hat als ursprünglich vorgegeben. Auch verbietet die auf einer persönlichen Chipkarte basierende Funktion zur digitalen Unterschrift nicht die Unterschrift durch eine beliebige, in diesem Fall dann stellvertretende Person. Es werden jedoch alle Daten der unterschreibenden Person protokolliert und der Vorgang bleibt nachvollziehbar.

Benutzer können beliebigen anderen Mitarbeitern einen Stellvertreterzugang zu einer Ablage geben. Dies wird beiden durch ein besonderes Symbol auf ihrem elektronischen Schreibtisch angezeigt. Öffnet der Stellvertreter eine solche Ablage, so wird zunächst darauf hingewiesen, daß er nun als Stellvertreter agiert. Dieser Schritt verhindert, daß unbewußt eine solche Ablage geöffnet wird. Gleichzeitig erhält der Stellvertretende eine Mitteilung, daß die Ablage in Vertretung geöffnet wurde. Ist er gerade anwesend, d.h. es besteht eigentlich kein Grund ihn stellzuvertreten, kann er den Anlaß direkt nachfragen. Bei Abwesenheit können diese Stellvertretungsmitteilungen später in einer Chronik nachgelesen werden.

Selbstverständlich ist der hier vorgeschlagene Ansatz nicht für sensible Daten oder Vorgänge anwendbar, bei denen der durch den unberechtigten Zugriff entstehende Schaden nicht im Verhältnis zur erreichten Flexibilität steht. Diese Fälle sind jedoch seltener als die, wo die einschränkende Anwendung von Zugriffsrechten Handlungsmöglichkeiten unnötig behindert und Kooperationsprozesse lähmt.

## 3 Technische Aspekte der evolutionären Entwicklung

Dieses Kapitel beschreibt technische Aspekte des Designprozesses. Zunächst werden die Anforderungen an eine geeignete Systemplattform dargestellt. Dann folgen Erfahrungen mit der Rolle von Prototypen und zum Schluß werden die Probleme bei der Entwicklung und Erprobung gänzlich neuer Systemfunktionen beschrieben.

### 3.1 Allgemeine Anforderungen an eine Systemplattform

Um rasch Anwendererfahrungen aus der realen Arbeitspraxis in den Designprozeß integrieren zu können, ist es erforderlich, die Entwicklungen auf einer bereits existierenden Groupware-Plattform aufzusetzen. In unserem Fall mußte es sich zusätzlich um eine kommerziell verfügbare Lösung handeln, damit für die industriellen Partner und die Anwenderorganisationen die Investitionssicherheit gewährleistet ist. Für POLITeam wurde LinkWorks von Digital [Digital 98] ausgewählt: erstens verfügt LinkWorks über wesentliche Basisfunktionen zur Realisierung des POLITeam Systems, zweitens lassen sich über eine objekt-orientierte API (Application Programmers Interface) die Standardfunktionen erweitern und weitere Anwendungen einbinden. Aus den konkreten Entwicklungserfahrungen lassen sich weiterer Anforderungen ableiten, die sich nicht speziell auf die funktionale Eignung einer Plattform beziehen. Die folgenden Forderungen sind anwendungsunabhängige Kriterien, die erfüllt werden müssen, damit eine evolutionäre und in enger Anwenderkooperation stattfindende Entwicklung unterstützt wird.

Die Möglichkeit zur **Integration externer Anwendungen** ist erforderlich für die Einbettung des Groupware-Systems in eine bestehende IT-Systemlandschaft. Keine Organisation, bzw. deren IT-Abteilung, aber auch kein Anwender verläßt seine liebgewonnenen Büroanwendungen, um ein neues Groupware-Systems zu nutzen. Dabei müssen nicht nur Büroanwendungen betrachtet werden, auch komplexere Anwendungen (Datenbanken, externe Informationsdienste) und deren Dokumente müssen in das Groupware-System integrierbar sein, damit sie Bestandteil von Kooperationsprozessen werden können. Die Akzeptanz der Groupware wird gemindert, wenn gewohnte Funktionalität verloren geht. Dabei ist nicht nur ein Anwendungsprogramm isoliert zu betrachten, sondern auch das Zusammenspiel verschiedener Anwendungen innerhalb einer Suite, z.B. bezüglich des Datenaustauschs und der -verknüpfung. Daher müssen bei der Anforderungserhebung im Anwendungsfeld nicht nur die Einzelanwendungen betrachtet werden, sondern auch deren Zusammenspiel.

Die Groupware muß eine **Anpassung an die spezifische Terminologie** des Anwendungsfeldes unterstützen. Plattformen verfügen meist über eine sehr generische Benutzungsschnittstellenterminologie. Es muß möglich sein, diese an das Anwendungsfeld anzupassen. Dies gilt für die verschiedenen Elemente der Benutzungsschnittstelle sowie für die benutzten Dokumenttypen.

Die erste Einführung eines Systems in das Anwendungsfeld erfordert häufig Möglichkeiten zur **Konfiguration und Reduktion der Funktionalität**. Damit kann das System auf die wirklich benötigten Kooperationsfunktionen fokussiert werden. Es ist sinnvoll, einer Gruppe statt vieler Handlungsmöglichkeiten nur wenige anzubieten, um so die Bildung gemeinsamer Nutzungsmuster zu unterstützen. Genauso wichtig ist es, unerwünschte Funktionen, die z.B. einen Mißbrauch als Überwachungsinstrument ermöglichen, abschalten zu können. Geschieht dies nicht, ist damit die gesamte Akzeptanz des Systems in Frage gestellt.

Die Evaluation neuer Funktionen in einer Gruppe kann oft nur durch die Erprobung unterschiedlicher Alternativen erfolgen. Zusätzlich entstehen im Feld Anforderungen, denen rasch nachgekommen werden muß, um die Akzeptanz einer Lösung zu gewährleisten (siehe 3.2). **Prototypen-Werkzeuge** zum schnellen Entwurf, vor allem für Benutzungsschnittstellen, müssen daher integrierbar sein oder von der Plattform selbst angeboten werden, z.B. durch Skriptsprachen.

Die Programmierschnittstelle der Groupwareplattform muß eine **generelle Funktionalitätserweiterung** ermöglichen und zusätzlich eine **Modifikation der Basisfunktionalität** erlauben, damit das generelle Verhalten modifiziert werden kann. Dies ist wichtig bei der Zugriffskontrolle oder bei der Erzeugung von Benachrichtigungen über Aktionen an gemeinsam genutzten Objekten.

Die ersten beiden Forderungen gelten nicht nur für CSCW Anwendungen. Die anderen haben jedoch eine große Bedeutung für CSCW Anwendungen. Ist z.B. eine Reduktion der Funktionalität in einer Anwendung nicht möglich, hat dies in einer Gruppe andere Effekte als bei einer Einzelplatzlösung. Führt das Vorhandensein einer Funktion zu einer Ablehnung des Systems durch einige Gruppenmitglieder, kann dies zu einem Zusammenbruch der elektronischen Kooperation in der ganzen Gruppe führen [Grudin 94]. Die Bedeutung von Konfigurationsmöglichkeiten für die schnelle Reaktionsmöglichkeit bei der Einführung wird in 3.2 erörtert. Die spezielle Bedeutung von Prototypen-Werkzeugen bei der

Entwicklung von Groupwareanwendungen wird in Abschnitt 3.3 näher begründet, die Forderung nach einer Programmierschnittstelle, die auch eine Modifikation der Basisfunktionalität erlaubt wird in Abschnitt 3.4 begründet.

## 3.2 Technische Anforderungen nach der Einführung: Nutzung des Akzeptanz- und Toleranzfensters

Mit der Groupware Einführung trifft man bei Anwendern auf ein Mischung aus Erwartung und Skepsis, Motivation und Angst. Es ist daher in der ersten Nutzungsphase wichtig, schnell auf Anwenderwünsche reagieren zu können, um die Akzeptanz des Systems im Feld zu erhalten und um ein Verhältnis mit den Anwendern zu erreichen, in dem diese sich mit ihren Anregungen und Anforderungen ernst genommen fühlen.

Unmittelbar bevor die erste Version des POLITeam Systems eingeführt wurde, wurden die Anwender in der Nutzung des Systems geschult, einige konnten das System vorab in einem Workshop erproben. Die Mehrzahl der Anwender begannen den Pilotversuch sehr motiviert und aufgeschlossen. Zur Hilfestellung und Aufnahme erster Anforderungen waren Projektmitarbeiter, sogenannte Benutzeradvokaten (Vertreter der Anwender im Projektteam) [Pankoke-Babatz et al. 97], während der ersten Wochen ständig vor Ort. Systemfehler oder Anforderungen konnten sofort aufgenommen und mit den Entwicklern diskutiert werden. In einigen Fällen konnten Anregungen direkt umgesetzt werden und Probleme direkt vor Ort behoben werden. In anderen Fällen konnte ein Lösungsvorschlag für eine spätere neue Systemversion angeboten oder die nicht mögliche Realisierbarkeit der Anforderung begründet werden. Durch diese Maßnahme wurde in der ersten Projektphase der Grundstein für ein Vertrauensverhältnis zwischen den Anwendern und dem Projekt geschaffen. Die schnelle Umsetzung einiger Anforderungen führte zu sehr positiven Rückmeldungen. Die Anwender betonten später immer wieder, daß sie sich durch das schnelle Eingehen auf ihre Wünsche ernst genommen fühlten. Anforderungen, die nicht realisierbar sind, führen dann auch nicht unmittelbar zu Frustrationen oder zur Ablehnung des Pilotversuchs.

Der Zeitraum der Nachsichtigkeit und Toleranz, in dem Anwender bereit sind, sich mit der Unzulänglichkeit eines Systems auseinanderzusetzen und ihre Arbeitsweise daran anzupassen, ist jedoch beschränkt. Es gibt ein Akzeptanz- und Toleranzfenster, das genutzt werden muß, um erste Unzulänglichkeiten zu beheben und das Gefühl zu vermitteln, daß weitere Forderungen in neuen Versionen behoben werden. Im Prinzip gilt dies für Einzelplatzanwendungen genauso wie für Groupware. Bei letzterer verschärft sich das Problem jedoch. Für die Akzeptanz der Groupware durch den Einzelnen ist auch die Akzeptanz in der Gruppe entscheidend ist. Scheren Gruppenmitglieder aus, droht die gesamte Gruppe zu scheitern, wenn die kritische Masse unterschritten wird [Ehrlich 87].

Natürlich muß auch das technische System die Möglichkeiten für eine schnelle Reaktion bieten. Konfigurationsmöglichkeiten erlaubten eine schnelle Reaktion vor Ort. Schnelles Prototyping erlaubt den Entwicklern eine Aussage über das Ob und Wie der Realisierbarkeit einer Benutzerforderung. So entstanden in der ersten Phase nach der Einführung eine Reihe von Entwürfen, die zunächst zur Prüfung der Realisierbarkeit, anschließend jedoch der Spezifikation neuer Systemfunktionalität dienten.

## 3.3 Der Prototyp als Spezifikation im Entwicklungszyklus

Aus den Machbarkeitsprototypen entwickelten sich schnell Prototypen, mit denen die Funktionalität und das Schnittstellendesign erprobt und diskutiert wurde. Anregungen und Ideen wurden dabei rasch in eine neuen Version des Prototyps umgesetzt. Oft trat dabei jedoch der Fall ein, daß sich ein Designvorschlag, nachdem er realisiert und vom Projektteam ausprobiert wurde, als nicht tragfähig erwies. So wanderten eine Reihe von Prototypen in den elektronischen Papierkorb, bevor eine stabile Version erreicht wurde, die aus der Entwurfsumgebung (LinkWorks-Skriptsprache, VisualBasic) in die Produktumgebung (C++ und plattformunabhängige GUI-Bibliothek) umgesetzt wurde. Waren wir also bei der Spezifikation einer Systemkomponente oder der Diskussion einer Designentscheidung nicht gründlich genug und zu spontan in der Umsetzung? Ist die Bevorzugung eines schnellen, iterativen Prototypings gegenüber einer detaillierten Spezifikation eine adäquate Vorgehensweise? Diese Fragen sind im Projektteam oft diskutiert worden. Die Tatsache, daß Groupware nur in einer Gruppe und nicht prospektiv evaluiert werden kann, liefert die Antwort.

Bei einer Groupware-Entwicklung können die Effekte einer Designentscheidung auf theoretischer Basis nicht ausreichend evaluiert werden. Erst wenn eine Entwicklung in einer Gruppe praktisch erprobt wird, lassen sich Effekte ermitteln und bewerten. So waren wir fast immer nach einer theoretischen Diskussion zwischen den Entwicklern und den Benutzeradvokaten der Überzeugung, die richtige Lösung gefunden zu haben. Experimentierte man mit dem Ergebnis in der Gruppe, ergaben sich häufig neue Perspektiven und Erfahrungen. Die verschiedenen Perspektiven von Entwicklern und Anwendern, vertreten durch die Benutzeradvokaten erlauben deshalb nur ein iteratives Herantasten an die adäquate Realisierung der Zielfunktionalität. Die evolutionäre Vorgehensweise, die im Anwenderfeld in großen Zyklen zu iterativen Verbesserungen führte, fand bei der Systementwicklung in viel kleineren und kürzeren Zyklen ihr Spiegelbild [Budde et al. 92]. Die Tatsache, daß nur in wenigen Fällen eine auf diese Weise entstandene Funktion nach der Einführung bei den Anwendern nachgebessert werden mußte, zeigt die Tragfähigkeit dieses Ansatzes.

Diese Erfahrungen zeigen, daß Prototypen eine große Rolle bei der Entwicklung von einsatzfähigen Groupwareanwendungen spielen und nicht nur als „proof of concept" oder zur kooperativen Anforderungsanalyse mit Anwendern [Bødker & Grønbæk 91] dienen. Für einen evolutionären Designprozeß sind sie gleichermaßen ein unverzichtbares Spezifikations- und Evaluationswerkzeug.

## 3.4 Das Zusammenspiel von technischen und gruppenspezifischen Entwicklungsphasen

Innerhalb der Projektlaufzeit sind 4 POLITeam-Versionen entstanden. Zwar ergänzte jede Version die vorhergehende um neue Funktionalität, jede tat es jedoch auf eine andere Art und Weise:

**Basisfunktion:** Mit der ersten Version wurde ein technisch stabiles und funktional ausreichendes Basissystem geschaffen, das eine aussagekräftige Anforderungsanalyse in der täglichen Arbeitspraxis erlaubte.

**Funktionsergänzung zur individuellen Arbeit:** Diese Version ergänzte und verfeinerte die Funktionalität zur benutzerspezifischen Dokumentverwaltung. Die realisierten Funktionen beruhten auf Benutzeranforderungen, die im wesentlichen aus der individuellen Arbeit mit dem System entstanden.

**Systemintegration und Ausdehnung:** Der Schwerpunkt der dritten Version lag auf der Integration des POLITeam Systems mit der organisationsspezifischen Infrastruktur. Damit wurde auch zu großen Teilen die Insellage der POLITeam Anwender innerhalb der Organisation aufgehoben. Zusätzlich wurden Funktionen realisiert, die eine Ausdehnung der Benutzergruppe in vertikaler Richtung, d.h. die Einbeziehung weiterer Hierarchieebenen, erlaubte.

**Gruppenbewußtsein und Gruppenverhalten:** Die vierte Version resultierte aus Forderungen nach einer verbesserten Unterstützung von Gruppenfunktionen, Konventionen und Absprachen, z.B. im kooperativen Umgang mit gemeinsamen Ablagen, Stellvertreterrechten oder zur Einrichtung gemeinsamer Posteingänge.

Die technischen Charakteristika dieser Versionen finden ihren Ursprung in den beobachteten Lern- und Nutzungsphasen der Anwender [Mark & Prinz 97]:

| I. Learning basic functionality; mainly single-user view | II. Discovering alternatives for structuring information. | III. Developing awareness of group use of system | IV. Mature group working with the system |
| --- | --- | --- | --- |

In den ersten beiden Phasen wurde das System hauptsächlich zur Unterstützung individueller Arbeit genutzt. Entsprechend gestalteten sich die Anforderungen, die sich in der zweiten Version niederschlagen. Mit steigender Erfahrung entwickelte die Gruppe ein stärkeres Bewußtsein für die kooperationsunterstützenden Möglichkeiten des Systems, speziell einen Bedarf für die Unterstützung von Gruppenkonventionen. Daraus entstanden die Anforderungen für die vierte Version sowie für die in 3.5 beschriebene Systementwicklung. Ob es sich bei den beschriebenen technischen und benutzerspezifischen Entwicklungsphasen um typische Phasen handelt, ist offen. Vergleichbare Berichte über Langzeiterfahrungen aus anderen Projekten fehlen.

## 3.5 Probleme bei der Realisierung und Erprobung innovativer Lösungen

Ausgehend von dem Basissystem war es nicht möglich, alle Anwenderwünsche oder Entwicklerideen zu realisieren. Dies betraf vor allem die Realisierung von POLIAwaC (POLITeam Awareness Client) [Sohlenkamp et al. 98], einer Benutzungsschnittstelle mit einer Vielzahl von Funktionen zur Vermittlung einer Gruppenwahrnehmung. Diese Entwicklung erforderte:

- Änderungen an den Darstellungsmöglichkeiten der grafischen Benutzungsoberfläche;
- die Integration von Methoden zur Ereigniserzeugung bei Objektmanipulationen;
- Änderung der Mechanismen bei gleichzeitigem Objektzugriff;
- Modifikation der Zugriffskontrolle und der Auswertung von Zugriffsrechten.

Diese Liste zeigt, daß es sich hier nicht mehr nur um eine Konfiguration oder Erweiterung der Systemfunktionalität handelt, sondern um Eingriffe, die das Systemverhalten in wesentlichen Punkten ändern. Ein Workshop zu diesen Themen mit den LinkWorks-Entwicklern ergab, daß eine Öffnung des Basissystems nicht in allen Fällen möglich und aus Herstellersicht auch nicht wünschenswert war, da sie den Systemcharakter, die Kompatibilität mit neuen Systemversionen und die plattformübergreifende Einsetzbarkeit gefährdet hätte.

Eine weitreichende programmtechnische Erweiterbarkeit von Groupwareanwendungen ist zwar für den flexiblen Einsatz, die Anpaßbarkeit und der daraus resultierenden Akzeptanz erforderlich, andererseits aber aus der Produktentwicklungssicht nicht immer realisierbar. Viele Systeme bieten Konfigurationsmöglichkeiten, erlauben jedoch nur selten Eingriffe oder Änderungen an der Anwendungsfunktionaliät. Für eine evolutionäre Systementwicklung ergibt sich damit das Dilemma, daß die Nutzung einer Produktplattform zwar einen schnellen Start in die Anwenderkooperation erlaubt und damit frühzeitig Anwenderanforderungen in den Designprozeß aufgenommen werden können, andererseits aber schnell der Punkt erreicht wird, an dem Anforderungen nur durch eine Neuimplementierung erfüllt werden können.

Für die POLIAwaC Realisierung bedeutete dies die vollständige Neuimplementierung des Groupware-Clients. Dabei reichte es nicht, nur die zusätzlich neue Funktionalität zu realisieren. Da die neue Schnittstelle im Feld erprobt werde sollte, mußte zusätzlich die gesamte Basisfunktionalität nachimplementiert werden. Dies machte ca. 50-60% des gesamten Entwicklungsaufwandes aus. Obwohl große Sorgfalt darauf gelegt wurde, daß das neue System ein vergleichbares Erscheinungsbild bot und auch die bekannte Funktionalität umfaßte, gab es bei dem Einsatz im Feld Überraschungen.

So konzentrierten sich die ersten spontanen Äußerungen der Anwender nicht auf die neue Groupware-Funktionalität, sondern auf das Fehlen von bisher häufig genutzten Funktionen in einer Büroanwendung. Obwohl die Evaluation der neuen Funktionen zur Gruppenwahrnehmung nach Überwindung der ersten Hürde interessante Ergebnisse lieferte, wurde deutlich, daß Anwender nicht scharf zwischen spezifischen Groupware-Funktionen und Funktionen einer integrierten Büroanwendung unterscheiden. Eine isolierte Evaluation spezieller Groupware-Funktionen ist nicht möglich, sie kann immer nur im Kontext des Gesamtsystems und der gesamten Tätigkeiten eines Anwenders erfolgen. Die Anwender müssen Ihre Arbeit verrichten, d.h. ergeben sich an dem Ablauf normaler Tätigkeiten Probleme, so ist damit auch die Nutzung und Evaluation spezieller Funktionen gefährdet. Die Entwickler werden in eine Sammelhaftung für den gesamten Funktionalitätsumfang genommen.

## 4  Zusammenfassung

Dieses Papier beschreibt ausgewählte Erfahrungen aus der Realisierung des POLITeam Systems. Der erste Teil des Papier diskutiert die POLITeam Designrichtlinien. Diese waren geprägt durch den Gedanken, daß es wichtiger ist den Anwendern flexible Medien bereitzustellen über die sie ihre Kooperation koordinieren können, als die im Vorfeld analysierten Kooperationsprozesse in Mechanismen zu festigen. Die Anwendung dieses

Paradigmas auf die Umsetzung von Zugriffsrechten zeigt, daß dieser Gedanke auch auf Spezialbereiche der Groupware Entwicklung anwendbar ist.

Der zweite Teil konzentriert sich auf die technischen Aspekte einer evolutionären Systementwicklung in enger Anwenderkooperation. Es wurde deutlich, daß die Konfigurierbarkeit und Erweiterbarkeit einer Systemplattform besonders wichtig für eine erfolgreiche Anwenderkooperation ist. Nur so kann eine ausreichende Reaktionsschnelligkeit und Reaktionsqualität erreicht werden, die Voraussetzung für ein solide Vertrauens- und Kooperationsbasis mit den Anwendern ist. Deutlich wurde auch die Rolle von Prototypen nicht nur als „proof of concept", sondern auch als Spezifikations- und Evaluationswerkzeug während der iterativen Systementwicklung. Interessant sind auch die Erfahrungen bei der Realisierung und vor allem der Evaluation von POLIAwaC. Hier zeigt sich die Schwierigkeit der Erprobung spezialisierter Groupware-Funktionen, da sich eine Trennung und Abgrenzung gegenüber Standardfunktionen durch die Anwender schwierig gestaltet.

Wir hoffen, daß die in diesem Papier beschriebenen Erfahrungen hilfreich für andere Groupware Entwickler sind und die vorgestellten Designaspekte zum Nachdenken über die Gestaltung zukünftiger Groupware Entwicklungen anregen.

**Dankeschön**, an W. Gräther und S. Kolvenbach sowie den anonymen Gutachtern, die mit Ihren Anregungen zur Verbesserung dieses Papiers beigetragen haben. K. Klöckner und U. Pankoke-Babatz haben durch die mehrjährige Arbeit als Benutzeradvokaten viele der hier berichteten Fälle erhoben. Großer Dank gilt den Anwendern für ihre engagierte Mitarbeit, die wesentlich für den Erfolg von POLITeam war.

## Literatur

[Bentley & Dourish 95] Bentley, R.; Dourish, P. (1995): Medium versus mechanism: Supporting collaboration through customization, in Proc. of Fourth European Conference on Computer Supported Cooperative Work (ECSCW '95), Stockholm, Sweden, H. Marmolin, Y. Sundblad, K. Schmidt (Ed.), Kluwer, S. 133-148.

[Bødker & Grønbæk 91] Bødker, S.; Grønbæk, K. (1991): Cooperative Prototyping Studies - Users and Designers Envision A Dental Case Record System. In Studies in Computer Supported Cooperative Work - Theory Practice and Design, J.M. Bowers, S. Benford (Ed.), North-Holland, Amsterdam, S. 315-332.

[Budde et al. 92] Budde, R.; Kautz, K.; Kuhlenkamp, K.; Züllighoven, H. (1992): Prototyping - an Approach to evolutionary System Development, Springer, Berlin, Heidelberg.

[Digital 98] Digital (1998): LinkWorks, Digital, http://www.digital.com/info/linkworks.

[Ehrlich 87] Ehrlich, S.F. (1987): Strategies for encouraging successful adaption of office communication systems, In: ACM Transactions on Office Information Systems 5, S. 340-357.

[Fuchs et al. 96] Fuchs, L.; Sohlenkamp, M.; Genau, A.; Kahler, H.; Pfeifer, A.; Wulf, V. (1996): Transparenz in kooperativen Prozessen; Der Ereignisdienst in POLITeam, in Proc. of Herausforderung Telekooperation: Fachtagung Deutsche Computer Supported Cooperative Work, Stuttgart-Hohenheim, H. Krcmar, H. Lewe, G. Schwabe (Ed.), Springer, S. 3-16.

[Grudin 94] Grudin, J. (1994): Groupware and Social Dynamics: Eight challenges for developers, In: Communications of the ACM 37, 1, S. 92-105.

[IABG 98] IABG (1998): ProMinaD - Das Workflowmanagement-System der IABG, IABG, http://www.iabg.de/promin/inhalt.htm.

[Karbe et al. 90] Karbe, B.; Ramsperger, N.; Weiss, P. (1990): Support for Cooperative Work by Electronic Circulation Folders, in Proc. of Conference on Office Information Systems, Cambridge, MA, F.H. Lochovsky, R.B. Allen (Ed.), ACM Press, S. 109-117.

[Mackay 90] Mackay, W. (1990): Patterns of Sharing Customizable Software, in Proc. of CSCW '90, Los Angeles, USA ACM Press, pp. 209-221.

[Mambrey 97] Mambrey, P. (1997): Understanding the role of documents in a hierarchical flow of work, in Proc. of GROUP'97: International ACM SIGGROUP Conference on Supporting Group Work, Phoenix, AZ, S. Hayne, W. Prinz (Ed.), ACM Press, S. 119-127.

[Mambrey & Tepper 96] Mambrey, P.; Tepper, A. (1996): Metaphors and System Design. In Computers As Assistants. A New Generation of Support Systems, P. Hoschka (Ed.), Lawrence Erlbaum Assoc., Mahwah, New Jersey, S. 269-280.

[Mark & Prinz 97] Mark, G.; Prinz, W. (1997): What happened to our Document in the Shared Workspace? The Need for Groupware Conventions. In Human-Computer Interaction INTERACT'97, S. Howard, J. Hammond, G. Lindgaard (Ed.), Chapman&Hall, London, S. 412-420.

[Pankoke-Babatz et al. 97] Pankoke-Babatz, U.; Mark, G.; Klöckner, K. (1997): Design in the PoliTeam Project: Evaluating User Needs through Real Work Practice, in Proc. of DIS '97: Designing Interactive Systems, Amsterdam, NL, G.v.d. Veer, A. Henderson, S. Coles (Ed.), ACM Press, S. 277-287.

[Pankoke-Babatz 98] Pankoke-Babatz, U. (1998): Elektronische Behaviour Settings für CSCW, dieser Tagungsband.

[Prinz & Syri 97] Prinz, W.; Syri, A. (1997): Two complementary tools for the cooperation in a ministerial environment, In: Journal of Universal Computer Science 3, 8, S. 843-864. (http://www.iicm.edu/jucs_3_8)

[Robinson 93] Robinson, M. (1993): Design for Unanticipated Use ..., in Proc. of Third European Conference on Computer Supported Cooperative Work - ECSCW '93, Milan, Italy, G.d. Michelis, K. Schmidt, and C. Simone (eds.), Kluwer Academic Publishers, pp. 187-202.

[Sikkel 97] Sikkel, K. (1997): A Group-based Authorization Model for Cooperative Systems, in Proc. of ECSCW'97: Fifth European Conference on Computer Supported Cooperative Work, Lancaster, UK, H. Hughes, et al. (Ed.), Kluwer Academic Publishers, S. 345-360.

[Sohlenkamp et al. 98] Sohlenkamp, M.; Prinz, W.; Fuchs, L. (1998): PoliAwaC – Design und Evaluation des PoliTeam Awareness-Client, dieser Tagungsband.

*Th. Herrmann; K. Just-Hahn (Hrsg.): Groupware und organisatorische Innovation (D-CSCW'98). Stuttgart: B. G. Teubner 1998, S. 153-165*

# „DreamTeam" - a platform for synchronous collaborative applications

Jörg Roth and Claus Unger

Praktische Informatik II, FB Informatik, FernUniversität Gesamthochschule Hagen

## Summary

This paper presents a platform for developing, testing and executing synchronous collaborative shared applications in a distributed, heterogeneous environment. Even though several environments exist nowadays, specific problems are not treated satisfactorily. Especially in „real" network environments, problems like unstable network connections and low bandwidths have to be considered.

The DreamTeam platform addresses the special needs of environments with non-optimal characteristics which can be found for example in distance education scenarios. DreamTeam comprises a development environment, a simulation environment and a runtime environment; it is based upon the concept of a fully de-centralised architecture and encourages rapid prototyping.

In addition to several demonstration applications, two serious applications have been developed so far: a collaborative Web browser and a diagram design tool.

# 1 Introduction

Co-operative (CSCW) applications play a major role e.g. in distance education, for group discussions, jointly working on electronic courses, jointly visiting Web pages, remote laboratories, video conferencing, joint program development, co-operative publishing, etc. It is a difficult and time-consuming task to develop such a co-operative application.

[Dommel et al. 97] distinguish three types of co-operative applications:

- *Collaboration unaware applications* offer no collaboration services themselves; they are single user applications, running in a shared environment.
- *Collaboration aware applications* are developed for co-operative environments, but their services for collaboration are hard-coded.
- *Collaboration transparent applications* provide their services for collaboration by using high level services of a standard collaboration environment.

Taking the last approach, a developer can concentrate on application details and can use the collaboration oriented services from the standard collaboration environment.

In the following, we describe *DreamTeam*, a Java oriented development and runtime environment for synchronous, collaboration transparent applications. As examples for such applications we further describe DreamView, a co-operative Web browser, and Designer, a collaborative diagram design tool, which have both been developed within the DreamTeam environment.

# 2 The DreamTeam environment

The DreamTeam environment [Roth & Unger 98] allows the developer to develop co-operative applications like single user applications, without struggling with network details, synchronisation algorithms, etc. The environment consists of three parts: a development environment, a runtime environment and a simulation environment. In the following, the basic DreamTeam concept as well as the three components are described in more detail.

## 2.1 The concept

*Architecture:* Co-operative applications can either be implemented in a centralised or in a de-centralised way. In a centralised architecture, all messages are routed via a single group server, thus group events and data accesses can easily be synchronised. On the other hand, group servers often are performance bottlenecks, a shut down of a group server shuts down the session; all messages, even those between clients residing in the same LAN, have to be sent through the group server.

In a de-centralised architecture, availability and bandwidth problems can be avoided, but synchronisation and serialisation have to be handled by higher level protocols. On the other hand, a de-centralised architecture allows different kinds of communication channels, e.g. via ISDN connections.

The actual version of DreamTeam supports de-centralised architectures without the need for any central server.

*Session management:* In a de-centralised architecture, session management has to be handled in a de-centralised way too. The originator of a session defines a session profile and generates the session. As soon as she has started the session, other users can join and leave the session. When the originator himself leaves the session, the session can continue with the remaining members but no new members can join in.

*Relaxed WYSIWIS*: a common paradigm for shared workspaces is WYSIWIS (What You See Is What I See) [Stefik et al. 87]: the strict WYSIWIS policy enforces identical workspace displays on every participating system, whereas a relaxed WYSIWIS policy allows private areas and slight layout differences. Since DreamTeam is designed for heterogeneous environments, it supports relaxed WYSIWIS.

*Application modes*: for an end-user it may be meaningful to use a shared application in a private environment as well, without having to learn a new user interface. With minor additional effort, DreamTeam applications can be developed for both shared as well as private environments. The application can 'ask' the environment in which mode it is currently running and can enable or disable specific functions.

*Information distribution:* to distribute information among session members, DreamTeam uses a special kind of Multicast Remote Procedure Calls, through which a local system can call a procedure at all participating remote systems. Complex data structures can be serialised, transferred as procedure parameters and rebuilt at the target site. All objects defining a DreamTeam session can be serialised; thus even for a late-comer the actual session state can easily be generated.

## 2.2 The protocol hierarchy

A DreamTeam application developer can build his or her applications upon high-level services. Basic problems such as establishing network connections, broadcasting events, synchronising data etc. are kept away from the developer, thus allowing her to concentrate on application rather than communication aspects.

DreamTeam protocol services are divided into different protocol layers (Figure 1).

The lowest layer represents the access layer for the runtime system to the network. The current implementation is based on TCP/IP, but other network layers can easily be integrated.

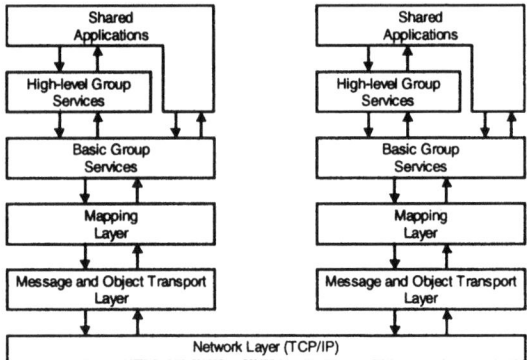

Figure 1: The DreamTeam protocol hierarchy

The *Message and Object Transport Layer* provides elementary transport services for unicasting and multicasting. On this level, different participants are represented by an internal identification rather than the raw network ID. This is necessary, because network IDs are not always sufficient for user identification (see chapter 2.4.1). To transport arbitrary data, Java's Object Serialisation [SUNb] is used.

The *Mapping Layer* can be seen as a big multiplexer/demultiplexer. Shared applications are divided into a number of *resources*. Every resource can communicate with its corresponding replicated resource via the mapping layer. Figure 2 shows the procedure.

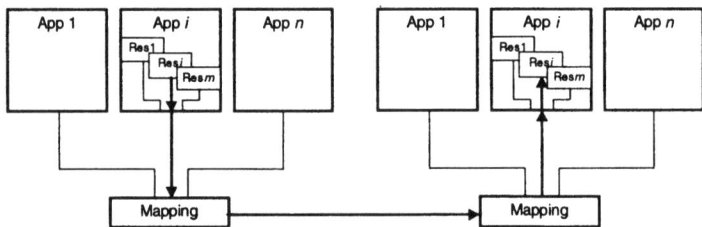

Figure 2: Resource mapping

The mapping mechanism contains a list of all applications of a session and its resources. If data is passed to the mapping layer, it determines the originator. Application and resource identifiers are added to the data package. On the receiver side, this information is stripped from the package and the data is directed to the specific receiver resource.

The *Basic Group Services* layer is the lowest layer which can be directly accessed by shared applications. This layer contains services such as multicast RPC, distributed semaphores and shared objects. Special services give access to session and user profiles, e.g. an application can retrieve a profile list of all users currently participating in the session.

The *High-level Group Services* layer maps basic services to complex services. This category includes distributed mousepointers (see 2.4.2), tracking windows (see 2.4.3) and participant windows.

## 2.3 Platform components

In the following, the three main components of the DreamTeam platform are described in more detail.

### 2.3.1 The development environment

The development environment mainly consists of a huge hierarchical class library [Roth 98]. It is entirely written in Java [SUNa], thus runnable on many operating systems. We paid strict attention to use platform independent language elements only, and tested the library on *Solaris*, *Windows95*, *OS/2* and *Linux*.

A developer who wants to build a shared application with the help of DreamTeam has to proceed as follows:

- build a subclass of a library class called *CSCWApplication* in which a standard behaviour of shared applications is already defined. In the subclass, only those functions which differ from the standard have to be coded.

- write your own classes where necessary. For some Java classes, counterparts exist which define a standard group behaviour. The classes *CSCWFrame* and *CSCWCanvas*, e.g., are the DreamTeam variants of the Java classes *Frame* and *Canvas*.

Using the DreamTeam class library leads to compact programs. A distributed, window-oriented *Hello-World* program, for example, contains only two classes with a total of 150 lines of Java code, most of them defining the dialogue behaviour.

### 2.3.2 The runtime environment

In order to start sessions and shared applications, a runtime environment has to be established. In addition to a front-end the following tasks are started:

the *Log Manager* collects relevant system messages and stores them into a file. This task is import for debugging purposes. System messages are classified into *information messages*, *notification messages*, *minor exceptions*, *fatal exceptions* and *errors*. Depending on the message level, the message is either put into a message list box, or an alert window opens. For important events, audio signals are provided to attract the user's attention.

The *Connection Manager* is active during a running session and handles the communication between shared applications. It uses a fast communication channel with minimal delay and is run as a high priority task. Connection channels are realised via permanent sockets, which are opened when a session starts or when a user joins a session. They stay open until the session finishes or the user leaves a session.

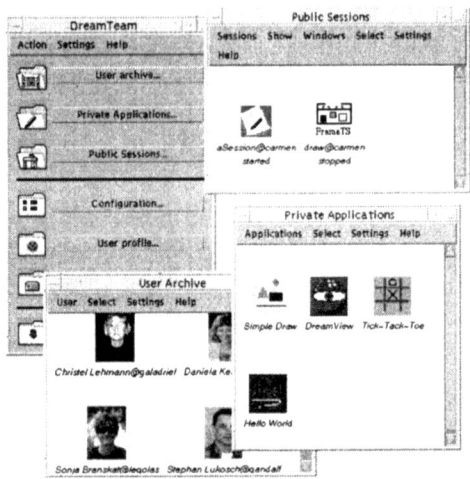

Figure 3: The DreamTeam working environment

The *Session Manager* handles session profiles, starts and stops sessions and enables joining and leaving sessions. The Session Manager uses a special kind of communication channel which is opened and closed on request for single transactions.

The *Transfer Manager* provides data transport for slow data. Transfer channels are used in the background with the lowest priority. They are, for example, used for file transfer and, like session channels, are opened and closed on request.

The *Archive Manager* can be viewed as a small database for long-term data such as old user profiles or profiles of terminated sessions.

To interact with the system, a front-end is included in the runtime environment. Figure 1 shows a typical working environment.

The upper left main window allows one to configure host and user profiles, retrieve user profiles of participants of previous sessions (lower left window), define and edit session profiles, start and stop sessions (icons representing open sessions are shown in the upper right window), start private applications (icons are shown in the lower right window) and view users currently connected to a session.

## 2.3.3 The simulation environment

For testing software, it is necessary to run it under real conditions. In the case of distributed synchronous applications, it is not always possible to make an adequate network available. If network effects of slow network connections should be examined (e.g. in case of modems), extensive testing is difficult. DreamTeam offers a simulation environment called *DNS* (*DreamTeam Network Simulator*). DNS allows one to start several runtime environments on a single computer. Shared applications can be tested without modifications or recompilation (e.g. no other program library is required). DNS is able to simulate networks with reduced bandwidths and network delays. Every communication channel can be configured separately. To detect performance problems, DNS provides overview functions for network loads.

There are manifold reasons to use a simulator rather than testing in a real network environment:

- in many cases, only one computer is available for developing distributed applications.
- the software developer possibly doesn't have network access or a network access is expensive (e.g. think of students who develop applications at home).
- mostly, the number of available telephone links and modems is restricted.
- in case of real modem or ISDN connections, special server software has to be set up and configured for testing.
- it is not easy to switch between different scenarios in real environments. A change of link characteristics always requires a reconfiguration of the connection software.
- in addition to simulation facilities, a simulator can offer to analyse functions.

Testing shared applications inside the simulation environment ensures stability for a real usage and avoids performance problems which would otherwise would be detected very late in the development cycle.

## 2.4  Special problems and their solutions

In the following, typical problems in a de-centralised, heterogeneous, synchronous environment are described and how they can be solved on the DreamTeam platform is shown.

### 2.4.1  Group rendezvous

A de-centralised group rendezvous must work without a „well-known server". If no central server keeps the group state, it is difficult for a new participant to reach his group. The problem becomes even more complex if Internet addresses change between dial-ins. To solve this problem, we divide all group members into two categories, the first category containing all participants with fixed network addresses (e.g. the teaching staff), the second one containing the members with variable addresses (e.g. students). Members of the second category are represented by sets of potential addresses. The address or the set of addresses is stored in the user profile. When a participant wants to join a group, his system first has to build a list of all other systems currently online. Hereto the rendezvous component queries all known systems - beginning with the fixed addresses. A query is successful if another system is already online (i.e. the network access has already been established and DreamTeam has been started). This other system has already built its own address list which it now transfers to the newcomer. The newcomer can now ask the other systems to update their local address lists. This procedure ensures that, after a certain delay, all systems know the state and address of all other systems in their group. Even in the case of variable addresses, a broadcast is avoided if at least one participant with a fixed address is online. In the worst case (all group members have variable addresses), a broadcast is necessary. Nevertheless, the network load for this broadcast is acceptable, because only addresses stored in the user profile have to be tested. If participants are connected to an MBone-enabled network, multicast IP is used rather than broadcasting messages via unicast datagrams. The rendezvous component automatically tests the network capability for multicast, thus manual set-up is not necessary.

Before a group member can join his group for the very first time, he has to have an initial host list. In order to get this list, he has to be invited explicitly by another group member (e.g. by a teacher). This member transmits their own list of known hosts to the newcomer by file. This can be done either by email, ftp or by sending a floppy via mail. The rendezvous component reads the invitation file and automatically builds the corresponding internal structures, thus a user has neither to deal with raw network addresses nor confusing configuration files.

### 2.4.2 Distributed mousepointers

Distributing mousepointers between users is a basic group-specific service. Mousepointers are an ideal way to point to items in shared documents. Unfortunately, it is not possible to map mouse co-ordinates directly between the connected users. According to the relaxed WYSIWYS paradigm, shared documents represent the same content, but have slight differences in layout (different scales, line breaks, scrollbar settings etc.). Thus, a direct mapping is impossible. DreamTeam provides two different schemes to map mouse co-ordinates across sessions:

- *relative mapping*: for this mapping, it is assumed that a document layout on different platforms only differs in scale, e.g. fonts have different sizes, but line breaks are identical. In this case, mouse co-ordinates can simply be transferred and multiplied by a constant factor.

- *arbitrary mapping*: if in addition to different scales, the relative positions and line breaks differ, an arbitrary mapping is necessary. The next figure shows the mapping method.

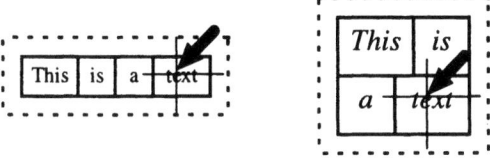

Figure 4: Mapping of mouse co-ordinates

Each document item (e.g. word, image) is represented by an item identification (e.g. sequence number inside the document) and a bounding box. If a mousepointer on one platform points to an item, the item identification and the relative position inside the bounding box is broadcasted to other participants. To show the pointer on other platforms, the local bounding box of the corresponding item is retrieved and the local relative position is calculated. This method ensures that when someone points to a specific item, the distributed mousepointers on other systems point to this item as well.

### 2.4.3 Document tracking

A problem in synchronous collaborative work is to give an orientation about the current work of other participants. Although modifications are broadcasted to every participant, it is not always clear, which part of a document is currently edited by other users. This problem becomes more complex in large documents. [Gutwin et. al. 96] suggest dialogue elements such as radar views and multi-user scrollbars to obtain orientation. DreamTeam provides an element, which is a combination of a multi-user scrollbar and a radar view, called the *Document Tracker*. A Document Tracker is a small window which presents the document window of another user on a 1:3 scale, including the corresponding scrollbar. The document tracker keeps track of all scrollbar events, thus the tracking window is updated immediately. A tracking window can be opened for every other user currently participating in the session. It is possible to synchronise one's own document window with another user's document window. This service is useful for electronic lectures in which the teacher has control over a document and students follow the explanations.

## 3  Applications based on DreamTeam

The Web browser *DreamView* is the first substantial co-operative application developed in the DreamTeam environment. Beside providing a useful tool for distributed education, DreamView was developed for testing and validating the DreamTeam design concept.

DreamView allows a group of users to co-operatively browse the World-Wide Web. The reasons for implementing a co-operative Web browser are manifold. In addition to browsing remote documents, Web browsers can be used to browse local HTML documents, manuals and course materials can be published as HTML trees and distributed on CD-ROMs.

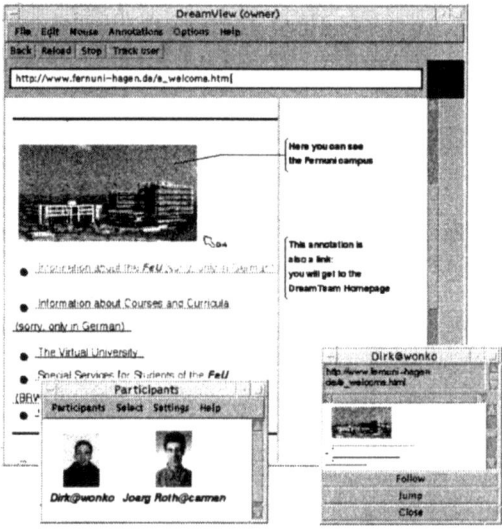

Figure 5: The browser environment

Beyond common browser functions, DreamView offers the ability to put annotations into Web pages. Annotations can be viewed by all session members and can point to page items (e.g. images or words). Tracking windows (see chapter 2.4.3) give orientation about current page positions of other users.

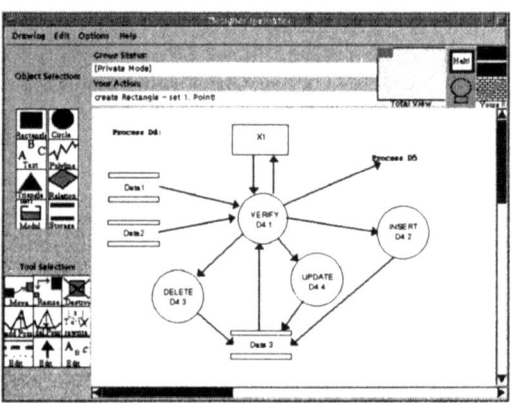

Figure 6: The designer environment

To co-operatively design diagrams such as entity relationship diagrams, we developed a diagram editor called *Designer* (Figure 6). Designer allows one to manipulate diagram items as objects rather than as bitmap images, thus diagram structures can be easily edited and redesigned. Overview functions and distributed mousepointers are included.

## 4 Related work

This section relates DreamTeam to other synchronous co-operative platforms.

The *Groupkit* system [Roseman et al. 96] is a package for implementing shared applications under TCL-TK. A library offers services for session management, communication and shared dialogue management. It is mostly based upon a de-centralised architecture; a central server is only needed for the group rendezvous. A co-operative Web server called *Groupweb* is built on the Groupkit platform. In addition to telepointers and co-operative browsing, it allows the annotation of Web pages. In contrast to DreamView, a page can only be annotated as a whole. Annotations cannot be anchored to page items.

*Habanero* [NCSA] has been completely implemented in Java. Its architecture is centralised, i.e. it requires a Habanero server application in order to enable group activities. A co-operative Web browser is available, called *WWW shared session*. Actually, this browser is the Mosaic browser, which is controlled via a data channel. Thus, group specific services (e.g. telepointers) are not available.

The *Rendezvous* system [Hill et al. 93] provides a distribution mechanism based upon X-windows events. This approach is completely different to our approach, since its emphasis is on distributing window contents and user events via the X-protocol. This approach can hardly be applied to non-X-windows environments.

*Share-Kit* [Edlich 93] is a Unix-based platform which provides multicast RPC for C programs. Neither session management nor group specific widgets are included in this platform.

*Dolphin* [Streiz et al. 94] is a co-operative hypermedia system. It emphasises co-operative editing of hypermedia documents. It is written in Smalltalk and provides one hardcoded application, a shared hypermedia editor. The underlying platform is *COAST* [Schuckmann et al. 96], which is designed to offer general services for synchronous, document-based groupware.

Compared to other platforms, DreamTeam offers a straightforward implementation of shared application and encourages rapid prototyping. The simulation environment helps to find out weak points and ensures stability before delivering applications to end-users.

The de-centralised architecture of DreamTeam is in particular a significant difference to other systems. The de-centralised structure avoids bottleneck problems with central servers and minimises the administration costs for the teaching staff.

# 5  Conclusion and future work

DreamTeam is a platform for synchronous co-operative applications. It consists of a runtime environment, a development environment and a simulation environment. The platform is designed to minimise the development cycle for co-operative applications and to encourage rapid prototyping.

The current implementation of DreamTeam uses socket streams for communication during sessions. Socket streams are reliable (no packet losses, packets arrive in order), but are considerably slow. In the future, we plan to integrate real-time services such as audio and video transfer into the platform. For this, it is necessary to use faster communication channels like datagrams or IP multicasting. To provide a reliable communication interface to shared applications, reliable multicast protocols will be added to the *Message and Object Transfer Layer* (see Figure 1). New services for using unreliable but fast real-time channels will be added to the *Basic Group Service Layer*, whereas upper layers will not have to be changed.

To further minimise the development effort for new shared applications, we plan to define a language extension. A new set of keywords allows one to write more compact programs. A precompiler translates these keywords into a set of library calls. Precompiling results can then simply be translated by the original Java compiler, thus the Java utilities can still be used.

Addressing another direction, further versions of DreamTeam will make component concepts available for shared applications. We carefully examined Java's *Beans* concept [Hamilton 97], but in our opinion Beans cannot simply be made shareable in synchronous sessions. Beans are small isolated programs which offer a number of methods. The Bean developer determines which implementation details are made visible to the outside world. For our aims, it is necessary for a component to fulfil a number of additional requirements in order to run in our environment. Therefore we will define our own component interface standard, which conforms better to groupware concepts.

# References

[Dommel et al. 97] Dommel, H.-P.; Garcia-Luna-Aceves, J.J. (1997): Floor control for multimedia conferencing and collaboration, Multimedia Systems, Vol. 5, 1997, p. 23-38

[Edlich 93] Edlich, S. (1993): Software Cupertino with the Share-Kit: Influences of Semantic Levels on the Working Efficiency, Vienna Conference on Human Computer Interaction VCHCI '93, Vienna, Austria, Sept. 20-22, 1993, p. 225-234

[Gutwin et. al. 96] Gutwin, C.; Roseman, M.; Greenberg, S. (1996): A Usability Study of Awareness Widgets in a Shared Workspace Groupware System, Proc. of the ACM'96 Conference on Computer Supported Co-operative Work (CSCW '96), ACM Press, Nov. 1996, p. 258-267

[Hamilton 97] Hamilton, G. (ed.) (1997): Java Beans, Sun Microsystems, 1997

[Hill et al. 93] Hill, R.D.; Brinck, T.; Patterson, J.F.; Rohall, S.L.; Wilner, W.T. (1993): Rendezvous Language, Comm. of the ACM, Vol. 36, No. 1, Jan. 1993, p. 62-67

[NCSA] NCSA Habanero Homepage, http://www.ncsa.uiuc.edu/SDG/Software/ Habanero/HabaneroHome.html

[Roseman et al. 96] Roseman, M.; Greenberg, S. (1996): Building Real-Time Groupware with GroupKit, A Groupware Toolkit, ACM Transactions on Computer-Human Interaction, Vol. 3, No. 1, Mar. 1996, p. 66-106

[Roth & Unger 98] Roth, J.; Unger, C. (1998): „DreamTeam" - a Synchronous CSCW Environment for Distance Education, to appear in the ED-MEDIA/ED-TELECOM'98, Freiburg, Germany, Jun. 98

[Roth 98] Roth, J. (1998): How to write shared applications with „DreamTeam", Internal Technical Reference, Fernuniversität Hagen, Jan. 1998

[Schuckmann et al. 96] Schuckmann, C.; Kirchner, L.; Schümmer, J.; Haake, J.M. (1996): Designing Object-Oriented Synchronous Groupware With COAST, Proc. of the ACM Conference on Computer Supported Cooperative Work (CSCW '96), ACM Press, Nov. 1996, p. 30-38

[Stefik et al. 87] Stefik, M.; Bobrow, D.G.; Foster, G.; Lanning, S.; Tatar, D. (1987): WYSIWIS revised: early experiences with multiuser interfaces, ACM Transactions on Office Information Systems, Vol. 5, No. 2, Apr 1987, p. 147-167

[Streiz et al. 94] Streitz, N.A.; Geißler, J.; Haake, J.M.; Hol, J. (1994): DOLPHIN: Integrated Meeting Support across LiveBoards, Local and Remote Desktop Environments, Proc. of the ACM Conference on Computer Supported Co-operative Work (CSCW '94), Chapel Hill, North Carolina, Oct. 22-26, 1994, p. 345-358

[SUNa] JavaSoft Home Page, http://java.sun.com

[SUNb] Java Object Serialisation Specification, Sun Microsystems, 1997

*Th. Herrmann; K. Just-Hahn (Hrsg.): Groupware und organisatorische Innovation (D-CSCW'98). Stuttgart: B. G. Teubner 1998, S. 167-180*

# Sitzungsunterstützung für die Politik

Gerhard Schwabe und Helmut Krcmar

Lehrstuhl für Wirtschaftsinformatik, Universität Hohenheim

## Zusammenfassung

Gemeinderäte haben mehrmals wöchentlich Sitzungen. Deshalb haben sie für bestimmte Sitzungen einen Bedarf an Sitzungsunterstützung. Dieser Beitrag untersucht das Potential von Sitzungsunterstützungssystemen für die Unterstützung von Gemeinderatssitzungen und zeigt, wie auch andere Groupware den Gemeinderäten bei der Vor- und Nachbereitung behilflich sein kann. Die Untersuchung basiert auf 17 computerunterstützten Sitzungen mit Gemeinderäten, die in Stuttgart und Kornwestheim im Rahmen des Cuparla-Projekts von 1996 bis 1998 durchgeführt wurden. Drei dieser Sitzungen werden in dem Artikel als kleine Fallstudien beschrieben.

# 1 Einleitung

Politiker sind Entscheidungsträger. Trotz ihrer großen Bedeutung ist ihre Arbeit seit Jahrzehnten weitgehend unverändert geblieben. Insbesondere werden die Chancen für eine Verbesserung der Einzelarbeit und Zusammenarbeit, die durch neue Informations- und Kommunikationstechnologie eröffnet werden, in der Politik nicht in gleichem Maße genutzt, wie es in Unternehmen oder öffentlichen Verwaltungen der Fall ist. Dies wird mit der besonderen Sensibilität der Politik begründet. Computersysteme werden nur in weniger sensiblen Randbereichen wie z.B. der individuellen Schreibarbeit, der Präsentation im Internet oder der Informationsrecherchen verwendet. Das "Allerheiligste" der Politik, die Sitzungen, blieben bisher ausgespart, obwohl gerade hier ein großer Zeitaufwand und wenig produktive Arbeit zusammenkommen. Die Unterstützung der Sitzungen von Politikern ist deshalb eine der organisatorischen und technischen Innovationen, die in dem Projekt Cuparla (Computerunterstützung der Parlamentsarbeit[1]) vorangebracht werden.

Das Projekt Cuparla unterstützt die Zusammenarbeit der Gemeinderäte in Stuttgart und Kornwestheim. Dabei wurden in Stuttgart 56 von 60 Gemeinderäten und in Kornwestheim 20 Gemeinderäte mit mobiler Telekooperationstechnologie ausgestattet. Damit wird auf der Basis einer eigenentwickelten Lotus Notes Anwendung und von GroupSystems die synchrone und asynchrone Zusammenarbeit sowohl in Sitzungen als auch mobil und zu Hause unterstützt. Dieser Artikel hat die Sitzungsunterstützung zum Thema. Der Text ist folgendermaßen aufgebaut: Zu Beginn wird der Bezug zu anderen Arbeiten mit einem kurzen Literaturüberblick hergestellt. Sodann wird auf die Sitzungen als Teil der Gemeinderatsarbeit eingegangen, um den Bedarf für den Einsatz von Sitzungsunterstützungssystemen zu motivieren. Es folgen Gestaltungsoptionen für Sitzungen in der Politik mit Hilfe von Group Support Systemen. Zum Abschluß werden die Erfahrungen bei der Umsetzung der Computerunterstützung von Sitzungen aus der Politik berichtet, indem insgesamt 17 Sequenzen (bestehend aus jeweils 1-3 computerunterstützten Sitzungen) analysiert werden.

# 2 Bezug zu anderen Arbeiten

An der Sitzungsunterstützung wird seit Mitte der 80er Jahre in den USA und seit Ende der 80er Jahre in Deutschland geforscht [Krcmar 92]. Einen Überblick über die Forschungsergebnisse der 80er Jahre geben Nunamaker et al. [1991]. Die Experimentalforschung hierzu ist bei Lewe [1995] zusammengefaßt; ein Überblick über Werkzeuge zu Sitzungsunterstützung ist bei [Schwabe & Krcmar 96] zu finden; allgemeine Empfeh-

---

[1] Das Projekt Cuparla wurde von Universität Hohenheim (Projektkoordinator), der Datenzentrale Baden-Württemberg und ITM GmbH im Auftrag der Deutschen Telekom Berkom GmbH von 1995-1997 durchgeführt. Seit Anfang 1998 wird im Auftrag der Stadt Stuttgart und in Eigenregie daran weitergearbeitet.

lungen zur Gestaltung von computerunterstützten Sitzungen und eine Beschreibung von Group Support Systemen sind in [Schwabe 94; Schwabe 95] zu finden. Das in den Sitzungen verwendete Group Support System GroupSystems ist bei [Lewe & Krcmar 92] beschrieben.

Die Unterstützung der Zusammenarbeit in der Öffentlichen Verwaltung wird derzeit insbesondere im Rahmen der Polikomprojekte des BMBF vorangebracht. Der Fokus der Polikomprojekte liegt bei der Überbrückung der räumlichen Distanz zwischen Bonn und Berlin. Die Besprechungsunterstützung von kleinen Gruppen ist dabei Thema des Projekts Poliwork [Bever et al. 96; Engel et al. 97]. In diesem Projekt wird aber auf die Unterstützung durch das in Cuparla verwendete GroupSystems zugunsten von reinen Videokonferenzsystemen verzichtet. Das Projekt Polivest arbeitet wie das Projekt Cuparla im politischen Umfeld. Es hat sich die Unterstützung des Bundesrates zur Aufgabe gemacht [Dietel et al. 97; Reichwald et al. 98, S. 199ff]. Hierbei steht die Informationsversorgung der Länderrepräsentationen in Bonn im Vordergrund.

In keinem der Polikomprojekte wurde unserem Wissen nach die Unterstützung der politischen Entscheidungsfindung in Sitzungen durch Computer angegangen. Es sind uns nur zwei Projekte aus Skandinavien bekannt, die sich dieses Themas bisher angenommen haben:

1. In Dänemark wurden die Leitlinien der dänischen Politik zur Informationsgesellschaft in einer Reihe von GroupSystems-Workshops gemeinsam mit Bürgern erarbeitet. Krcmar [1997] spricht von ca. hundert Teilnehmern. Dieser erfolgreiche Einsatz reiht sich ein in die gerade aus den USA bekanntgewordenen Bemühungen zu einer Bürgerpartizipation in der Politik [Schuler 96]. Diese Bürgerpartizipation basiert aber in der Regel auf Diskussionsforen im Internet.

2. Die Arbeit von Diplomaten sollte bei einer Helsinki-Nachfolgekonferenz durch GroupSystems unterstützt werden [Lyytinen et al. 92]. Das Konzept war ausgearbeitet, die Sitzungsräume vorbereitet, aber die Nutzung wurde von den Diplomaten abgelehnt, weil der Verhandlungsprozeß als zu sensibel angesehen wurde.

Die Ziele und der Aufbau des Projekts Cuparla werden in [Schwabe & Krcmar 96b] vorgestellt; die entwickelte Notes-Software in [Schwabe et al. 97]. Über die organisatorischen Implikationen von Cuparla für die Führung der Stadt Stuttgart berichten Schwabe und Vöhringer [1998]; das Informationsmanagement für den Gemeinderat beleuchtet Schwabe [1998b]. In keiner dieser Veröffentlichungen wurde bisher näher auf die Sitzungsunterstützung für die Politik eingegangen.

# 3 Sitzungen als Teil der politischen Arbeit

Politische Arbeit ist zum bedeutenden Teil Sitzungsarbeit: Ein Gemeinderat fällt seine Entscheidungen in Sitzungen. Diese Entscheidungen werden in Fraktionssitzungen und Ausschußsitzungen sowie informellen Treffen vorbereitet. 1996 tagte der Gemeinderat 23mal, die Sitzungsdauer betrug 47 Stunden. Für die beschließenden Ausschüsse wurden

142 Sitzungen gezählt mit einer Gesamtsitzungsdauer 404 Stunden [Borgmann 97]. Eine Sitzung des Verwaltungsausschusses dauerte im Durchschnitt (!) 7 Stunden. Nach einer eigenen Erhebung mit Zeitprotokollen (bei der Mehrheit der Gemeinderäte; der Rest Schätzung auf der Basis des Terminkalenders) im Frühjahr 1996 verbringt ein Gemeinderat in einer Arbeitswoche[2] 2,7 Stunden mit Plenarsitzungen, 7,3 Stunden mit Ausschuß- und Beiratssitzungen, 2,8 Stunden mit Fraktionssitzungen und 7,2 Stunden mit Sitzungsvorbereitung und -nachbereitung. Damit drehen sich 20 Stunden pro Woche nur um das Thema "Sitzungen für die Gemeinderatsarbeit".

Die Sitzungen werden von den Gemeinderäten als nicht produktiv empfunden. Eine Analyse von Sitzungen zeigt, warum. Ein Hauptproblem ist es, daß die Sitzungsprozesse über alle Sitzungstypen und Problemstellungen standardisiert sind: Eine typische Sitzung hat eine Tagungsordnung mit mehr als 10 Tagesordnungspunkten pro Stunde. Diese Tagesordnungspunkte werden einzeln vom Vorsitzenden aufgerufen, der Initiator des Tagesordnungspunktes gibt Hintergrundinformationen, die Vertreter verschiedener Fraktionen (bzw. Interessensgruppen in einer Fraktion) geben Stellungnahmen ab. Dann kommt ggf. eine mündliche Diskussion auf, die durch einen Beschlußvorschlag des Vorsitzenden und anschließende Abstimmung beendet wird. Wenn man davon ausgeht, daß Sitzungsarbeit rein verbal ist, dann ist eine straffe Führung eine Reaktion darauf, daß die Sitzungen meist sehr viele Teilnehmer haben: An einer Gemeinderatssitzung nehmen 60 Personen teil, an einer Ausschußsitzung 17 Personen und an einer Fraktionssitzung je nach Fraktionsstärke zwischen 4 und 20 Personen. Damit kann der einzelne Teilnehmer nur sehr kurz zu Wort kommen.

## 4 Gestaltungsoptionen

Im folgenden werden Gestaltungsoptionen für die Computerunterstützung der Sitzungsarbeit in der Politik vorgestellt. Sie basieren auf drei Quellen: Die Hauptquelle sind insgesamt 17 computerunterstützte Sitzungen, die vom Projekt Cuparla mit dem Stuttgarter Gemeinderat und anderen Gemeinderäten durchgeführt wurden. Drei dieser Sitzungen werden in diesem Kapitel vorgestellt. Eine zweite Quelle sind die Analysen, die die Projektgruppe Cuparla während der zweieinhalb Jahre projektbegleitend insbesondere in Stuttgart durchgeführt haben. Diese Analysen der Arbeit und Bedürfnisse der Gemeinderäte wurden nach der Methode Needs Driven Approach [Schwabe & Krcmar 96c] durchgeführt und in einer Gesamtprojektdokumentation laufend fortgeschrieben. Eine dritte Quelle sind konkrete Vorschläge durch einzelne Gemeinderäte.

Für eine Verbesserung der Sitzungsarbeit gibt es mehrere Ansatzpunkte:
1. Kleine Diskussionen werden aus den Sitzungen heraus in andere Foren verlagert, um Zeit für wenige Schwerpunktdebatten zu gewinnen. Diesen Weg treibt der

---

[2] Also nicht in den Schulferien

Stuttgarter Oberbürgermeister Schuster unter dem Motto der "Verwesentlichung der Gemeinderatsarbeit" voran: Viele kleine Entscheidungen werden aus dem Gemeinderat heraus in die Ausschüsse verlagert; der Gemeinderat stimmt nur noch darüber ab. Die gewonnene Zeit wird für Grundsatzdebatten verwendet. Dieser Ansatz verlagert die Sitzungsprobleme derzeit aber nur von einem Gremium in ein anderes. Die Gesamtproduktivität würde steigen, wenn die ganze Arbeit aus den Gremien heraus auf andere Medien, z.B. elektronische Diskussionsforen, verlagert würde.

2. Neben der mündlichen Diskussion werden weitere Kommunikationskanäle und Medien für die Zusammenarbeit genutzt. Beispielsweise können Flipcharts dazu verwendet werden, daß die Gruppe auch während der Sitzungen auf ein Thema fokussiert bleibt. Schriftliches Arbeiten mit Kärtchen, die an Wandzeitungen geheftet werden, kann die Partizipation erhöhen, da in diesen Phasen die Teilnehmer parallel arbeiten können. Der Einsatz dieser Medien ist aus Moderationstechniken wie der Metaplanmethode oder der Moderationsmethode bekannt. Für den Einsatz neuer computergestützter Kommunikationskanäle und Medien ist in Hohenheim ein Gesamtkonzept entworfen worden (vgl. [Schwabe 95]).

3. In einer systematischen Sitzungsvorbereitung wird der Sitzungsprozeß ausgehend vom angestrebten Sitzungsergebnis vorbereitet. Das Ergebnis der Gesamtsitzung und der einzelnen Themen wird in seiner Form und in seiner intendierten Wirkung (Information der Beteiligten, Diskussion zu Meinungsbildung oder Entscheidung) vorher definiert und Problemlösungstechniken ausgewählt, die die Gruppe zu diesem Ergebnis bringen. Gerade wenn neue Kommunikationskanäle und Medien aus Punkt 2 eingesetzt werden, wird deutlich, daß Sitzungen nicht nur nach einem einheitlichen Schema verlaufen müssen, sondern kreativ und problemangemessen gestaltet werden können.

4. Die Sitzungsnachbereitung: Die Sitzungsergebnisse werden systematisch aufgearbeitet und für alle in einem gemeinsamen Archiv zur Verfügung gestellt. Dort können sie von den einzelnen Gemeinderäten abgerufen werden.

Bei der Diskussion der Sitzungsarbeit für die Gemeinderäte wurde herausgearbeitet, daß die Verwendung eines einheitlichen Schemas für alle Sitzungstypen gerade ein Problem der klassischen Gemeinderatsarbeit ist. Ein einheitliches Schema für alle Sitzungstypen kann demnach auch für computerunterstützte Sitzungen nicht angestrebt werden. Ein Gesamtkonzept muß vielmehr an den Sitzungstyp angepaßt sein. Im folgenden werden - aufbauend auf den Erfahrungen aus den bisher durchgeführten computerunterstützten Sitzungen - für drei Sitzungstypen Gestaltungsoptionen entworfen: Für eine wöchentliche Fraktionssitzung, für eine Ausschußsitzung und für einen Workshop mit Bürgerbeteiligung. Diese Gestaltungsoptionen werden an den vier Grundfunktionen von Groupware erläutert:

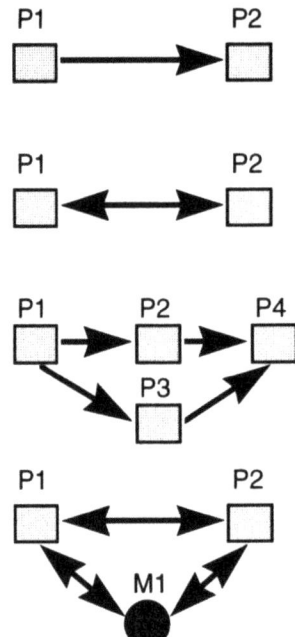

Information: Eine Person (oder Personengruppe) P1 gibt Informationen ein und eine meist größere verteilte Personengruppe P2 liest diese Information. Zwischen beiden gibt es keine direkte Interaktion.

Kommunikation: Zwei (oder mehr) Personen P1 und P2 (....Pn) tauschen Nachrichten aus. Die Kommunikationspartner sind einander bekannt und stehen in einer Beziehung zueinander.

Koordination: Voneinander abhängige Tätigkeiten zwischen den beteiligten Personen (dargestellt durch P1, P2, P3, P4) werden aufeinander abgestimmt.

Kooperation: Kooperation dient der gemeinsamen Erstellung eines Produktes. Die beteiligten Personen (P1, P2... Pn) arbeiten an einem gemeinsamen Material M1 und kommunizieren auf einem eigenen Kommunikationskanal.

## 4.1 Gestaltungsoptionen für eine Fraktionssitzung

In Fraktionssitzungen nehmen Stadträte mit der gleichen politischen Grundauffassung statt. Sie finden in einer vergleichsweise offenen und vertrauten Atmosphäre statt. Fraktionssitzungen werden aber mit Aufgaben überlastet: Sie dienen der fraktionsinternen Entscheidungsfindung, der Profilierung der Stadträte innerhalb der Fraktion, der gemeinsamen Erarbeitung von Konzepten, der Informationsweitergabe von einem Stadtrat an die anderen, der Informationsbeschaffung von außen (z.B. durch Einladung von Externen), der Koordination von Aktivitäten unter den Fraktionsmitgliedern (z.B. Teilnahme an Veranstaltungen), der allgemeinen Diskussion von Problemen, der Regelung der internen Organisation und der Schaffung eines Zusammengehörigkeitsgefühls in der Fraktion. Die Überfrachtung der Fraktionssitzung mit zu vielen Aufgaben birgt die Gefahr, daß keine Aufgabe richtig durchgeführt werden kann. Primäres Ziel einer Gestaltung von Fraktionssitzungen muß es deshalb sein, möglichst viele klassische Aktivitäten aus der Fraktionssitzung in andere Foren zu verlagern und die restlichen Aktivitäten gezielt zu gestalten. Beides kann Groupware ermöglichen:

**Information**: Die Fraktionsarbeit ist sehr informationsintensiv. Das Problem der klassischen Fraktionsarbeit ist es, daß ein reicher Informationspool nur während der Fraktionssitzungen vorhanden ist, denn das meiste wichtige Wissen ist nur in den Köpfen der Fraktionsmitglieder vorhanden. Der Mangel an anderen Informationsquellen läßt den Informationsabruf und die Informationsweitergabe zu einer der Hauptaufgabe von Fraktionssitzungen werden. Wenn ein gemeinsamer Wissensstand über komplexe oder sehr kontextabhängige Sachverhalte angestrebt wird, ist die Zeit in einer Fraktionssitzung gut investiert; wenn es aber nur um Faktenwissen für einzelne oder Teile der Fraktion geht, ist die Nutzung anderer Informationsquellen für die Gesamtfraktion produktiver. Diese Informationsbestände können digital aufgebaut werden und werden dann zum Informationskern der Fraktionsarbeit. Für Ankündigungen und Bekanntgaben können dies schwarze Bretter oder Informationsbulletins sein, für die systematische Ablage kann es ein digitales Fraktionsarchiv sein. Auf digitale Informationsbestände kann der Stadtrat dann jederzeit und an jedem Ort zugreifen. Die Fraktionssitzung verliert etwas von ihrer einzigartigen Stellung als Informationspool.

**Kommunikation:** Kommunikation sollte immer dann aus der Fraktionssitzung auf andere Medien wie Email oder asynchrone Diskussionsforen verlagert werden, wenn nur eine Minderheit der Beteiligten ein Interesse daran hat, wenn es nur um die Weitergabe von Fakten geht oder wenn die Kommunikation dauerhaft von Interesse ist und deshalb dokumentiert bleiben sollte. In einer Fraktionssitzung kann durch ein paralleles Protokoll die Partizipation der einzelnen Teilnehmer erhöht werden

**Koordination:** Es ist verführerisch, eine Sitzung zur Koordination von Aktivitäten zu verwenden; es ist aber nicht immer notwendig: Die Koordination von Aktivitäten über einen Marktmechanismus kann genauso gut über digitale Medien durchgeführt werden. Beispielsweise können in diesem Markt Repräsentationstermine für die Fraktion angeboten werden; Interessenten können sich für diese Aktivitäten eintragen und sie damit für alle anderen Stadträte sichtbar reservieren. Eine Sitzung sollte aber nicht dazu verwendet werden, sich selbst zu koordinieren: Die Tagesordnung sollte vorher feststehen. Asynchrone Groupwaresysteme eignen sich sehr gut dazu, Themen vorher anzumelden und die Tagesordnung bekanntzugeben.

**Kooperation:** Sitzungen sind dann am sinnvollsten, wenn sie für die Kooperation, also der gemeinsamen kreativen Arbeit an einem gemeinsamen Material, genutzt werden. Bei großen Gruppen ist dies nur mit Einsatz von Moderationstechniken möglich. Diese Techniken können unterschiedlich stark in den Sitzungsprozeß eingreifen. Eine geringe Intervention ist es beispielsweise, wenn die Stadträte statt mit Zetteln elektronisch abstimmen. Wenn dadurch neue Abstimmungsverfahren zum Tragen kommen, z.B. eine gleichzeitige Priorisierung von mehreren Themen, ist es schon eine mittlere Intervention. Eine mittlere Intervention ist es beispielsweise auch, wenn neben dem mündlichen Diskussionskanal ein schriftlicher Diskussionskanal eröffnet wird (siehe Beispiel in diesem Abschnitt). Eine starke Intervention ist die Umgestaltung einer Sitzung, in der Stellungnahmen ausgetauscht werden, zu einem Workshop, in dem die Gruppe in einem strukturierten Problemlösungsprozeß gemeinsam etwas erarbeiten. Diese Workshops werden unter dem Thema Bürgerbeteiligung näher beschrieben, wurden von uns aber auch im Rahmen von Fraktionsklausuren zu den Haushaltsberatungen durchgeführt.

Als Beispiel für eine erfolgreiche Unterstützung von Fraktionssitzungen sei die Haushaltsklausur der Stuttgarter SPD von 1996 angeführt. Ein Hauptproblem vorangegangener Sitzungen war es, daß bei 16 Gemeinderäten plus 2 Bürgermeistern die einzelnen zu wenig zu Wort kamen. Da einzelne dennoch darauf drangen, zu Wort zu kommen, mußten Diskussionen zu vielen Tagesordnungspunkten unterbrochen werden, ohne daß ein Ergebnis erzielt worden war. Die Sitzungen endeten damit in zweierlei Hinsicht unbefriedigend: Erstens waren die einzelnen frustriert darüber, nicht genug zu Wort gekommen zu sein und durch endlose Beiträge von anderen gelangweilt. Zweitens war am Ende vielfach nicht klar, was eigentlich beschlossen werden sollte.

In diese Situation wurde die Technik des simultanen Protokolls eingeführt. Jeder Teilnehmer erhielt einen Notebook mit dem Group Support System GroupSystems. Auf diesem Notebook befand sich ein elektronisches Gliederungsprogramm mit der Tagesordnung der Sitzung. Die Sitzung wurde ganz normal durchgeführt mit einer wichtigen Änderung: Neben dem mündlichen Diskussionskanal stand jedem Teilnehmer der schriftliche Diskussionskanal offen. Hier konnte er zu schon abgeschlossenen Tagesordnungspunkten noch etwas hinzufügen, für zukünftige Tagesordnungspunkte schon einen Beitrag vormerken oder zu dem laufenden Tagesordnungspunkt sich nur schriftlich äußern. Diese Gelegenheiten nutzten die Teilnehmer insbesondere dann, wenn der gerade Sprechende sie langweilte. Alle mündlichen Beiträge notierte der Fraktionsassistent. Damit stand allen Teilnehmern schon während der Sitzung ein Protokoll der Sitzung zu Verfügung. Gegen Ende der Sitzung nutzten die Teilnehmer dieses Protokoll dazu, noch offene Punkte zu identifizieren (der Fraktionsassistent hatte sie als solche gekennzeichnet) und systematisch alle notwendigen Beschlüsse zu fällen. Damit konnte durch einen vergleichsweise defensiven Einsatz der Technologie sowohl die Partizipation der Teilnehmer erhöht werden, als auch Beschlüsse eindeutig gefällt werden[3].

## 4.2 Gestaltungsoptionen für eine Ausschußsitzung

Ausschüsse sind Parlamente im Kleinen. In ihnen sind alle Fraktionen vertreten, um für ein bestimmtes Themengebiet Entscheidungen vorzubereiten und kleinere Entscheidungen auch endgültig zu treffen. In der Praxis haben sie eine Doppelrolle: Einerseits dienen sie noch der Sacharbeit, d.h. gerade für kleinere Anliegen werden Sachkompromisse noch in den Ausschußsitzungen erarbeitet. Andererseits dienen sie der politischen Profilierung, insbesondere wenn es sich um wichtige Themen handelt und wenn die Öffentlichkeit daran teilnimmt. In diesem Fall gehen die Fraktionen mit einer vorgefaßten Meinung in den Ausschuß, vertreten ihn durch Stellungnahmen und entscheiden durch Abstimmung.

Auch Ausschußsitzungen sind durch Themen überfrachtet, in Stuttgart um so mehr, als zunehmend Arbeit aus dem Plenum in die Ausschüsse verlagert wird. Tagesordnungspunkte werden in sehr kurzer Zeit abgearbeitet und häufig gelangt der Ausschuß nicht zu einer gemeinsamen Entscheidung, weil ihm die Zeit dazu zu fehlen scheint. Eine Unterstützung der Ausschußarbeit muß deshalb möglichst viel "Ballast" aus den Ausschußsitzungen entfernen und die verbleibende Zeit möglichst effizient nutzen. Ballast können z.B. Anfragen nach Statusinformationen und Ermahnungen an die Verwaltung sein. In der Ausschußarbeit sollte insbesondere Platz für Meinungen sein; reine Sachinformationen sollten verlagert werden, wenn sie nicht sehr komplexe Sachverhalte betreffen. Die

---

[3] In dieser Sitzung diente das System auch zur Verbesserung der Stimmung, denn die Gruppe nutzte die Technologie auch dazu, schriftlich Witze und Schüttelreime zu mache, über die dann die ganze Gruppe lachte, teilweise zum Befremden der eingeladenen externen Experten.

besondere politische Sensibilität von Ausschußsitzung legt einen zurückhaltenden Einsatz von Groupware bei allen Meinungsäußerungen nahe. Für die Sacharbeit kann Groupware in folgenden Bereichen hilfreich sein:

**Information**: Das Hauptproblem ist die Bereitstellung der richtigen Information. Diese Information sollte aus dem strategischen Führungsprozeß entstammen und nicht nur isolierten einzelnen Episoden (vgl. [Schwabe & Vöhringer 98]). Für die derzeitige Fragmentierung der Information sind aber Gemeinderat und Verwaltung gleichermaßen verantwortlich, denn die Verwaltung läßt sich ungern in die Karten schauen und die Gemeinderäte sammeln gerne direkt bei einzelnen Bürgergruppierungen Punkte, indem sie sich um Detailprobleme kümmern. Beides läßt sich nur begrenzt durch die Eröffnung zusätzlicher Foren, z.B. im Internet, lösen. Die Informationsbereitstellung wird derzeit durch elektronische Datenbanken mit Vorlagen, Anfragen und Protokollen bereitgestellt, mit denen sich die Gemeinderäte auf Sitzungen vorbereiten. Auch kurzfristige elektronische Tischvorlagen sind möglich. In den Sitzungen können unproduktive Unterbrechungen vermieden werden, wenn ein Sachverhalt in der Sitzung durch Recherche in einer Datenbank geklärt werden kann.

**Kommunikation**: Die asynchrone elektronische Kommunikation eignet sich insbesondere für elektronische Kurzanfragen, die nicht in erster Linie der politischen Profilierung gelten. In den Sitzungen ist es auch denkbar, über die schriftliche Kommunikation einen zweiten Kanal aufzumachen. Da aber in den Sitzungen politische Kontrahenten einander gegenüber sitzen, kann der zweite Kanal nicht für das Protokoll genutzt werden. Eine sinnvolle Nutzung ist aber die Koordination innerhalb der Fraktionen, z.B. um ein gemeinsames Abstimmungsverhalten zu vereinbaren oder eine Strategie für die weitere Debatte zu vereinbaren. So können über den elektronischen Kanal auch ad hoc in den Sitzungen Koalitionen zwischen verschiedenen Fraktionen gebildet werden.

**Koordination**: Drei Koordinationsprobleme belasten die Ausschußarbeit besonders: Erstens die Abstimmung der Termine für die Sitzungen, zweitens die Koordination der Aktivitäten zwischen den Stadträten in verschiedenen Ausschüssen und drittens die Vergabe von Rederechten in den Sitzungen einschließlich der aus der fehlenden Planung der Diskussion folgenden Schwierigkeit, abzuschätzen, wann genau welcher Tagesordnungspunkt aufgerufen wird. Das erste Problem wird beispielsweise dann offensichtlich, wenn einzelne Stadträte gleichzeitig als Gemeinderat in einem Ausschuß und als Vertreter der Stadt in einem Aufsichtsrat einen Termin haben. Die Terminkoordination läßt sich durch Gruppenterminkalender verbessern.

Die Abstimmungsschwierigkeiten innerhalb einer Fraktion werden dann offensichtlich, wenn die gleiche Fraktion das gleiche Thema in verschiedenen Ausschüssen unterschiedlich bewertet. Dann haben sich in der Regel die Vertreter in den Ausschüssen nicht ausreichend abgesprochen. Diese Koordination läßt sich durch elektronische Kurzprotokolle über das Abstimmungsverhalten (geplant und erfolgt) erleichtern.

Für die politische Außendarstellung ist es wichtig, welcher Stadtrat wie lange zu einem bestimmten Thema wann in einer Sitzung etwas sagen darf. Der Sitzungsleiter ist dafür zuständig, daß es bei der Vergabe von Rederechten fair zugeht. Die Vergabe von Rederechten kann durch elektronische Werkzeuge unterstützt werden. Mit diesen Werkzeugen melden die Stadträte ihren Beitrag an. Im günstigsten Fall zeigen sie dem Vorsitzenden, worauf sich der Beitrag bezieht (z.b. direkt auf den Vorredner oder allgemein auf den Tagesordnungspunkt), welcher Art sein Beitrag ist (Frage, kurze Bemerkung, ausführlicher Redebeitrag) und wie lange der Beitrag dauern soll. Wenn Redebeiträge nicht nur zu dem aktuellen Tagesordnungspunkt sondern für alle Tagesordnungspunkte angemeldet werden, dann kann der Vorsitzende auch abschätzen, wie lange ein Tagesordnungspunkt wirklich dauert. Nur durch Planung kann vermieden werden, daß Bürgermeister, Amtsleiter, städtische Bedienstete und Externe stundenlang vor dem Sitzungsraum warten müssen, bis der für sie relevante Tagesordnungspunkt aufgerufen wird. Seit der Sommerpause 1997 wird durch rigoroses Vorgeben von Gesamtdiskussionszeiten für jeden Tagesordnungspunkt versucht, die Sitzungsdauer planbar zu machen. Ein elektronisches Anmelden von Redebeiträgen vor und in der Sitzung kann etwas mehr Flexibilität in dieses Verfahren bringen.

**Kooperation**: Das "gemeinsame Material" in klassischen Ausschußsitzungen sind die Vorlagen und Anträge sowie die Redebeiträge. Zwar sind in Vorlagen die Entscheidungstatbestände ausführlich dargestellt, aber sie sind dann zu statisch, wenn es darum geht, sie während der Sitzung anzupassen. Die Beteiligten erörtern die Änderungen mündlich. Sind die Änderungen relativ einfach, vertrauen sie dem Protokollanten, daß er sie später richtig zu Papier bringt; werden sie komplex, dann wird die Verwaltung dazu aufgefordert, auf der Basis der Redebeiträge einen neuen Vorschlag auszuarbeiten und damit wird die Entscheidung faktisch vertagt. Hilfreich ist es, wenn das gemeinsame Material in der Sitzung für die Gruppe manipulierbar ist, wenn also z.B. Formulierungsvorschläge während der Sitzungen an einem Großbildschirm angezeigt werden und durch jeden Teilnehmer verändert werden können. Dann können auch komplexere Änderungen an Beschlußvorlagen noch in der Sitzung gemacht werden.

Auch das gemeinsame Abstimmen in Sitzungen stellt für die Gemeinderäte ein Problem dar: Zum einen sind da die ganz trivialen Probleme, daß immer wieder mehr Stimmen ausgezählt werden, als stimmberechtigte Stadträte im Raum sind. Die Abstimmung muß dann wiederholt werden, gelegentlich sogar mehrfach. Diese Probleme können durch ein elektronisches Abstimmungswerkzeug gelöst werden. Ein für die Entscheidungsqualität viel weiterreichendes Problem ist es, daß bei Abstimmungen nur zugestimmt oder abgelehnt werden kann. Komplexere Entscheidungsverfahren, wie z.B. die gemeinsame Priorisierung von Problemlösungsvorschlägen, sind wegen des Auszählaufwands (jeder muß eine eigene Rangreihenfolge erarbeiten und aus dieser wird dann eine Gesamtrangreihenfolge errechnet) manuell nicht durchführbar; in einer computergestützten Sitzung ist dies aber kein Problem. So können beispielsweise die Ausgabeentscheidungen bei Haushaltsberatungen rationaler gefällt werden.

Sollen in Sitzungen große Themen umfassend gemeinsam bearbeitet werden, dann ist auch eine Umgestaltung der Sitzung zu einem Workshop möglich. In einem Workshop werden die Themen nach strukturierten Problemlösungstechniken [van Gundy 88] gemeinsam bearbeitet und der Sitzungsprozeß wird moderiert. Als Beispiel für eine solche Ausschußsitzung sei kurz eine Sitzung des Gleichstellungsbeirats angeführt[4]: Die Sit-

---

[4] Für die Moderation und Dokumentation des Falls danken die Autoren Herrn Dieter Hertweck.

zung hatte nur ein Thema: Die frauengerechte Gestaltung der neuen Innenstadt, die im Rahmen des Projekts Stuttgart 21 entstehen sollte. Hierzu hatten sich die Teilnehmer 2,5 Stunden plus Pause vorgenommen. In diesen 2,5 Stunden sammelten die Teilnehmer zuerst mit einem elektronischen Brainstorming Ideen zu den Problembereichen und strukturierten sie, um ein gemeinsames Verständnis des Problems zu schaffen. Dann sammelten sie in einem zweiten elektronischen Brainstorming ihre Forderungen zu Stuttgart 21 und wählten die wichtigsten Forderungen aus. Zum Abschluß ordneten sie ihre Forderungen in einem gemeinsamen Gliederungsentwurf den Problembereichen zu. Dadurch konnten sie ihre gemeinsamen Forderungen der Stadt in einer strukturierten Form präsentieren. Als großer Vorteil einer elektronischen Sitzung wurde hervorgehoben, daß die Diskussion durch anonymen Beiträge rationaler geworden sei und daß die Teilnehmer sich in ihren Beiträgen knapp gehalten hätten. Dadurch sei viel Zeit gespart worden.

## 4.3 Gestaltungsoptionen für Workshops mit Bürgerbeteiligung

Politiker suchen den Kontakt zum Bürger. Eine Form der Bürgerpartizipation sind Workshops, in denen Politiker und Bürger gemeinsam ihre politischen Vorstellungen für große Themen der Kommunalpolitik erarbeiten. Diese Konzepte wurden schon in den 70er Jahren unter dem Stichwort der Planungszelle erprobt [Dietel 91]. Wenn eine große Gruppe über längere Zeit produktiv zusammenarbeiten will, ist dies nur in einem moderierten Prozeß möglich. Der Schwerpunkt der Computerunterstützung liegt demnach in der Unterstützung der Kooperation. Sie kann aber begleitend auch Information, Kommunikation und Koordination unterstützen:

**Information**: So sehr in den Workshops das Alltagsverständnis des Bürgers gefragt ist, können dennoch zur Klärung von Sachfragen Hintergrundinformationen sinnvoll sein. Diese können vor dem Workshop, im Workshop und während Pausen den Teilnehmern elektronisch zur Verfügung gestellt werden. Der Zugriff kann über ein Internet oder ein Verwaltungsintranet erfolgen. Er ist besonders dann sinnvoll, wenn ein ausgebildeter Informationsbroker die Informationen professionell recherchiert und die Teilnehmer durch die Informationssuche nicht vom Sitzungsprozeß abgelenkt werden.

**Kommunikation**: Bürgerpartizipation in Workshops ist zwangsläufig zeitlich punktuell; gewünscht ist aber ein kontinuierlicher Kontakt zu den "aktiven Bürgern" in der Kommune. Ein Schritt in Richtung auf mehr zeitliche Kontinuität ist gegeben, wenn die Bürgerworkshops über elektronische Diskussionsforen vor- und nachbereitet werden. Dies erscheint nach den bisherigen Erfahrungen (z.B. einer elektronischen Zukunftskonferenz in Berlin) fruchtbarer, als die Diskussion vollständig auf das Internet zu verlagern.

**Koordination**: Die Koordination von Bürgerworkshops ist hinsichtlich vier Punkten für die Organisatoren aufwendig: erstens, wenn es gilt, Interessenten für die Teilnahme an einem Workshop zu gewinnen und zweitens, wenn aus den Workshops gemeinsame Aktivitäten folgen sollen und drittens, wenn sich in dem Workshop die Teilnehmer auf Teilgruppen verteilen müssen und viertens die Teilgruppen ihre Arbeiten untereinander abstimmen müssen. In den ersten drei Fällen hilft es, wenn mit Hilfe eines gemeinsamen

Materials ein Marktplatz aufgemacht wird und sich die Teilnehmer über dieses gemeinsame Material koordinieren. Dieses gemeinsame Material kann eine einfache Themenliste sein, in der sich jeder Teilnehmer gemäß seinen Interessen und in Kenntnis der bisherigen Belegung es Themas durch andere einträgt. Wenn die einzelnen Subgruppen dann an einem großen gemeinsamen Material (z.b. einem Plan oder einer Gliederung) arbeiten, auf das alle Zugriff haben, dann können sie ihre Aktivitäten dezentral an den Schnittstellen koordinieren, weil sie ohne Schwierigkeiten sich über den Arbeitsstand der anderen Gruppen informieren können.

**Kooperation**: Die Workshops sind primär auf Kooperation ausgerichtet; hier können die Vorteile der Computerunterstützung voll zum Tragen kommen: die höhere Produktivität durch Parallelisierung der Arbeit, die bessere Dokumentation der Ergebnisse und Weiterverwendung von Zwischenergebnissen, die erhöhte Partizipation wegen der Möglichkeit, anonym beizutragen und die erhöhte Rationalität des Sitzungsprozesses, da er gezielt mit Problemlösungstechniken gestaltet wird. Dies soll kurz am Beispiel einer Sitzung dargestellt werden, die im Rahmen des Stuttgarter Agenda 21 Prozesses stattfand. Eine ausführliche Analyse dieser Sitzung finden Sie bei Schenk & Schwabe [1998].

Die Fraktion Bündnis 90/Grüne lud insgesamt 60 Bürger dazu ein, an zwei Abenden je vier Stunden und einem abschließenden ganzen Samstag acht Stunden ein Konzept für eine "gesunde Stadt Stuttgart" zu erarbeiten. 55 Teilnehmer nahmen teil. Die Sitzung wurde von einem externen professionellen Moderator geleitet und durch einen Moderator aus dem Cuparla-Projekt unterstützt. Er organisierte die Arbeit nach der Methode der "Zukunftskonferenz". Sie wurde für basisdemokratisch arbeitende Gruppen entwickelt. Dezentral organisierte selbststeuernde Gruppen arbeiten ihre Vorstellungen zu einem Thema aus und finden sich in regelmäßigen Abständen im Plenum zusammen, um ihre Zwischenergebnisse auszutauschen. Dabei durchlaufen alle Teilgruppen das gleiche Arbeitsprogramm. Erst wird die Vergangenheit des Themas beleuchtet, dann die Gegenwart, im dritten Schritt die Zukunft und zum Abschluß wird ein Konsens über Maßnahmen angestrebt. Um während der Sitzung keine intellektuelle Inzucht zu erzeugen, werden die Arbeitsgruppen in einzelnen Phasen unterschiedlich zusammengesetzt.

In dieser Sitzung wurden Notebooks so auf die Arbeitstische verteilt, daß ungefähr jeder zweite Teilnehmer ein Notebook hatte. Einer typischen Arbeitsgruppe mit drei Personen standen also 3 Notebooks zur Verfügung. Mehr Notebooks standen nicht zur Verfügung, was sich aber in der Sitzung nicht als nachteilhaft erwies. So konnten sich die Teilnehmer, die keine Computerkenntnisse hatten mit besser ausgebildeten oder selbstbewußteren ein Notebook teilen. Alle Arbeitsgruppen nutzten das Notebook zur Dokumentation und Präsentation ihrer Ergebnisse; einzelne Arbeitsgruppen teilten sich für einzelne Phasen (z.B. zum Brainstorming) noch einmal in drei Zweiergruppen und erhöhten durch GroupSystems noch ihre gruppeninterne Produktivität. Die Teilnehmer gewöhnten sich schnell an die Technologie und vermißten sie in den Phasen, in denen sie nicht eingesetzt wurde. Zum Abschluß bewerteten sie den Computereinsatz mit großer Mehrheit als einen Erfolg; am positivsten sah das Ergebnis aber die organisierende Stadträtin: sie hatte es durch die vorliegende elektronische Dokumentation deutlich einfacher, die Ergebnisse zusammenzufassen und an die Politik weiterzuleiten.

# 5 Erfahrungen

Die Gestaltungsoptionen wurden zum Teil in Stuttgart und Kornwestheim umgesetzt. So wurden insgesamt 17 computerunterstützte Sitzungen mit Gemeinderäten durchgeführt. Dabei wurde die Technik dann akzeptiert, wenn die Sitzung nicht zu politisch sensibel war. In sehr sensiblen Bereichen befürchten führende Gemeinderäte die Kontrolle über die Sitzung zu verlieren. Der Nutzen der Computerunterstützung war um so größer, je mehr Personen an den Sitzungen teilnahmen und je besser die Moderation der Sitzung gelang. Dann führte die parallele Arbeit an Dokumenten zu einer deutlich verbesserten Produktivität und die Anonymität der Beiträge zu mehr Offenheit und Sachlichkeit.

Auch die Sitzungsvorbereitung und Nachbereitung sind schon umgestaltet worden: Koordinative Tätigkeiten wurden aus den Sitzungen heraus verlagert und die Informationsbereitstellung außerhalb der Sitzungen hat sich durch große digitale Informationsbestände deutlich verbessert. In einer Fraktion melden die Gemeinderäte jetzt ihre Tagesordnungspunkte nur noch digital an und diskutieren einzelne Tagesordnungspunkte vorab; in einer anderen Fraktion werden alle Termine der Fraktion über einen Gruppenterminkalender abgewickelt. Dennoch wurde die Umsetzung von Innovationen der Gemeinderatssitzungen durch das Projekt Cuparla erst begonnen. Daß die Gemeinderäte hier viel zögerlicher sind, als bei der asynchronen Unterstützung, zeigt, wie "heilig" ihnen Sitzungen sind. Die bisherigen Ergebnisse lassen hoffen, daß das Potential der Computerunterstützung von Sitzungen von Politikern in den nächsten Jahren zunehmend genutzt wird.

# Literatur

Bever, M.; Bär, U.; Seibt, D.; Schmitt, L.; Neuhold, E.; Knopik, T.; Kaack, H.; Engel, A.: Poliwork - Telekooperation und Dokumentenverwaltung am persönlichen Arbeitsplatz. In Krcmar, H.; Lewe, H.; Schwabe, G.: Herausforderung Telekooperation, Springer Berlin et al. 1996, S. 17-34.

Borgmann, T.: Nur Aufwandsentschädigung und Sitzungsgeld. In: Stuttgarter Zeitung Online vom 20.09.1997, Lokalteil.

Dienel, P.: Die Planungszelle 2. Auflage, Westdeutscher Verlag, Opladen 1991.

Dietel, C.; Schneider, G.; Schweitzer, J.: Polivest Integrierte Televerwaltung. In: Mambrey, P.; Streitz, N.; Sucrow, B.; Unland, R.: Rechnergestützte Kooperation in Verwaltungen und großen Unternehmen; Tagungsband zum Workshop der GI-Fachgruppe 5.5.1 und der GI-Fachbereiche 6 und 8 im Rahmen der GI Jahrestagung 1997, Essen, S. 188-205.

Engel, A.; Kaack, H.; Kaiser, S.: Teamarbeitsräume zur Unterstützung verhandlungsorientierter Vorgangsbearbeitung. In: Mambrey, P.; Streitz, N.; Sucrow, B.; Unland, R.: Rechnergestützte Kooperation in Verwaltungen und großen Unternehmen; Tagungsband zum Workshop der GI-Fachgruppe 5.5.1 und der GI-Fachbereiche 6 und 8 im Rahmen der GI Jahrestagung 1997, Essen S. 163-177.

Krcmar, H.: Computerunterstützung für die Gruppenarbeit - Zum Stand der Computer Supported Cooperative Work Forschung. In: Wirtschaftsinformatik Vol. 34 Nr. 4 1992 S. 425-437.

Krcmar, H.: Informationsmanagement, Springer; Heidelberg u.a. 1997.

Lewe, H.: Computer Aided Team und Produktivität - Einsatzmöglichkeiten und Nutzenpotentiale. Gabler, Wiesbaden 1995.

Lewe, H.; Krcmar, H.: GroupSystems - Aufbau und Auswirkungen. In: Information Management, Vol. 7, Nr. 1 1992 S. 32-41.

Lyytinen, K.; Maaranen, T.; Knuuttila, J.: Unususual business or business as usual - an investigation of meeting support requirements in multilateral diplomacy. Arbeitspapier WP-26, University of Jyväskyla, Finnland August 1992.

Nunamaker, J. et al.: Electronic meetings to support group work. In: Communications of the ACM, Vol. 34, Nr. 7( July 1991), p. 40 - 61.

Reichwald, R.; Möslein, K.; Sachenbacher, H.; Englberger, H.; Oldenburg, S.: Telekooperation, Springer Berlin et al. 1998.

Schenk, B.; Schwabe, G.: Die elektronische Zukunftskonferenz - ein Beispiel aus dem Stuttgarter Agenda 21-Prozeß, Arbeitspapier des Lehrstuhls für Wirtschaftsinformatik der Universität Hohenheim, Stuttgart 1998.

Schuler, D.: New Community Networks - wired for change, New York 1996.

Schwabe G.: Informationsmanagement für den Gemeinderat: Erscheint in den Proceedings der Frühjahrstagung der Wissenschaftlichen Kommission Wirtschaftsinformatik, Hamburg 1998b.

Schwabe, G., Hertweck, D.; Krcmar, H.: Partizipation und Kontext bei der Erstellung einer Telekooperationsumgebung. In: Jarke, M.; Pasedach, K.; Pohl, K.: Informatik 97 - Informatik als Innovationsmotor, Springer, Heidelberg. et al. 1997, S. 370-379.

Schwabe, G., Vöhringer, B.: Computerunterstützung der Parlamentsarbeit - ein Baustein zum Umbau der Verwaltung. In: Verwaltung und Management Vol. 4, Nr. 3, 1998, S. 140-147.

Schwabe, G.: Computerunterstützte Sitzungen. In: IM- Information Management Vol.9, Nr. 3 (1994), S. 34-43.

Schwabe, G.: Objekte der Gruppenarbeit - ein Konzept für das Computer Aided Team, Gabler, Wiesbaden 1995.

Schwabe, G.; Krcmar, H.: CSCW Werkzeuge. In: Wirtschaftsinformatik Vol. 38, Nr. 2 (April 1996) S. 209-224.

Schwabe, G.; Krcmar, H.: Der Needs Driven Approach - Eine Methode zur Gestaltung von Telekooperation. In: Krcmar, H.; Lewe, H.; Schwabe, G.: Herausforderung Telekooperation - Proceedings der DCSCW 96, Springer, Heidelberg u.a. 1996c.

Schwabe, G.; Krcmar, H.: Telearbeit im Stuttgarter Stadtparlament - erste Erfahrungen. In: Telearbeit 96. Hüthig Verlag Heidelberg 1996b.

Van Gundy, A.: Techniques of structured problem solving, 2. Auflage, Van Nostrand Reinhold, New York 1988.

*Th. Herrmann; K. Just-Hahn (Hrsg.): Groupware und organisatorische Innovation (D-CSCW'98). Stuttgart: B. G. Teubner 1998, S. 181-194*

# PoliAwaC – Design und Evaluation des PoliTeam Awareness-Client

Markus Sohlenkamp[1], Wolfgang Prinz[2] und Ludwin Fuchs[3]

[1] COSA Solutions Standardsoftware GmbH, Pulheim
[2] GMD – FIT, Forschungszentrum Informationstechnik GmbH, St. Augustin
[3] Boeing, Information and Support Services, Seattle, USA

## Zusammenfassung

Die Präsentation von Aktionen und Aktivitäten kooperierender Partner an der Benutzungsschnittstelle zur Vermittlung einer Gruppenwahrnehmung ist ein wichtiger Aspekt von CSCW Systemen. Dennoch wird er wird beim Entwurf von Groupwareanwendungen häufig vernachlässigt. Dieses Papier beschreibt Designanforderungen, die Realisierung und die Evaluation von PoliAwaC, einem Groupwareklient, der speziell zur Unterstützung der Gruppenwahrnehmung entwickelt wurde. Die beschriebenen Ergebnisse basieren auf einer Evaluation des Systems in einer Anwenderorganisation.

# 1 Einleitung

Das Design und die Implementierung von Mehrbenutzeranwendungen ist aufwendig. Dies gilt insbesondere für die Benutzungsschnittstelle derartiger Anwendungen: den Benutzern müssen auch Informationen über Aktionen kooperierender Partner an gemeinsam genutzten Objekten vermittelt werden. Die Schnittstelle muß die Wahrnehmung derartiger Aktivitäten in einer Gruppe ermöglichen, d.h. sie muß die Bildung eines kooperativen Gruppenbewußtseins[1] unterstützen. Kooperatives Bewußtsein, das als das Verständnis über den allgemeinen Zustand eines Systems beschrieben werden kann, ist ein Schlüsselfaktor für den erfolgreichen Einsatz von CSCW Systemen [Beaudouin-Lafon & Karsenty 92; Dourish & Bellotti 92; Root 88]. Die Wahrnehmung gemeinsam genutzter Objekte und das Verständnis für den daraus resultierenden Gesamtzustand des Kooperationsprozesses ermöglicht es Benutzern, ihre Arbeit zu koordinieren und zu strukturieren. Ohne diese Form der Gruppenwahrnehmung ist koordinierte kooperative Arbeit praktisch unmöglich. Dessen ungeachtet ist eine systematische Unterstützung dieses Designmerkmals in konkreten Groupwaresystemen eine Ausnahme; ad hoc Lösungen sind die Regel [Ackerman & Starr 95].

Allerdings rücken innerhalb der CSCW Forschung sowohl die theoretischen Grundlagen [Mariani & Prinz 93; Rodden 96] als auch konkrete Implementierungen [Greenberg 96; Sohlenkamp & Chwelos 94] zunehmend in den Mittelpunkt des Interesses. Obwohl es einige empirische Daten über Benutzeranforderungen an Bewußtseinsunterstützung gibt [Mark et al. 97; Bowers & Rodden 93], existieren nur sehr wenige Informationen über Benutzererfahrungen im Umgang mit entsprechenden Anwendungen in einer realen Anwendungsumgebung.

Wir beschreiben den Entwurf, die Implementierung und die Evaluation der Groupware-Benutzungsschnittstelle POLIAwaC (POLITeam Awareness Client), die speziell zur Unterstützung der Gruppenwahrnehmung entwickelt wurde. Die Entwicklung erfolgte dabei im Rahmen des POLITeam[2] Projekts, das in enger Zusammenarbeit mit Anwendern ein Groupwaresystem zur Unterstützung verteilt arbeitender Regierungsstellen entwickelt. Es war daher möglich, Benutzeranforderungen und -erfahrungen in einer konkreten Arbeitsumgebung zu sammeln.

Im ersten Abschnitt beschreiben wir Designanforderungen, gefolgt von einer Erläuterung des daraus resultierenden Systementwurfs. Zum Abschluß diskutieren wir seine Evaluation.

---

[1] Der in der englischen Fachliteratur übliche Begriff „Awareness" läßt sich nicht ohne störende Konnotationen ins Deutsche übersetzen. Er beinhaltet sowohl eine wahrnehmende Komponente als auch Verstehen des Wahrgenommenen.

[2] POLITeam wurde vom BMBF im Rahmen des POLIKOM Programmes gefördert.

## 2 Designanforderungen

Unterschiedliche Designanforderungen mußten für den Entwurf von POLIAwaC berücksichtigt werden. Neben funktionalen Aspekten waren dies insbesondere Benutzeranforderungen und technische Zwänge, die sich aus dem technischen Umfeld des Anwendungsfeldes ergaben.

Funktional beruht das System auf zwei sich ergänzenden Entwurfsmodellen. Zum einen ist dies das „Awareness-Pipeline-Modell" [Fuchs et al. 96], das den Informationsfluß vom Sender zum Empfänger einer Information beschreibt und eine Reihe von regulierenden Filtern vorsieht, die insbesondere der Wahrung der Privatsphäre, der Vermeidung von Informationsüberflutung sowie der Einhaltung gesetzlicher und organisatorischer Bestimmungen dienen. Zum anderen wurde ein „Perceptualization Framework" [Berlage & Sohlenkamp 98] angewandt, das die verschiedenen für die Wahrnehmbarmachung relevanten Faktoren kategorisiert und dabei insbesondere auf die Verwendung aktiver und passiver Informationsein und –wiedergabe sowie der Benutzung von räumlichen und zeitlichen Verzerrungstechniken zur Informationsdarstellung abhebt.

Der POLITeam Entwicklungsansatz basiert auf einer engen Einbeziehung der Pilotanwender in den Entwurfprozeß. Dies ermöglichte die Erhebung realer Benutzererfordernisse für eine Benutzungsschnittstelle zur Vermittlung einer Gruppenwahrnehmung. Dazu führten wir umfangreiche Interviews sowohl vor der Installation der ersten Systemversion (ohne Gruppenwahrnehmungsfunktionen) als auch in Vorbereitung einer verbesserten Version durch. Diese Interviews hatten das Ziel, die Arbeitspraxis der Benutzer zu verstehen. Sie beinhalteten implizite und explizite Fragen zum Thema Gruppenwahrnehmung. Die Benutzer artikulierten deutlich die Notwendigkeit, über die Tätigkeiten anderer und den Status von Aufgaben informiert zu sein, um so ihre eigenen Tätigkeiten mit denen anderer zu koordinieren.

Die Vermittlung einer Gruppenwahrnehmung beinhaltet zwei grundsätzliche Probleme: Störung des Arbeitsflusses durch Informationsüberflutung und mögliche Verletzungen der Privatsphäre [Hudson & Smith 96]. Die Anwender waren sich des ersten Problems wohl bewußt: Sie machten deutlich, daß die Darstellung von Gruppenwahrnehmungsinformationen bei der normalen Arbeit nicht mehr als notwendig stören sollte. Verschiedene Stufen der Benachrichtigungsintensität für unterschiedliche Prioritäten wurden gefordert. Verletzungen der Privatsphäre hingegen waren kein vorrangiges Thema.

Eine wichtige Designgrundlage war zudem die Evaluationsumgebung. Die organisatorische und technische Umgebung des Ministeriums legte verschiedene Entwurfszwänge auf. Im Gegensatz zu vielen Forschungsprototypen, die als „proof of concept" realisiert werden, mußte POLIAwaC in einer Produktionsumgebung anwendbar sein. Die geplanten Benutzer des Systems waren keine Computerexperten, ihre Fähigkeit, sich an modifizierte Schnittstellen und Funktionalität ohne intensives Training anzupassen, war beschränkt. Die neue Anwendung mußte mit bereits installierter Hardware und Software problemlos zusammenarbeiten. Schwerpunkte des Entwurfs waren deshalb Benutzungsfreundlichkeit, leichte Erlernbarkeit, Integrierbarkeit und Zuverlässigkeit. Die ersten beiden Anforderungen wurden erreicht, indem der Entwurf des Prototyps bewußt auf der üblichen Desktop-Schnittstelle basierte, um bestehende Kenntnisse von Benutzern im Umgang mit diesen Schnittstellen zu nutzen.

Zudem verhinderte die technische Infrastruktur des Ministeriums (in erster Linie „low-end" PCs) den Gebrauch hochentwickelter Visualisierungstechniken (z.B. 3D Darstellungen der kooperativen Umgebung). Zusätzliche Hardwarezwänge waren geringe Monitorauflösungen, keine Soundkarten, beschränkte Arbeitsspeicherkapazitäten und eingeschränkte Netzwerkkapazitäten. Diese Konstellation verhinderte den Gebrauch von Benachrichtigungsmechanismen außer Visualisierung und verbot den Gebrauch ressourcenintensiver Visualisierungstechniken.

## 3 PoliAwaC

Dieses Kapitel beschreibt die PoliAwaC Benutzungsschnittstelle sowie das AREA Modell zur Modellierung von Interesse an Gruppenwahrnehmungsinformation.

### 3.1 Benutzungsschnittstelle

Das PoliTeam System unterstützt kooperative Arbeit durch gemeinsame Arbeitsbereiche und elektronische Umlaufmappen [Prinz & Syri 97]. Arbeitsbereiche sind Behälterobjekte, die andere Objekte wie z.B. Dokumente, Werkzeuge oder auch weitere Arbeitsbereiche enthalten [Pankoke-Babatz & Syri 97]. Arbeitsbereiche können entweder privat oder gemeinsam genutzt werden. Arbeitsbereiche können auf die gleiche Weise wie alle anderen Objekte manipuliert werden (erstellen, verschieben, kopieren, usw.). Ein Benutzer wird als aktiv in einem Arbeitsbereich betrachtet, wenn die entsprechenden Behälterobjekte auf seiner Benutzungsschnittstelle geöffnet sind.

PoliAwaC bietet drei spezialisierte Ansichten zu Arbeitsbereichen (Abbildung 1). Die erste Ansicht zeigt eine hierarchische Übersicht über die Arbeitsbereiche eines Benutzers, einschließlich einer Darstellung der Benutzer, die zur Zeit in dem jeweiligen Arbeitsbereich aktiv sind. Die anderen beiden Ansichten zeigen die Dokumente, die sich in dem gerade geöffneten Arbeitsbereich befinden. Dabei dient ein Fenster der grafischen Darstellung der Objekte im Arbeitsbereich; diese können vom Benutzer beliebig angeordnet und gruppiert werden. In der zweiten Sicht werden Detailinformationen zu den Objekten in Listenform dargestellt. Da Benutzer mehrere Fenster öffnen können, können sie gleichzeitig in mehr als einem Arbeitsbereich aktiv sein.

PoliAwaC unterstützt eine Vielzahl verschiedener Benachrichtigungsmechanismen. Das System ist modular, jede Darstellungsmethode kann allein oder in Verbindung mit anderen benutzt werden. Von der niedrigsten bis zur höchsten Benachrichtigungsintensität werden folgende Stufen unterstützt:

*Keine Benachrichtigung:* Ein wichtiges Entwurfsziel war der reibungslose Übergang zwischen individueller und gemeinsamer Arbeit. Während der individuellen Arbeit sollen Mehrbenutzeraspekte der Anwendung möglichst unsichtbar bleiben. Dies ermöglicht Benutzern, die nicht aktiv in einer Zusammenarbeit involviert sind, ihren gewohnten Arbeitsstil beizubehalten. Benachrichtigungen können komplett unterdrückt werden, um individuelles Arbeiten zu erleichtern. Übergänge zwischen verschiedenen Arbeitsmodi sind dabei nahtlos.

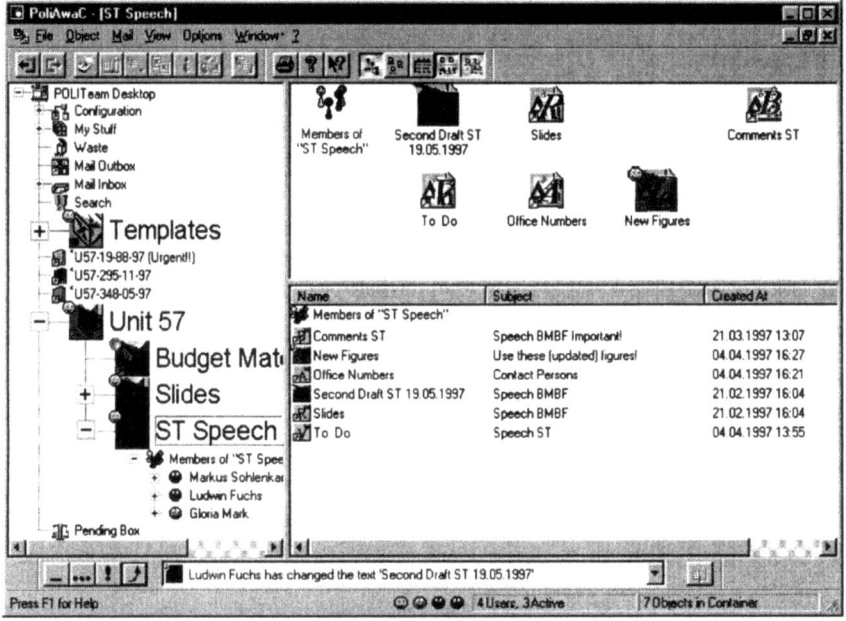

Abbildung 1: Die POLIAwaC Benutzungsschnittstelle

*Symbolische Statusdarstellung:* In POLIAwaC sind Objektsymbole allgegenwärtig. Folglich werden diese Symbole zur Darstellung von Gruppenwahrnehmungsinformationen benutzt. Die Farbe eines Objektsymbols wird dazu verwendet, Benutzer zu repräsentieren. Objekte, die von einem Benutzer manipuliert wurden, werden von einer transparenten Fläche der entsprechenden Farbe überlagert. Zusätzlich repräsentiert die Größe dieser gefärbten Fläche die vergangene Zeit seit der Ereignisregistrierung (Abbildung 2). Um die Art der Operation anzuzeigen, die auf einem Objekt durchgeführt wurde, wird ein zweites Symbol dem ursprünglichen Symbol überlagert (Abbildung 2).

Abbildung 2: Symbole zur Darstellung von Objektmanipulationen

*Ereignisleiste:* Eine Ereignisleiste (Abbildung 3) liefert Ereignishistorie, unmittelbare Benachrichtigung und die Möglichkeit, objektbezogene Informationen ausdrücklich zu generieren. Im wesentlichen besteht sie aus einer Dropdowntextleiste und einer Menge von Schaltflächen. Die Textleiste zeigt immer das letzte Ereignis, das einen Benutzer interessiert. Es wird in der Farbe angezeigt, die mit dem Benutzer assoziiert ist, der das

Ereignis generierte. Die Dropdownliste der Ereignisleiste zeigt eine chronologische Liste der letzten Ereignisse an. Jeder Ereigniseintrag zeigt sowohl eine Textbeschreibung des Ereignisses als auch die symbolische Darstellung des Objekts, das mit dem Ereignis in Verbindung steht. Die symbolische Darstellung ermöglicht die periphere Wahrnehmung des Ereignisses (Objekttyp und Ereignisurheber sind leicht erkennbar). Dagegen erfordert die Textform erhöhte Aufmerksamkeit, offenbart aber die relevanten Details des Ereignisses. Trägt ein Benutzer einen Text in das Textfeld ein, so wird dies als ein Ereignis für das zur Zeit gewählte Objekt an alle interessierten Benutzern verteilt. Dies erlaubt die aktive Benachrichtigung über Aktionen (bzw. deren Beweggründe), die nicht automatisch vom System erkannt werden können (z.B. den Grund für das Löschen eines Dokuments). Schaltflächen stehen u.a. zur Verfügung, um die Objekte zu wählen, die mit einem Ereignis in Verbindung stehen (Bereitstellen einer unmittelbaren Verbindung zwischen Ereignissen und Objekten). Die Ereignisleiste kann als selbständiges Fenster (Abbildung 3) benutzt oder an das Hauptfenster (Abbildung 1) angeschlossen werden. Als eigenständiges Fenster kann es dazu verwendet werden, kooperative Tätigkeiten zu beobachten, während man mit anderen Anwendungsprogrammen arbeitet.

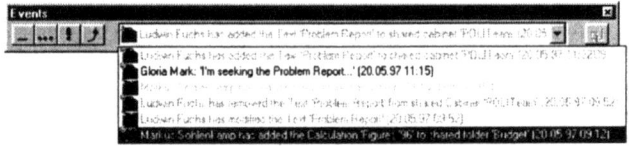

**Abbildung 3.: Die aufgeklappte Ereignisleiste**

*Symbolvergrößerung:* Zusätzlich zu den zuvor beschriebenen Symbolveränderungen wird auch die Symbolgröße manipuliert. Symbole werden bis zu 200 Prozent ihrer ursprünglichen Größe ausgedehnt, und Ereignisse werden in der hierarchischen Objektbaumstrukturdarstellung propagiert. Damit wird die Wahrnehmung eines Ereignisses ermöglicht, auch wenn das eigentliche Objektsymbol nicht sichtbar ist (Abbildung 4).

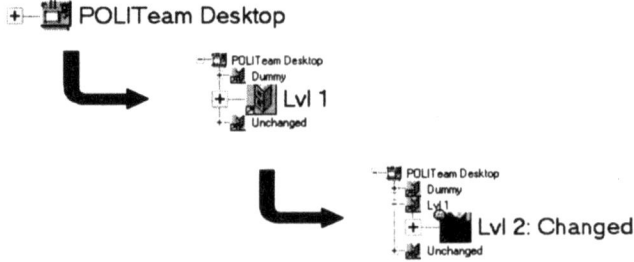

**Abbildung 4: Visuelle Ereignispropagation**

*Pop-up-Dialog:* Zusätzlich zur Ereignisleiste bietet das System einen Ereignisdialog. Dieser besitzt vergleichbare Funktionen, außer daß die Historienliste immer angezeigt wird. Dieser Dialog wird dazu benutzt, Ereignisse mit hoher Priorität anzuzeigen. Für solche Ereignisse wird er automatisch angezeigt und muß vom Benutzer explizit quittiert werden.

Benutzer können durch die Beschreibung von Interessensprofilen frei wählen, über welche Ereignisse sie in welcher der oben angegebenen Formen informiert werden möchten [Fuchs 98]. Ein Interessensprofil beschreibt für eine Menge von Objekten, über welche Operationen man in welcher Arbeitssituation informiert werden möchte (z.B. immer dann, wenn ein Behälterobjekt geöffnet wird, wird man über Änderungen an darin enthaltenen Objekten informiert). Zusätzlich wird jedem Interessensprofil eine Intensitätstufe (0-4) zugewiesen. Diese Werte werden auf die oben beschriebenen Benachrichtigungsmethoden abgebildet. Jede Benachrichtigung einer höheren Intensitätstufe schließt dabei alle niedrigeren Intensitätmechanismen automatisch ein.

## 3.2 Interessensmodellierung

POLIAwaC implementiert eine Komponente für die Modellierung von Interesse an Gruppenwahrnehmungsinformation, die auf dem AREA Interessensmodell [Fuchs 98] aufbaut. AREA ist ein Groupware-Service, an den Kooperationssysteme die informationstechnischen Aspekte der Unterstützung von Gruppenwahrnehmung delegieren können. Mit AREA können semantische Zusammenhänge der Anwendungsdomäne modelliert werden, die für die Unterstützung von Gruppenwahrnehmung relevant sind. Auf der Grundlage dieser "minimalen Anwendungssemantik" erlaubt es AREA, Ereignisse zu klassifizieren, um das Geschehen in Groupware-System zu beschreiben und bietet eine Protokollschnittstelle, über die Anwendungen zur Laufzeit (a) Ereignisse erzeugen können, (b) automatisch Ereignisbenachrichtigungen empfangen können und (c) auf persistente objektbezogene Ereignislisten zugreifen können (Historie).

AREA bietet eine Schnittstelle, über die benutzerspezifische Interessensprofile definiert werden können. Diese Interessensprofile steuern die automatische Benachrichtigung über neue Ereignisse. Sie ermöglichen es dem Benutzer, individuelle Präferenzen für die Unterstützung von Gruppenwahrnehmung festzulegen. Die Interessensprofile nutzen das Wissen über die minimale Semantik der Anwendungsdomäne und ermöglichen so die Spezifikation von Gruppenwahrnehmungsprofilen, die sich an arbeitstechnischen Zusammenhängen der Anwendung orientieren, um die individuelle Arbeitspraxis zu berücksichtigen.

Im Zentrum des Interessensmodells steht der Begriff der Benachrichtigungssituation: Benutzer können bestimmen, über welche Aktivitäten an Arbeitsobjekten sie in welchen Situationen benachrichtigt werden wollen und in welcher Form die Benachrichtigung erfolgen soll. Abbildung 5 zeigt ein Dialogfenster mit dem Interesse an den Ereignissen einer Laufmappe registriert werden kann.

Ein Ereignisklassen-Browser (A) zeigt die Klassenhierarchie der Ereignisse, die für Laufmappenobjekte definiert sind. Hier können beliebig allgemeine Ereignisklassen ausgewählt werden, für die sich der Benutzer interessiert. Die Auswahl einer Klasse schließt stets sämtliche Unterklassen für die Benachrichtigung ein. Für jede Objektklasse steht eine Liste von Benachrichtigungssituationen (B) zur Auswahl, in denen der Benutzer über die angegebenen Ereignisse informiert werden kann.

Benachrichtigungssituationen bilden einen wichtigen Aspekt des AREA-Modells. Durch sie kann Gruppenwahrnehungsfunktionalität an verschiedene Arbeitskontexte gekoppelt werden. In POLIAwaC existieren für Laufmappen beispielsweise die folgenden Benachrichtigungssituationen:

- Benachrichtigung bei Zugriff auf die Laufmappe
- Benachrichtigung bei Zugriff auf den übergeordneten Container, in dem sich die Laufmappe befindet
- Benachrichtigung bei Zugriff auf ein Objekt, das zum gleichen Vorgang gehört, wie die Laufmappe
- Sofortige Benachrichtigung, unabhängig von der aktuellen Arbeitssituation.

Die Art und Weise, in der über neue Ereignisse informiert werden soll, kann durch einen Intensitätsregler (C) festgelegt werden. Für POLIAwaC sind vier Intensitätswerte definiert, die den vier Benachrichtigungstechniken aus Abschnitt 3.1 entsprechen.

Diese Funktionalität ermöglicht es in einfacher Weise, Interesse an bestimmten Arbeitsobjekten zu registrieren. Darüber hinaus können in AREA Interessensprofile definiert werden. Diese bieten die gleiche Funktionalität, können aber für ganze Klassen von Objekten definiert werden. Sie ermöglichen die Spezifikation allgemeiner Interessensmuster, die sich durchgängig auf alle Arbeitsgegenstände im System beziehen. Interessensprofile sind selbst gemeinsam genutzte Objekte, deren Funktionalität gemeinsam in der Gruppe genutzt (abonniert) werden kann.

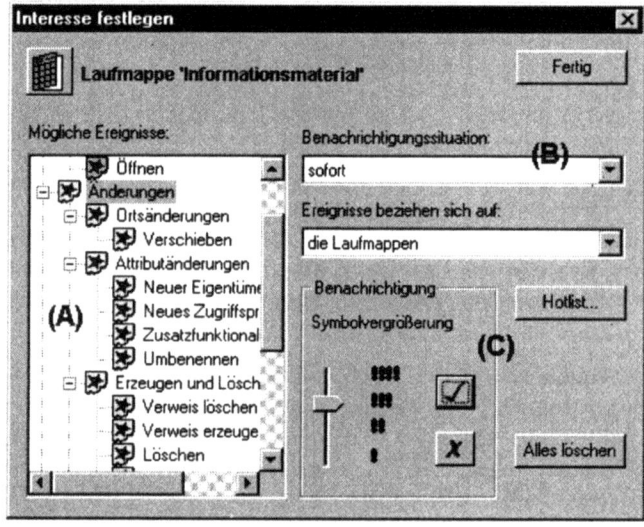

**Abbildung 5: Interessensspezifikation für eine Laufmappe**

Die Unterscheidung zwischen verschiedenen Benachrichtigungssituationen ist wichtig um Gruppenwahrnehmung in unterschiedlichen Arbeitsformen zu unterstützen. Bei synchroner Zusammenarbeit (z.B. synchrone Dokumentbearbeitung) arbeiten die Benutzer im selben Arbeitskontext und es ist wichtig, daß sie unmittelbar über die Aktionen der anderen informiert werden. In asynchronen Arbeitsszenarien können sofortige Benachrichtigungen Probleme erzeugen, denn es können eine Vielzahl von neuen Ereignissen in der Zwischenzeit aufgetreten sein. In ungeeigneten Situationen kann dies zu Informationsüberladung des Benutzers führen, d.h. dazu, daß der Benutzer die relevanten Ereignisse vergißt oder nicht wahrnimmt, weil er momentan mit anderen Dingen beschäftigt ist. Die AREA Interessensmodellierung, kombiniert mit den bereits vorgestellten Benachrichtigungstechniken, bietet eine Lösung für diese Probleme an, indem die Meldung von Gruppenwahrnehmungsinformation an verschiedene anwendungsrelevante Arbeitssituationen angepaßt werden kann.

## 4 Evaluation

Jeder Benutzungsschnittstellen-Entwurf kann erst nach einer geeigneten Evaluation beurteilt werden. POLIAwaC wurde daher einer umfangreichen Evaluationsphase unterzogen. Um qualitative Ergebnisse zu gewinnen, wurden eine Reihe verschiedener Ansätze gewählt, u.a. Workshops und Nutzungserprobungen mit den Benutzergruppen. In der folgenden Diskussion konzentrieren wir uns auf die Teile der Evaluation, die die Pilotanwender betrafen. Zusätzlich erfolgten Workshops und eine Erprobung durch die Projektmitglieder selbst.

### 4.1 Probleme der Evaluation von Groupware

Während die Angemessenheit und Verwendbarkeit von Einzelplatzanwendungsprogrammen oft mit wenigen Benutzern in beschränkter Zeit und in einer dedizierten Testumgebung geprüft werden kann, ist dies für Groupware nicht möglich [Grudin 94]. Kooperative Arbeitssituationen sind schwierig zu simulieren, weil die Rollen mehrerer Benutzer sorgfältig entworfen werden müssen. Zusätzlich ist es schwierig, die Dynamik einer realen Arbeitsplatzsituation zu erfassen. Das macht den Entwurf einer Testsituation in Anlehnung an die tatsächliche Arbeitspraxis kompliziert: Benutzer sind sich ihrer Arbeitspraxis möglicherweise nicht bewußt, weil sie stillschweigend Wissen aufbauen [Kyng 91] oder weil sie zögern zuzugeben, daß sie organisatorischen Regeln manchmal nicht folgen. Künstliche Laborsituationen können das Verhalten der Benutzer zusätzlich beeinflussen. Während Funktionen einer Einzelplatzanwendung in einem übersehbaren Zeitraum geprüft werden können, erstrecken sich kooperative Prozesse über einen längeren Zeitraum. Dies gilt insbesondere für asynchrone Vorgänge, wodurch sich eine schwierige Situation für einen Labortest ergibt.

Eine Lösung für diese Probleme ist eine Evaluation der Software im Anwendungsfeld. Jedoch ist auch dieser Ansatz nicht unproblematisch [Rowley 94]. Die Kontrolle über den Versuch ist nicht so vollständig wie unter Laborbedingungen. Evaluation im Feld bedeutet, daß Benutzer mit dem zu erprobenden System normal arbeiten können müssen. Da die Benutzer tägliche Arbeiten ausführen sollen, muß das System sie in allen gewohnten

Funktionen unterstützen. Benutzer nehmen keine nur zu Test- oder Evaluationszwecken eingeschränkte Funktionalität in Kauf.

## 4.2 Workshops

Vor der Erprobung im Ministerium wurde das Systems im Rahmen eines umfangreichen Workshops (ca. 5 Std. Dauer) eingeführt. Dieser Workshop hatte zwei Ziele: Benutzer sollten mit dem neuen System vertraut gemacht werden; gleichzeitig wurden von der Diskussion zwischen Benutzern und Systementwicklern erste Ergebnisse für die Evaluation erwartet. Die Atmosphäre des Workshops wurde entspannt und spielerisch gestaltet. Teilnehmer des Workshops waren drei Pilotanwender und drei Systementwickler, die die neue Funktionalität vorstellten. Zwei weitere Projektmitglieder beobachteten und dokumentierten die Ergebnisse. Um praktische Erfahrungen während der Systemdemonstration zu ermöglichen, hatte jeder Anwender Zugang zu einem Arbeitsplatzrechner mit POLIAwaC. Jedem Benutzer wurde ein Systementwickler für individuelle Hilfestellungen zugewiesen.

Eine kurze Einführung in die neuesten Systemmerkmale wurde durchgeführt, um die Benutzer zu ermutigen, selbst mit dem System zu arbeiten. Jedoch stellte sich dies als unnötig heraus: Benutzer testeten und diskutierten selbständig kurze Szenarien ("Was geschieht mit Ihrem Dokumentsymbol, wenn ich dieses Dokument ändere?") ohne weiteren Ansporn zu benötigen. Sobald ein neues Merkmal erwähnt wurde, begannen die Anwender damit zu experimentieren, ohne auf zusätzliche Erklärungen zu warten. Einerseits zeigte dies, daß die neue Schnittstelle tatsächlich intuitiv ist. Andererseits führte es zu einigen Fehlauffassungen über das System, die später schwierig zu revidieren waren.

## 4.3 Arbeitspraxis

Zur Erprobung von POLIAwaC in der täglichen Arbeitspraxis wurden vier Benutzer für einen Zeitraum von drei Wochen mit dem neuen System ausgestattet Die Pilotanwender wurden sorgfältig nach ihrem Zusammenarbeitspotential ausgewählt. Zudem mußte das Problem der "kritischen Masse" vermieden werden [Grudin 94]. In unserem Fall war dies das Problem, das eine beschränkte Anzahl von Benutzern genügend Ereignisse generiert, die eine angemessene Evaluation des Systems erlauben. Dazu wurde der POLITeam-Client aller anderen Anwender, die nicht direkt an dem POLIAwaC-Feldtest teilnahmen, so modifiziert, daß auch sie Ereignisse generierten. Diese Änderung war für die Benutzer transparent - sie resultierte nicht in einer erkennbaren Veränderung des Systemverhaltens. Dennoch wurden alle Benutzer darauf hingewiesen, daß während des Testzeitraums ihre Aktionen in gemeinsam genutzten Arbeitsbereichen für die Teilnehmer an der POLIAwaC Evaluation sichtbar sein würden.

Die Anwender wurden in dem Gebrauch des POLIAwaC direkt im Anschluß an die Installation geschult. Während der Testphase wurde die neue Schnittstelle als vollständige Ablösung des alten Systems dazu benutzt, alltägliche Arbeiten auszuführen. Während des Tests waren die Systemdesigner ständig für Hilfe, Rat und Diskussionen über das System verfügbar. Nach dem Test wurden halbstrukturierte Interviews geführt. Diese Interviews dauerten 30 bis 90 Minuten und beinhalteten Fragen zum Systemgebrauch, zu Änderungen an den Kooperationsprozessen und zu der Verwendbarkeit neuer Systemmerkmale.

## 4.4 Zusammenfassung der Ergebnisse

Teile der Evaluation erwiesen sich als schwieriger als erwartet. Obwohl die Zuverlässigkeit des Prototyps, die Ähnlichkeit zum normalen POLITeam System und die Systemperformanz während der Implementierung berücksichtigt wurden, bildeten Sie dennoch zunächst die Schwerpunkte der Benutzerkommentare über das System.

Das System wurde dazu benutzt, Routinearbeit anstatt künstlicher Testszenarien auszuführen. Deshalb erlebten die Benutzer die Vorteile und Nachteile von Gruppenwahrnehmungsfunktionen in ihrer realen Arbeitsumgebung. Sie berichteten über die Verbesserung ihrer Zusammenarbeit auf der Basis einer realen Nutzung. Zudem ermöglichte die Felderprobung einen Einblick der Systemdesigner in die reale Arbeitspraxis. Designaspekte, die während der Entwurfphase sehr wichtig zu sein schienen, waren im Anwendungsfeld vernachlässigbar, während scheinbar unbedeutende Details sich als äußerst wichtig herausstellten.

Im allgemeinen akzeptierten die Benutzer die neuen Funktionen. Sie wurden als vorteilhaft für die Arbeit bewertet. Weder behinderten sie die Benutzer, noch wurde die Darstellung von Ereignisinformationen als störend empfunden. Nach der Evaluationsphase zeigten sich die Anwender enttäuscht, daß die erweiterten Merkmale nicht einfach in das Standard-POLITeam-System integriert werden konnten.

Die meisten von POLIAwaC angebotenen Benachrichtigungsmechanismen wurden als nützlich bewertet. Dennoch zeigte die Evaluation auch, daß es Platz für Verbesserungen gibt. Einige Schnittstellenelemente funktionierten nicht so, wie es von den Benutzern erwartet wurde; andere könnten durch minimale Entwurfsänderungen verbessert werden. Tabelle 1 listet die verschiedenen Benachrichtigungsmethoden, ihre wahrgenommenen Vorteile und Nachteile sowie potentielle Designverbesserungen auf.

Erkennbar waren positive Auswirkungen auf die asynchrone Zusammenarbeit. Die detaillierte Objekthistorie macht Kooperationsprozesse nachvollziehbar und damit verständlicher. Die passiven Benachrichtigungsmethoden - Symboländerung, struktureller Überblick, Ereignisleiste - wurden als sehr nützlich für den Wiedereinstieg nach längerer Abwesenheit betrachtet. Dabei sind nicht die detaillierten Informationen relevant, sondern vielmehr die Möglichkeit, schnell die gemeinsamen Arbeitsbereiche zu erkennen, in denen Aktionen stattfanden. Es gab nur einen generellen Aspekt, über den sich die Anwender beklagten: die fehlende Rückmeldung darüber, wer die eigenen Aktionen beobachten kann oder tatsächlich beobachtet. Die Ergänzung eines solchen Mechanismus würde eine soziale Kontrolle ermöglichen und damit Verletzungen der Privatsphäre verhindern.

Der auffälligste Benachrichtigungsmechanismus war die Symbolvergrößerung in Verbindung mit der strukturellen Überblicksanzeige. Diese Technik ermöglicht unmittelbaren Zugriff auf geänderte Objekte, während kontextuelle Strukturinformationen beibehalten werden. In einem Workshop, der zwei Monate nach dem Feldtest durchgeführt wurde, wurden Benutzer nach ihren bleibenden Eindrücken zu POLIAwaC gefragt. Sie erinnerten sich hauptsächlich an die Anzeige von Objektänderungen durch die vergrößerten Symbole. Dies bestätigt, daß die grundlegenden Entwurfsannahmen – die Symbolvergrößerung ist ein leicht zu erlernender, leicht zu bemerkender, nicht störender Hintergrundbenachrichtigungsmechanismus - gültig sind. Die bereitgestellten Mechanismen wurden insgesamt als ausgeglichen zwischen wahrnehmbar auf der einen und nicht störend auf der anderen Seite bewertet.

| Funktion | Positiv | Negativ | Designänderung |
|---|---|---|---|
| Unterstützung der Gruppenwahrnehmung | verbesserte Kooperationsmöglichkeiten durch die Wahrnehmung der Aktionen anderer | Störung der Privatsphäre | Rückmeldung wer beobachtet und beobachten kann |
| **Elektronischer Schreibtisch** | | | |
| Strukturdarstellung | Verbesserte Navigationsmöglichkeit | Fehlende Konfigurationsmöglichkeiten, z.B. Sortierung | Benutzerdefinierbare Strukturierung und Sortierung |
| Symbolvergrößerung | Gute Sichtbarkeit und Kontextinformation | | |
| Visuelle Ereignispropagation | Schnelle Ermittlung modifizierter Objekte | | |
| Symbolfarbe | | Abbildung von Farben auf Benutzer schwierig | Standardisierung von Benutzerfarben |
| Anzeige verstrichener Zeit | | Schwierig zu unterscheiden/differenzieren | |
| Symbolüberlagerung | Aktivitätsanzeige | | |
| **Ereignisfenster** | | | |
| Ereignisdarstellung | Verbindung von Symbol und Textform | | |
| Aufklappbare Ereignisliste | Aktivitätenüberblick | | |
| Manuelle Nachrichtenerzeugung und Übermittlung | Einfach zu nutzen für einfache Mitteilungen | Keine Rückmeldung, ob Empfänger das Ereignis erhält. Verbindung zum Kontextobjekt unklar | Anzeige wartender Nachrichten am Objektsymbol / Änderung des Funktionsaufrufs |
| Nutzung als schwebendes Fenster | | Verbrauch von Fensterfläche / Schwierig zu benutzen | Kleinere Fensterfläche |
| Short-cut Schaltflächen | Direkte Verbindung von Ereignis zum Objekt | Funktion der Schaltflächen nicht leicht erkennbar | Verringerung der Schaltflächenanzahl |
| Ereignisdialog | Garantierte Wahrnehmung | | |
| Chronikfenster | Verbesserte Nachvollziehbarkeit vergangener Aktionen | | |

**Tabelle 1: Zusammenfassung der POLIAwaC Evaluationsergebnisse**

## 5 Zusammenfassung und Schlußfolgerungen

Ein zentrales Entwurfsziel von POLITeam ist die Entwicklung eines Ereignis- und Benachrichtigungsdienstes, der die Gruppenwahrnehmung der Benutzer in einer kooperativen Umgebung unterstützt. Um dies zu realisieren und zu erproben, wurde POLIAwaC entwickelt, eine Anwendung die in eine übliche grafische Schnittstelle, einen hochentwickelten Ereignisauswahlmechanismus und eine Vielzahl von verschiedenen Darstellungsmechanismen sowohl für synchrone und asynchrone Aktivitäten integriert. Diese schließen erweiterte Objektsymbole ein, die die periphere Wahrnehmung von Ereignisinformationen ermöglichen, Benutzerobjekte, die Benutzerinformationen anzeigen, sowie eine umfangreiche Unterstützung asynchroner Benachrichtigungen.

Die Evaluation des Systems zeigte die prinzipielle Gültigkeit und Durchführbarkeit des Ansatzes. Die Gruppenwahrnehmung verbesserte die Zusammenarbeit, indem sie eine implizite Koordination ermöglichte. Die Verwendbarkeit variierte dabei mit dem jeweiligen Arbeitsstil der Benutzer. Wenn es große gegenseitige Abhängigkeiten zwischen der individuellen Arbeit mehrerer Benutzer gibt, dann ist die Vermittlung eines kooperativen Bewußtseins besonders wichtig. Mit POLIAwaC wurde gezeigt, daß es möglich ist, die Darstellung von Ereignisinformationen in übliche Schnittstellen zu integrieren, ohne ihr allgemeines Erscheinungsbild zu ändern. Ein sorgfältig abgestimmter Satz einfacher Benachrichtigungsmechanismen ist geeignet, alle wesentlichen Aspekte der Gruppenwahrnehmung zu behandeln. Es wurden aber auch die Probleme deutlich, die damit verbunden sind, neue, innovative Software und Konzepte in einer realen Anwendungsumgebung zu erproben.

## Literatur

[Ackerman & Starr 95] Ackerman, M.S.; Starr, B. (1995): Social Activity Indicators: Interface Components for CSCW Systems, in *Proc. of UIST'95*, Pittsburgh, PA, ACM Press, p. 159-168.

[Beaudouin-Lafon & Karsenty 92] Beaudouin-Lafon, M.; Karsenty, A. (1992): Transparency and Awareness in Real Time Groupware Systems, in *Proc. of UIST'92*, Monterey, CA, ACM Press, p. 171-180.

[Berlage & Sohlenkamp 98] Berlage, T.; Sohlenkamp, M. (1998): Visualizing Common Artefacts to Support Awareness in a Real-Time Groupware System, In: CSCW Journal, to appear.

[Bowers & Rodden 93] Bowers, J.; Rodden, T. (1993): Exploring the Interface: Experiences of a CSCW Network, in *Proc. of INTERCHI'93*, Amsterdam, ACM/SIGCHI, p. 255-262.

[Dourish & Bellotti 92] Dourish, P.; Bellotti, V. (1992): Awareness and Coordination in Shared Workspaces, in *Proc. of CSCW '92 - Sharing Perspectives*, Toronto, Canada, J. Turner, R. Kraut (Ed.), ACM Press, p. 107-114.

[Fuchs 98] Fuchs, L. (1998): *Situationsorientierte Unterstützung von Gruppenwahrnehmung in CSCW-Systemen*, GMD Research Series, GMD.

[Fuchs et al. 96] Fuchs, L.; Sohlenkamp, M.; Genau, A.; Kahler, H.; Pfeifer, A.; Wulf, V. (1996): Transparenz in kooperativen Prozessen; Der Ereignisdienst in POLITeam, in *Proc. of Her-*

*ausforderung Telekooperation: Fachtagung Deutsche Computer Supported Cooperative Work,* Stuttgart-Hohenheim, H. Krcmar, H. Lewe, G. Schwabe (Ed.), Springer, S. 3-16.

[Greenberg 96] Greenberg, S. (1996): Peepholes: Low Cost Awareness of One's Community, in *Proc. of CHI'96 (Conference Companion),* Vancouver, Canada, ACM Press, p. 206-207.

[Grudin 94] Grudin, J. (1994): Groupware and Social Dynamics: Eight challenges for developers, In: Communications of the ACM 37, 1, p. 92-105.

[Hudson & Smith 96] Hudson, S.E.; Smith, I. (1996): Techniques for Addressing Fundamental Privacy and Disruption Tradeoffs in Awareness Support Systems, in *Proc. of Conference on Computer Supported Cooperative Work (CSCW'96),* Boston, MA., M. Ackermann (Ed.), ACM, p. 248-257.

[Kyng 91] Kyng, M. (1991): Designing for Cooperation, In: Communications of the ACM 34, 12, p. 63-73.

[Mariani & Prinz 93] Mariani, J.; Prinz, W. (1993): From Multi-User to Shared Object Systems: Awareness about Co-Workers in Cooperation Support Object Databases. In *Informatik - Wirtschaft - Gesellschaft,* H. Reichel (Ed.), Springer, Berlin Heidelberg, S. 476-481.

[Mark et al. 97] Mark, G.; Fuchs, L.; Sohlenkamp, M. (1997): Supporting groupware conventions through contextual awareness, in *Proc. of Fifth European Conference on Computer Supported Cooperative Work,* Lancaster, U.K., J. Hughes, *et al.* (Ed.), Kluwer Academic Publishers, p. 253-268.

[Pankoke-Babatz & Syri 97] Pankoke-Babatz, U.; Syri, A. (1997): Collaborative Workspaces for Time Defferd Electronic Cooperation, in *Proc. of GROUP'97: International ACM SIGGROUP Conference on Supporting Group Work,* Phoenix, AZ, S. Hayne, W. Prinz (Ed.), ACM Press, p. 187-196.

[Prinz & Syri 97] Prinz, W.; Syri, A. (1997): Two complementary tools for the cooperation in a ministerial environment, In: Journal of Universal Computer Science 3, 8, p. 843-864. (http://www.iicm.edu/jucs_3_8)

[Rodden 96] Rodden, T. (1996): Populating the Application: A Model of Awareness for Cooperative Applications, in *Proc. of Conference on Computer Supported Cooperative Work (CSCW'96),* Boston, MA., M. Ackermann (Ed.), ACM, p. 87-96.

[Root 88] Root, W.R. (1988): Design of a multi-media vehicle for social browsing, in *Proc. of CSCW '88 Conference on Computer-Supported Cooperative Work,* Portland, OregonACM, p. 25-38.

[Rowley 94] Rowley, D.E. (1994): Usability Testing in the Field: Bringing the Laboratory to the User, in *Proc. of CHI'94,* Boston, MA, ACM Press, p. 306-312.

[Sohlenkamp & Chwelos 94] Sohlenkamp, M.; Chwelos, G. (1994): Integrating Communication, Cooperation and Awareness: The DIVA Virtual Office Environment, in *Proc. of Conference on Computer Supported Cooperative Work,* Chapel Hill, NC, USA, R. Furuta, C. Neuwirth (Ed.), ACM Press, P. 331-344.

Th. Herrmann; K. Just-Hahn (Hrsg.): Groupware und organisatorische Innovation (D-CSCW'98).
Stuttgart: B. G. Teubner 1998, S. 195-209

# Collaborative Information Environments for Innovative Communities of Practice

Gerry Stahl
Center for LifeLong Learning and Design, University of Colorado at Boulder, USA

## Summary

In the information age, lifelong learning and collaboration are essential aspects of most innovative work. Fortunately, the computer technology which drives the information explosion also has the potential to help individuals and teams to learn much of what they need to know on demand. In particular, computer-based systems on the Internet can be designed to capture knowledge as it is generated within a community of practice and to deliver relevant knowledge when it is useful. Computer-based design environments for skilled domain workers have recently graduated from research prototypes to commercial products, supporting the learning of individual designers. Such systems do not, however, adequately support the collaborative nature of work or the evolution of knowledge within communities of practice. If innovation is to be supported within collaborative efforts, these *domain-oriented design environments* (DODEs) must be extended to become *collaborative information environments* (CIEs), capable of providing effective community memories for managing information and learning within constantly evolving collaborative contexts.

# 1 Computer Support for Individual Innovation

## 1.1 The Need for LifeLong Learning for Innovation

The creation of innovative artifacts in our complex world — with its refined division of labor and its flood of information — requires continual learning. Learning can no longer be conceived as an activity confined to the classroom and to an individual's early years. Learning must continue while one is a worker, a citizen and an engaged adult for several reasons:

- Innovative tasks are ill-defined; their solution involves the learning of information that could not have been predicted.

- There is too much knowledge, even within specific subject areas, for anyone to master it all in advance or on one's own.

- The knowledge in many domains evolves rapidly and often depends upon the context of one's task situation, including one's support community.

- Frequently, the most important information has to do with a work group's own structure and history, its standard practices and roles, the details and design rationale of its local accomplishments.

- People's careers and self-directed interests require various new forms of learning at different stages as their roles in communities change.

- Learning — especially collaborative learning — has become a new form of labor, an integral component of work and organizations.

The contemporary need to extend the learning process from schooling into organizational and community realms is known as *lifelong learning.* Our past research explored the computer support of lifelong learning with *domain-oriented design environments* (DODEs). This paper argues for extending that approach to support collaborative work with *collaborative information environments* (CIEs).

Section 1 illustrates how computer support for lifelong learning has already been developed for individuals such as designers. It argues, however, that DODEs which deliver domain knowledge to individuals when it is relevant to their task are not sufficient for supporting innovative work within collaborative communities. Section 2 sketches a theory of how software productivity environments for design work by individuals can be extended to support organizational learning in collaborative work settings known as *communities of practice.* Section 3 provides a suggestive *scenario* of a CIE being used by a community of computer network managers. Finally, Section 4 touches on a set of critical CSCW issues concerning the design of CIEs.

## 1.2 Domain-Oriented Design Environments

Many innovative work tasks can be conceived as *design* processes: elaborating a new idea, planning a presentation, balancing conflicting proposals or writing a visionary report, for example. While designing can proceed on an intuitive level based on tacit expertise, it periodically encounters breakdowns in understanding where explicit reflection on new knowledge may be needed [Schön 83]. Thereby, designing entails learning.

For the past decade, researchers at the University of Colorado have explored the creation of DODEs to support workers as designers. These systems are *domain-oriented*: they incorporate knowledge specific to the work domain. They are able to recognize when a breakdown in understanding has occurred and can respond to it with appropriate information [Fischer 89].

To go beyond the power of pencil-and-paper representations, software systems for lifelong learning must "understand" something of the tasks they are supporting. This is accomplished by building into the system knowledge of the domain, including design objects and design rationale. A DODE typically provides a computational workspace within which a designer can construct and represent the artifact being constructed. Unlike a CAD system, in which the software only stores positions of lines, a DODE maintains a *representation* of objects that are meaningful in the domain. For instance, an environment for local-area network (LAN) design (the primary example in this paper) allows a designer to construct a network design by arranging items from a palette representing workstations, servers, routers, cables and other devices from the LAN domain.

A DODE can contain domain knowledge about constraints, rules of thumb and design rationale. It uses this information to respond to a current design state with active advice. Our systems used a mechanism we call *critiquing* [Fischer et al. 93a]. The system maintains a representation of the semantics of the design situation: usually the two-dimensional location of palette items representing design components. Critic rules are applied to the design representation. When a rule "fires," it posts a message alerting the designer that a problem might exist. The message includes links to information such as design rationale associated with the critic rule.

For instance, a LAN DODE might notice that the length of a cable in a design exceeds the specifications for that type of cable, that a router is needed to connect two subnets or that two connected devices are incompatible. At this point, the system could signal a possible design breakdown and provide domain knowledge relevant to the cited problem. The evaluation of the situation and the choice of action is up to the human designer, but now the designer has been given access to information relevant to making a decision [Fischer et al. 91].

## 1.3 A Commercial Product

Many of the ideas in our DODEs are now appearing in commercial products, independent of our efforts. In particular, there are environments for designing LANs. As an example, consider **NETSUITE** [NetSuite 97], a highly rated system that illustrates current best practices in LAN design support. This is a high-functionality system for skilled domain professionals who are willing to learn to use its rich set of capabilities (see Figure 1). **NETSUITE** contains a wealth of domain knowledge. Its palette of devices that can be placed in the construction area numbers over 5,000, with more downloadable from the vendor every month. Each device has associated parameters defining its characteristics, limitations and compatibilities — domain knowledge used by the critics that validate designs.

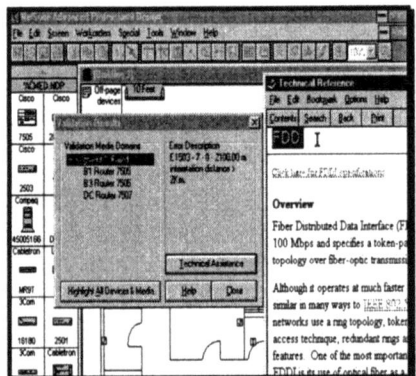 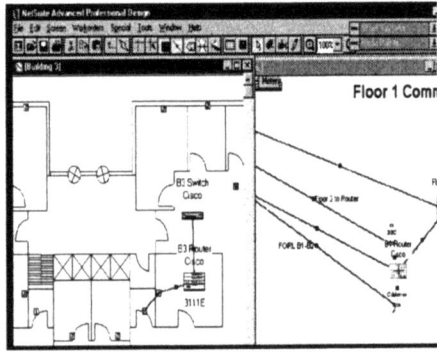

Figure 1: Two views of *NETSUITE*. In the left view, the system has noted that a cable length specification for a FDDI network has been exceeded in the design and the system has delivered information about the specification and affected devices. In the right view, parts of the network viewed in physical and logical representations are connected.

In **NETSUITE**, one designs a LAN from scratch, placing devices and cables from the palette. As the design progresses, the system validates it, critiquing it according to rules and parameters stored in its domain knowledge. The designer is informed about relevant issues in a number of ways: lists of devices to substitute into a design are restricted by the system to compatible choices, limited design rationale is displayed with the option of linking to further details, and technical terms are defined with hypertext links. In addition to the construction area there are LAN tools, such as an automated IP address generator and utilities for reporting on physically existing LAN configurations. When a design is completed, a bill-of-materials can be printed out and an HTML page can be produced for display on the Internet. **NETSUITE** is a knowledgeable, well constructed system to support an *individual* LAN designer.

## 1.4 The Need to Go Further

Based on our understanding of organizational learning and our investigation of LAN design communities, we believe that in a domain like LAN management no closed system will suffice. The domain knowledge required to go beyond the functionality of **NETSUITE** is too open-ended, too constantly changing and too dependent upon local circumstances. The next generation of commercial DODEs will have to support *extensibility* by end-users and *collaboration* within communities of practice. While a system like **NETSUITE** has its place in helping to design complex networks from scratch, most work of LAN managers involves extending existing networks, debugging breakdowns in service and planning for future technologies.

Many LAN management organizations rely on home-grown information systems because they believe that critical parts of their local information are unique. A community of practice has its own ways of doing things. Generally, these local practices are understood tacitly and are propagated through apprenticeship [Lave & Wenger 91]. This causes problems when the old-timer who set things up is gone and when a newcomer does not know who to ask or even what to ask. A community memory is needed that captures local knowledge when it is generated (e.g., when a device is configured) and delivers knowledge when needed (when there is a problem with that device) without being explicitly queried.

The burden of entering all this information in the system must be distributed among the people doing the work and must be supported computationally to minimize the effort required. This means that the software environment must be thoroughly interactive so that users can easily enter data and comments. The information base should be seeded with basic domain knowledge so that users do not have to enter everything and so that the system is useful from the start. As the information space grows, there should be ways for people to restructure it so that its organization and functionality keep pace with its evolving contents and uses [Fischer et al. 96]. DODEs must be extended to support communities of practice, not just isolated designers.

## 2 Supporting Communities of Practice

### 2.1 Communities of Practice

All work within a division of labor is social [Marx 1867]. The job that one person performs is also performed similarly by others and relies upon vast social networks. That is, work is defined by *social practices* that are propagated through socialization, apprenticeship, training, schooling, and culture [Giddens 84; Bourdieu 72], as well as by explicit standards. Often, work is performed by cooperating teams that form *communities of practice* within or across organizations [Brown & Duguid 91].

For instance, interviews we conducted showed that computer network managers at our university work in concert. They need to share information about what they have done and how it is done with other team members and with other LAN managers elsewhere. For such a community, information about their own situation may be even more important than generic domain knowledge [Orr 90]. Support for LAN managers must provide memory about how individual local devices have been configured as well as offer domain knowledge about standards, protocols and compatibilities.

Communities of practice can be co-located within an organization (e.g., at our university) or across a discipline (e.g., all directors of university networks). Before the World Wide

Web existed, most computer support for communities of practice targeted individuals with desktop applications. The knowledge in the systems was mostly static domain knowledge. With intranets and dynamic web sites, it is now possible to support distributed communities and also to maintain interactive and evolving information about local circumstances and group history.

## 2.2 Digital Memories for Communities of Practice

Human and social evolution can be viewed as the successive development of increasingly effective forms of *memory* for learning, storing and sharing knowledge. Biological evolution gave us episodic, mimetic and mythical memory; then cultural evolution provided oral and written — external and shared — memory; finally modern technological evolution generates digital (computer-based) and global (Internet-based) memories [Donald 91; Norman 93]. At each stage, the development of hardware capabilities must be followed by the adoption of appropriate skills and practices before the potential of the new information technology can be realized.

External memories, incorporating symbolic representations, facilitated the growth of complex societies and sophisticated scientific understanding. Their effectiveness relied upon the spread of literacy and industrialization. Similarly, while the proliferation of networked computers ushers in the possibility of capturing new knowledge as it is produced within work groups and delivering relevant information on demand, the achievement of this potential requires the careful design of information systems, software interfaces and work practices. New computer-based organizational memories must be matched with new social structures that produce and reproduce patterns of organizational learning.

Community memories are to communities of practice what human memories are to individuals. They make use of explicit, external, symbolic representations that allow for shared understanding within a community. They make organizational learning possible within the group.

## 2.3 The Process of Organizational Learning

The ability of designers to proceed based on their tacit existing expertise [Polanyi 62] periodically breaks down and they have to rebuild their understanding of the situation through explicit reflection [Schön 83]. This reflective stage can be helped if they have good community support or effective computer support to bring relevant new information to bear on their problem. When they have comprehended the problem and incorporated the new understanding in their personal memories, we say they have learned. The process of *design* typically follows this cycle of breakdown and reinterpretation (see Figure 2, cycle on left) [Stahl 93a].

When design tasks take place in a collaborative context, the reflection results in articulation of solutions in language or in other symbolic representations. The articulated new knowledge can be shared within the community of practice. Such knowledge, learned by the community, can be used in future situations to help a member overcome a breakdown in understanding. This cycle of collaboration is called *organizational learning* (see Figure 2, upper cycle). The personal reflection and collaborative articulation of shared perspectives makes innovation possible [Boland et al. 95; Tomasello et al. 93].

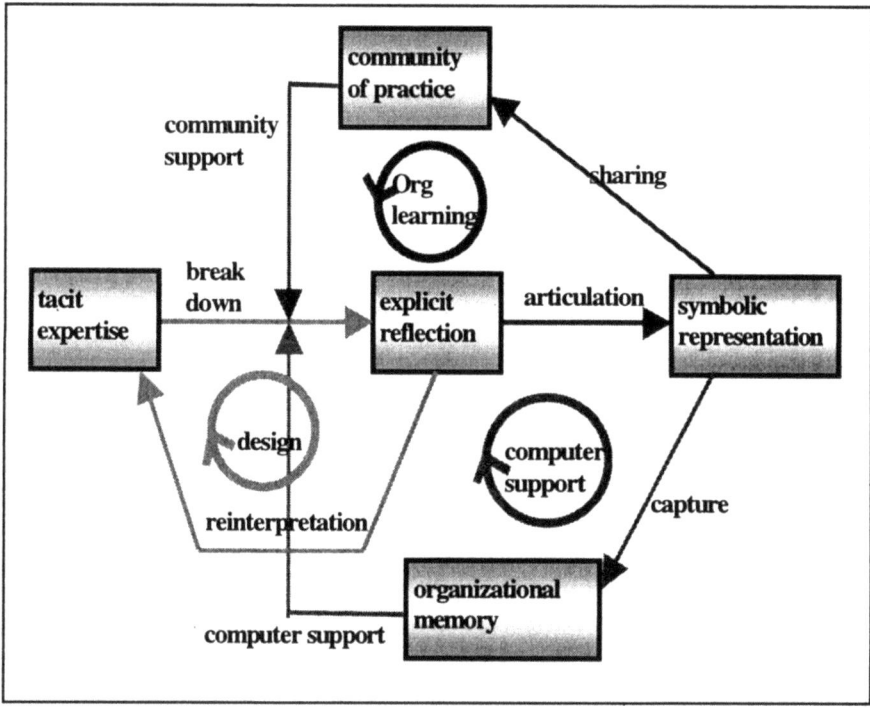

Figure 2: Cycles of design, computer support and organizational learning.

Organizational learning can be supported by computer-based systems of organizational memory if the articulated knowledge is captured in a digital symbolic representation. The information must be stored and organized in a format that facilitates its subsequent identification and retrieval. In order to provide *computer support*, the software must be able to recognize breakdown situations when particular items of stored information might be useful to human reflection (see Figure 2, lower cycle) [Stahl 93b]. DODEs provide computer support for design by individuals. They need to be extended to collaborative information environments (CIEs) to support organizational learning in communities of practice.

## 2.4 Extending the DODE Approach to CIEs

The key to active computer support that goes significantly beyond printed external memories is to have the system deliver the right information at the right time in the right way [Fischer et al. 93b]. Somehow, the software must be able to analyze the state of the work being undertaken, identify likely breakdowns, locate relevant information and deliver that information in a timely manner.

Systems like **NETSUITE** and our older prototypes used *critics* based on *domain knowledge* to *deliver information* relevant to the current state of a *design artifact* being constructed in the design environment work space (see Figure 3, left).

One can generalize from the critiquing approach of these DODEs to arrive at an overall architecture for organizational memories. The core difference between a DODE and a CIE is that a DODE focuses on delivering domain knowledge, conceived of as relatively static and universal, while a CIE is built around forms of community memory, treated as constantly evolving and largely specific to a particular community of practice. Where DODEs relied heavily on a set of critic rules predefined as part of the domain knowledge, CIEs generalize the function of the critiquing mechanisms.

In a CIE, it is still necessary to maintain some representation of the task as a basis for the software to take action. This is most naturally accomplished if work is done within the software environment. For instance, if communication about designs takes place within the system where the design is constructed, then annotations and email messages can be linked directly to the design elements they discuss. This reduces problems of deixis (comments referring to "that" object "over there"). It also allows related items to be linked together automatically. In a rich information space there may be many relationships of interest between new work artifacts and items in the organizational memory. For instance, when a LAN manager debugs a network, links between network diagrams, topology designs, LAN diary entries, device tables and an interactive glossary of local terminology can be browsed to discover relevant information.

The general problem for a CIE is to define *analysis mechanisms* that can bridge from the *task representation* to relevant *community memory* information items to support *learning on demand* (see Figure 3, right).

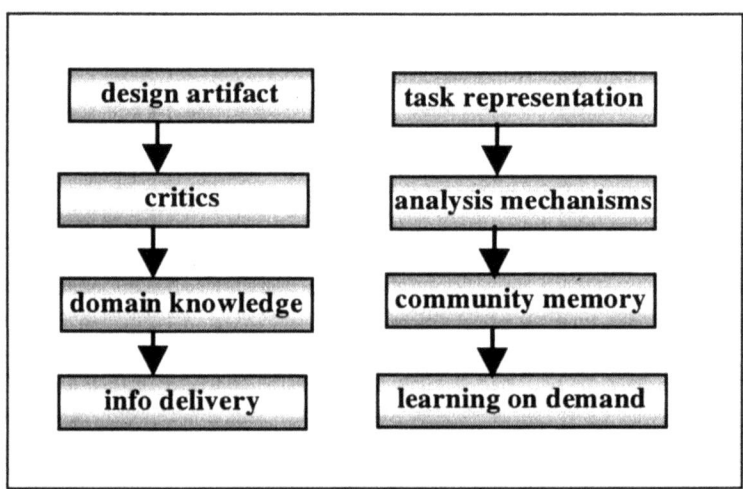

**Figure 3: Generalization of the DODE architecture (left) to a CIE (right).**

To take a very different example, suppose you are writing a paper within a software environment that includes a digital library of papers written by you and your colleagues. Then an analysis mechanism to support your learning might compare sentences or paragraphs in your draft (which functions as a task representation) to text from other papers and from email discussions (the community memory) to find excerpts of potential interest to deliver for your learning. We use latent semantic analysis [Landauer & Dumais 97] to mine our email repository [Lindstaedt 97] and are exploring similar uses of this mechanism to link task representations to textual information to support organizational learning. Other retrieval mechanisms might be appropriate for mining catalogs of software agents or components, design elements and other sorts of organizational memories.

## 2.5 Integrative Systems for Community Memory

Effective community memory relies on integration. Tools for representing design artifacts and other work tasks must be related to rich repositories of information that can be brought to bear when needed. Communication about artifacts under development should be embedded in the artifact so they retain their context of significance and their association with each other. Finally, members of the community of practice must be integrated with each other in ways that allow something one member learned in the past to be delivered to other members when they need it in the future. One model for such integration — on an individual level — is the human brain, which stores a wealth of memories over a lifetime of experience, thought and learning in a highly inter-related associative network that permits effective recall based on relevance.

A traditional way to integrate information in a computer system is with a relational database. This allows associations to be established among arbitrary data. It also provides mechanisms like SQL queries to retrieve information based on specifications in a rather comprehensive language. Integrating all the information of a design environment in a unified database makes it possible to build bridges from the current task representation to any other information. Of course, object-oriented or hybrid databases and distributed systems that integrate data on multiple computers can provide the same advantages. Nor does an underlying query language like SQL have to be exposed to users; front-end interfaces can be much more graphical and domain-oriented.

Communities must also be integrated. The Internet provides a convenient technology for integrating the members of a community of practice, even if they are physically dispersed or do not share a homogeneous computer platform. In particular, *intranets* are web sites designed for communication within a specific community rather than world-wide. WEBNET, for instance, is an intranet that we prototyped for LAN management communities. It includes a variety of communication media as well as community memory repositories and collaborative productivity tools (see Figure 4, left frame).

Dynamic web pages can be *interactive* in the sense that they accept user inputs through selection buttons and text entry forms. Unlike most forms on the Internet that only provide information (like product orders, customer preferences or user demographics) to the webmaster, intranet feedback may be made immediately available to the user community that generated it. For instance, the following scenario includes an interactive glossary. When someone modifies a glossary definition the new definition is displayed to anyone looking at the glossary. Community members can readily comment on the definitions or change them. The history of the changes and comments made by the community is shared by the group. In this way, intranet technology can be used to build systems that are CIEs in which community members deposit knowledge as they acquire it so that other members can learn when they need to or want to, and can communicate about it. Let us imagine how a CIE like **WEBNET** might be used in a concrete scenario.

## 3 Scenario of a Collaborative Information Environment in Use

### 3.1 Critiquing and Information Delivery

Kay is a graduate student who works part-time to maintain her department's LAN. The department has a budget to extend its network and has asked Kay to come up with a design. Kay brings up **WEBNET** in her web browser at http://www.cs.colorado.edu/~gerry/WebNet/webnet.htm.

She opens up the design of her department's current LAN in the LAN Design Environment, an **AGENTSHEETS** [Reppening 94] simulation applet. Kay starts to add a new subnet. Noticing that there is no icon for an Iris graphics workstation in her palette, Kay selects the **WEBNET** menu item for the Simulations Repository web page. This opens a web site that contains simulation agents that other **AGENTSHEETS** users have programmed. **WEBNET** opens the repository to display agents that are appropriate for **WEBNET** simulations. Kay locates a simulation agent that someone else has created with the behavior of an Iris workstation. She adds this to her palette and to her design.

When Kay runs the LAN simulation, **WEBNET** proactively inserts a router (see Figure 4, upper right), and informs Kay that a router is needed at the intersection of the two subnets. **WEBNET** displays some basic information about routers and suggests several web bookmarks with details about different routers from commercial vendors (see Figure 4, lower right). Here, **WEBNET** has signaled a breakdown in Kay's designing and provided easy access to sources of information for her to learn what she needs to know on demand. This information includes generic domain knowledge like definitions of technical terms, current equipment details like costs and community memory from related historical emails.

**WEBNET** points to several email messages from Kay's colleagues that discuss router issues and how they have been handled locally. The Email Archive includes all emails sent to Kay's LAN management workgroup in the past. Relevant emails are retrieved and ordered by the Email Archive software [Lindstaedt 97] based on their semantic relatedness to a query. In Kay's situation, **WEBNET** automatically generates a query describing the simulation context, particularly the need for a router. The repository can also be browsed, using a hierarchy of categories developed by the user community.

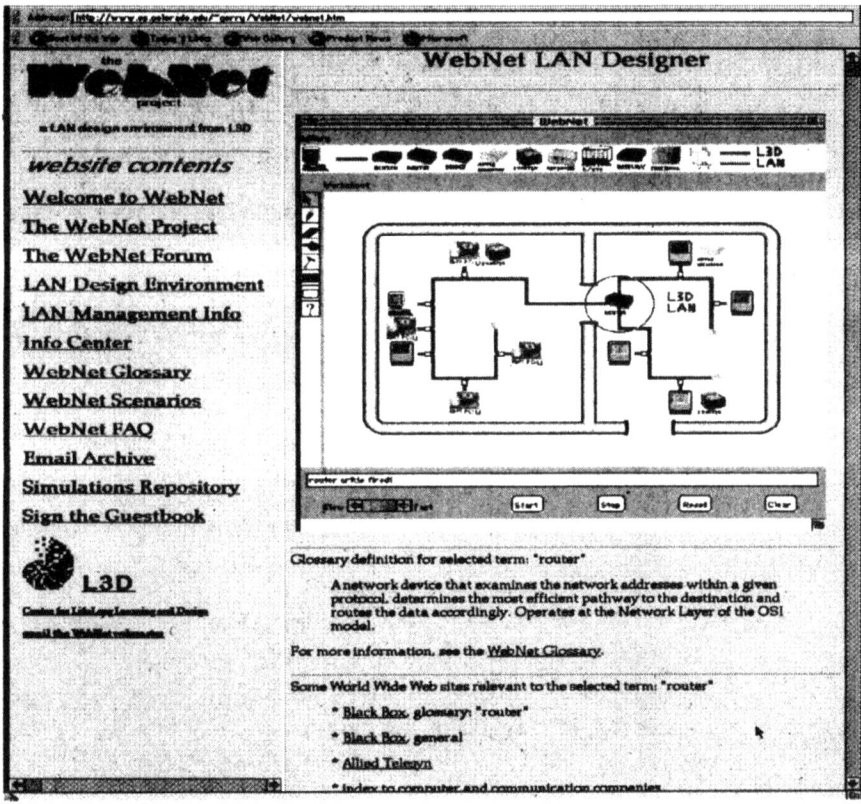

Figure 4: The WEBNET LAN design and simulation workspace (upper-right frame) and information delivered by a critic (lower-right frame). Note table of contents to the web site (left frame).

Kay reviews the email to find out which routers are preferred by her colleagues. Then she looks up the latest specs, options and costs on the web pages of router suppliers. Kay adds the router she wants to the simulation and re-runs the simulation to check it. She saves her new design in a catalog of local LAN layouts. Then she sends an email message to her coworkers telling them to take a look at the new design in WEBNET's catalog. She also asks Jay, her mentor at Network Services, to check her work.

## 3.2 Interactive and Evolving Knowledge

Jay studies Kay's design in his web browser. He realizes that the Iris computer that Kay has added is powerful enough to perform the routing function itself. He knows that this knowledge has to be added to the simulation in order to make this option obvious to novices like Kay when they work in the simulation. AGENTSHEETS includes an end-user programming language that allows Jay to reprogram the Iris workstation agent. To see how other people have programmed similar functionality, Jay finds a server agent on the Simulations Repository and looks at its program. He adapts it to modify the behavior of the Iris agent and stores this agent back on the repository. Then he redefines the router critic rule in the simulation. He also sends Kay an email describing the advantages of doing the routing in software on the Iris; WEBNET may make this email available to people in situations like Kay's in the future.

When he is finished, Jay tests his changes by going through the process that Kay followed. This time, the definition of router supplied by WEBNET catches his eye. He realizes that this definition could also include knowledge about the option of performing routing in workstation software. The definitions that WEBNET provides are stored in an interactive glossary. Jay goes to the WEBNET glossary entry for "router" and clicks on the "Edit Definition" button. He adds a sentence to the existing definition, noting that routing can sometimes be performed by server software. He saves this definition and then clicks on "Make Annotations". This lets him add a comment suggesting that readers look at the simulation he has just modified for an example of software routing. Other community members may add their own comments, expressing their views of the pros and cons of this approach. Any glossary user can quickly review the history of definitions and comments — as well as contribute their own thoughts.

## 3.3  Community Memory

It is now two years later. Kay has graduated and been replaced by Bea. The subnet that Kay had added crashed last night due to print queue problems. Bea uses the LAN Management Info component of WEBNET to trace back through a series of email trouble reports and entries in LAN diaries. After successfully debugging the problem using the community memory stored in WEBNET, Bea documents the solution by making an entry in the technical glossary as well as noting detailed changes in the LAN diary.

The LAN Management Information component of WEBNET consists of four integrated information sources: a Trouble Queue of reported problems, a Host Table listing device configurations, a LAN Diary detailing chronological modifications to the LAN and a Technical Glossary defining local hardware names and aliases. These four sources are accessed through a common interface that provides for interactivity and linking of related items.

The particular problem that Bea is working on was submitted to her through the Trouble Queue; her solution will be added there to provide documentation. Bea starts her investigation with the Host Table, reviewing how the printer, routers and servers have been configured. This information includes links to LAN Diary entries dating back to Kay's work and providing the rationale for how decisions were made by the various people who managed the LAN. Bea also searches the Trouble Queue for incidents involving the print queue and related device configurations. Many of the relevant entries in the four sources are linked together, providing paths to guide Bea on an illuminating path through the community history. After successfully debugging the problem using the community memory stored in WEBNET, Bea documents the solution by making entries and new cross links in the LAN Management Information sources.

In this scenario, Kay, Jay and Bea have used WebNet as a design, communication and memory system to support both their immediate tasks and the future work of their community.

## 4 Vision of Support for Innovative Communities

The CIE concept arose from our work on the **WEBNET** prototype and our investigations of the needs of LAN management communities. **WEBNET** began as a port of a DODE for LAN design to the web. In the process, we came to recognize the importance of supporting evolving community memory with interactive intranet technology. The DODE focus on domain-oriented simulations, critics and design rationale had to be extended with more communication and information delivery mechanisms.

Technical domains are too complex, fast changing and locally variable to expect a vendor of DODEs like **NETSUITE** to maintain rich repositories of domain knowledge. Local information is even harder than generic domain information for outside knowledge engineers to compile, being largely tacit expertise of community old-timers. So it is up to community members to maintain information collaboratively in a distributed fashion: a community memory must be implemented as a CIE.

But busy people cannot be burdened with massive data entry tasks whose payoff seems remote. The capturing of information in a CIE must be incorporated into the social practices of the community and it must be computationally supported to reduce the burden and maximize the benefits. In our current research, we are exploring the following approaches to this problem:

- Allow people to build knowledge by commenting naturally on information as they encounter it in their regular work. All information (like glossary definitions) should be interactive, allowing for immediate annotation and revision (subject, of course, to security, privacy and authority issues).

- Embed communication about artifacts within the same system as work on the artifact. Then the messages can be archived and associated with the artifact automatically.

- Allow community members to link and reorganize information in order to build and update useful structuring of the information space. Support these efforts with automation where possible.

- Help community members to personalize information delivery with adaptable features. Enhance this with automatic adaptation of the system to a user's preferences and needs.

A CIE should be a high-functionality software environment in which people work, communicate and learn collaboratively. By serving as an environment for a community's activities, the CIE can capture work artifacts and work rationale in an organizational memory that informs innovation:

- It should incorporate tools for engaging in the work practices of the group.

- It should support multiple modes of communication, such as Internet chat, email, threaded discussions, ubiquitous annotation.

- It should deliver timely, relevant, non-intrusive information to support lifelong learning.

Community memory may be most effective when embedded in a CIE. Emerging intranet technology provides the technological basis for effective systems built around community memories for learning in communities of practice. However, features, techniques and practices to realize this potential are just beginning to be investigated. While some of our early ideas for DODEs have matured into current best practices, there are still many open research issues surrounding how to realize the potential of CIEs for supporting innovation within specific communities of practice.

## Acknowledgments

This research was a collaboration of the author with Gerhard Fischer and Jonathan Ostwald. We would like to thank the other members of the Center for LifeLong Learning and Design, particularly the Organizational Memory group, including Jay Smith, Scott Berkebile, Sam Stoller, Jim Masson and Tim Ohara who worked on the WEBNET system. Our knowledge of LAN design benefited from our domain investigators John Rieman and Ken Anderson and local informants Kyle Kucson and Evi Nemeth. The work reported here was supported in part by grants from ARPA N66001-94-C-6038 and NSF IRI-9711951. NETSUITE ADVANCED PROFESSIONAL DESIGN is a trademark of NetSuite.

## References

[Boland et al. 95] Boland, R. J. Jr. & Tenkasi, R. V. (1995): Perspective Making and Perspective Taking in Communities of Knowing. *Organization Science*. Vol. 6, No. 4, pp. 350-372.

[Bourdieu 72] Bourdieu, P. (1972): *Esquisse d'une theorie de la pratique*. Switzerland: Librairie Droz, S. A.

[Brown & Duguid 91] Brown, J. S. & Duguid, P. (1991): Organizational Learning and Communities of Practice: Toward a Unified View of Working, Learning, and Innovation. *Organization Science*. Vol. 2. No. 1. pp. 40-57.

[Donald 91] Donald, M. (1991): *Origins of the Modern Mind*. Cambridge, MA: Harvard University Press.

[Fischer 89] Fischer, G. (1989): Creativity Enhancing Design Environments. Proceedings of the International Conference on Modeling Creativity and Knowledge-Based Creative Design. Heron Island, Australia. pp. 127-132.

[Fischer et al. 96] Fischer, G.; McCall, R.; Ostwald, J.; Reeves, B. & Shipman F. (1996): Seeding, Evolutionary Growth and Reseeding: The Incremental Development of Collaborative Design Environments. In: Olson, G.; Malone T. & Smith, J. (Eds): *Coordination Theory and Collaboration Technology*.

[Fischer et al. 93a] Fischer, G.; Nakakoji, K.; Ostwald, J.; Stahl, G. & Sumner, T. (1993): Embedding Computer-Based Critics in the Contexts of Design. *Proceedings of InterCHI '93*. Amsterdam. pp. 157-164.

[Fischer et al. 93b] Fischer, G.; Nakakoji, K.; Ostwald, J.; Stahl, G. & Sumner, T. (1993): Embedding Critics in Design Environments. *The Knowledge Engineering Review*. Vol. 8. No. 4. pp. 285-307. In: Maybury, M. & Wahlster, W. (1998): *Readings in Intelligent User Interfaces*. San Francisco, CA: Morgan-Kaufmann. pp. 537-561.

[Fischer et al. 91] Fischer, G.; Lemke, A.; McCall, R. & Morch, A. (1991): Making Argumentation Serve Design. *Human-Computer Interaction*. Vol 6, Nos, 3 & 4. pp. 393-419.

[Giddens 84] Giddens, A. (1984): *The Constitution of Society*. Berkeley: University of California Press.

[Landauer & Dumais 97] Landauer, T. K. & Dumais, S. T. (1997): A Solution to Plato's Problem: The Latent Semantic Analysis Theory of the Acquisition, Induction, and Representation of Knowledge. *Psychological Review*. No. 104. pp. 211-240.

[Lave & Wenger 91] Lave, J. & Wenger, E. (1991): Situated Learning: Legitimate Peripheral Participation. New York: Cambridge University Press.

[Lindstaedt 97] Lindstaedt, S. (1997): Towards Organizational Learning: Growing Group Memories in the Workplace. *Proceedings of CHI '96*. Doctoral Consortium. Vancouver, British Columbia, Canada.

[Marx 1867] Marx, K. (1867): *Das Kapital: Kritik der politischen Ökonomie*. Erster Band. Hamburg: Verlag von Otto Meissner.

[NetSuite 97] NetSuite Advanced Professional Design home page. Available at http://www.netsuite.com/products/docs/napd.htm.

[Norman 93] Norman, D. (1993): *Things That Make Us Smart*. Reading, MA: Addison-Wesley.

[Orr 90] Orr, J. (1990): Sharing Knowledge, Celebrating Identity: War Stories and Community Memory in a Service Culture. In: Middleton, D. S. & Edwards, D. (Eds.): *Collective Remembering: Memory in Society*. Beverly Hills, CA: Sage Publications.

[Polanyi 62] Polanyi, M. (1962): *Personal Knowledge*. London: Routledge & Kegan Paul.

[Reppening 94] Repenning, A. (1994): Programming Substrates to Create Interactive Learning Environments. *J. of Interactive Learning Environments*. 4, 1, pp. 45-74.

[Schön 83] Schön, D. (1983): *The Reflective Practitioner*. New York: Basic Books.

[Stahl 93a] Stahl, G. (1993) Supporting Situated Interpretation. *Proceedings of the Cognitive Science Society*. Boulder, CO. pp. 965-970.

[Stahl 93b] Stahl, G. (1993): *Interpretation in Design: The Problem of Tacit and Explicit Understanding in Computer Support of Cooperative Design*. Unpublished Ph.D. Dissertation. Department of Computer Science. University of Colorado.

[Tomasello et al. 93] Tomasello, M.; Kruger, A. C. & Ratner, H. (1993): Cultural Learning. *Behavioral and Brain Sciences*. pp. 495-552.

# Role Approach for the Amplification of Individual and Higher Levels of Intelligence

Jens K. Stief and Jason Frand

John E. Anderson Graduate School of Management, Los Angeles, USA

## Summary

*"Organizational Intelligence" (OI)* is an approach for the management of social systems that aims to amplify *intelligence* on four organizational levels with strong support from information and communication systems (ICS). The *"Role Approach"* (RA) can sustain this amplification since the RA provides a method to *classify, aggregate and retrieve* information consistently and future-oriented. *Designers of ICS*, e.g. groupware, can derive guidelines for the architecture of group or organizational memories which are capable of supporting OI. *Managers* can use the RA to deal with the increasing amount of information during their ongoing careers. The use of the RA in the ICS-environment of one of the top-ten US-American Management Schools, *The John E. Anderson Graduate School of Management* at UCLA, points to the potential contribution of the RA for OI.

# 1 Intelligence as a Driver of Competitiveness

In today's and tomorrow's business environments the competitiveness of enterprises may be strongly determined by their *intelligence*. Intelligence enables organizations to *adapt* rapidly to new situations in their environment, *anticipate* future situations and *actively influence* these situations. For organizations intelligence presents the foundation for their survival and prosperity. The *intelligence of organizations* emerges from the intelligence of its individuals and from the value-adding coordination of individuals' intelligence in groups.

*"Organizational Intelligence" (OI)* is understood as a management approach to design and operate social systems, intensively supported by information and communication systems (ICS) to generate and utilize information, knowledge, and opinion and to enhance the ability of individuals, groups, organizations and networks to survive and prosper (section 2). In this context, the OI addresses four organizational levels and *four corresponding levels of intelligence* (section 3). Therefore, OI requires ICS designed to support the generation and utilization of information, knowledge and opinion. The *"Role Approach" (RA)* is a method to classify, aggregate and retrieve information (section 4). Embedded into ICS, the RA can make a strong contribution to OI and applies to the four levels of intelligence. For designers of ICS the RA delivers guidelines on how to design the classification, aggregation and retrieval of information to support OI. For managers and prospective managers the RA is valuable in helping to deal with a growing amount of information and the challenges induced by an ongoing career of a manager. An example of how to apply the RA is shown in the context of one of the top-ten US-American Business Schools, The John E. Anderson Graduate School of Management at UCLA (section 5).

# 2 Management Approach *Organizational Intelligence*

The foundations of Organizational Intelligence (OI) are originally found in the late 1960s in the USA [Wilensky 67]. Afterwards, an independent development of OI came up first in Japan with Matsuda in the 1980s [1992, 1993] and then in different research directions and areas in Germany, with Kirn [1995, 1997] in the *field of computer science* and with Müller-Merbach [1995, 1996, 1998], Jacobsen [1996] and Momm [1997] in the *field of management* of intelligent enterprises. With the popularization of concepts for the learning organization, e.g. Senge [1994], and their strong support with information technology (IT), e.g. Davenport [1997], Tapscott [1996], research on OI regained broader consideration in the USA in the mid 1990s. Quinn [1992] with his book the "Intelligent Enterprise" laid the foundation for a series of further works.

Matsuda [1992, 1993] suggests OI should be the interaction of its products and its processes. Müller-Merbach [1996] then assimilated and advanced the ideas of Matsuda. For Müller-Merbach, *OI as a product* must be embodied as *information, knowledge and opinion*.

Following the idea of the organizational *"learning mechanism"* of Leavitt [1958], a set of four types of (sub)processes makes up *OI as a process: "Input"* (Perceive), *"Process"* (classify, aggregate, generate, evaluate), *"Store and Retrieve"*, and *"Output"* (Utilize) (also according to [Müller-Merbach 98]). In the context of this article the processes "classify" and "aggregate" as entities of the type *"Process"* gain further consideration.

According to Eysenck [1980] and Müller-Merbach [1996] intelligence is a *concept* and not a *thing* which has discernible characteristics (e.g. a chair or an information system). Intelligence is considered as an abstraction of perceived facts and of a set of abilities of an individual or a system of individuals. A definition of intelligence can consequently never be false or correct. It can only be expedient or unexpedient [Müller-Merbach 96]. Here, according to Guilford [1959] (but also McMaster [1996] without cross reference), intelligence is contemplated as the comprehensive *ability* of individuals or social systems (Guilford's terminology in parentheses and quotation marks)

1. to *perceive* their own situation and that of their environment by assimilating information ("cognition");

2. to *store* and *retrieve* information, knowledge and opinion ("storage and retrieval");

3. to *classify* and *aggregate* information, knowledge and opinion ("convergent thinking");

4. to *generate* new information, knowledge and opinion creatively and deductively ("divergent thinking");

5. to *evaluate* information, knowledge, and opinion ("evaluating") and

6. to *carry out actions* to change its environment and itself ("utilization", "action") e.g. through communication with others.

*Intelligence* is considered to enable individuals or social systems to deal successfully with a current situation, to anticipate future states and to prepare prosperous actions to deal with these future states [Stern 32]. Intelligence as an *ability* can be assigned to individuals, groups, organizations and networks. The assignment of intelligence to these subjects on organizational levels leads to four corresponding levels of intelligence (see Figure 1).

In this context, clarifying between information, knowledge, and opinion appears to be appropriate as *information* is considered to be storable on and transferable through ICS and *knowledge and opinion are only to be carried in subjects* according to their nature. Following Drucker [1988], Müller-Merbach [1998] and Matsuda [1992,1993] *information* is considered as a subset of data, endowed with relevance and purpose to a specific user.

In contrast, *knowledge* is conceived as information that is understood and *enables to act* [Polanyi 66]. Due to its requirement to be understood, knowledge – as opposed to information – *cannot be stored* on ICS. But knowledge can be described and documented and hence communicated between subjects as information.

Finally, *opinion* is contemplated as a set of basic values, opinions, experiences and contemplations. Opinion embraces tacit aspects as suggested by Polanyi [1966] and Nonaka [1992] and is hence hard to describe through information. While knowledge represents "objective" facts, opinion primarily complies a "subjective" perception and convictions for which the individual lacks or has lost deductive explanation, as Müller-Merbach [1998] explains. Opinion emerges over a relatively long period of time and can only be influenced intermediately.

In summary, OI is a management approach to design and operate social systems. OI is understood as the interplay of its four types of processes and three types of products. OI intends to amplify intelligence on four different levels. In section 3 these levels are examined and in section 4 the processes *classify, aggregate*, and *retrieve* will be examined more specifically in the context of the RA.

## 3 Four Levels of Intelligence

Examinations on intelligence have been reported for a long period of time. Plato (427-347 B.C.) and Aristotle (384-322 B.C.) were already concerned with intelligence [Müller-Merbach 96]. But far into the $20^{th}$ century, intelligence has been deemed to be a characteristic exclusively inherent in individuals. With the research of Wilensky [1967] and Matsuda [1992], concepts of intelligence were extended from a purely individual to an *organizational* contemplation. To apply the concept of intelligence in a business environment, it is textured here into four levels: intelligence of *individuals, groups, organizations*, and *networks*, which are supported separately by different forms of ICS. In this context, a *higher level of intelligence* is understood as a level of intelligence assigned to a higher organizational level.

*Individual intelligence* can be intermediately supported by personal computing, like Frand and Broesamle [1996], Müller-Merbach [1986, 1992] or Quinn et al. [1997] have shown, personal computing supports storing and retrieving of information, assists classifying and aggregating of information outside a human memory (external information), and fosters generating information, knowledge, and opinion. *Thus, personal computing can amplify personal intelligence.*

In a business environment, when several individuals perform in direct interaction to obtain a joint objective (in a project or task), they form a *group*. When interacting, a group is holding its own level of intelligence (group intelligence) which is more than the aggregated individual intelligence of its members (implicitly shown by Nonaka and Takeuchi [1997]).

*Intelligence of groups* (alike higher levels of intelligence of social systems) is inherent only in a group, and when the group dissolves, this form of intelligence dissipates. Due to the direct interaction of their members and hence short and fast feedback loops, groups have a large potential for holding a form of intelligence that surpasses the aggregated individual intelligence of its members [Hongo & Stone 97]. Accordingly, the actions of the group lead to a *improved assimilation to the current situation*, a more *profound image of the future* and a *higher variety and quality* of possible actions to cope with future situations. *Groupware* can help the individuals to coordinate their interaction liberated from restrictions of location or time [Schwabe & Krcmar 96; Nunamaker et al. 91]. It can also help to perceive information, access information of others, generate knowledge based on the information of others and to help to coordinate actions of individuals and groups. *Thus, groupware can amplify group intelligence.*

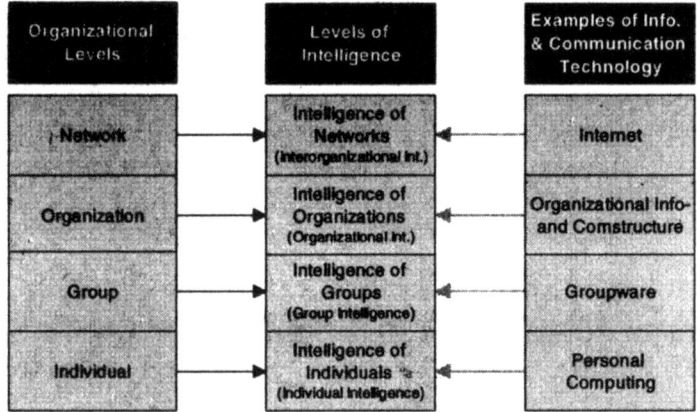

Figure 1: Organizational Levels, Levels of Intelligence and Examples of Information and Communication Technology.

The *intelligence of organizations* is a result of the synergetic interaction of personal, group and individual intelligence. The intelligence of organizations can be supported by the *organizational information and communication infrastructure* as the infrastructure makes information which has been created by individuals and groups available throughout the organization, like Jacobsen [1996], Kirn [1997] and Müller-Merbach [1998] have shown. As information, knowledge and opinion can be shared and mutually influenced, their value for the organization grows dramatically or as Quinn et al. [1997] state *"exponentially."* Thus, the organizational information and communication infrastructure can amplify organizational intelligence.

Following Sydow [1992] or Benson [1975], several independent organizations form a (interorganizational) *network* when they conduct coordinated activities to fulfil joint objectives. The Internet and its services, e.g. the World-Wide Web, fulfil on the network level similar functions as the information and communication infrastructure on the organizational level. In fact, both are tightly wed, and the Internet may also amplify lower levels of intelligence [Tapscott 96]. Organizations can use the Internet and profit from synergetic effects of coordinated activities. The Internet allows networked organizations to encounter references to information, knowledge and opinion. As the Internet allows one to span the processes of OI, the *Internet may amplify the intelligence of networks*.

In summary, OI addresses four levels of intelligence. Information and communication systems help to amplify intelligence on each of the four levels.

In section 4 the RA as one possible approach for the classification, aggregation and retrieval of information is introduced and its contribution to the amplification of the intelligence of individuals and groups is shown.

## 4 The Role Approach

The Role Approach (RA) delivers basic guidelines for *designers of ICS* on how to design the classification, aggregation and retrieval functions of ICS with the intention of supporting OI. For *managers* and *prospective managers* the RA is a valuable help to deal with a growing amount of external information and the challenges induced by their ongoing career. The RA can contribute to OI in both cases as it increases the ability of individuals, groups, and organizations to classify, aggregate and retrieve external information, thus amplifying their intelligence.

The discussion about classification of "objects" (or forming categories) may be as old as human history. In philosophy, dividing a *whole into parts* or looking from different perspectives at a whole has a long tradition [Bohm 76; Burkamp 29; Müller-Merbach 92b; Popper 81]. This more theoretical discussion shall assess the practical environment of classifying, aggregating and retrieving external information from the perspective of an individual in it its roles on several organizational levels.

Empirical observations of Davis and Naumann [1997] suggest that individuals primarily use three different approaches for the organization of their external information:

1. *chronologically* by date (chronological approach), meaning all information is stored in the order of its creation;

2. by *activity or task* (task or activity approach), meaning all information is classified with the name of activity or task to which it contributes; and

3. by *name of person* associated with the information (name approach), meaning all information is classified by the name of the person who is the addressee, or the sender of the information or who was involved in the generation of the information.

There are benefits and drawbacks to each approach. Each approach is relatively easy to set up and to initiate the storing information; the challenges emerge in the retrieval process. Empirical research on the *information needs* of prospective managers has been carried out at The Anderson School [Frand et al. 1990] and is a basis for the development of the RA.

For the retrieval of external information the *chronological approach* requires an individual to *remember* when the information was stored. The *activity approach* requires an ongoing *creation of new categories* as further aggregation or specification. The *name approach* requires *remembering* who was involved to locate information.

On higher organizational levels the classification, aggregation and retrieval of information is determined by the design of the underlying ICS or organizational rules. But often the design of ICS on several levels does not use compatible classification, aggregation and retrieval methods and does not assume individuals to be primary users, e.g. groupware vs. personal computing. The RA has the potential to build up the missing links between designs of ICS on different organizational levels.

The RA is a *fourth approach* and is distinguished from the first three classification approaches by its potential to allow an individual to *grow* and to *mature* and its contemplation of an *individual as an entirety*. Its classification scheme is close to intuitive human thinking and thus can be used very easily. The RA helps individuals to classify, aggregate and retrieve external information which can be stored on ICS. The storage of information on computer-based media becomes more important since computers are evolving as ubiquitous assistants to managers, supporting the human memory and human-controlled information processing. To illustrate this interaction Müller-Merbach [1986] suggested the metaphor of "Man-Machine-Tandems."

The basic assumptions of the RA are founded in the conviction that individuals define their existence through roles which encapsulate objectives, goals and basic notions about the individual itself and its environment. Each role corresponds to a specific goal for an individual and reflects *responsibilities* or *obligations* which an individual has or wants to play on a specific level for a specific social system. These roles may be assigned to different organizational levels, as an individual also plays roles in groups, in organizations or in networks.

(External) Information is in the center of the RA bow (see Figure 2). The RA bow represents a method of how to build up a *role framework* to classify information. The framework represents an intuitive classification scheme for all types of external information in forms such as computer files, paper documents, or hyperlinks. The starting point for building up the framework is the distinction of the *"private world"* and the *"professional world"* (step ❶).

The *professional world* encloses all roles and projects which are related to the professional life of an individual while the *private world* encompasses aspects related to family and the social activities, like being a member of a charitable association. These two worlds correspond to very general objectives of an individual.

Once the worlds are identified, the organizational levels (step ❷) at which the individual plays, roles need to be identified. Step ❷ requires the individual to identify its level by asking the question *"In the context of which social systems do I take up a role (for myself, for groups, for organizations, or for networks)?"* The answer to the question leads simultaneously to the organizational level and to the name of that social system. In the professional world the answer could either be to "me", "my project group", "my enterprise", or the "value net" in which my enterprise performs. Then, with step ❸ the question needs to be answered *"Which role do I play?"* For example an individual in the professional world could be a "life long student" at the individual level, an "intranet project group coordinator" at the group level, a "CIO" on the organizational level, and a "Relationship Promoter" on the network level.

The identification of roles of an individual at the group, organizational or network level needs to be harmonized with other members of these social systems. This harmonization is necessary to ensure an effective retrieval of information which has been created by another person from such a social system. In this context, Groupware can, on one hand, *require* harmonization as it builds up a "group memory." On the other hand, groupware can *support* the individuals with harmonization, since it provides the means to coordinate and facilitate the harmonization activity.

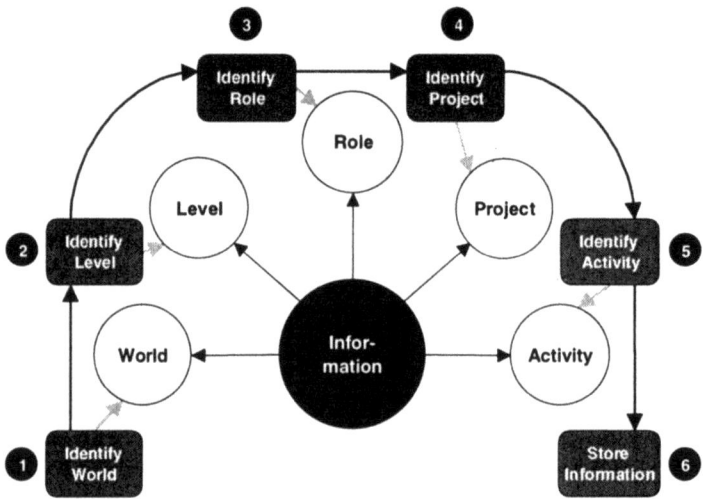

Figure 2: Role Approach Bow.

If the RA is established as a common method to classify information within a social system, e.g. embedded into a groupware system, it is easy for all members to retrieve specific information created by another member. Therefore, the RA can make major contributions to the improved design of "group or organizational memories" which may be part of groupware or enterprise systems. The RA harmonizes group, organizational or network "memories" as it harmonizes the classification, aggregation and retrieval of information.

Once the worlds, the levels and the roles are identified, the basic *RA framework* is established. The worlds, levels and roles will change very slowly for an individual and most likely for social systems as well. Thus the RA may deliver a stable and long lasting framework to classify and retrieve information. The framework can be further particularized by defining projects or tasks within the roles (step ❹) and then activities which are related to these projects or tasks (step ❺). Projects and tasks are correlated with more *complex outputs* while the outputs of activities are of a more simple structure. Steps ❹ and ❺ are widely discussed in literature e.g. Davis and Naumann [1997] and proved as an appropriate framework on a detailed level to organize information.

For actually storing the information for e.g. on a computer (step ❻) the hierarchical folder structure on the hard disk should correspond to the RA framework. Consequently, the folder structure should start on the top level with the distinction between files for the private world and files for the professional world and then proceed to the levels, roles, projects/tasks and activities. This hierarchy can also be used with paper based files as well with bookmarks for accessing information in the World-Wide Web (Web).

Often, the classifying capabilities of individuals will need support from software to visualize the structure or allow cross references between worlds, levels, roles, projects/tasks and activities. Software tools like *"The Brain"* of Natrificial, Santa Monica, or the *"Hyperbolic Tree"* of Inxight, a Xerox New Enterprise Company, Palo Alto, help individuals control their personal RA framework and contain hierarchical stringency even if they do not offer methodological support for deriving the hierarchies and classes. A computer tool in that field must help an individual maintain *order* in the organization of its information. The Brain and the Hyperbolic Tree at least emphasize a hierarchical order, even if they do not offer methods for the classification of information. These tools – operated with the RA and embedded into groupware or other ICS – can make valuable contributions to the design of group or organizational memories.

Further, the methodological external storage of information on computers can help to amplify individual and higher forms of intelligence. On one hand the individual can successfully "outsource" a part of its memory. As the framework of externally stored information based on the RA is intuitive to access, information can be easily retrieved.

References between the information units (e.g. files) through hyperlinks can help to build up additional information and show relationships between worlds, levels, roles, projects/tasks and activities (see Figure 3, Reference EI-EI). Frand and Broesamle [1996] have noted the potential those references can have for the education of *management students*. Students who document the information about their courses on a computer can create a net of references which helps them to evaluate the content-based cross references between single courses (projects) in the future. On the other hand, Stief and Müller-Merbach [1998] have shown that references between external information and the knowledge of persons (Reference EI-K, see Figure 3) can help to transfer knowledge from one person to another and from one organization to another.

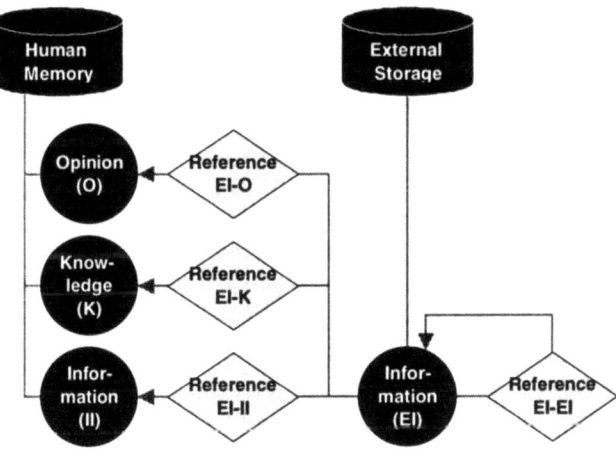

Figure 3: Reference Points from external Information to
Human Information, Knowledge, and Opinion.

Consequently, on an organizational or network level, the storage and retrieval of references to individual knowledge can help to make the knowledge accessible for the organization or the network. Thus, the knowledge can be utilized more effectively and therefore amplify the intelligence of an organization or a network.

*Designers of groupware* or other ICS can derive guidelines for the design of group or organizational memories. Groupware or other ICS can follow the basic ideas of the RA and the reference point method and therefore contribute to the amplification of individual and higher forms of intelligence more effectively.

In short, the RA combined with the concept of reference points amplifies personal and higher forms of intelligence since they help to classify, aggregate, and retrieve information. Each individual can develop its own RA framework by proceeding through the RA bow. As the RA framework touches both individual and higher organizational levels, the classification for the higher levels needs harmonization throughout the members of the related social systems. Groupware or other ICS require this harmonization and also deliver the required support to coordinate the harmonization. The RA combined with the concept of reference points allows not only access to external information on computers or file cabinets but also to information, knowledge and opinion inherent in humans.

For both managers and designers of ICS, the RA may be of value. Managers gain control of their growing amount of information and designers get advice on how to design group or organizational memories that harmonize the classification, aggregation and retrieval of information for different social systems on different organizational levels. In section 5, the application of the RA in a business school and its benefit for prospective managers is illustrated.

## 5  Example: RA and Group Computing at a US-American Business School

The John E. Anderson Graduate School of Management at ULCA (The Anderson School) is one of the top ten US-American Business Schools and is ranked among the top ten schools for Entrepreneurship, Finance, General Management, Management Information Systems, and Marketing [n n 98]. All MBA students are required to buy a laptop computer and to develop the skills to use applications and methods for personal productivity, as the computer is an integral part of the MBA education.

Computer-network- and Internet-access are broadly available in The Anderson School. In classrooms, at library working desks, and even in the cafeteria, students can get connected. A dial-in service allows *collaborative working from virtually any location* between students on one hand, and between students and teachers on the other. Computing is an integral part of the courses and most of the homework heavily relies on the use of a computer. Today, students learn how to apply the RA and the concept of reference points in order to take down lecture notes, to work on case studies, to work on team projects, and to aggregate their learnings into models, methods and cross references.

On both the individual and group level, RA and the reference point concept play an important role as *mediators* for the mutual access of information. As the RA framework starts to become broadly accepted, it helps students to mutually retrieve information through available groupware and to determine which student has knowledge to solve a problem in a certain field or to be able to give advice. The RA harmonizes the way information is stored and provides for a fast and precise retrieval of information. Students store their information on their personal laptop computers, on internally accessible network file servers and on public or internal Web-servers. Multiple applications to communicate and co-operate electronically enable students and teachers to *mutually access information* and to work in joint projects. Initial observations suggest that the RA and the reference point concept amplify individual intelligence and group intelligence.

Both students and teachers can profit from the usage of ICS. On one hand, students can amplify their individual intelligence and that of their group through classifying, aggregating and retrieving information about lectures and projects on ICS. On the other hand, teachers have the opportunity to evaluate the students' information and determine whether their instruction had the intended effect on the students. Furthermore, teachers can gain new insight or valuable *experience* from students and use it as *an input to the learning process*. As such, the education at a business school can change from a "one way" process to a *mutual* activity. Thus, RA, reference points and individual, group and organizational computing *jointly* seem to contribute to the intelligence of The Anderson School as an organization.

The education of the students can never be considered as "complete" even when they have graduated. Today's and tomorrow's managers need to continue their education to remain personally competitive and to contribute to the competitiveness of their organizations. The teaching philosophy at The Anderson School understands that education is a process that endures for the entire life of a manager. Therefore, the Alumni are invited to stay in contact with their educators and, on one hand, share personal experience, anecdotes, examples, methods, models, and facts about the "management reality." On the other hand, they receive ongoing education to cope with the upcoming challenges of their professional world. The organizations of the Alumni, the Alumni themselves, and The Anderson School create a network of mutual learning. The underlying models for mutually classifying, aggregating and retrieving information about knowledge and reference to knowledge and opinion can be the RA and the reference points.

Thus, The Anderson School and its Alumni have the opportunity to mutually amplify personal, group and organizational intelligence and to contribute to a network intelligence. In this context, *opinion plays a central role*. On one hand, the opinion of managers about their business reality helps to direct business education and management research. On the other hand, the opinion of educators directs the ongoing learning process for managers to fields which are considered to be relevant. Personal computing, group computing, the organizational information and communication infrastructures as well as the Internet have already helped to turn this vision into reality.

# 6 Summary and Prospects

The competitiveness of tomorrow's organizations may be determined by the successful generation and utilization of intelligence as the basis for survival and prosperity. Information, knowledge and opinion are the products of intelligence and the inputs and outputs of the processes of intelligence. Organizational Intelligence (OI) is a management approach to *design and operate social systems* and intends to amplify the intelligence of individuals, groups, organizations and networks. OI consists of four processes and three products which can be related to individuals and social systems.

For managers and designers of information and communication systems (ICS) the Role Approach (RA) delivers a useful method to classify, aggregate and retrieve external information. The RA helps *managers* deal with the increasing amount of information about their career and provides *designers of ICS* with guidelines for the architecture of the classification, aggregation and retrieval functions. OI and RA together form a strong *complementary set* of a management approach and a method for improving a computer based memory on several organizational levels. Combined with appropriate computing, they have the potential to amplify personal and higher forms of intelligence. Further research has to be carried out to empirically validate the impact of the RA and to further refine the approach and its methodological framework, the RA-bow. Finally, the contribution of the RA to the design of groupware and other comprehensive ICS also needs to be explored.

## Bibliography

[Benson 75] Benson, J., Kenneth (1975): The Interorganizational Network as a Political Economy. In: Adminstrative Science Quarterly; vol. 20; June; pp. 229-249.

[Bohm 76] Bohm, David (1976): Fragmentation and Wholeness. Jerusalem: Van Leer Jerusalem Foundation.

[Burkamp 29] Burkamp, Wilhelm (1929): Die Struktur der Ganzheiten. Berlin und Dessau: Junker und Dünnhaupt.

[Davenport 97] Davenport, Thomas H. (1997): Information Ecology - Mastering the Information and Knowledge Environment. New York and Oxford: Oxford University Press.

[Davis & Naumann 97] Davis, Gordon B.; Naumann, J. David (1997): Personal Producitivty with Information Technology. New York et al.: McGraw Hill.

[Drucker 88] Drucker, Peter (1988): The Coming of the New Organization. In: Harvard Business Review; vol. 66; no. 1; pp. 45-53.

[Eysenck 80] Eysenck, Hans J. (1980): Intelligenz - Struktur und Messung. Berlin et al.: Springer Verlag.

[Frand & Broesamle 96] Frand, Jason; Broesamle, William (1996): Technological Innovation and the Paradigm Shift in Management Education. In: The Magazine of the Graduate Management Comission Council; Spring; pp. 2-7.

[Frand et al. 90] Frand, Jason L; Bellanti, Robert; Beth, Riddle; Ray, Leslie (1990): Information Needs Assessment of Faculty, Ph.D., and MBA Students at The Anderson Graduate School of Management. Unpublished Information Systems Working Paper # WP6-90. Los Angeles.

[Guilford 59] Guilford, Joy Paul (1959): Personality. New York: McGraw Hill.

[Hongo & Stone 97] Hongo, Ellen; Stone, Gordon (1997): Groupware, Knowledge Creation and Competetive Advantage. In: Coleman, David (Ed.): Groupware - Collaborative Strategies for Corporate LANs and Intranets. Upper Saddle River: Prentice Hall, pp. 647-678.

[Jacobsen 96] Jacobsen, Andreas (1996): Unternehmensintelligenz und Führung "intelligenter Unternehmen". In: technologie & managment, 45. Jg.; H. 4; S. 164-175.

[Kirn 95] Kirn, Stefan (1995): Organizational Intelligence and Distributed AI, Working Paper No. 40, Lehrstuhl für Wirtschaftsinformatik; Universität Münster.

[Kirn 97] Kirn, Stefan (1997): Enhancing Organizational Intelligence through Cooperative Problem Solving. In: Kirn, Stefan; O'Hare, Gregory: Cooperative Knowledge Processing; London: Springer; pp. 139-154.

[Leavitt 58] Leavitt, Harold (1958): Managerial Psychology. Chicago: University of Chicago Press.

[Matsuda 92] Matsuda, Takehiko (1992): Organizational Intelligence: Its Significane as a Process and as a Product. In: Matsuda, Takehiko; Lesourne, Jacques; Takahara, Yasuhiko (Eds.): Proceedings of the International Conference on Economics, Management and Information Technology 92. Tokyo; pp. 219-222.

[Matsuda 93] Matsuda, Takehiko (1993): Organizational Intelligence als Prozeß und als Produkt. In: technologie & managment, 42 Jg.; H. 1; S. 12-17.

[McMaster 96] McMaster, Michael D. (1996): The Intelligence Advantage - Organizing for Complexity. Boston et al.: Butterworth-Heinemann.

[Mittelstraß 92] Mittelstraß, Jürgen (1992): Der Verlust des Wissens. In: Jürgen, Mittelstraß (Ed.): Leonardo-Welt. Frankfurt/Main: Suhrkamp; S. 221-244.

[Momm 97] Momm, Christian (1997): Die "Intelligente" Unternehmung. Wiesbaden: Gabler Verlag.

[Müller-Merbach 86] Müller-Merbach, Heiner (1986): Gestaltungsaufgabe und Intelligenzunterstützung. In: Der Technologie-Manager; 35. Jg.; H. 2; S. 2-3.

[Müller-Merbach 92] Müller-Merbach, Heiner (1992): The Usage of Information and Communication Technology: A Fourth Cultural Technique? In: Matsuda, Takehiko; Lesourne, Jacques; Takahara, Yasuhiko (Eds.): Proceedings of the International Conference on Economics, Management and Information Technology 92; Tokyo; pp. 39-46.

[Müller-Merbach 92b] Müller-Merbach, Heiner (1992): Phlilosophiesplitter für das Management. Bad Homburg v.d.H.: DIE-Verlag Schäfer.

[Müller-Merbach 95] Müller-Merbach, Heiner (1995): Die Intelligenz der Unternehmung: Management von Information, Wissen, und Meinung. In: technologie & management; 44. Jg., H. 1, S. 3-8.

[Müller-Merbach 96] Müller-Merbach, Heiner (1996): Die "Intelligenz der Unternehmung: Betriebliches Gestalten und Lenken aus einer neuen Sicht. In: Claussen, Carsten P.; Hahn, Oswald; Kraus, Willy (Hrsg.): Umbruch und Wandel. Herausforderungen zur Jahrhundertwende. Festschrift für Prof Dr. Carl Zimmerer zum 70. Geburtstag. München und Wien: Oldenbourg; S. 353-366.

[Müller-Merbach 98] Müller-Merbach, Heiner (1998): Die Prozeßorientierung der japanisch-deutschen Führungslehre der "Intelligenz der Unternehmung"; erscheint im Tagungsband für die Frühjahrstagung Wirtschaftsinformatik 98.

[Nonaka 92]: Nonaka, Ikujiro (1992): Wie japanische Konzerne Wissen erzeugen. In: Harvard Manager; 14. Jg.; H. 2; S. 95-103.

[Nonaka & Takeuchi 97] Nonaka, Ikujiro; Takeuchi, Hirotaka (1997): Die Organisation des Wissens. Frankfurt und New York: Campus.

[Nunamaker et al. 91] Nunamaker, Jay F.; Dennis, Alan R.; Valacich, Joseph S.; Vogel, Douglas R.; George, Joey, F. (1991): Electronic Meeting Systems to support Group Work. In: Communication of the ACM; vol. 34; no. 7; pp. 40-61.

[n.n. 98] n.n. (1998): Exclusive Ranking Schools of Business. In: U.S.-News & World Report; March, 2; pp. 73-76.

[Polanyi 66] Polanyi, Michael: (1966): The Tacit Dimension. New York et al.: Doubleday.

[Popper 81] Popper, Karl (1981): Objective Knowledge - An Evolutionary Approach; Oxford: Clarendon Press; 6th Edition.

[Quinn 92] Quinn, James Brian (1992): The Intelligent Enterprise: A knowledge and service based paradigm for industry; New York et al.: The Free Press.

[Quinn 93] Quinn, James Brian (1993): Managing the intelligent enterprise: Knowledge & service-based strategies. In: Planning Review; vol. 21; no. 5, pp. 13-16.

[Quinn et al. 97] Quinn, James Brian; Baruch, Jordan J.; Zien, Karen Anne (1997): Innovation Explosion - Using Intellect and Software to Revolutionize Growth Strategies. New York et al.: The Free Press.

[Schwabe & Krcmar 96] Schwabe, G.; Krcmar, H. (1996): CSCW-Werkzeuge. In: Wirtschaftsinformatik; 38. Jg.; H. 2; S. 209-225.

[Senge 94] Senge, Peter M. (1994): The Fifth Discipline - The Art & Practice of The Learning Organization. New York et al.: Doubleday; 2$^{nd}$ Edition.

[Stern 32] Stern, William (1932): Die Intelligenz der Kinder und Jugendlichen. Leipzig.

[Stief & Müller-Merbach 98] Stief, Jens; Müller-Merbach, Heiner (1998): World Wide Web-based Publication of Research Infomation - An Adequate Tool for Technology Transfer? In: Lefebvre, Louis A.; Mason, Robert M.; Khalil, Tarek (Eds.): Management of Technology, Sustainable Development and Eco-Efficiency. Amsterdam et al.: Pergamon; pp. 889-898.

[Sydow 92] Sydow, Jörg (1992): Strategische Netzwerke - Evolution und Organisation. Wiesbaden: Gabler Verlag.

[Tapscott 96] Tapscott, Don (1996): The Digital Economy - Promise and Peril in the Age of Networked Intelligence. New York et al.: McGraw Hill.

[Wilensky 67] Wilensky, Harold (1967): Organizational Intelligence. Knowledge and Policy in Government and Industry. New York and London: Basic Books.

*Th. Herrmann; K. Just-Hahn (Hrsg.): Groupware und organisatorische Innovation (D-CSCW'98).*
*Stuttgart: B. G. Teubner 1998, S. 225-236*

# Komponentenbasierte Anpaßbarkeit von Groupware

Oliver Stiemerling
Institut für Informatik III, Universität Bonn

## Zusammenfassung

Aufgrund der Dynamik und Verschiedenartigkeit von Anforderungen in kooperativen Arbeitsumgebungen ist Anpaßbarkeit eine zentrale Eigenschaft von Groupwaresystemen. Dabei besteht ein Spannungsfeld zwischen der Mächtigkeit der Anpassungsmechanismen und ihrer einfachen und effizienten Anwendbarkeit. In diesem Beitrag wird der Ansatz der komponentenbasierten Anpaßbarkeit vorgestellt. Der grundlegende Gedanke dieses Ansatzes ist, durch hierarchisch geschachtelte Softwarekomponenten eine beliebig skalierbare Flexibilität zu schaffen. Eine Anwendung kann so auf verschiedenen Ebenen von Abstraktion und Komplexität nicht nur betrachtet sondern auch effektiv manipuliert werden. Es werden eine Reihe von Fragestellungen diskutiert, die sich aus dem Ansatz ergeben und eine Implementation einer Laufzeit- und Anpassungsumgebung vorgestellt, die auf Java und dem JavaBeans-Komponentenmodell basiert. Diese Umgebung wurde im POLITeam-Projekt benutzt, um das Suchwerkzeug im eingesetzten Groupwaresystem LINKWORKS anpaßbar zu gestalten.

# 1 Einleitung

Anpaßbarkeit spielt eine wesentliche Rolle bei der Produktentwicklung für große Marktsegmente [Henderson und Kyng 91], der menschengerechten und sozialverträglichen Gestaltung von Software [Oppermann 89; Friedrich 90] und der Entwicklung komplexer Systeme [Aksit et al. 96]. Insbesondere Gruppenarbeitssysteme sollten aufgrund der erhöhten Bedeutung der Dynamik und Verschiedenartigkeit des Anwendungskontextes anpaßbar sein [Malone et al. 95; Oberquelle 94].

Die Motivation für die Entwicklung der komponentenbasierten Anpaßbarkeit ist durch Erfahrungen aus dem POLITeam Projekt [Klöckner et al. 95] begründet, in dem ein Gruppenarbeitssystem bei verschiedenen Stellen der öffentlichen Verwaltung und einem Autohersteller eingeführt wird. Die unterschiedlichen und wechselnden Anforderungen auf der Ebene von Organisation, Gruppe und Individuum haben die Anpaßbarkeit des Systems zu einem wichtigen Erfolgskriterium gemacht. Die im Projekt gewonnenen Erfahrungen und die einschlägige Literatur zeigen folgende Anforderungen auf:

- Anpassungen sollten auf einer Vielzahl von Ebenen und Mächtigkeitsgraden möglich sein, um unterschiedliche Rollen und Fähigkeiten zu unterstützen (z.B. Endbenutzer, Systemadministratoren und Entwickler). Dabei sollte der Übergang auf die nächst mächtigere Ebene mit möglichst geringem Qualifizierungsaufwand verbunden sein [Bentley & Dourish 95].

- Anpassung ist häufig eine kooperative Aktivität, bei der neben erfahreneren Kollegen und der EDV-Abteilung auch externe Berater und Entwickler mitwirken [Mackay 90]. Auf der Systemebene sollte das dadurch berücksichtigt werden, daß Anpassungen verteilbar, archivierbar und automatisch auf Verträglichkeit mit dem aktuellen System überprüfbar sind.

- Besonders bei Mehrbenutzersystemen wie z.B. Gruppenarbeitssystemen sollten Anpassungen im laufenden Betrieb durchführbar sein, um möglichst wenig Störungen zu verursachen. Außerdem sollte das Laufzeitverhalten nicht schlechter als bei starr implementierten Systemen sein.

Die Herausforderung bei der Gestaltung von anpaßbaren Systemen liegt darin, daß die Implementation des Systems den oben formulierten zusätzlichen Anforderungen unterliegt. In herkömmlichen Systemen kann die Implementation von den Entwicklern vor allen anderen Beteiligten „versteckt" werden, die mit dem System nur über *Nutzungsschnittstellen* interagieren. In anpaßbaren Systemen muß ein ausgesuchter Teil der Implementation offengelegt werden (vgl. *open implementation*, [Kiczales 96]). Der offene Teil der Implementation stellt die *Anpassungsschnittstelle* dar. Dabei besteht die Anpassungsschnittstelle aus den offengelegten Implementationskonzepten (z.B. dem Objektmodell des Systems) und den Manipulationsmöglichkeiten (Transformationen oder Erweiterungen der bisherigen Implementation, z.B. Parametrisierung oder Änderungen am Source-Code, vgl. [Mørch 97] oder [Henderson & Kyng 91]). Gegenstand dieses Beitrags ist die Gestaltung der Anpassungsschnittstelle basierend auf der hierarchischen Dekomposition einer Anwendung in einzelne Komponenten.

Im nächsten Abschnitt werden drei auf Anpaßbarkeit abzielende Gruppenarbeitssysteme aus der aktuellen Literatur im Hinblick auf die oben formulierten Anforderungen diskutiert. Dann wird der Ansatz der komponentenbasierten Anpaßbarkeit vorgestellt. Im Rahmen dieses Ansatzes werden eine Reihe von Fragestellungen aufgeworfen und ihre Beantwortung in der Implementation einer generischen Laufzeit- und Anpassungsumgebung vorgestellt (Abschnitt 3). Im vierten Abschnitt wird die Anwendung des Ansatzes auf das Suchwerkzeug im POLITeam Projekt beschrieben. Die dabei gewonnenen Erfahrungen werden im fünften Abschnitt evaluiert und es wird ein Ausblick auf zukünftige Arbeiten gegeben.

## 2 Stand der Forschung

In der CSCW-Literatur werden eine Reihe von Forschungssystemen vorgestellt, die mit dem Ziel der Anpaßbarkeit entwickelt wurden. In diesem Abschnitt werden kurz drei Systeme diskutiert, die unterschiedliche Ansätze repräsentieren.

OVAL von [Malone et al. 95] ist ein Groupware-„Baukasten", aus dessen vier Primitiven *Objects*, *Views*, *Agents* und *Links* kooperationsunterstützende Systeme zusammengebaut werden können. Die Autoren beschreiben, wie sie mit diesen vier Elementen eine Reihe von existierenden Groupwaresystemen (u.a. spezielle LOTUSNOTES-Applikationen) implementiert haben.

Das System PROSPERO von [Dourish 96], das auf der Basis einer reflektiven Programmiersprache (CLOS, vgl. [Kiczales et al. 91]) ein hochgradig anpaßbares CSCW-Toolkit implementiert, ist im Gegensatz zu OVAL ein Beispiel für einen Ansatz, der mehr auf Groupware-Entwickler als auf weniger technisch qualifizierte Benutzer ausgerichtet ist.

ARIADNE von [Simone und Schmidt 98] ist ein recht abstraktes Modell eines anpaßbaren Groupwaresystems. Es besteht aus drei Schichten: der $\alpha$-, $\beta$- und $\gamma$- Schicht. Die letztere definiert dabei die grundlegende „Grammatik", d.h. die Ausdrucksstärke der Sprache, mit der auf der $\beta$-Schicht Koordinationsmechanismen definiert werden können. Die $\alpha$-Schicht beschreibt das laufende System, d.h. eine Menge von Instanzen von Koordinierungsmechanismen.

Alle drei Systeme haben den Nachteil, daß die jeweilige Anpassungssprache im Mächtigkeits- und Abstraktionsgrad nicht beliebig skalierbar ist (vgl. erste Anforderung). Reicht beispielsweise die Funktionalität der vier Primitiven in OVAL nicht aus, so muß auf Systemebene programmiert werden, was im praktischen Betrieb ein erhebliches Handicap darstellt. PROSPERO, dessen Anpaßbarkeit a priori nicht für Endanwender konzeptioniert ist, greift auf CLOS zurück, wenn es darum geht, die vorhandene Groupwarefunktionalität an spezielle Anforderungen anzupassen. In ARIADNE ist eine einfache Skalierung vorstellbar, wobei zum Beispiel die Entwickler eine Reihe von Sprachen auf der $\gamma$-Schicht definieren, die von Systemadministratoren (auf der $\beta$-Schicht) genutzt werden können, um Koordinationsmechanismen zu definieren, die von Endbenutzern auf der $\alpha$-Schicht je nach Bedarf instanziiert werden. Die Anzahl der Schichten ist jedoch fest und der Übergang zur nächst tieferen Schicht ist offensichtlich mit einem erheblichen Qualifizierungsaufwand verbunden. Die beiden anderen Anforderungen (Unterstützung von kooperativen Anpassungen und Anpassungen zur Laufzeit) werden von den vorgestellten Systemen (bis auf die einfache Austauschbarkeit von Spezifikationen der $\beta$-Schicht bei ARIADNE) nicht berücksichtigt. Gegenstand der vorgestellten Arbeit ist die Entwicklung eines Ansatzes zur Anpaßbarkeit, der die gestellten Anforderungen erfüllt und insbesondere eine fein skalierbare Flexibilität erlaubt.

## 3 Komponentenbasierte Anpaßbarkeit

Der Ansatz besteht darin, das bisher hauptsächlich in der Entwicklungsphase angewandte Konzept der *Softwarekomponente* in die Nutzungsphase zu übertragen und so im Bezug auf die formulierten Anforderungen adäquate Anpassungsmöglichkeiten zu schaffen. Dabei wird eine Softwarekomponente als ein prinzipiell unabhängiger Teil eines (laufenden) Softwaresystems angesehen, dessen Abhängigkeiten vom Rest des Systems explizit als Schnittstellen spezifiziert sind. Softwarekomponenten können geschachtelt sein, d.h. selber wieder aus anderen Komponenten bestehen.

Die Möglichkeit der Schachtelung von Komponenten erlaubt die Betrachtung und Anpassung des Systems auf unterschiedlichen Ebenen (vgl. erste Anforderung). Vorstellbar sind anwendungsnahe Komponenten (z.b. eine Buchhaltungskomponente), die sich auf einer tieferen Ebene aus systemnahen Komponenten (z.B. TCP/IP-Komponenten) zusammensetzen. Die Schachtelungstiefe kann dabei (im Gegensatz zu ARIADNE) beliebig gewählt werden. Ein solcher Systemaufbau erlaubt dem Anpassenden einen abgestuften Zugang zum System, bei dem der Übergang von einer Ebenen zur anderen lediglich das Verständnis einiger neuer Komponenten voraussetzt, während Komposition als grundlegendes Strukturprinzip erhalten bleibt. Ein weiterer Vorteil der Schachtelbarkeit ist die Möglichkeit, das System hierarchisch so zu dekomponieren, daß Anpassungen, die eine große Zahl von atomaren Komponenten betreffen, auf einer höheren Ebene einfach, d.h. mit wenigen Transformationen spezifiziert werden können.

Die zweite Anforderung wird durch den Komponentenansatz ebenfalls unterstützt, da industrielle Standards für Softwarekomponenten mit der Zielsetzung der einfachen Wiederverwendbarkeit (speziell durch Dritte) konzipiert werden. Aus diesem Grund sind Archivformate und Selbstbeschreibungsfähigkeit in einigen Standards bereits berücksichtigt, was einfache Verteilbarkeit und automatische Verträglichkeitsprüfung möglich macht.

Einige Modelle (z.B. das JavaBeans Komponentenmodell, siehe JavaSoft 1997) erhalten die durch die Softwarekomponenten gegebene Struktur auch noch während der Laufzeit, so daß dynamische Änderungen ohne größere Performanzverluste unterstützt werden (vgl. dritte Anforderung).

Die Benutzung von geschachtelten Softwarekomponenten zur anpaßbaren Gestaltung von Groupwareanwendungen macht es erforderlich, eine Reihe von Fragen neu zu überdenken oder aufzuwerfen. Die Softwareentwicklung mit Komponenten zielt auf andere Benutzergruppen ab, findet unter anderen Umständen statt und macht zumeist die während der Entwicklung (im Source-Code) vorhandene modulare Struktur in der ausgelieferten – monolithischen – Anwendung wieder zunichte. Insbesondere der letzte Punkt legt die Frage nach einer integrierten Laufzeit- und Anpassungsumgebung nahe.

## 3.1 Systemarchitektur einer Laufzeit- und Anpassungsumgebung

An eine solche Umgebung wird die Anforderung gestellt, daß sie die komponentenbasierte Struktur der Anwendung während der Laufzeit in manipulierbarer Form erhält. Es müssen grundlegende Transformationsoperationen wie zum Beispiel das dynamische Instanziieren einer neuen Komponente, das Verbinden von Komponenten, das Lösen von Verbindungen und das Entfernen von Komponenten unterstützt werden. Außerdem muß die Beschreibung der hierarchischen Struktur einer Anwendung nachgehalten werden. Dazu wird eine *ADL (Architecture Description Language*, vgl. [Garlan & Perry 95]) benötigt, die von der Umgebung beim Start ausgewertet wird und nach deren Spezifikation die Anwendung aus primitiven Komponenten „zusammengebaut" wird. Wir benutzen dazu eine Abwandlung von DARWIN, einer Sprache zur Beschreibung der Architektur verteilter Systeme (vgl. [Magee et al. 95]). Unsere Abwandlung heißt CAT (*Component Architecture for Tailorability*, beschrieben in [Stiemerling 97]) und erlaubt die hierarchische Komposition einer Anwendung auf der Basis von primitiven, in einer beliebigen Sprache (hier Java) implementierten Komponenten. In Abbildung 1 ist schematisch die Architektur der Laufzeit- und Anpassungsumgebung dargestellt.

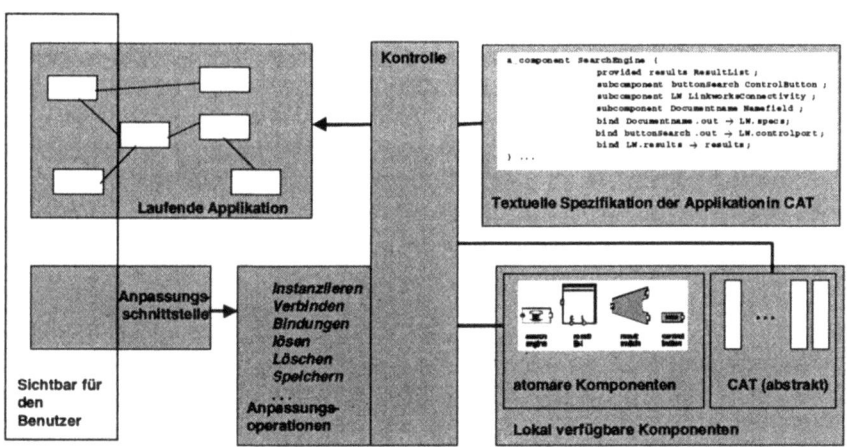

**Abbildung 1: Architektur der integrierten Laufzeit- und Anpassungsumgebung**

Oben links ist die eigentliche Anwendung abgebildet, wobei einige ihrer Komponenten für den Benutzer sichtbar und andere unsichtbar sind. Beim Starten des Systems wird eine *CAT-Datei* (oben rechts) ausgewertet, indem die hierarchische Spezifikation der Anwendung top-down durchlaufen wird, wobei die unterste Ebene aus primitiven Komponenten besteht, die nicht in CAT spezifiziert sind. Die primitiven (oder atomaren) Komponenten sind in Java als JavaBeans definiert und werden in einem lokalen *Komponentenpool* (unten rechts) vorgehalten. Die Auswertung der CAT-Datei ist abgeschlossen, wenn alle Komponenten der Anwendung entsprechend der CAT-Spezifikation instanziiert und verbunden sind. Das *Kontrollmodul* der Umgebung (in der Mitte) stellt jetzt eine Reihe von einfachen Transformationsoperationen zur Verfügung, mit deren Hilfe die Anwendung auf allen Ebenen der Komponentenhierarchie dynamisch verändert werden kann. Es ist beispielsweise möglich, Teile der Anwendung als CAT-Dateien im Komponentenpool (unten rechts) abzuspeichern. Auf diese Weise werden verschiedene neu konstruierte Alternativen nachgehalten, die bei Bedarf in der laufenden Anwendung ausgetauscht werden können.

Die bisher beschriebenen Elemente des Systems machen die Anpaßbarkeit auf technischer Ebene aus. Nun stellt sich die Frage, wie die Anpassung durchgeführt wird.

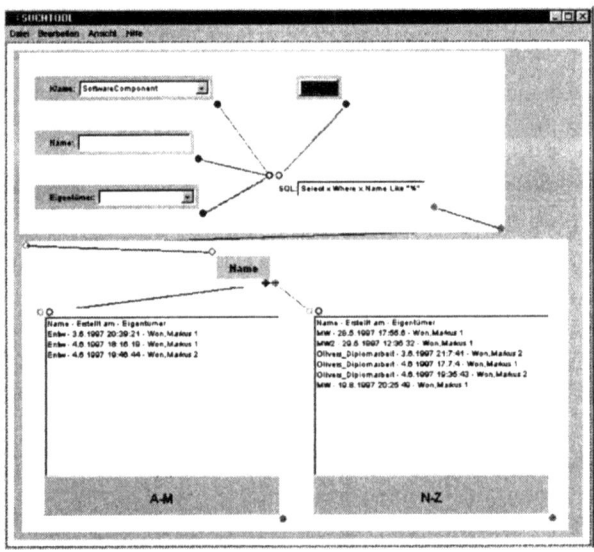

**Abbildung 2: Prototyp einer graphischen Anpassungsschnittstelle**

## 3.2 Benutzerschnittstellen für Anpassungen

Im POLITeam Projekt wurden insbesondere Ansätze der *Adaptierbarkeit* untersucht, im Gegensatz zu Ansätzen der automatischen Anpassung (*Adaptivität*, vgl. [Kühme et al. 92]). Letztere sind nur dann sinnvoll, wenn eine Sensorik für wechselnde Anforderungen vorhanden ist und diese in direkten Zusammenhang mit einer Anwendungsalternative gestellt werden können. Bei den von uns untersuchten Beispielen (vgl. Suchwerkzeug in Abschnitt 4) waren diese Voraussetzungen nicht erfüllt. Bei der Anpassung durch die Benutzer sind im Rahmen unseres Ansatzes eine Reihe von Alternativen vorstellbar:

- Der anpassende Benutzer manipuliert die *textuelle* Repräsentation der Anwendung im CAT-Format. Diese Alternative erschien uns aufgrund der Möglichkeit von Syntaxfehlern als zu kompliziert.

- Die hierarchische Struktur der Anwendung wird *graphisch* dargestellt und ist mit Hilfe von einfachen Mausoperationen manipulierbar. Diese Alternative wurde implementiert. Abbildung 2 zeigt die Benutzerschnittstelle, die in Anlehnung an Verfahren der visuellen Programmierung (vgl. [Myers 90] oder [Nardi 93]) gestaltet wurde.

- Alternativen für verschiedene Aspekte der Applikation werden aus einer *Auswahlliste* in ein Formular eingetragen. Diese Möglichkeit des *form-based end-user programming* wird als besonders einfach angesehen (z.B. [Nardi 93, S. 66]) und erscheint uns geeignet für kooperative Anpassungsmodelle, wobei ein höher qualifizierter Benutzer (zum Beispiel ein Systemadministrator) für weniger qualifizierte Kollegen Alternativen konstruiert, die diese durch einfache Auswahl von Alternativen (vgl. [Henderson & Kyng 91]) nutzen können (noch nicht implementiert).

Abbildung 2 stellt das als Beispiel implementierte Suchtool (eine Erklärung der Semantik des einzelnen Komponenten erfolgt in Abschnitt 4) auf der untersten Ebene der Hierarchie dar. Anhand der zwei hellen Umrahmungen läßt sich die hierarchische Struktur der Anwendung erkennen. Es ist möglich, den graphischen Editor auf unterschiedliche Ebenen der Hierarchie einzustellen und so unterschiedlich komplexe Anpassungen vorzunehmen.

## 3.3 Die hierarchische Dekomposition einer Anwendung

Im Entwicklungsprozeß komponentenbasierter anpaßbarer Software muß auf der Basis des vorhandenen Wissens um Dynamik und Verschiedenartigkeit von Anforderungen eine angemessene hierarchische Dekomposition der Anwendung gefunden werden. Dieses Wissen kann offensichtlich nur durch heuristische Methoden und nur für eine bestimmte Anwendung gewonnen werden (vgl. [Stiemerling et al. 97]). Ein Vorteil des komponentenbasierten Ansatzes ist, daß anwendungsspezifische Designentscheidungen bezüglich der Anpaßbarkeit lediglich in die Dekomposition der Anwendung eingehen, wobei die Transformationen (wie z.B. Instanziieren und Verbinden) und damit auch die Laufzeit- und Anpassungsumgebung im Idealfall generisch, d.h. auf ganz unterschiedliche Probleme anwendbar sind.

Durch die Dekomposition wird das „Vokabular" der Anpassungssprache auf den verschiedenen Ebenen der Hierarchie definiert. Unter Berücksichtigung des Wissens über Dynamik und Verschiedenartigkeit von Anforderungen kommen folgende qualitative Dekompositionskriterien (vgl. [Parnas 72]) zum Tragen:

- Auf hohen Ebenen der Hierarchie (hoch im Bezug auf Nähe zur Wurzel der Hierarchie) sollten die abstrakten Komponenten *anwendungsnahe und dem Benutzer bekannte Konzepte* reflektieren. In Abbildung 2 ist zu sehen, daß eine abstrakte Komponente (unten) für die Darstellung der Suchergebnisse verantwortlich ist. Diese Dekomposition wurde gewählt, weil die POLITeam-Benutzer häufig eine andere Darstellung der Suchergebnisse in Abhängigkeit von ihrer momentanen Arbeitsaufgabe forderten. Durch die Zusammenfassung aller für die Darstellung verantwortlichen primitiven Komponenten ist eine einfaches Austauschen der gesamten Darstellungskomponente auf einer dem normalen Benutzer verständlichen Ebene möglich.

- Die unteren Ebenen der Hierarchie sollten *systemnahen Konzepten* vorbehalten bleiben, wie zum Beispiel der Suchmaschine (die mit „SQL" bezeichnete Komponente in Abbildung 2), die die Verbindung zur Datenbank herstellt und die eigentliche Abfrage zusammenstellt und durchführt. Anpassungen auf dieser Ebenen sind eher für Systemadministratoren oder qualifiziertere Benutzer vorstellbar.

- Die *Granularität der atomaren Komponenten* der untersten Ebenen bestimmt die Mächtigkeit der Anpassungssprache. Sie sollte offensichtlich so gewählt sein, daß alle antizipierten (oder extrapolierten) Anforderungsalternativen unterstützt werden können. Es gibt Ansätze der visuellen Programmierung, die generische Komponenten sehr feiner Granularität mit – in Komposition – der Mächtigkeit einer klassischen Programmiersprache wie PASCAL zur Verfügung stellen (vgl. [Myers 90]). Dabei ist allerdings fraglich, ob eine so feine Granularität bei dynamisch anpaßbaren Systemen nicht zu Laufzeiteinbußen führt. In Rahmen dieses Ansatzes halten wir Komponenten auf der untersten Ebenen für sinnvoll, die hauptsächlich anwendungsspezifische (z.B. Suchwerkzeug-) Aufgaben erfüllten. Grundlegende Schnittstellenelemente wie Schaltflächen stellen dabei eine Ausnahme dar.

An dieser Stelle sei noch einmal ausdrücklich darauf hingewiesen, daß die angemessene Dekomposition einer Anwendung aufgrund von Unsicherheit und offensichtlich unvollständigem Wissen über zukünftige Anforderungen mehr eine Kunst als eine Methode darstellt. Jedoch hat notwendigerweise jeder Ansatz zur Anpaßbarkeit mit dieser Natur des Problems zu kämpfen. Der Vorteil des komponentenbasierten Ansatzes ist, daß bei Irrtümern im „künstlerischen" Teil des Entwicklungsprozesses lediglich die Dekomposition (eventuell sogar nur einzelne Komponenten) betroffen ist, während die Anpassungsmechanismen und Schnittstellen unverändert bleiben.

## 4 Anwendung des Ansatzes auf das Suchwerkzeug

Die Benutzer in den POLITeam-Anwendungsfeldern müssen häufig nach Dokumenten in gemeinsam benutzten Arbeitsbereichen und in den umfangreichen Dokumentenbeständen des Systems suchen. Für diese Aufgabe stellt das im POLITeam-Projekt verwendete Groupwaresystem LinkWorks ein Suchwerkzeug zur Verfügung.

Das Suchwerkzeug besteht im wesentlichen aus zwei Fenstern. In einem Fenster spezifiziert der Benutzer die gesuchten Dokumente und erhält nach dem Suchvorgang im anderen Fenster eine Liste der gefundenen Dokumente. Das Suchwerkzeug ist eigentlich eine sehr einfache Anwendung, verdeutlicht aber gerade dadurch die Notwendigkeit der Anpaßbarkeit von Groupware. Obwohl das Suchwerkzeug alleine nicht als eigenständige Groupware gelten kann, so stammt doch ein wesentlicher Teil der Anforderungen an die Anpaßbarkeit dieser Software von ihrem Einsatz als Teil des POLITeam-Systems. Denn schon kurze Zeit nach Projektbeginn wurde deutlich, daß das ursprüngliche Suchwerkzeug den Anforderungen der POLITeam-Anwendungsfelder nicht entsprach. Zum einen war die Benutzerschnittstelle viel zu komplex (es wurden alle Suchmöglichkeiten in einem Fenster dargestellt). In den Anwendungsfeldern wurde immer nur nach einer kleinen Teilmenge von Kriterien gesucht (Name des Dokuments und Erstellungsdatum). Außerdem verletzte das bestehende Suchtool die Privatheit der Anwender, indem es Suchen auf den (virtuellen) Schreibtischen anderer Kollegen erlaubte. Weiterhin war die Übernahme der Ergebnisse unbefriedigend, da statt einer Kopie des gefundenen Dokuments ein Verweis erzeugt wurde, so daß Veränderungen am gefundenen Dokument gleichzeitig auch andere Kollegen betreffen konnten, was zu erheblichen Konflikten führte. Auch äußerten Benutzer in Workshops und Interviews unterschiedliche Anforderungen bezüglich der Darstellung der Suchergebnisse. Konkret wurde ein Gruppierung der Ergebnisse nach unterschiedlichen Kriterien (Datum oder Fundort) gewünscht.

Für dieses einfache Beispiel ließen sich bestimmt auch noch eine Reihe anderer Anpassungskonzepte finden, aber in diesem Beitrag geht es gerade darum, die Möglichkeiten und Probleme der komponentenbasierten Anpaßbarkeit an einem übersichtlichen Beispiel zu diskutieren.

### 4.1 Dekomposition des Suchwerkzeugs in atomare Komponenten

Basierend auf den beschriebenen Anforderungen und im Hinblick auf die vorher formulierten Kriterien zur Dekomposition wurde das Suchwerkzeug in eine Reihe in Java implementierter Komponenten zerlegt. In Abbildung 2 sind die wesentlichen Arten von Komponenten zu sehen. Im oberen Teil gibt es eine Reihe von *visuellen Komponenten*, die die Spezifikation der gesuchten Dokumente z.B. über den Namen erlauben. Die *Suchmaschinenkomponente* (mit „SQL" markiert), die die Verbindung zu LinkWorks herstellt, ist während der normalen Nutzung hingegen unsichtbar. Am Ausgang der Suchkomponente stehen nach Beendigung der Suche die Ergebnisse zur Verfügung. In Abbildung 2 werden die Ergebnisse durch eine (normalerweise unsichtbare) *Weichenkomponente* nach dem Namen aufgespalten und in zwei *Listenkomponenten* abgebildet. Die Ergebnisübernahme erfolgt durch spezielle *Schaltflächen*, die in Abbildung 2 nicht zu sehen sind, aber an die Ergebnislisten angehängt werden können. Durch Wahl unterschiedlicher Schaltflächen kann so beispielsweise bestimmt werden, ob die Ergebnisse als Verweis oder als Kopie übernommen werden sollen. Der vollständige Satz von Komponenten (engl.: *Framework*) steht dem Benutzer während des Anpassens in einem Werkzeugkasten zur Verfügung.

Mit Hilfe dieser Komponenten können alle von den POLITeam-Benutzern geforderten unterschiedlichen Anzeigearten, Ergebnisübernahmen und Suchspezifikationen konstruiert werden, wobei besonders häufig durchgeführte Anpassungen, wie zum Beispiel der Wechsel zu einer anderen abstrakten Darstellungskomponente durch einfachen Austausch einer Komponente auf einer hohen Ebenen möglich sind. Neue Darstellungskomponenten können beispielsweise von erfahrenen Kollegen oder Systemadministratoren auf einer tieferen Ebenen konstruiert werden. Obwohl das Suchwerkzeug ein recht einfaches Anwendungsbeispiel ist, zeigt sich schon hier der Nutzen einer hierarchischen Schachtelung. Die abstrakten Darstellungskomponenten können als separate CAT-Datei gespeichert (vgl. Abbildung 1, unten rechts) und beispielsweise per Email oder über einen gemeinsamen Arbeitsbereich verteilt werden. Zudem ist es möglich, das Suchwerkzeug während der Laufzeit anzupassen. Im Anpassungsmodus (siehe Abbildung 2) sind die Komponenten weiterhin voll funktionstauglich.

## 5 Bisherige Ergebnisse und zukünftige Arbeiten

Auf der *softwaretechnischen Ebene* hat sich gezeigt, daß die Benutzung des JavaBeans-Standards eine angemessene Basis für den Ansatz darstellt. Es wurde deutlich, daß durch das flexible Ereignismodell (Ereignisse sind Objekte und können so beliebige Daten transferieren) eine Vielfalt von Interaktionsformen auch zwischen unsichtbaren Komponenten (z.b.: Suchmaschine und Weiche) unterstützt wird. Durch Java-RMI (*Remote Method Invocation*) können JavaBeans auf verschiedenen Rechnern Ereignisse senden und empfangen (beim Suchwerkzeug wurden noch TCP/IP-Sockets verwendet). Verteilte Komponenten sind insbesondere für Groupware von zentraler Bedeutung. Da im Suchwerkzeug lediglich ein einfaches Client/Servermodell unterstützt werden mußte, ist als nächster Schritt geplant, ein erweitertes Verteilungsmodell zu entwickeln, das eine beliebige Verteilung von hierarchisch geschachtelten Komponenten in einem Rechnernetz erlaubt.

Auf der *ergonomischen Ebene* weist der Ansatz bisher noch ein prinzipielles geometrisches Problem auf. Die Existenz von vielen unsichtbaren Komponenten führt im normalen Benutzungsmodus dazu, daß auch bei geschickter Verteilung und Skalierung immer noch leere Stellen auf der graphischen Oberfläche zu sehen sind. Zur Lösung dieses Problems entwickeln wir im Moment einen Ansatz der auf der Anwendung von Methoden der 3-D Modellierung basiert. Dabei werden die sichtbaren Komponenten auf einer Ebene im Raum (dem "sichtbaren" Fenster) plaziert. Die unsichtbaren Komponenten können im Raum "hinter" der Ebene verteilt werden. Der Benutzer kann sich dann mit Hilfe eines VRML-fähigen Browsers frei durch die Anwendung bewegen und entsprechende Anpassungen vornehmen.

Von zentraler Bedeutung für den Ansatz ist die *angemessene Dekomposition* der anpaßbar zu gestaltenden Anwendung. Wir haben bei der Zerlegung des Suchwerkzeugs die Erfahrung gemacht, daß der Designschritt von der in Interviews und Workshops gewonnen Empirie zu einer sinnvollen Zerlegung eine übersichtliche Darstellung der verschiedenartigen Anforderungen und deren antizipierten Dynamik erfordert. Bisherige Vorgehensweisen der Softwareentwicklung basieren auf der Eliminierung von Alternativen und sind aus diesem Grund ungeeignet, um die erforderliche Anpaßbarkeit zu modellieren. Lediglich in der *change case* Erweiterung [Ecklund et al. 96] der *use case* Methodik [Jacobsen et al. 92] können antizipierte Veränderungen explizit dargestellt werden. An dieser Stelle besteht noch Forschungsbedarf. Auch müssen Maße zur genaueren Definition des Begriffs "angemessene Dekomposition" entwickelt werden.

Ein weiteres Problem tritt auf, wenn eine gewählte Dekomposition geändert werden muß und Komponenten von Drittanbietern Teil des Frameworks sind. Da solche Komponenten in der Regel nur im Binärformat, d.h. ohne Source-Code vorliegen, sind nach dem heutigen Stand der Technik Änderungen der Implementierung zumeist unmöglich. Auf der Ebene der Programmiersprache könnten flexiblere Konzepte wie *Delegation* (vgl. z.B. [Kniesel 98]) einen Lösungsansatz darstellen.

Zusammenfassend kann gesagt werden, daß der Ansatz die in der Einleitung formulierten Anforderungen weitestgehend erfüllt. Seine Anwendung auf das POLITeam-Suchwerkzeug hat gezeigt, daß dynamische und verschiedenartige Anforderungen eines realen Anwendungsfeldes unterstützt werden können. Trotz der Einfachheit des Beispiels wurde der

Wert einer hierarchischen Schachtelung anhand des differenzierten Anpassungsmodells bezüglich der abstrakten Darstellungskomponente deutlich.

## Danksagung

Der Prototyp wurde von Markus Won implementiert. Dank gebührt außerdem Armin B. Cremers und den Kollegen im Projektbereich Software-Ergonomie und CSCW am Institut für Informatik III für anregende Diskussionen und den anonymen Rezensenten für die wertvollen konstruktiven Hinweise.

## Literatur

[Aksit et al. 96] Aksit, M., Tekinerdogan, B., und Bergmans, L., "Achieving adaptablitity through seperation und composition of concerns," in: *Special Issues in Object-Oriented Programming: Workshop Reader of the 10th European Conference on Object-Oriented Programming ECOOP '96, Linz*, M. Mühlhäuser, Ed. Heidelberg: dpunkt Verlag, 1996, pp. 37-42.

[Bentley und Dourish 95] Bentley, R. und Dourish, P., "Medium versus Mechanism: Supporting Collaboration through Customisation", in: Proceedings of *ECSCW 95*, H. Marmolin, Y. Sundblad, und K. Schmidt, Eds. Stockholm, Sweden: Kluwer, 1995, pp. 133-148.

[Dourish 96] Dourish, P., "Open implementation und flexibility in CSCW toolkits," Ph.D. Thesis, University College London, 1996.

[Ecklund et al. 96] Ecklund, E. F., Delcambre, L. M. L., und Freiling, M. J., "Change Cases: Use Cases that Identify Future Requirements", in: Proceedings of *OOPSLA '96*. CA, USA: ACM Press, 1996, pp. 342-358.

[Garlan und Perry 95] Garlan, D. und Perry, D. E., "Introduction to the Special Issue on Software Architecture," *IEEE Transactions on Software Engineering*, vol. 21, pp. 269-274, 1995.

[Henderson und Kyng 91] Henderson, A. und Kyng, M., "There's No Place Like Home: Continuing Design in Use," in: *Design At Work*, J. Greenbaum und M. Kyng, Eds. Hillsdale, New Jersey: Lawrence Erlbaum Associates, Publishers, 1991, pp. 219-240.

[Jacobsen et al. 92] Jacobsen, I., Christerson, M., Jonsson, P., und Övergaard, G., *Object-Oriented Software Engineering. A Use Case Driven Approach*: ACM Press, 1992.

[JavaSoft 97] JavaSoft, "JavaBeans 1.0 API Specification", . Mountain View, California: SUN Microsystems, 1997.

[Kahler 95] Kahler, H., "From Taylorism to Tailorability: Supporting Organizations with Tailorable Software und Object-orientation", in: Proceedings of *HCI '95*, Y. Anzai, K. Ogawa, und H. Mori, Eds.: Elsevier, 1995, pp. 995-1000.

[Kiczales 96] Kiczales, G., "Beyond the Black Box: Open Implementation," *IEEE Software*, vol. 13, 1996.

[Kiczales et al. 91] Kiczales, G., Rivières, J. d., und Bobrow, D. G., *The Art of the Metaobject Protocol*: MIT Press, 1991.

[Klöckner et al. 95] Klöckner, K., Mambrey, P., Solenkamp, M., Prinz, W., Fuchs, L., Kolvenbach, S., Pankoke-Babatz, U., und Syri, A., "POLITeam --- Bridging the Gap between Bonn und Berlin for und with the Users", in: Proceedings of *ECSCW '95*, H. Marmolin, Y. Sundblad, und K. Schmidt, Eds. Stockholm, Sweden: Kluwer, 1995, pp. 17-32.

[Kniesel 98] Kniesel, G., "Type-safe delegation for dynamic component adaptation", in: Proceedings of ECOOP 98 Workshop on Component-Oriented Programming (WCOP '98), Brussels, Belgium, 1998.

[Kühme et al. 92] Kühme, T., Dieterich, H., Malinowski, U., und Schneider-Hufschmidt, M., "Approaches to Adaptivity in User Interface Technology: Survey und Taxonomy", in: Proceedings of *IFIP '92*, 1992.

[Mackay 90] Mackay, W. E., "Patterns of sharing customizable software", in: Proceedings of *CSCW '90*. Los Angeles, CA: ACM Press, 1990, pp. 209-221.

[Magee et al. 95] Magee, J., Dulay, N., Eisenbach, S., und Kramer, J., "Specifying Distributed Software Architectures", in: Proceedings of *5th European Software Engineering Conference*. Barcelona, 1995.

[Malone et al. 95] Malone, T. W., Lai, K.-Y., und Fry, C., "Experiments with Oval: A Radically Tailorable Tool for Cooperative Work," *ACM Transactions on Information Systems*, vol. 13, pp. 177-205, 1995.

[Mørch 97] Mørch, A., "Method und Tools for Tailoring of Object-oriented Applications: An Evolving Artifacts Approach", PhD-Thesis, *Department of Computer Science*. Oslo: University of Oslo, 1997.

[Myers 90] Myers, B. A., "Taxonomies of Visual Programming and Program Visualization," *Journal of Visual Languages und Computing*, 1, pp. 97-123, 1990.

[Nardi 93] Nardi, B. A., *A Small Matter of Programming - Perspectives on End User Programming*. Cambridge, Massachusetts: The MIT Press, 1993.

[Oberquelle 94] Oberquelle, H., "Situationsbedingte und benutzerorientierte Anpaßbarkeit von Groupware," in: *Menschengerechte Groupware - Software-ergonomische Gestaltung und partizipative Umsetzung*, A. Hartmann, T. Herrmann, M. Rhode, und V. Wulf, Eds. Stuttgart: Teubner, 1994, pp. 31-50.

[Oppermann 89] Oppermann, R., "Individualisierte Systemnutzung," in: *GI - 19. Jahrestagung*, vol. 1, *GI Jahresberichte*, M. Paul, Ed.: Springer-Verlag, 1989, pp. 131-145.

[Parnas 72] Parnas, D. L., "On the Criteria To Be Used in Decomposing Systems into Modules," *Communications of the ACM*, vol. 15, pp. 1053-1058, 1972.

[Simone und Schmidt 98] Simone, C. und Schmidt, K., "Taking the distributed nature of cooperative work seriously", in: Proceedings of *6th Euromicro Workshop on Parallel und Distributed Processing*. Madrid: IEEE-Press, 1998, pp. 295-301.

[Stiemerling 97] Stiemerling, O., "CAT - Component Architecture for Tailorability," University of Bonn, Department of Computer Science, Bonn, Working Paper, 1997.

[Stiemerling et al. 97] Stiemerling, O., Kahler, H., und Wulf, V., "How to Make Software Softer - Designing Tailorable Applications", in: Proceedings of *DIS '97*. Amsterdam: ACM Press, 1997.

*Th. Herrmann; K. Just-Hahn (Hrsg.): Groupware und organisatorische Innovation (D-CSCW'98).*
*Stuttgart: B. G. Teubner 1998, S. 237-250*

# Anforderungen an interaktive Kooperationslandschaften für kreatives Arbeiten und erste Realisierungen

Norbert Streitz, Petra Rexroth und Torsten Holmer
GMD - IPSI, Forschungszentrum Informationstechnik GmbH, Darmstadt

## Zusammenfassung

In diesem Beitrag berichten wir über i-LAND: eine interaktive Kooperationslandschaft für kreatives und innovatives Arbeiten. Der Beitrag ist in zwei Teile gegliedert. Im ersten Teil berichten wir über eine empirische Studie, in der sogenannte "Kreative Teams" in großen Unternehmen in Bezug auf ihre derzeitigen Arbeitsumgebungen und ihre Anforderungen an zukünftige Arbeitsbedingungen untersucht wurden. Im zweiten Teil stellen wir die in Hinblick auf diese Anforderungen und auf der Basis neuer CSCW-Konzepte im GMD-IPSI entwickelte i-LAND-Umgebung vor. Die aktuelle Realisierung umfaßt eine interaktive elektronische Wand (DynaWall), einen interaktiven Tisch (InteracTable) und zwei Sessel mit integrierten Computern (CommChairs). In i-LAND werden diese sog. *Roomware*-Komponenten zu einer Kombination aus realen und virtuellen Arbeitsumgebungen für kreative Teams integriert.

# 1 Einleitung

Zukünftige Rahmenbedingungen von Arbeit und Zusammenarbeit werden durch ein Maß an Flexibilität und Dynamik gekennzeichnet sein, das über aktuelle Entwicklungen und Beispiele weit hinausgeht. On demand und ad hoc zusammengestellte Teams, virtuelle Organisationen, räumlich verteilte und mobile Mitarbeiter sind erste Beispiele dafür. Inhalte und Beteiligte sowie Kontexte, Prozesse und Strukturen von Zusammenarbeit werden sich auf vielfältige Art und Weise ändern. Es ist an der Zeit, diese Entwicklungen in der Gestaltung von ebenso flexiblen und dynamisch konfigurierbaren Arbeitswelten zu reflektieren.

Die Einführung von Informations- und Kommunikationstechnologie hat bereits viele Arbeitsabläufe und -inhalte entscheidend verändert. Demgegenüber ist die Gestaltung der Arbeitswelten, insbesondere im Sinne der konkreten physischen Arbeitsumgebungen (z.B. Büros, Gebäude) fast unverändert geblieben und wenig oder gar nicht auf die frühzeitige Integration von IuK-Technologie ausgerichtet. Damit sich die neuen Arbeitsformen in hoher Qualität entfalten können, ist ein aufgaben-, benutzer- und gruppenorientiertes Design von innovativer IuK-Technologie (Hardware, Software, Netzwerke) und ein abgestimmtes Zusammenspiel mit entsprechend leistungsfähigen räumlichen und physischen Strukturen erforderlich. Wir bezeichnen diese Integration von IuK-Technologie in die physische, architektonische Umgebung als *Roomware* [Streitz et al. 98] und werden dieses Konzept im weiteren Verlauf dieses Beitrags illustrieren. Damit die Gestaltung entsprechend innovativer Arbeitsumgebungen nicht alleine durch eine neue konzeptuelle Basis bestimmt wird, sondern sich gleichermaßen auch an den Anforderungen der Praxis orientiert, sind entsprechende Studien und Analysen in real existierenden Arbeitsumgebungen notwendig.

In diesem Beitrag wird daher zunächst über eine kombinierte Interview- und Fragebogenstudie berichtet, in der die Arbeitsbedingungen sog. "Kreativer Teams" in großen Unternehmen untersucht wurden. Aufbauend auf den Ergebnissen dieser Studie und in Verbindung mit neuen Ansätzen zur Gestaltung von CSCW-Umgebungen und neuen Formen der Mensch-Computer-Interaktion wird dann über i-LAND - eine interaktive Kooperationslandschaft für kreatives und innovatives Arbeiten - berichtet.

# 2 Anforderungsstudie "Kreative Teams"

## 2.1 Ausgangspunkt und Fragestellung

Das Ziel dieser Studie war, Anforderungen aus der Praxis für die Gestaltung innovativer Arbeitsumgebungen zu erhalten, die neue, zur Zeit diskutierte Arbeitsformen für Teamarbeit in adäquater Weise ermöglichen und unterstützen. Um möglichst konkrete und umsetzbare Aussagen zu erhalten, schränkten wir den Umfang der Fragestellung dahingehend ein, daß wir spezielle Arbeitsgruppen, sogenannte "Kreative Teams", untersuchten. Im Zusammenhang mit der aktuellen Diskussion zur Erkundung und Förderung des Kreativitäts- und Innovationspotentials in (deutschen) Unternehmen versteht man darunter Gruppen, die sowohl in Bezug auf ihre Organisationsformen als auch durch ihre Inhalte neue Wege gehen. Beispiele sind Teams, die sich Gedanken machen über die zukünftige Entwicklung wichtiger Themenfelder, neue Produkte, Marketingstrategien, etc. Wir haben diese Gruppen für unsere Anforderungsanalyse deshalb ausgesucht, weil sie in vielen Fällen schon heute versuchen, Teamkonzepte von morgen zu praktizieren. Wir erwarteten deshalb, wichtige Hinweise und Anforderungen an die Gestaltung innovativer Arbeitsumgebungen für Teamarbeit zu erhalten. Außerdem hatten wir die Vermutung, daß diese Gruppen in der Lage sind, sich über Visionen zu zukünftigen Arbeitswelten zu äußern.

Bei der Auswahl der zu untersuchenden Themenkomplexe wurden wir von folgenden Annahmen geleitet: Einerseits ist das Entstehen und Nutzen von Kreativität von den kognitiven, emotionalen und sozialen Kompetenzen der Teammitglieder abhängig. Diese Faktoren haben wir in dieser Studie nicht untersucht. Andererseits spielen die sozialen Rahmenbedingungen (z.B. Hierarchiestrukturen) und Arbeitsformen (z.B. Kreativitätstechniken) in der Gruppe eine Rolle. Diese können einerseits durch externe Vorgaben geregelt sein oder durch gruppeninterne Entscheidungen vereinbart werden. In jedem Fall sind sie aber auch durch die Gestaltung der Arbeitsumgebungen beeinflußbar. Zur Arbeitsumgebung gehören für uns die räumlichen Bedingungen (Architektur, Möbel, Licht, Klima, etc.) sowie das Vorhandensein bestimmter technischer Hilfsmittel (Wandtafeln, Projektoren, Medien, Computer, etc.) und deren Eignung, bestimmte Arbeitsformen zu unterstützen oder sogar erst zu ermöglichen. Darüber hinaus spielt die aus der Summe von sozialen, räumlichen und technischen Faktoren resultierende Atmosphäre, die schwer operationalisierbar ist, und im weiteren Sinne als "Ambiente" bezeichnet werden kann, eine wichtige Rolle.

## 2.2 Methoden

Bei der durchgeführten Untersuchung handelt es sich um eine Serie von detaillierten Fallstudien, für die auch aufgrund der Anzahl der untersuchten Gruppen (fünf) eine statistische Auswertung mit Mittelwerten weder geplant noch sinnvoll ist. Die Zielsetzung war vielmehr, für ein ausgewähltes Tätigkeitsspektrum eine Bandbreite von existierenden Arbeitssituationen detailliert zu beschreiben und zu analysieren, sowie möglichst unterschiedliche Ideen für Anforderungen an zukünftige Arbeitsumgebungen zu erhalten. Wir wählten daher strukturierte mündliche Interviews, schriftliche Befragungen und "vor Ort"-Begehungen der benutzten Teamarbeitsräume.

### 2.2.1 Die untersuchten Gruppen

Im Rahmen der Studie wurden fünf Arbeitsgruppen mit insgesamt 80 Mitgliedern untersucht. Die Befragten waren zwischen 28 und 55 Jahre alt, hatten größtenteils einen akademischen Bildungsabschluß und stammten aus unterschiedlichen Berufszweigen wie Design, Betriebswirtschaft, Psychologie, Ingenieurwesen und Informatik.

Die Arbeitsgruppen gehören großen deutschen Firmen aus den Branchen Automobilindustrie, Mineralöl, Werbung und Consulting an. Sie bezeichnen sich selbst als kreative Teams, da sie die Aufgabe haben, für das eigene Unternehmen oder für externe Kunden Problemlösungen, innovative Konzepte und Zukunftsstrategien zu entwickeln. Zitat: *„Wir verstehen uns als Impulsgeber, Provokanten, Querdenker und Bindeglied zwischen Umfeld und Unternehmen".* Die Zusammensetzung der Teams war immer interdisziplinär und die Struktur von sehr flachen Hierarchien gekennzeichnet.

Aufgrund der verschiedenen Branchen, Unternehmensphilosophien und -strukturen der untersuchten Gruppen trafen wir unterschiedliche Ausprägungen kreativer Arbeit an. Die Arbeit war "extern orientiert", wenn das Team für Kunden oder „intern" in Beraterfunktion für das eigene Unternehmen arbeitete. Ein anderes Differenzierungsmerkmal war, ob die Mitglieder die Tätigkeit in den kreativen Teams als Teilzeitaktivität oder als Vollzeitjob ausübten. Dies hatte unterschiedliche Kooperationsmodelle und Arbeitsprozesse zur Folge und wirkte sich auch auf die Ansprüche an die Technologie aus.

### 2.2.2 Durchführung

Die Untersuchung bestand aus strukturierten mündlichen Interviews in Form eines Experteninterviews mit einem Repräsentanten des Teams, schriftlichen Befragungen aller Teammitglieder und "vor Ort"-Begehungen der benutzten Teamarbeitsräume. Die mündlichen Interviews wurden von einer Interviewerin durchgeführt, die die Teams in ihren Arbeitsumgebungen in den Unternehmen besuchte. Die Dauer der Interviews betrug ca. 90 Minuten. Danach erfolgte die Begehung der Arbeitsräume. Für die Bearbeitung der an die Teammitglieder ausgeteilten schriftlichen Fragebögen wurden diesen 3 Wochen Zeit gegeben. Die Rücklaufquote der Fragebögen betrug 20%. Die Studie wurde im Zeitraum September bis Dezember 1997 durchgeführt.

### 2.2.3 Erhobene Daten

*Mündliche Interviews.* Die Daten des strukturierten mündlichen Interviews wurden auf der Basis eines Interviewleitfadens erhoben und schriftlich protokolliert. Die Fragen betrafen die Zielsetzung der Gruppe, ihre soziale Struktur, die Arbeitsinhalte und -methoden, sowie ihre räumliche und technische Ausstattung. Sie bezogen sich vornehmlich auf das Team in seiner Gesamtheit und stellten die Teamperspektive in den Vordergrund.

*Schriftliche Fragebögen.* Jedem Gruppenmitglied wurde ein Fragebogen ausgehändigt, der die Arbeitssituation im Team aus der Sicht der einzelnen Mitglieder zum Inhalt hatte. Die Fragebögen erhoben demographische Daten und beinhalteten Fragen zum Arbeitsprozeß, der räumlichen Umgebung und technischen Ausstattung.

In den Interviews und den Fragebögen wurden Multiple Choice Antworten vorgegeben und auch offene Fragen gestellt. Interviews und Fragebögen bestanden aus zwei Teilen. So wurde zuerst eine Bestandsaufnahme der aktuellen Situation vorgenommen. Im zweiten Teil wurden dann die Anforderungen erhoben, die von den Teammitgliedern an eine ideale Arbeitsumgebung gestellt wurden. Nach der Erhebung der von den Befragten geäußerten Vorstellungen wurde ihnen auch das zum damaligen Zeitpunkt vorhandene i-LAND-Konzept mit der Aufforderung vorgestellt, es zu bewerten und zu kommentieren.

*Begehung der Teamarbeitsräume.* Im Anschluß an das mündliche Interview wurden die Arbeitsräume, die dem Team für die gemeinsamen Arbeitssitzungen zur Verfügung stehen, besichtigt. Das Protokoll der Begehung erfolgte in Form einer kommentierten Zeichnung des Raums und der sich darin befindlichen Möbel und Ausstattungsgegenstände sowie weiterer Kommentare zu deren Nutzung.

## 2.3 Ergebnisse

Wie schon zuvor erläutert, handelt es sich um eine Serie von Fallstudien. Daher werden im folgenden qualitative Ergebnisse vorgestellt. Sie werden jeweils unterteilt in die angetroffenen Arbeitsumgebungen und die Anforderungen an zukünftige Umgebungen. Dabei ist zu berücksichtigen, daß die Gruppen, deren Arbeit eher extern orientiert ist, einen differenzierteren und bestimmten Regeln unterworfenen Arbeitsprozeß aufweisen. Sie nutzen die Ausstattung, insbesondere die Computertechnologie, unter anderen Voraussetzungen.

### 2.3.1 Angetroffene Arbeitsumgebungen

**Räumliche Arbeitsumgebung.** Die vor Ort angetroffene räumliche Arbeitssituation der kreativen Teams entspricht den normalen Konferenzräumlichkeiten in deutschen Firmen. Zur Verfügung steht ein (meist zu kleiner) Raum mit einem großen Tisch, einigen Stühlen und traditionellen Hilfsmitteln wie Overheadprojektor, Wandtafel und Flipchart. Die Visualisierung von Ideen und Konzepten war traditionell und wurde unter Verwendung von Papier durchgeführt. Eine große Rolle in der Raumgestaltung spielen Kunstgegenstände am Arbeitsplatz. Nach Aussage der Teams dienen sie nicht nur der Dekoration, sondern sollen die in dem Raum Anwesenden inspirieren und stimulieren.

Weiterhin konnte festgestellt werden, daß die kreativen Teams einen großen Drang haben, ihre Kreativsitzungen außerhalb des Unternehmens abzuhalten. Dies geschieht dann in Hotels oder auch als Gast bei Institutionen, die einen Zusammenhang mit den behandelten Themen aufweisen. Die räumliche und damit verbundene mentale Entfernung vom Arbeitsplatz in der Firma dient dazu, sich vom betrieblichen Alltag zu lösen, um offen für neue Ideen zu sein.

**Technische Ausstattung.** Insgesamt wurde eine geringe technische Ausstattung festgestellt. Computertechnologie kommt während der Kreativsitzungen fast nie zum Einsatz.

Nur einer der besichtigten Teamarbeitsräume war permanent mit Arbeitsplatzrechnern, Scanner und Drucker ausgestattet. Laptops wurden nur selten zu den Sitzungen mitgebracht. Nur ein Team verwendete einen Laptop und projizierte die Bildschirminhalte mit einem Beamer. Allerdings wurde dies nur für vorbereitete Präsentationen verwendet. Allgemein konnte Folgendes festgestellt werden: Je höher die Ausrichtung der Arbeit auf externe Partner, desto höher der Grad der Ausstattung an Computertechnologie im Teamarbeitsraum.

**Soziale Atmosphäre.** Es war immer wieder festzustellen, daß die Teams für eine erfolgreiche kreative Gruppenarbeit eine eher informelle und gute soziale Atmosphäre als sehr wichtig erachteten.

### 2.3.2 Anforderungen an zukünftige Arbeitsumgebungen

**Räumliche Ausstattung.** Die Grundanforderung an einen Raum für kreative Gruppenarbeit bestand in einem möglichst großen Raum mit sehr guten Lichtverhältnissen. Dieser Raum sollte variabel gestaltbar sein und den Charakter einer Landschaft oder eines Platzes haben, in der bzw. auf dem ein informelles Zusammentreffen und ein spontaner Austausch von Informationen stattfinden kann. Dazu folgendes Zitat: *"Meetings werden nicht mehr abgehalten, indem man sich in einem Raum trifft, sondern indem man die Umgebung und die Situation dafür schafft"*. Außerdem sollte die Möglichkeit bestehen, sich auch aus dem Gebäude heraus ins Freie bewegen zu können. Weiterhin wurde Flexibilität und Multifunktionalität des Mobiliars gefordert.

**Technische Ausstattung.** Auch wenn der derzeitige technische Standard bei den meisten Teams als sehr gering angesehen werden muß, zeigt sich doch - trotz schlechter Erfahrungen - eine große Aufgeschlossenheit gegenüber neuen Möglichkeiten zur Recherche und vor allem zur Visualisierung von Informationen. Computerunterstützung wurde hauptsächlich für folgende Aktivitäten gefordert:

*Informationsrecherche.* Die Beschaffung und Auswertung von Informationen ist für die Arbeit der kreativen Teams von großer Bedeutung. Diese Aktivität geschieht vornehmlich in der Vorbereitungsphase der Gruppensitzungen. Zitat: „*Die Vorbereitung als Inspiration ist maßgeblich für den Erfolg des Projektes*". Daher wurde die Verfügbarkeit von weltweit vorhandenem Wissen gefordert, am besten in multimedialer Form aufbereitet. Sowohl interne Unternehmensdatenbanken als auch externe Informationen von kommerziellen Datenbankanbietern oder Kunden sollten einfach und jederzeit zugänglich sein. Eine besondere Rolle spielen sog. Ideenpools, in denen nach Themen geordnete Materialien vorhanden sein sollten. Eine weiterentwickelte Vision dieser Idee sahen die Befragten in sog. Ideenräumen, unter denen sie sich virtuelle Gebilde vorstellen, die räumlichen Charakter haben, individuell anpaßbar sind, sich aber auch selbst weiterentwickeln können.

*Kreatives Arbeiten.* Die Verwendung von Kreativitätstechniken ist für alle Teams unerläßlich. Zitat: „*Kreativität scheitert meist daran, daß gute Ideen nicht kommuniziert werden können*". Techniken wie Brainstorming und Metaplan werden zwar von allen benutzt, allerdings werden die Regeln nicht immer strikt eingehalten. Flexibilität und

Individualität sind auch hier sehr wichtig. Ein Team entwickelte eine eigene Kreativitätstechnik, die eine Kombination bereits bekannter Techniken darstellt. Der große Nachteil, der bei der derzeitigen Verwendung von Kreativitätstechniken gesehen wird, besteht darin, daß diese Techniken primär papierbasiert benutzt werden. Ein Ansatz, die dadurch vorhandenen Einschränkungen (Unleserlichkeit; Unordentlichkeit; begrenzter Platz; Löschen, Ändern und Umorganisieren der Informationen ist schwer möglich) aufzuheben, wird in computerbasierten Kreativitätstechniken gesehen, die hoch eingeschätzt werden.

*Präsentation.* Wirkungsvolle Präsentationen von Ideen und Ergebnissen sind bei kreativer Arbeit wichtig. Die Anforderungen der kreativen Teams führen eher weg von der Frontalpräsentation und verlangen nach flexiblen Alternativen. Eine Möglichkeit, die von einigen Teams bereits jetzt schon angewendet wird, ist ein partizipativer Präsentationsstil. Bei diesem Vorgehen werden die Teilnehmer aktiv in die Präsentation eingebunden und am Prozeß beteiligt. Dadurch soll die Präsentation intensiver erlebt und besser verstanden werden.

*Visualisierung.* Die Visualisierung von Daten und Informationen wurde von den Befragten als sehr wichtig und als Basis für kreatives Arbeiten angesehen. Die Teams vertraten einstimmig die Meinung, daß geeignete Visualisierungen inspirierend wirken und Ideen besser verstanden und umgesetzt werden können, wenn sie entsprechend veranschaulicht werden. Vor allem für die Kommunikation von Ideen in der Gruppe wurde dieser Aspekt als wichtig beurteilt. Die Videokonferenz als Möglichkeit, entfernte Gesprächspartner zu visualisieren, wurde jedoch sehr skeptisch bewertet. Den Teams kommt es vor allem auf eine persönliche Atmosphäre an, die sie durch Videoübertragungen nicht gewährleistet sehen. Andererseits wurden Darstellungen mit Hilfe von Virtual Reality-Methoden oder durch Hologramme als geeignete Alternativen genannt. Visualisierungen werden als ein wichtiger Aspekt, aber nur als ein Schritt zu einem ganzheitlichen Erleben gesehen, bei dem alle Sinne stimuliert werden und auch andere Reize (akustische, taktile, ...) eingesetzt werden.

*Organisation, Planung, Verwaltung.* Kreative Teams leisten nicht nur unkonventionelle, "kreative" Arbeit. Die Phasen kreativer Arbeit müssen in den allgemeinen Arbeitsablauf integriert werden. Es wurde betont, daß die Organisation, Planung und Verwaltung der Projektarbeit einen großen Teil der Zeit beansprucht, die besser für die eigentlichen kreativen Aktivitäten genutzt werden sollten. Eine der Anforderungen bestand darin, diesen zusätzlichen Aufwand zu minimieren, z.B. durch eine computerbasierte Unterstützung für Projekt-, Zeit- und Agenda-Management. Außerdem wurden dynamische Ablagesysteme genannt. Zur Verbesserung der Dokumentation von Besprechungen wurden elektronische Protokolle und Videoaufnahmen gewünscht.

### 2.3.3 Zusammenfassung der Anforderungsstudie

Obwohl die Arbeitsumgebungen der kreativen Teams in den meisten Fällen eine geringe Ausstattung mit Computertechnologie aufwiesen, war eine sehr offene Haltung gegenüber neuen Technologien festzustellen. Es bestand aber auch ein gewisses Maß an Frustration, das auf schlechte Erfahrungen zurückgeführt wurde. Computertechnologie wurde als ein unterstützendes Mittel angesehen, das den kreativen Ideenfluß sinnvoll fördern und strukturieren kann. Computergestützte Visualisierungen und Kreativitätstechniken waren die beiden Hauptanwendungsgebiete, die auf der Wunschliste standen. Die Technologie sollte aber nicht im Vordergrund stehen, sondern in den Hintergrund treten. Zitat: *„Wir haben das kreative Potential, nicht unsere Rechner!"* Durch die oft unkonventionellen Arbeitsweisen von „Kreativen" bekommt die Gestaltung der sozialen Situation einen hohen Stellenwert. So wird dem direkten persönlichen Kontakt im Team Priorität eingeräumt. Damit verbunden wird das Zusammensein an einem Ort, z.B. in einem Besprechungs- oder Konferenzraum bevorzugt.

Es ist bemerkenswert, daß die vorhandene Arbeitsumgebung von den meisten Teams zwar nicht als optimal, aber als ausreichend bewertet wurde. Nur wenige der Befragten gaben an, daß sie sich bis zum Zeitpunkt der Untersuchung ausführlichere Gedanken über die Gestaltung ihrer Arbeitsumgebungen gemacht hatten. Eine oft angewendete Strategie der Teams bestand darin, andere Orte (z.B. Tagungshotels, andere Institutionen) aufzusuchen und sich von diesen neuen Umgebungen inspirieren zu lassen.

Neben der Gestaltung der sozialen Situation durch räumliche und architektonische Faktoren und über die technische Ausstattung betonten die Teams den hohen Wert einer Interaktions- und Kooperationsatmosphäre, die sich durch die folgenden Prinzipien charakterisieren läßt: *Demokratie* (Gleichberechtigung, keine formellen Hierarchien, nur Kompetenz und Kreativität zählen), *Freiheit* (keine Richtlinien, keine Restriktionen für die Entwicklung von Ideen), *Individualität* (bei der Wahl der Hilfsmittel, Strategien und Umsetzungen), *Harmonie* (erzeugt durch Sympathie, Zusammengehörigkeitsgefühl), *Anonymität* (z.B. der Urheber noch unfertiger Konzepte und Ideen, um verfrühte, auf der Person und nicht auf dem Inhalt basierende Bewertungen zu vermeiden), *Flexibilität* (der Gestaltung von Arbeitssituationen in der Gruppe, wie z.B. Untergruppenbildung, der Hilfsmittel, wie z.B. Visualisierungs- oder Kreativitätstechniken, der Arbeitsumgebung, wie z.B. Mobiliar, Hard- und Software).

Eine Arbeitsumgebung für kreative Gruppenarbeit sollte deshalb nicht nur flexible (Denk-)Werkzeuge bereitstellen, mit denen Ideen erarbeitet, Zwischenergebnisse bearbeitet und Endergebnisse präsentiert werden können, sondern darüber hinaus auch eine Atmosphäre schaffen, in der sich Kreativität ungehindert entfalten kann. In dem folgenden Kapitel 3 werden wir das Design unserer i-LAND Kooperationslandschaft für kreatives und innovatives Arbeiten vorstellen, in das ein großer Teil der Ergebnisse der Studie eingeflossen ist.

## 3   Die i-LAND Kooperationslandschaft

i-LAND ist eine Beispielanwendung unserer Vision der Arbeitswelten der Zukunft. Diese basieren auf einem integrierten Design realer Umgebungen und virtueller Informationsräume, die dynamisch konfigurierbare und flexibel verfügbare Ressourcen für Projektteams (z.B. on-demand und ad hoc Teams) anbieten. Dabei gibt es zwei Schwerpunkte: die Entwicklung von sog. *Roomware*-Komponenten und von spezifischen Software-

Werkzeugen zur Unterstützung von Gruppenarbeit, insbesondere für kreative Teams. Abbildung 1 zeigt eine Skizze, die unsere Ideen in der konzeptuellen Phase der Planung von i-LAND visualisiert. Eine zentrale Leitidee war dabei, daß die Arbeitsumgebung unterschiedliche Phasen der Teamarbeit unterstützt, wie z.B. Präsentation vor der Gesamtgruppe, parallele Arbeit in Teilgruppen, Recherchen von Einzelpersonen, Zusammenführen der Ergebnisse. Dazu sind modulare Elemente bereitzustellen, die für sich alleine verwendet, aber auch dynamisch kombiniert werden können. Unsere Antwort auf dieses Problem ist das *Roomware*-Konzept.

### 3.1 Roomware

Unter *Roomware* verstehen wir Raumobjekte, wie beispielsweise Möbel, Türen oder Wände, die mit integrierten Computern versehen sind und - soweit möglich und sinnvoll - über drahtlose Netzwerke miteinander kommunizieren. Die aktuelle Realisierung von i-LAND umfaßt eine interaktive, elektronische Wand (*DynaWall*), einen interaktiven Tisch (*InteracTable*) und zwei Sessel mit integrierten Computern (*CommChairs*). Weitere Komponenten, wie z.B. die „Säulen des Wissens", sind geplant.

**Abbildung 1: Konzeptskizze der i-LAND Umgebung mit parallel arbeitenden Teilgruppen und Einzelpersonen**

### 3.2 Die DynaWall

Die *DynaWall* ist eine interaktive elektronische Wand, die auf einer berührungsempfindlichen Darstellungsfläche von 4,50 m Breite und 1,10 m Höhe basiert. Da die Verfügbarkeit von großen Darstellungsflächen für die meisten visuell orientierten Aufgaben von großer Wichtigkeit ist, ermöglicht die DynaWall, komplexe Informationsstrukturen nicht nur zu visualisieren, sondern auch, daß mehrere Personen auf neue Art und Weise mit diesen Informationen interagieren können. Zwei oder mehr Personen können entweder parallel an der Wand arbeiten oder sie nutzen gemeinsam die gesamte Darstellungsfläche. Die Größe der DynaWall eröffnet eine neue Dimension in der Mensch-Computer-Interaktion. So können beispielsweise Informationsobjekte von einer Stelle der Wand "abgenommen" und an anderer Stelle wieder "abgelegt" werden (*take and put*); sie können von einer Seite zur anderen "geworfen" (*shuffle*) werden; Dialogfenster erscheinen stets direkt vor den Benutzern.

## 3.3 Der InteracTable

Der interaktive Tisch *InteracTable* ist der erste Prototyp einer Reihe von computerbasierten Komponenten, die über eine beliebig geformte Darstellungs- und Interaktionsfläche ohne definierte Orientierung verfügen. Der Tisch ist für Diskussionen und Annotationen von elektronischen Materialien konzipiert, bei denen die Personen um ihn herum stehen können. Informationsobjekte, die auf der Tischoberfläche angezeigt werden, können beliebig rotiert oder mit Schwung verschoben werden. Die Interaktion wird mit Gesten, z.B. mit dem Finger, durchgeführt. Annotationen erfolgen mit einem Stift, einer Infrarot-Tastatur und demnächst auch über Spracheingabe.

**Abbildung 2: Links - DynaWall und zwei CommChairs, Rechts - InteracTable**

## 3.4 Der CommChair

Der *CommChair* stellt einen neuen Typ von Sitzmöbel dar. Von ihm existieren bisher zwei Varianten: eine mit integriertem Computer und eine mit Anschlußmöglichkeiten für Laptops in Form einer integrierten *docking station*. Um maximale Mobilität zu gewährleisten, verfügt jeder Sessel über Schnittstellen für drahtlose Netzwerke und eine netzunabhängige Stromversorgung. Mit Hilfe der CommChairs können sich Personen untereinander mit gemeinsam nutzbaren Arbeitsbereichen verbinden, ebenso aber auch mit der DynaWall oder dem InteracTable. Parallel dazu können sie in einem privaten Arbeitsbereich Notizen und Annotationen anfertigen. Es ist geplant, daß die Lokalisierung der CommChairs im Raum, die Identifikation der Sitzenden durch den Sessel, sowie der Aufbau einer Netzwerkverbindung zwischen CommChairs, sobald diese zusammengeschoben werden, automatisch auf der Basis von Sensoren erfolgt.

Abbildung 3: Die beiden Varianten der CommChairs

## 3.5 Software für Kreativität und Innovation

Um die Anforderungen aus der Untersuchung zu erfüllen, werden Software-Werkzeuge entwickelt, welche die gewünschten Funktionen (Kreativitätstechniken, Projekt- und Zeitmanagement, Visualisierungs- und Präsentationsmöglichkeiten) enthalten. Diese Entwicklungen basieren auf den zuvor von uns entwickelten Werkzeugen wie z.B. DOLPHIN [Streitz et al. 94] und berücksichtigen die Ergebnisse der empirischen Evaluationen unterschiedlicher Versionen von DOLPHIN [Mark et al. 97; Streitz et al. 97]. Diese Werkzeuge werden in Verbindung mit neuen Interaktionstechniken und Visualierungsmetaphern die Möglichkeiten der innovativen Roomware-Komponenten nutzen. Diese Software wird auch die Nutzung von Wissensbasen unterstützen, sowohl firmeneigener *organizational group memories* als auch von externen Datenbanken.

## 3.6 Dynamic Offices

Im Konzept *Dynamic Offices* wird nun die Modularität und Mobilität der Roomware-Komponenten ausgenutzt. Diese ermöglichen es, innerhalb eines Raumes für wechselnde Gruppensituationen eines Teams, aber auch für verschiedene Teams die Zusammenstellung der Komponenten dynamisch zu konfigurieren. Die Konfigurierbarkeit besteht dabei nicht nur in Bezug auf die Zusammenstellung der Roomware-Komponenten, sondern auch in Bezug auf das softwaremäßige "Bespielen" dieser Komponenten zur Erzeugung unterschiedlicher Kooperationslandschaften, die den unterschiedlichen Inhalten und Aufgaben der Teams entsprechen. Damit kann ein Raum einerseits als quasi-permanenter Projektraum von unterschiedlichen Teams und Projekten benutzt werden. Andererseits steht er aber auch für andere Zwecke, z.B. als Präsentations- und Informationsraum für Kunden und Besucher, zur Verfügung.

## 4 Diskussion

### 4.1 Empirische Untersuchungen

An dieser Stelle soll auf vergleichbare empirische Untersuchungen eingegangen werden. In einer Studie der University of Michigan [Covi et al. 98] wurden neun Unternehmen in Hinblick auf die Gestaltung und Nutzung ihrer Projektgruppenarbeitsräume befragt. Es wurden Interviewstudien mit Managern und Gruppenmitgliedern durchgeführt. Ein Team wurde außerdem über einen Zeitraum von sechs Wochen beobachtet. Dabei wurden zwei Arten von Teamarbeitsräumen identifiziert: *skunk works* und *war rooms*. Bei *skunk works* handelt es sich um einen Arbeitsraum, der sowohl Einzelarbeitsplatz als auch Gruppenarbeitsumgebung ist und in dem Gruppenmitglieder quasi-permanent arbeiten (live-in project rooms). Bei *war rooms* handelt es sich um eher herkömmliche dedizierte Konferenzräume, in denen sich (auch unterschiedliche) Gruppen zu gemeinsamen Arbeitssitzungen treffen. Einige ausgewählte Ergebnisse: In den war rooms wurden mehr Visualisierungshilfen wie Wandtafeln, Flipcharts, etc. vorgefunden, während in den skunk works Räumen mehr Desktop Computer anzutreffen waren. Die Gruppenmitglieder in den skunk works berichteten, daß die gleichzeitige und quasi-permanente Anwesenheit (collocation) sie dabei unterstützt, ein gemeinsames Wissen aufzubauen und fast automatisch über die Aktivitäten der anderen informiert zu werden (awareness). Der Vorteil individueller, durch Wände und Türen getrennter, Büros besteht darin, daß die Person signalisieren kann, ob sie zur Kooperation bereit ist oder nicht (Tür auf oder zu). Zusammenarbeit funktioniert jedoch am besten zur selben Zeit und am selben Ort. Sind die Teammitglieder nicht immer verfügbar, weil sie in verschiedenen Räumen arbeiten, treten Verzögerungen im Projektverlauf ein. Werden Teammitglieder bei ihrer individuellen Arbeit unterbrochen, wird deren Arbeitsablauf gestört. Aus diesem Grund muß eine Strategie gefunden werden, die den Wechsel zwischen individueller und kooperativer Arbeit gestattet, um den einzelnen Personen eine adäquate und individuelle Arbeitsgestaltung zu ermöglichen.

In unseren eigenen früheren experimentellen Untersuchungen zur Unterstützung von Gruppenarbeit in sog. elektronischen Besprechungszimmern [Mark et al. 97; Streitz et al. 97] haben wir festgestellt, daß die Möglichkeit zum flexiblen Wechsel zwischen Einzelarbeit, Teilgruppenarbeit und Plenumssituationen bessere Ergebnisse der Gruppenarbeit zur Folge hat. Diese sollte daher nicht nur durch die Funktionalität der Software, sondern auch durch das Design der Arbeitsumgebungen unterstützt werden.

## 4.2 Computergestützte Teamarbeitsräume

Bei den bisher entwickelten computergestützten Gruppenarbeitsräumen handelt es sich vorwiegend um sog. elektronische Besprechungszimmer (electronic meeting rooms), siehe z.B. [Lewe 94], [Nunamaker et al. 95], [Olson et al. 93], [Stefik et al.87], [Streitz et al. 94]. Sie verwenden vernetzte, auf Besprechungstischen plazierte oder in die Tische eingelassene Computer mit herkömmlichen Monitoren verschiedener Größe. In einigen Konstellationen werden diese durch elektronische Wandtafeln ergänzt, die aber oft nur als passive Anzeigetafeln und nur in wenigen Fällen auch für interaktive Eingaben genutzt werden. In allen Fällen sind die Computer als entsprechende Geräte sehr exponiert, drängen sich in den Vordergrund, stören oft den Gesamteindruck und erzeugen dadurch eine „technisierte" Atmosphäre in diesen Räumen. Die Interaktion der Benutzer mit den persönlich zugeteilten Computern erfolgt über Tastatur und Maus. In einigen Fällen ist die Interaktion mit der Wandtafel auch über Gesten möglich [Streitz et al. 94].

Mit der i-LAND Umgebung wird nun ein neuer Ansatz verfolgt, der den Anforderungen der unterschiedlichen empirischen Untersuchungen mehr entspricht. Im Rahmen des Roomware-Konzeptes ist die Computerfunktionalität über integrierte „information devices" zwar überall im Teamarbeitsraum (oder wie geplant: überall im Gebäude) verfügbar (*ubiquitous computing*). Gleichzeitig treten die Computer aber als Geräte in den Hintergrund (*invisible computer*), da sie in die architektonische Umgebung des Raumes integriert sind und damit die physikalische Realität um Funktionalität ergänzen (*augmented reality*). Die Modularität und - außer bei der DynaWall - auch die Mobilität der Komponenten, verbunden mit der über drahtlose Netzwerke kommunizierenden kooperativen Software, erlaubt flexibel modifizierbare Konfigurationen, die nach Wunsch für die unterschiedlichen Phasen von Teamarbeitsaktivitäten zusammengestellt werden können. Damit stellt i-LAND eine bisher nicht gekannte Flexibilität und verbunden mit den auf die Charakteristika der Roomware-Komponenten abgestimmten innovativen Formen der Mensch-Computer-Interaktion eine neue Qualität der „Mensch-Team-Information"-Interaktion zur Verfügung.

## Danksagung

Wir bedanken uns bei Michele Gauler für die Mitarbeit bei der Durchführung der Anforderungsstudie und außerdem bei Jörg Geißler, Christian Müller-Tomfelde, Wolfgang Reischl, Peter Seitz, Shin'ichi Konomi und Jochen Denzinger.

# Literatur

[Covi et al. 98] Covi, L.; Olson, J.; Rocco, E., (1998). A room of your own: What do we learn about support of teamwork from assessing teams in dedicated project rooms. In: N. Streitz, S. Konomi, H. Burkhardt (Eds.), *Cooperative Buildings – Integrating Information, Organization and Architecture*. Proceedings of the First International Workshop on Cooperative Buildings (CoBuild'98), Darmstadt, Germany, February 1998. Lecture Notes in Computer Science 1370. Springer: Heidelberg. pp. 53-65.

[Lewe 94] Lewe, H. (1994). Der Einfluß von Teamgröße und Computerunterstützung auf Sitzungen. In: Hasenkamp, U. (Hrsg.). *Einführung von CSCW-Systemen in Organisationen*. Braunschweig: Vieweg, S. 147-166.

[Mark et al. 97] Mark, G.; Haake, J.; Streitz, N. (1997). Hypermedia Use in Group Work: Changing the Product, Process, and Strategy. *Computer Supported Cooperative Work: The Journal of Collaborative Computing* Vol. 6: pp. 327-368.

[Nunamaker et al. 95] Nunamaker, J.F.; Briggs, R.O.; Mittleman, D.D. (1995). Electronic Meeting Systems: Ten Years of Lessons Learned. In: Coleman, D.; Khanna, R. (Eds.), *Groupware: Technology and Applications*. Prentice-Hall Inc., pp. 149-193.

[Olson et al. 93] Olson, J.; Olson, G.; Storrosten, M.; Carter, M. (1993). Groupwork close up: A comparison of the group design process with and without a simple group editor. In: T. Malone, N. Streitz (Eds.), *Special Issue on CSCW of ACM Transactions on Information Systems*. Vol. 11 (4), pp. 321-348.

[Stefik et al. 87] Stefik, M.; Foster, G.; Bobrow, D.G.; Khan, K.; Lanning, S.; Suchman, L. (1987). Beyond the chalkboard: Computer support for collaboration and problem solving in meetings. *Communications of the ACM*, vol. 30, no. 1, pp. 32-47.

[Streitz et al. 94] Streitz, N.; Geißler, J. Haake, J.; Hol, J. (1994). DOLPHIN: Integrated meeting support cross Liveboards, local and remote desktop environments. *Proceedings of the ACM CSCW'94 Conference*, Chapel Hill, N.C., pp. 345 - 358.

[Streitz et al. 97] Streitz, N.A.; Rexroth, P.; Holmer, T. (1997). Does "roomware" matter ? Investigating the role of personal and public information devices and their combination in meeting room collaboration. *Proceedings of the European Conference on Computer-Supported Cooperative Work (E-CSCW'97)*. Lancaster, UK, September 7-11, 1997, Kluwer Academic Publishers, Amsterdam, 1997. pp. 297 - 312.

[Streitz et al. 98] Streitz, N.; Geißler, J.; Holmer, T. (1998). Roomware for cooperative buildings: Integrated design of architectural spaces and information spaces. In: N. Streitz, S. Konomi, H. Burkhardt (Eds.), *Cooperative Buildings – Integrating Information, Organization and Architecture*. Proceedings of the First International Workshop on Cooperative Buildings (CoBuild'98), Darmstadt, Germany, February 1998. Lecture Notes in Computer Science 1370. Springer: Heidelberg. pp. 4-21.

ance: Th. Herrmann; K. Just-Hahn (Hrsg.): Groupware und organisatorische Innovation (D-CSCW'98). Stuttgart: B. G. Teubner 1998, S. 251-263

# TeamInformer – ein System zum automatischen Briefing und De-Briefing von Konferenzteilnehmern für in Workflows integrierte multimediale Audio/Video Desktopkonferenzen

Dirk Wagner[1], Georg Schneider[1] und Jean Schweitzer[2]

[1] Deutsches Forschungszentrum für Künstliche Intelligenz GmbH, Saarbrücken
[2] SIEMENS AG, Zentrale Forschung und Entwicklung, Saarbrücken

## Zusammenfassung

Der Einsatz von Workflow-Management-Systemen (WfMS) führt in einigen Bereichen von Unternehmen oder Verwaltungen zu enormen Performanzsteigerungen. Dem organisationsweiten Einsatz stehen jedoch die teilweise inflexiblen Strukturen der Systeme entgegen. So kann synchrones Teamwork zur Bewältigung komplexer Probleme innerhalb von Prozessen bisher nicht durch WfMS unterstützt werden. Aus diesem Grund ist die Integration von multimedialen Audio/Video Desktopkonferenzen in Workflows ein Schlüssel zu einer organisationsübergreifenden, flexiblen Lösung. Umgekehrt können für die Durchführung von Konferenzen erfolgskritische Punkte, wie Konferenzvorbereitung und Konferenznachbereitung, weitgehend automatisiert werden. Die Konferenzen sind somit in den zielgerichteten Kontext der Prozeßbearbeitung eingebettet, der sowohl Daten über die Historie des Prozesses als auch über die zukünftigen Aktivitäten bereitstellt. TeamInformer ist ein WfMS-unabhängiges System, das diese Prozeßinformationen benutzeradaptiv als Hypertext-Dokumente aufbereitet und den Bearbeiter somit in der

Prozeßbearbereitung aktiv unterstützt. Die hier vorgestellten Arbeiten sind Teil unserer Entwicklungen im Projekt POLIVEST[3].

# 1 Einleitung

Workflow-Management-Systeme (WfMS) erreichen mittlerweile einen hohen Verbreitungsgrad sowohl in Industrie als auch in Verwaltungen und Behörden. Den Stärken der streng asynchronen Struktur dieser Systeme, wie etwa die Abnahme von Routineaufgaben und die daraus resultierende Verkürzung der Bearbeitungszeit, stehen derzeit noch Einschränkungen gegenüber. Es können in diesen Systemen bisher nur Arbeitsabläufe unterstützt werden, welche keine Aktivitäten enthalten, bei denen mehrere Bearbeiter gemeinsam eine Aufgabe lösen sollen [Schneider & Schweitzer 97]. Arbeitsschritte, die normalerweise in einer synchronen Teamarbeit bewältigt werden, wie etwa eine gemeinsame Entscheidung mehrerer zuständiger Personen über die Notwendigkeit einer Investition, sind mit den derzeitigen WfMS somit nicht realisierbar. Es fehlt eine ganzheitliche Sicht, die asynchrone Arbeit einzelner Mitarbeiter einerseits und synchrone Arbeit von Mitarbeitern im Team andererseits zusammenfaßt, d.h. hier liegt ein Potential, den Effizienz- und Nutzbarkeitsgrad der verwendeten WfMS zu erhöhen.

Durch die Integration von multimedialen Audio/Video Desktopkonferenzsystemen in WfMS kann diese Leistungserhöhung erreicht werden [Schneider et al. 96b]. Somit können auch die bisher nicht behandelbaren Arbeitsabläufe, die synchrone Aktivitäten enthalten, unterstützt werden. Sowohl die technische Integration dieses Telekooperationsdienstes, als auch die dadurch notwendige Realisierung von mehrfachen Übergängen zwischen asynchroner und synchroner Arbeitsweise, stellen erhöhte Anforderungen an das WfMS. Beim Übergang von asynchroner zu synchroner Arbeitsweise, d.h. dem Übergang von einem WfMS in eine Konferenz, muß eine Synchronisation der Arbeitsprozesse stattfinden und die Konferenzteilnehmer müssen auf den gleichen Kenntnisstand gebracht werden, um die Konferenz effektiv durchführen zu können [Barent et al. 95]. Hierzu muß den Konferenzteilnehmern eine detaillierte und benutzerspezifische Aufgabenbeschreibung für die Abarbeitung der Aktivitäten vor und innerhalb der Konferenz bzw. über die nach der Konferenz zu bearbeitenden Tätigkeiten zur Verfügung gestellt werden [Schneider 85]. Diese Beschreibungen sind hilfreich, um die Konferenz in den Kontext des Workflow-Ablaufs einzubetten. Sowohl ausführliche Aufgabenbeschreibungen und erst recht eine automatische Bereitstellung solcher Beschreibungen sind in WfMS bisher nicht vorgesehen [Schneider et al. 96a; 97]. Weiterhin hat bisher der Bearbeiter einer Tätigkeit entweder keine oder nur unzureichende Möglichkeiten, sich Kontextinformationen über seine Arbeit innerhalb des Workflows zu beschaffen [SNI 95; IBM 95].

---

[3] POLIVEST ist ein vom BMB+F gefördertes Projekt im Rahmen der *Förderinitiative Telekooperation*.

Für den umgekehrten Weg, aus der Konferenz in den Workflow, muß nach der Sitzung ein Protokoll mit den Konferenzergebnissen versendet werden, die dann den Kontext für das weitere Arbeiten im Workflow liefern.

Zuerst wird ein Überblick über verwandte Arbeiten aus dem Bereich der Report-Generierung gegeben. Danach werden die Grundkonzepte des Systems TeamInformer und die Systemarchitektur vorgestellt. In den darauf folgenden Abschnitten werden diese näher erläutert. Anschließend wird an einem Beispiel die Funktionsweise von TeamInformer verdeutlicht. Das Papier endet mit einem Ausblick über unsere zukünftigen Arbeiten.

## 2 Verwandte Arbeiten

Die Notwendigkeit Informationen aus schematischen Beschreibungen zu generieren und sie für Benutzer aufzubereiten ist auch in anderen Arbeitsgebieten gegeben und wird dort auf unterschiedliche Weise realisiert.

In betriebswirtschaftlichen Informationssytemen, wie z.B. im ARIS Toolset [Scheer 95] sind Reportingkomponenten integriert, die Auswertung von Gruppen- und Modellinhalten, Objektinformationen und Beziehungen einer ARIS Datenbank in textueller, oder in tabellarischer Form liefern. Weiterhin besteht die Möglichkeit unterschiedliche Arten des Reports, bezogen auf die Report-Intention, zu generieren. Die Generierung erfolgt über eine Festlegung der unterschiedlichen Filter, mit anschließender Definition des Report-Layouts. Danach wird das Ausgabeformat gewählt und die Gruppen und Modelle bzw. Objekte ausgewählt.
Bei dieser Art der Informationsbereitstellung wird die Filtereinstellung von Informationen für den Benutzer nicht automatisch vorgenommen. Weiterhin wird die Beschreibung des Prozeßablaufs nicht durch fokussierte Modellinhalte generiert.

Das System 'Project Reporter' [CoGenTex 97a] ist ein web-basiertes Tool, das den Status eines Projektes aufzeigt. Informationen über das Projekt werden aus einer Datenbank extrahiert und automatisch in einen natürlichsprachlichen Report, gemäß vordefinierter Templates, konvertiert. Zusätzlich werden Projektdaten in Tabellen und Schaubildern dargestellt, um eine komplette Übersicht des Projektstatus zu erzielen.

Im System 'ModelExplainer' [CoGenTex 97b] werden mit einem ähnlichen Mechanismus automatisch textuelle Zusammenfassungen von objektorientierten Datenmodellen erstellt. In diesen Beschreibungen sind intensivere Beschreibungen von Datenmodellen, die in Beziehung zu dem zu beschreibenden Modell stehen, durch HTML[4]-Links realisiert.

Die Systeme ARIS und Project Reporter besitzen zwar die Möglichkeit schematische Darstellungen zu verbalisieren. Falls eine Informationsfilterung stattfindet, geht die herausgefilterte Information jedoch verloren. Dies wird im System ModelExplainer

---

[4] HyperText Markup Language

durch Hyperlinks vermieden. In dem von uns betrachteten Umfeld kommt zusätzlich die Problematik hinzu zuerst die Informationen, die aus unterschiedlichen Quellen stammen, zu homogenisieren und sie dann benutzerspezifisch aufzubereiten (s. Abschnitt 3.2 und 3.3).

## 3 Konzeption von TeamInformer

In dem folgenden Abschnitt 3.1 werden die Grundkonzepte des Systems TeamInformer mit einer Darstellung der gesamten Systemarchitektur (s. Abbildung 1) aufgezeigt. In den weiteren Abschnitt 3.2 bis 3.4 werden die allgemeinen Aussagen von Abschnitt 3.1 spezifiziert und Einblick in die Architektur und Grundideen der jeweiligen Module gegeben.

### 3.1 Grundkonzepte

TeamInformer liegt eine generische Systemarchitektur zugrunde, die eine Integration in ein beliebiges WfMS erlaubt (s. Abbildung 1). Dazu wird die Workflow-Beschreibung mit Hilfe eines WfMS-spezifischen Parsers (s. Abbildung 2) in eine systemunabhängige Zwischenrepräsentation (s. Abschnitt 3.2) übersetzt, welche die zu kommunizierenden Informationen enthält. Diese Zwischenrepräsentation ist einerseits an Standards der Workflow-Management-Coalition [WfMC 96] angelehnt, andererseits auf das Problem, für das Briefing/De-Briefing notwendigen Informationen zu betrachten, zugeschnitten. Danach wird aus Historiendaten, die von einem WfMS bei der Abarbeitung eines Workflows gespeichert, sowie aus Informationen die von TeamInformer abgelegt werden und aus aufbauorganisatorischen Daten jedem Konferenzteilnehmer ein einfaches, auf Stereotypen basierendes Benutzermodell (s. Abschnitt 3.3) zugeordnet. Das Briefing (s. Abschnitt 3.4) wird durch Generierung von Hypertext-Dokumenten realisiert, wobei die für den jeweiligen Teilnehmer relevanten Informationen, anhand seines durch die Benutzermodellierung zugeordneten Stereotyps, extrahiert werden. Jeder Konferenzteilnehmer erhält durch einen E-Mail-Client einen HTML-Haupttext in dem eine Informationsverdichtung durch Filterung der redundanten Informationen ermöglicht wird. Diese Filterung geschieht mit Hilfe von HTML-Links, die auf ausgelagerte Beschreibungsdateien verweisen.

Nach Beendigung der Konferenz wird ein einheitliches De-Briefing (s. Abschnitt 3.4) erstellt, welches an alle Konferenzteilnehmer, wiederum als Hypertext-Dokument, gesendet wird. Die Intention des De-Briefings ist es, eine Rückführung der Konferenzergebnisse in den Workflow und somit eine Einordnung dieser Ergebnisse in den Kontext des späteren Ablaufs zu erreichen.

Das 'Koordinierende System' (KS), welches sowohl ein WfMS als auch ein koordinations- oder sitzungsunterstützendes System (beispielsweise [Streitz, 94]) sein kann, regelt die Prozeßabarbeitung (s. Abbildung 1). Bei TeamInformer kommen unterschiedliche KS zum Einsatz, weshalb die Zwischenrepräsentation so generell wie möglich gehalten ist.

Beim Briefing dient das verwendete WfMS[5] als KS, beim De-Briefing ein in der Konferenz benutzter Sitzungsassistent. Der Sitzungsassistent ist eine externe, interaktive Checkliste, die die in der Konferenz zu behandelnden Punkte aufzeigt ohne dabei die Ausführungsreihenfolge dieser Punkte vorzuschreiben. Weiterhin können Bemerkungen und Ergebnisse zu diesen Punkten protokolliert werden.

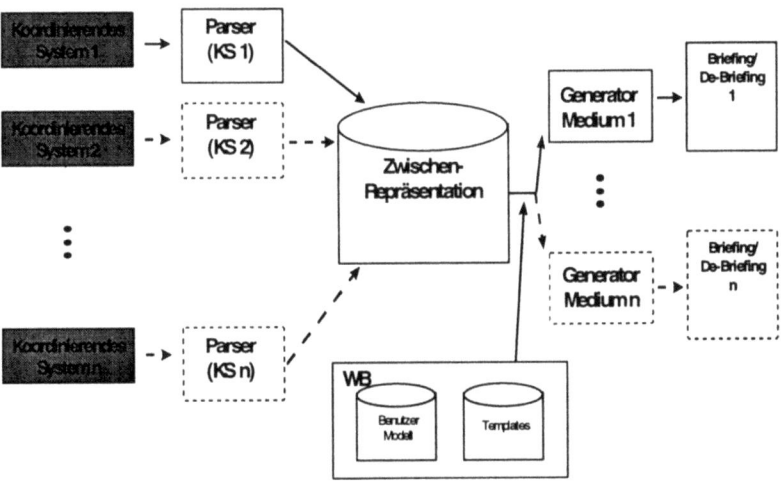

Abbildung 1: Systemarchitektur von TeamInformer

## 3.2 Zwischenrepräsentation

Die Generierung der Zwischenrepräsentation ist ein wichtiger Aspekt für die Generik des Systems. Sie ist jederzeit erweiterbar und berücksichtigt sowohl die Aspekte von Konstrukten der Workflow-Management-Coalition [WfMC 96], als auch die von dem verwendeten WfMS WorkParty [SNI 95]. Im Gegensatz zu Ansätzen, wie beispielsweise MOBILE [Jablonski 94] ist diese Zwischenrepräsentation rein problemorientiert. Durch die Berücksichtigung von WfMS-spezifischen Konstrukten wie z.B. 'Nebenläufigkeit', oder auch 'Schleife' bei WorkParty ist eine komfortablere Beschreibung des Workflow-Ablaufs möglich als durch die weniger aussagekräftigen Konstrukte, wie z.B. 'OR-Join' der WfMC. Auch für andere WfMS kann eine aussagekräftige Prozeßbeschreibung gewährleistet werden. So sind z.B. alle Konstrukte von FlowMark [IBM 95] durch die vorhandenen Konstrukte der Zwischenrepräsentation rekonstruierbar und somit auch durch diese beschreibbar. Um einem anderen WfMS die Zusammenarbeit mit TeamInformer zu ermöglichen, muß ein WfMS-spezifischer Parser (vgl. Abbildung 2) implementiert werden, der die Struktur des Workflows in die Zwischenrepräsentation über-

---

[5] Zur Zeit wird das WfMS WorkParty (SNI AG) verwendet.

führt und die Slots der Primitive (s. Abbildung 3) füllt. Aufbauend auf den Daten der so generierten Zwischenrepräsentation können nun die weiteren Module des TeamInformer WfMS-unabhängig arbeiten. Die Zwischenrepräsentation dient weiterhin zur Vereinheitlichung der im WfMS vorhandenen Informationen und schafft daher stärkere Informationstransparenz für die Workflow-Teilnehmer.

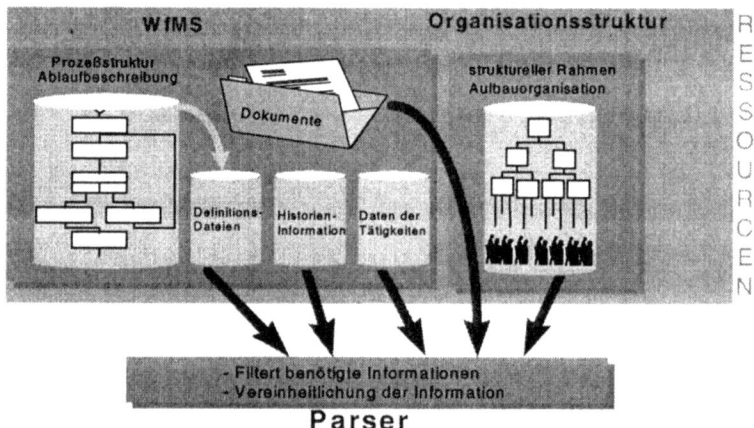

Abbildung 2: Ressourcenzugriffe des Parsers für ein WfMS

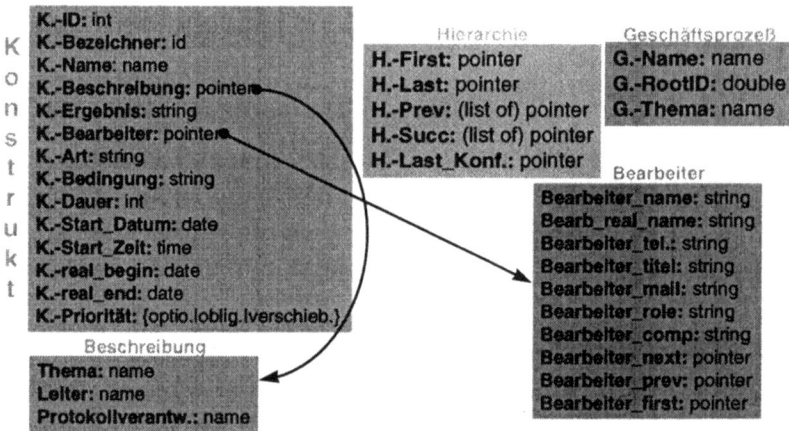

Abbildung 3: Struktur eines Primitivs

Die Struktur eines Primitivs der Zwischenrepräsentation ist in Abbildung 3 zu sehen, wobei jedes Konstrukt, jede Konferenz und auch alle in den Konferenzen zu bearbeitenden Konferenzpunkte als ein Primitiv instanziiert und gemäß ihres Auftretens in dem Workflow in einer Baumstruktur abgelegt werden. Diese Baumstruktur wird durch die

Slots im Bereich 'Hierarchie' realisiert. Verwaltungstechnische Aspekte werden durch Slots im Bereich 'Geschäftsprozeß', sowie durch die Slots 'K.-ID, ... ‚K.-Bedingung' im Bereich 'Konstrukt' näher spezifiziert. In 'Konstrukt' sind auch Zeiger auf den Bereich 'Beschreibung' mit Beschreibungsslots des Konstruktes und Zeiger auf den Bereich 'Bearbeiter' mit Aspekten des Konstruktbearbeiters vorhanden. Weiterhin sind Zeit- und Prioritätsaspekte bei der Bearbeitung des Konstruktes mit den Slots 'K.-Dauer', ... , 'K.-Priorität' berücksichtigt. In Abhängigkeit vom Konstrukttyp werden unterschiedlich viele Slots gesetzt, da von einigen Konstrukten nicht alle Informationen von dem verwendeten WfMS zur Verfügung gestellt werden. So können bei WorkParty z.B. keine Zeit- und Priotätsaspekte für Konstrukte bei der Modellierung des Workflows definiert werden. Da dies in anderen WfMS möglich ist, wurden diese Aspekte in die Zwischenrepräsentation integriert, um die Fähigkeiten anderer WfMS nicht zu dezimieren.

## 3.3 Benutzermodellierung

Die Konferenzteilnehmer besitzen im allgemeinen einen unterschiedlichen Wissensstand über die zu bearbeitenden Konferenzpunkte, sowie über den bisherigen Workflow-Ablauf. Da die Konferenz nur dann effektiv durchführbar ist, wenn allen Teilnehmern die notwendigen Informationen zur Abarbeitung der Konferenzpunkte zur Verfügung stehen [Barent et al. 95], aber keine Informationsüberflutung [Rosenstiel 92] erfolgen soll, ist eine einfache Benutzermodellierung wichtig. Die Konferenzteilnehmer werden hierbei hinsichtlich ihrer Vorkenntnisse über die aktuelle Instanz des Workflows einem der folgenden Stereotypen (vgl. [Rich 89]) zugeordnet:

1. Konferenzteilnehmer, die in der aktuellen Instanz des Workflow bereits mitgearbeitet haben, also bereits über detailliertes Wissen über die zu bearbeitende Aufgabe besitzen. (Advanced)

2. Konferenzteilnehmer, die zu einem früheren Zeitpunkt in einer anderen Instanz dieses Workflows mitgearbeitet haben und folglich mit der Problemstellung vertraut sind. (Upper Intermediate)

3. Konferenzteilnehmer, die schon in anderen, aber nicht innerhalb dieses Workflows mitgearbeitet haben. (Intermediate)

4. Konferenzteilnehmer, die noch nie innerhalb eines Workflows gearbeitet haben. (Novice)

Die Stereotypenzuordnung gewährleistet, daß Teilnehmer mit einem hohen Kenntnisstand über die relevanten Daten des Workflows keine redundanten Informationen und Teilnehmer mit niedrigem Kenntnisstand alle notwendigen Informationen direkt im HTML-Haupttext erhalten. Für Teilnehmer mit hohen Vorkenntnissen wird deshalb eine Informationsverdichtung vorgenommen. Zusätzlich besteht für die Teilnehmer jederzeit die Möglichkeit sich alle Kontextinformationen über HTML-Links zu Beschreibungsdateien, abgelegt auf einem WWW[6]-Server (vgl. Abbildung 4), zu beschaffen.

## 3.4 Briefing/De-Briefing

Das Briefing/De-Briefing wird nach den Vorgaben der Kapitel 3.1 bis 3.3 generiert und als HTML-Dokument an die Konferenzteilnehmer verschickt. Durch die HTML-Links im Haupttext ist eine Informationsverdichtung durch Filterung der Restinformationen im Hintergrund erreicht. Die Informationsverdichtung wird weiterhin gesteigert, indem man bei großen Workflows nicht alle Tätigkeiten als beschreibungsrelevant ansieht. TeamInformer stellt nur Informationen über die im lokalen Fokus der Konferenz liegenden Tätigkeiten im Workflow zur Verfügung.

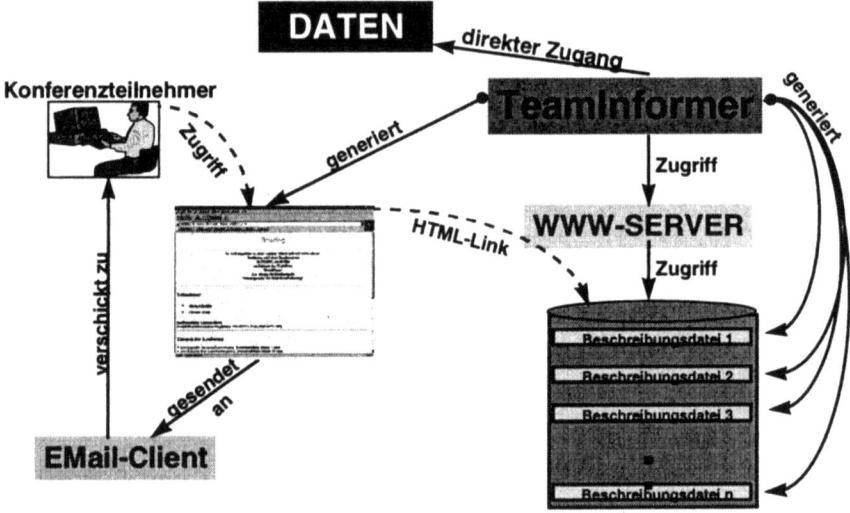

**Abbildung 4: Zusammenspiel zwischen TeamInformer und WWW**

Zusätzlich werden die Starttätigkeit, welche den Auslöser für den Workflow darstellt und die Endtätigkeit, die das Ziel der Prozeßbearbeitung beschreibt aufgeführt (s. Abbildung 5). Sie werden, in Abhängigkeit vom Stereotyp des Teilnehmers, entweder direkt im Haupttext, oder in den Beschreibungsdateien näher spezifiziert. Beschreibungsdateien von Tätigkeiten bzw. von Teilnehmern werden auf einem WWW-Server abgelegt, so daß der Konferenzteilnehmer über HTML-Links in der verschickten Mail zu allen Kontextinformationen des Workflows Zugang hat. Dieses Zusammenspiel wird in Abbildung 4 illustriert.

---

[6] World Wide Web

## 4 Exemplarisches Briefing/De-Briefing

Dieses Kapitel soll anhand eines Beispiels die Generierung von Briefing und De-Briefing erläutern.

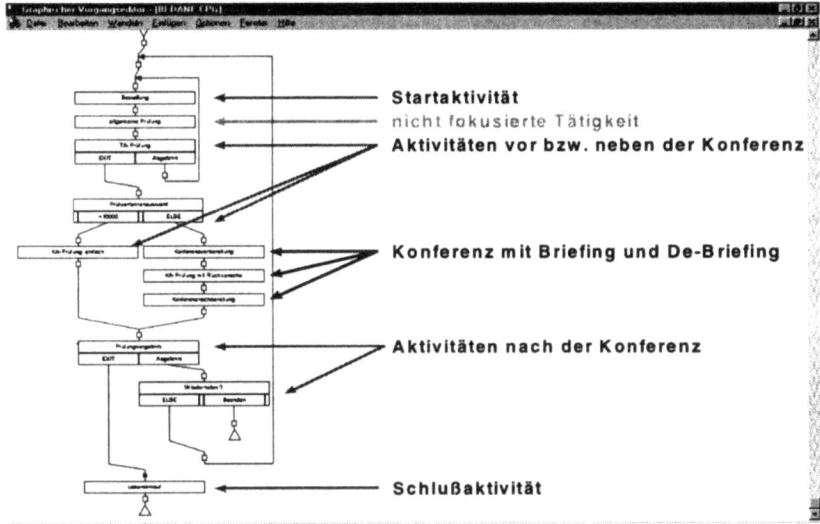

Abbildung 5: Beispiel-Workflow mit fokussierten Tätigkeiten

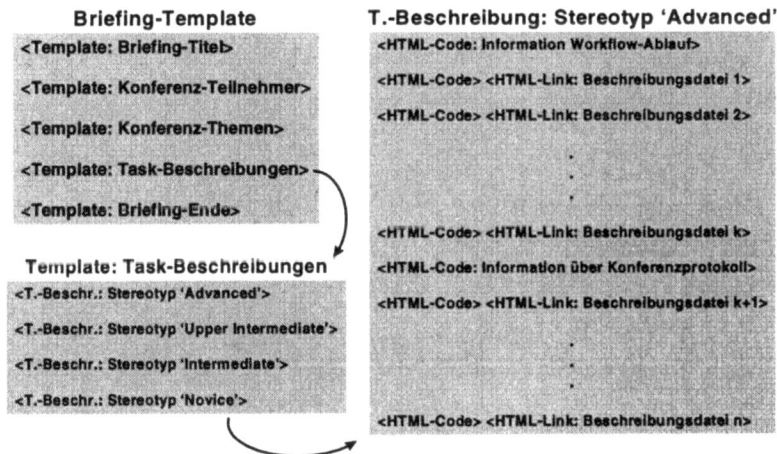

Abbildung 6: Briefing-Templates des Stereotyps 'Advanced'

Es werden zusätzlich die unterschiedlichen Intensitätsgrade des Briefings, in Abhängigkeit von dem jeweils zugeordneten Stereotyp des Empfängers, veranschaulicht. Der zugrundeliegende Beispiel-Workflow, sowie die durch TeamInformer fokussierten Tätigkeiten werden in Abbildung 5 aufgezeigt.

In diesem Beispiel-Workflow wurden alle Tätigkeiten vor der Konferenz von der Person 'Clemens Dietel' ausgeführt. Somit wurde Clemens Dietel der Stereotyp 'Advanced' zugeordnet. Das Briefing für Clemens Dietel wird nun durch Generierung eines HTML-Haupttextes mit HTML-Links auf ausgelagerte Beschreibungsdateien erstellt. Diese Generierung erfolgt durch Anwendung von stereotypenbezogenen Templates, welche in der Abbildung 6 dargestellt sind. Das gesamte Briefing-Template wird aufgeteilt in verschiedene Bereiche, deren unterschiedlicher Detaillierungsgrad durch verschiedene Sub-Templates erreicht wird.

Durch Instantiierung des Templates werden die Platzhalter durch die entsprechenden Tätigkeitsbeschreibungen ersetzt. Im Gewählten Beispiel sieht das Briefing von Clemens Dietel wie folgt aus (Abbildung 7).

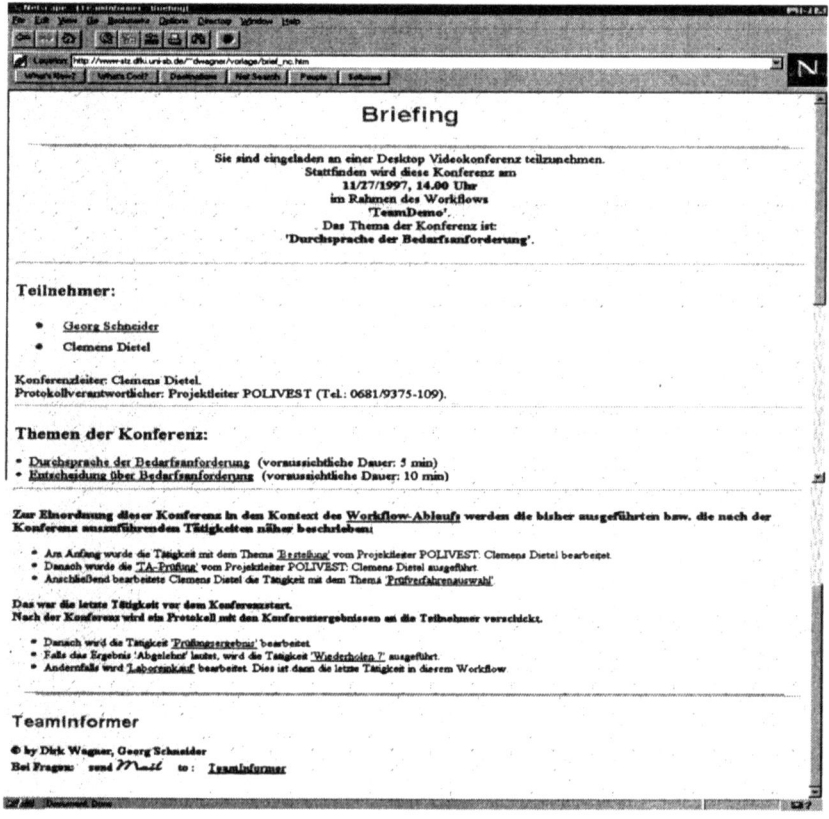

Abbildung 7: Briefing des Bearbeiters 'Clemens Dietel'

Hier ist erkennbar, daß keine nähere Beschreibung der eigenen Person über einen HTML-Link und auch keine spezifischere Beschreibung der von Clemens Dietel ausgeführten Tätigkeiten direkt im HTML-Haupttext aufgeführt sind. Es besteht aber für Clemens Dietel die Möglichkeit, alle Kontextinformationen über diese Tätigkeiten per HTML-Link zu erhalten. Dadurch ist die in Kapitel 3.4 beschriebene Informationsverdichtung durch Hintergrundfilterung redundanter Informationen erreicht. Wäre der Person ein anderer Stereotyp zugeordnet worden, würde eine ausführliche Beschreibung der Tätigkeiten direkt im HTML-Haupttext erscheinen.

Nach der Konferenz wird ein De-Briefing generiert und an alle Konferenzteilnehmer verschickt (s. Abbildung 8).

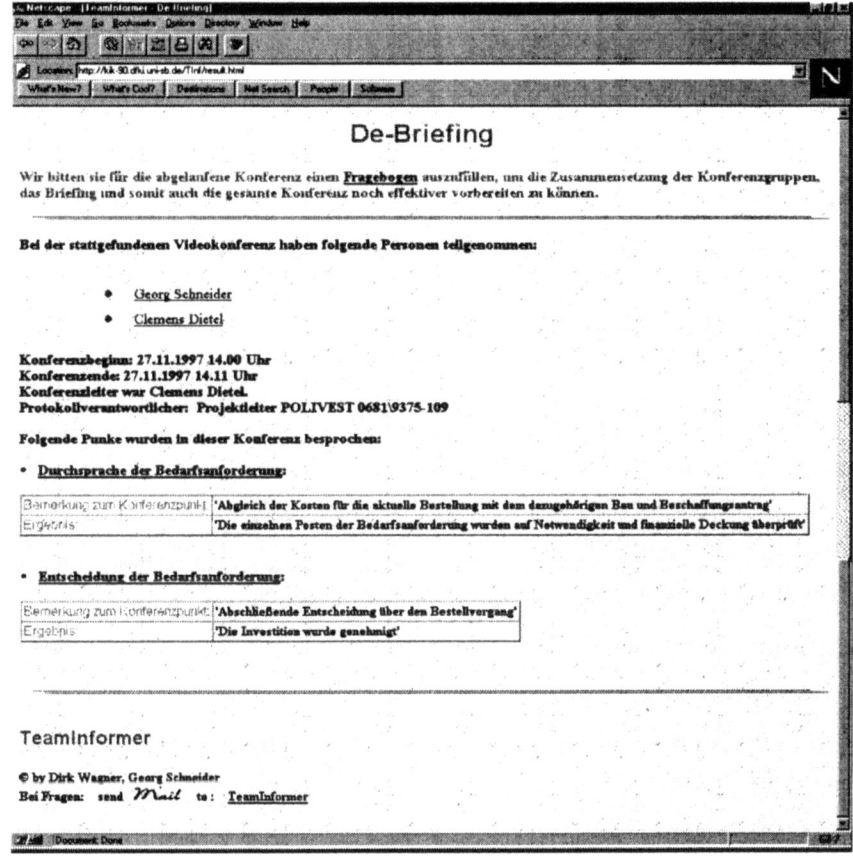

**Abbildung 8: Das De-Briefing im gewählten Beispiel**

Im diesem De-Briefing werden nähere Informationen über den zeitlichen und organisatorischen Ablauf der Konferenz, sowie alle Bemerkungen und Ergebnisse der jeweiligen Konferenzpunkte dargestellt.

## 5 Ausblick

Das System TeamInformer wird im Rahmen des Projektes POLIVEST[7] entwickelt. In POLIVEST wird der Einsatz einer automatisierten, verwaltungsübergreifenden Vorgangsbearbeitung unter Einbeziehung synchroner Telekooperation konzipiert und erprobt [Dietel et al. 98]. Die Anwendungsfelder sind ein Beratungsverfahren des Bundesrates mit der Besonderheit der notwendigen Einbeziehung von 11 eigenständigen Verwaltungen (mit Beschaffungshoheit im IT-Bereich), sowie ein Baugenehmigungsverfahren im Rhein-Sieg-Kreis. Nach einer Evaluierungs- und Stabilisierungsphase soll der Prototyp von TeamInformer im diesem realen Projektumfeld eingesetzt werden. TeamInformer kann dann ebenfalls als intelligentes Hilfesystem für die Workflow Bearbeitung allgemein eingesetzt werden. In einem weiteren Schritt ist die Anbindung an andere WfMS geplant. In einer zukünftigen Version sollen dann auch unterschiedliche Medien, wie z.B. Voice-Mail, zur Ausgabe des Briefings und De-Briefings benutzt werden.

## Literatur

[Barent et al. 95] Barent, V.; Krcmar, H.; Lewe, H.; Schwabe, G. (1995): Improving Continuous Improvement with CA Team: Lessons from a longitudinal case study. In: Proceedings of the 28th Hawaii International Conference on System Sciences.

[CoGenTex 97a] CoGenTex, Inc., Ithaca, New York (1997):
http://www.cogentex.com/systems/reporter.html

[CoGenTex 97b] CoGenTex, Inc., Ithaca, New York (1997):
http://www.cogentex.com/systems/modex.html

[Dietel et al. 98] Dietel, C.; Schneider, G.; Schweitzer, J.; A Team Oriented Approach Towards the Integration of Workflow Management and Multimedia AV Desktop Conference Systems in the Context of Public Administrations, in: Proceedings of the 36th International Conference on Telecommunication Systems, Modelling and Analysis, March 5-8, 1998, Nashville, Tennessee, USA

[IBM 95] IBM (1995): FlowMark, Modelling Workflow, Version 2.1 1995/3.

[Jablonski 94] Jablonski, S. (1994): MOBILE: A Modular Workflow Model and Architecture, in: Proceedings of the Fourth International Conference on Dynamic Modelling and Information Systems, Noordwijkerhout, The Netherlands,

[Rich 89] Rich E. (1989): Stereoptypes and User Models. In: Kobsa, A.; Wahlster, W.: User Models in Dialog Systems. Berlin: Springer Verlag.

[Rosenstiel 92] Rosenstiel von L. (1992): Grundlagen der Organisationspsychologie, 3. Auflage, Schäffer-Pöschel Verlag Stuttgart.

---

[7] http://public.sni.de/blv/polivest/deutsch/index.htm

[Scheer 95] Scheer, A. W. (1995): Wirtschaftsinformatik: Referenzmodelle für industrielle Geschäftsprozesse. Berlin: Springer Verlag 1995 / 1.

[Schneider 85] Schneider, H. D. (1985): Kleingruppenforschung. In: Studienskripten zur Soziologie. Stuttgart: Teubner Verlag.

[Schneider et al. 96a] Schneider, G.; Maus, H.; Dietel, C.; Scheller-Houy, A.; Schweitzer, J. (1996): Concepts for a flexibilisation of workflow management systems with respect to task adaptable solutions. In: O'Leary, D.; Watkins, P. (Eds.): AAAI Workshop: AI in electronic Commerce and Reengineering. Portland, Oregon 1995 / 8.

[Schneider et al. 96b] Schneider, G.; Scheller-Houy, A.; Schweitzer, J. (1996): Vom Workflow-Management-System zur Vorgangsbearbeitungsplattform mit integrierter Telekooperation. In: Krcmar, H.; Lewe, H.; Schwabe, G. (Hrsg.): Herausforderung Telekooperation. Berlin: Springer Verlag.

[Schneider et al. 97] Schneider, G.; Weber, M.; Schweitzer, J. (1997): Einbindung von synchronen CSCW-Anwendungen am Beispiel von multimedialen Konferenzsystemen. In: Jablonski, S.; Böhm, M.; Schulze, W. (Hrsg.): Workflow-Management-Handbuch - Facetten einer neuen Technologie. Heidelberg: dpunkt Verlag.

[Schneider & Schweitzer 97] Schneider, G.; Schweitzer, J. (1997): Ein teamzentrierter Ansatz zur Integration von Workflow-Management-Systemen und multimedialen Audio/Video Desktopkonferenzsystemen. In: Proceedings Dritter Bremer KI-Pfingstworkshop: KI-Methoden in verteilten und dynamischen Prozessmanagementsystemen 1997 / 5.

[Streitz et al. 94] Streitz, N. A.; Geißler, J.; Haake, J. M.; Hol, J.; DOLPHIN: Integrated Meeting Support across LiveBoards, Local and Remote Desktop Environments, in: Proceedings of the 1994 ACM Conference on Computer Supported Cooperative Work (CSCW '94), Chapel Hill, N.C., October 22-26, 1994

[SNI 95] Siemens Nixdorf Informationssysteme AG (1995): WorkParty, Benutzerhandbuch, Version 2.0.

[WfMC 96] Workflow Management Coalition (1996): Glossary. (http://www.aiim.org/wfmc/DOCS/glossary/glossary.html) 1996 / 6.

*Th. Herrmann; K. Just-Hahn (Hrsg.): Groupware und organisatorische Innovation (D-CSCW'98). Stuttgart: B. G. Teubner 1998, S. 265-279*

# Visualisierungsmethoden bei Workflow-Management – Prototyping und Showcases –

Thomas Walter

Fachgebiet Informatik und Gesellschaft, FB Informatik, Universität Dortmund

## Zusammenfassung

Dieser Beitrag zeigt, wie Visualisierungsmethoden und -techniken die Einführung und partizipative Gestaltung von Workflow-Management-Systemen (WMS) unterstützen können. Dabei wird die Relevanz der Visualisierung sowohl für die Gestaltung der Geschäftsprozesse, des technischen Systems (des WMS) als auch der kontinuierlichen Verbesserung gezeigt. Die Ergebnisse und Erfahrungen, die in diesem Beitrag berichtet werden, stützen sich auf Arbeiten aus dem Forschungsprojekt MOVE[1]. Neben den praktischen Erfahrungen zeigt dieser Beitrag, welchen Ansatz wir verfolgen, um Modelle von Geschäftsprozessen und Workflow-Management-Anwendungen (WMA) leichter nachvollziehbar zu machen. Ziel ist es dabei, die Beteiligung von Mitarbeitern an der Einführung und Gestaltung von WMS angemessen zu unterstützen.

---

[1] Verbesserung von Geschäftsprozessen mit flexiblen Workflow-Management-Systemen; BMBF-gefördert; Fördernummer: 01 HB 9606/1.

# 1 Einleitung

Wir[2] verstehen Workflow-Management-Systeme (WMS) als einen integrativen Teil der kommunikations-, koordinations- und kooperationsunterstützenden Systeme, die in der Literatur (s.z.B. [Greif 88]) als CSCW Systeme bezeichnet werden. Gerade bei flexiblen WMS, deren Flexibilität u.a. durch die Integration von Groupware erzielt wird, sind dabei alle drei Aspekte[3] gleich wichtig.

Eine notwendige Voraussetzung für die erfolgreiche Gestaltung von Geschäftsprozessen und die Unterstützung durch Workflow-Management-Systeme ist deren leicht nachvollziehbare Repräsentation. Wie auch im Bereich der Softwareentwicklung steht man bei der Einführung und Gestaltung von WMS vor der Problematik, das Verständnis derjenigen, die die Einführung des WMS organisieren und die Systeme konfigurieren und derjenigen, die das WMS nutzen, in Einklang zu bringen. Für die klassische Softwareentwicklung sind Techniken und Methoden entwickelt worden, die den Kommunikationsprozeß zwischen Entwicklern und Nutzern ermöglichen. Techniken und Methoden zur Darstellung finden sich beispielsweise innerhalb der beiden Disziplinen Joint Application Design (JAD) (s.z.B. [Carmel et al. 93]) und Participatory Design (PD) (s.z.B. [Schuler & Namioka 93]).

Insbesondere bei WMS besteht eine Hürde darin, den beteiligten Mitarbeitern, die notwendigen Informationen, die sie für ihre Partizipation an der Gestaltung benötigen, in einer adäquaten Form zur Verfügung zu stellen. WMS besitzen die Besonderheit - verglichen mit anderen Softwaresystemen -, daß sie in jedem Fall arbeitsplatzübergreifend sind und nicht nur die Unterstützung der Arbeit an einem bestimmten Arbeitsplatz relevant ist, sondern über alle involvierten Arbeitsplätze Transparenz gegeben werden muß. Damit ist es für die Partizipation der Mitarbeiter notwendig, die Workflow-Management-Anwendung in Bezug zu dem unterstützten Geschäftsprozeß zu setzen und diesen transparent darzustellen.

In diesem Beitrag werden zwei Aspekte fokussiert. Zum einen wird anhand unserer praktischen Erfahrungen gezeigt, inwiefern der Einsatz von Prototypen als Präsentationsmethode im Rahmen der Einführung von WMS in Betriebe geeignet ist. Zum anderen wird unser Ansatz einer umfassenden Visualisierungsmethode für den Workflow-Life-Cycle (WLC) gezeigt.

Der Artikel gliedert sich in sechs Kapitel. Zunächst wird in Kapitel 2 unsere umfassende Vorgehensweise zur Einführung von WMS in Unternehmen vorgestellt, um den Kontext unserer Arbeit zu verdeutlichen. In Kapitel 3 wird der Einsatz von Visualisierungstechniken zur Unterstützung der Phasen des WLC diskutiert. Hierbei werden die Ergebnisse einer Fallstudie zusammengefaßt, bei der ein Prototyp einer Workflow-Management-Anwendung als Präsentationstechnik eingesetzt wurde. Der Artikel schließt mit der Be-

---

[2] Die hier berichteten Ergebnisse resultieren aus der gemeinschaftlichen Arbeit mit den kooperierenden Instituten und Unternehmen in dem Projekt MOVE

[3] Kommunikation, Kooperation und Koordination

schreibung unseres Ansatzes „Integration von Showcases" und einem Ausblick auf unsere zukünftige Arbeit in Kapitel 4 und Kapitel 5.

## 2 Vorgehensweise zur Einführung von WMS

Zur Einführung und kontinuierlichen Verbesserung von WMS in Betriebe haben wir aus den bekannten zyklischen Vorgehensweisen bei der Softwareentwicklung (s.z.B. [Floyd 94]) und beim Information Management [Martin 89] einen stetigen Verbesserungsprozeß für Workflow-Management (den sogenannten Workflow-Life-Cycle) abgeleitet (s. Abbildung 1). Dieser Zyklus zeigt anhand von fünf Phasen die Aufgaben, die bei der Einführung und stetigen Verbesserung von WMS durchzuführen sind. In dem Projekt MOVE haben wir es uns zur Aufgabe gemacht, zu jeder dieser Phasen Methoden und Handlungsanleitungen zu entwickeln, die die einzelnen Aufgaben detaillieren und aufzeigen, wie diese erfüllt werden können. Zu den ersten Ergebnissen sei an dieser Stelle auf den ersten Bericht des Projektes [Herrmann et al. 98] verwiesen. Neben der Betrachtung einzelner Phasen stellen sich Aufgaben, die für den gesamten Zyklus relevant sind. Dazu gehört beispielsweise die Fragestellung, wie eine Plattform für die Partizipation der Mitarbeiter geschaffen werden kann und welche Mittel dazu benötigt werden. Einen Teil dieser Plattform bilden in Abhängigkeit der jeweiligen Phase angemessene Formen der Beteiligung, wie wir sie in einem prototypischen Beteiligungsfahrplan [Herrmann & Walter 98] zusammengestellt haben. In diesem Fahrplan werden verschiedene Formen der Beteiligung, wie z.B. Vorgesetzengespräche, Präsentationsrunden, Workshops, Company meets Company, Unterrichtung, Beratung etc. den jeweiligen Phasen des WLC[4] zugeordnet. Die Formen der Beteiligung decken das Spektrum der Partizipation von der Information bis hin zur Mitbestimmung ab und beziehen sich dabei durchgängig sowohl auf die repräsentative als auch auf die direkte Partizipation der Mitarbeiter. Neben der Zuordnung von Beteiligungsformen ordnet der Fahrplan den jeweiligen Phasen Dokumente zu, die entweder für ihre Durchführung benötigt werden oder aus der Phase resultieren. Dadurch kann der partizipative Prozeß dokumentiert und transparent gemacht werden.

Abbildung 1: Workflow-Life-Cycle

---

[4] die Phasen des WLC sind in dem prototypischen Beteiligungsfahrplan noch weiter detailliert als in der Abbildung 1 dargestellt

Der protototypische Beteiligungsfahrplan hilft, die organisatorischen Voraussetzung für einen partizipativen Prozeß zu schaffen. Neben diesen Voraussetzungen ist es notwendig, Methoden einzusetzen, die Mitarbeiter befähigen an der Gestaltung der Systeme mitzuwirken. Visualisierungen von Geschäftaprozessen und WMA bilden hierzu einen elementaren Bestandteil. Diese Teil wird im folgenden näher betrachtet.

## 3 Visualisierungsmethoden

### 3.1 Übersicht

Wir teilen die Ansicht von Jain Ramesh [1997], daß wir durch die einfache Verarbeitung (d.h. Erzeugen, Sammeln und Weitergabe) von visuellen Informationen in der Form von Bildern und Videos an einem Wendepunkt stehen und Visualisierung ein noch elementarerer Bestandteil unserer Kommunikation wird als dies bisher schon der Fall ist. Die Ansprüche an ein Dokument steigen mit den technischen Möglichkeiten und die Definition dessen, was ein Dokument ausmacht, begrenzt sich schon lange nicht mehr auf die bloße Existenz von Papier mit einem hauptsächlichen Anteil Text [Ramesh 97].

Diese Entwicklung tangiert auch den Bereich der betrieblichen Informationsverarbeitung. Text und papierbasierte Dokumente sind keine ausreichenden Medien für die betriebliche Kommunikation (sowohl intern als auch extern).

Die Einführung und Entwicklung technischer Systeme, in einem solchen betrieblichen Kontext, kommen daher ebenfalls nicht ohne geeignete Visualisierungsmethoden aus. Storyboards (s.z.B. [Landy et al. 95; Hackos 97]), Analysis Walls [Blomberg et al. 93], PICTIVE Method [Muller 93] und Prototyping (s.z.B. [Blomberg et al. 94; Bødker et al. 91]) repräsentieren Visualisierungsmethoden, die u.a. eingesetzt werden, um den Kommunikationsprozeß zwischen Designern und Benutzern eines technischen Systems zu unterstützen bzw. zu ermöglichen.

### 3.2 Mögliche Visualisierungstechniken im Workflow-Life-Cycle

Ziel unseres Vorhabens ist es, für jede Phase des Einführungs- und Gestaltungsprozesses für WMS (s. Abbildung 1) Visualisierungsmethoden vorzuschlagen, die den jeweiligen Aufgaben gerecht werden.

Abbildung 2 zeigt exemplarisch unsere Vorstellung darüber, wie Visualisierungstechniken die Phasen des Workflow-Life-Cycles unterstützen können. Die hier beschriebene Aufteilung und exemplarische Zuordnung von Visualisierungstechniken haben wir aus unseren Erfahrungen und der sachlichen Beschreibung der Visualisierungsmethoden abgeleitet. Die beiden Phasen **Erhebung**[5] und **Modellierung** stehen in engem Bezug zueinander und sollten nach unseren Erfahrungen nicht getrennt voneinander durchgeführt werden. Nachdem erste Informationen durch Interviews oder Fragebögen über den Geschäftsprozeß erhoben wurden, werden erste Modelle erzeugt, die zusammen mit den Mitarbeitern in einem Workshop auf Vollständigkeit und Korrektheit geprüft werden. Im Anschluß daran werden die Modelle überarbeitet und erneut den Mitarbeitern präsentiert.

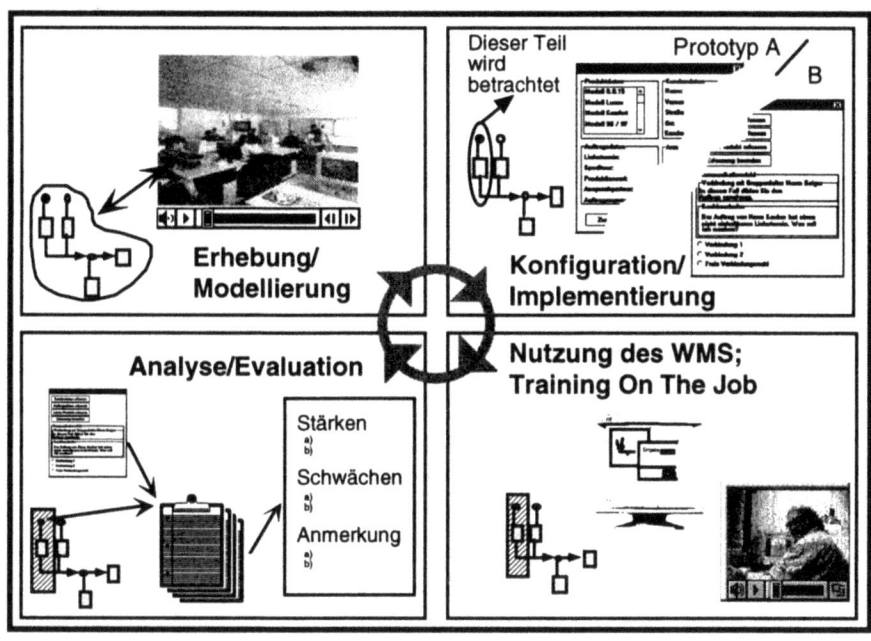

Abbildung 2: Visualisierung im stetigen Verbesserungsprozeß

Dieses Prozedere wiederholt sich im Idealfall solange bis man ein angemessenes Ergebnis erarbeitet hat, das die Mitarbeiter akzeptieren. Dabei ist es nicht unbedingt Ziel, lediglich den Ist-Zustand des Geschäftsprozesses in einem Modell abzubilden, sondern das sogenannte Soll-Modell partizipativ zu erarbeiten[6]. Die erste Ist-Erhebung kann dabei als Einstieg dienen.

Visualisierungstechniken wie z.B. Videoanimationen und die Demonstration von Prototypen können in diesen Phasen beispielsweise eingesetzt werden, um die Bedeutung der Geschäftsprozeßmodelle „in der Realität" zu verdeutlichen. Der in dem Modell dargestellte Ablauf wird (wie in dem ersten Bild oben links in Abbildung 2 angedeutet) in

---

[5] an dieser Stelle sei auf das in dem Projekt MOVE entwickelte mitarbeiterorientierte Erhebungsinstument verwiesen [Hoffmann et al. 98]

[6] wir sprechen dann von einer Sollkonzeptentwicklung

einer Videoanimation exemplarisch demonstriert. Auf diese Weise können Mitarbeiter einen Eindruck über den Geschäftsprozeß in der realen Arbeitsumgebung gewinnen.

Aufgabe der Phase **Implementierung** ist es, das partizipativ gestaltete Soll-Konzept in den betrieblichen Ablauf zu integrieren. Dazu gehört:

- verschiedene WMS zu testen und ein geeignetes System auszuwählen
- die Workflow-Management-Anwendung zu erzeugen, d.h das WMS zu konfigurieren
- einen Testbetrieb mit ausgewählten Nutzern zu durchlaufen
- die WMA von allen betroffenen Mitarbeitern anwenden zu lassen

Prototypen können innerhalb der Phase Implementierung beispielsweise eingesetzt werden, um

- die Auswahl der Systeme zu unterstützen, indem gezeigt wird, wie Teile des Geschäftsprozesses durch die verschiedenen Systeme realisiert werden.
- die Konfiguration des WMS zu unterstützen, indem die Umsetzung der jeweiligen Funktionen in dem Modell durch das ausgewählte System prototypisch gezeigt wird.

Auf diese Weise können Mitarbeiter Anmerkungen zu dem Modell und der technischen Realisierung geben, bevor die Workflow-Management Anwendung von allen involvierten Mitarbeitern angewendet wird.

Es hat sich gezeigt, daß die Präsentation von Prototypen geeignet ist, um den Bezug zwischen einer WMA und dem Geschäftsprozeß zu demonstrieren und Rückmeldungen der Mitarbeiter sowohl über die Ausgestaltung des Geschäftsprozesses als auch über die technische Umsetzung zu erhalten. Auf unsere gewonnen Erfahrungen im Umgang mit Prototypen in den Phasen Erhebung, Modellierung und Implementierung wird im Kapitel 3.3 näher eingegangen.

Zu der Phase der **Nutzung** zählen wir die *Schulung, Anwendung und Ad-hoc Anpassung* der WMA. Während der Nutzung können Visualisierungsmethoden eingesetzt werden, um Mitarbeitern Informationen über die Gestaltung des Geschäftsprozesses und das WMS zur Verfügung zu stellen, so daß sie während ihrer Arbeit die Gesamtkonzeption des Geschäftsprozesses lernen können, bzw. sich das bereits Gelernte oder Präsentierte in Erinnerung rufen können. Visualisierungstechniken, die hierzu geeignet sein können, sind beispielsweise:

- elektronisch verarbeitbare Modelle des Geschäftsprozesses verknüpft mit
- Prototypen (Demonstratoren), die die technische Realisierung der Elemente des Modells demonstrieren.
- Videoanimationen[7] zu den jeweiligen Elementen des Modells.

---

[7] und andere Showcases (vgl. Kapitel 4)

Die **Analyse und Evaluation** dient dazu, die während der Nutzung gesammelten Erfahrungen zu strukturieren, so daß diese in die erneute (verbesserte) Konzeption des Geschäftsprozesses und der WMA einfließen können.

In der Phase der Analyse / Evaluation können Techniken zur Visualisierung eingesetzt werden, um gesammelte Anmerkungen der Mitarbeiter (zum Geschäftsprozeß und zur WMA) im Zusammenhang darzustellen. Dazu bedarf es allerdings neben der Visualisierung auch eines organisatorischen Verfahrens, das vorgibt, in welcher Form Anmerkungen gemacht werden können. In der Abbildung ist dies durch das Formular angedeutet. Visualisierungstechniken, die in dieser Phase unterstützen können, sind beispielsweise durch Annotationen kommentierbare Modelle des Geschäftsprozesses oder kommentierbare Screenshots von den Bildschirmmasken der WMA.

Bisher haben wir in unserem Projekt lediglich Modellen und Prototypen als Visualisierungsmethode einsetzt, um die partizipative Sollkonzeptentwicklung zu unterstützen. Im folgenden werden die Ergebnisse einer Fallstudie, die in dem Projekt MOVE bei der Firma DHL durch das Fraunhofer ISST durchgeführt wurde, zusammengefaßt und als eine Basis für einen Ansatz einer Präsentationsmethode für WMS genutzt.

## 3.3 Erkenntnisse aus dem Einsatz von Prototypen

Das „klassische" Prototyping begrenzt sich auf die technischen Systeme und deren Gestaltung. Im Vordergrund steht die Anforderung an das System und dessen Funktionalität und ergonomische Gestaltung.

Bei WMS reicht dieser Fokus allerdings nicht aus. Wie bereits einleitend skizziert, steht bei WMS die Gestaltung der Geschäftsprozesse und deren Bezug zur der Workflow-Management-Anwendung ebenso im Vordergrund, wie die software-ergonomische und funktionale Ausgestaltung eines bestimmten Arbeitsplatzes. Aufgabe einer Visualisierung muß es hierbei sein, sowohl den Bezug zwischen Geschäftsprozeß und WMA transparent und leicht nachvollziehbar zu machen als auch die Ausgestaltung der WMA. Im folgenden wird beschrieben, wie hierzu Prototypen einer WMA benutzt werden können.

In einer Fallstudie[8] des Fraunhofer ISST wurden bei der Firma DHL innerhalb der Sollkonzeptentwicklung Workshops mit den in den Geschäftsprozeß involvierten Mitarbeitern durchgeführt. Diese Workshops wurden in einem erweiterten „typical JAD room" durchgeführt (s. Abbildung 6). Zunächst wurde der partizipativ entwickelte Geschäftsprozeß anhand eines Modells auf einem Metaplan-Plakat den beteiligten Mitarbeitern nochmals transparent gemacht bzw. in Erinnerung gerufen. Anschließend wurde das Modell sukzessiv anhand eines exemplarischen Falls durchlaufen. Parallel dazu wurde die Realisierung der jeweiligen Funktion in dem Modell durch den Prototyp gezeigt und per Beamer auf eine Leinwand projiziert. Die Mitarbeiter hatten während der Präsentation und anschließenden Diskussion Gelegenheit, Anmerkungen sowohl zu dem Geschäftsprozeß als auch zu der technischen Realisierung zu machen. Diese Anmerkungen

---

[8] Die Fallstudie wird in diesem Tagungsband detailliert beschrieben [Goesmann et al. 98].

wurden auf Karten gesammelt und auf einem Plakat festgehalten. Der Prototyp stand zudem nach der Durchführung des Workshops den Mitarbeitern zu Testzwecken zur Verfügung.

Interviews mit den Beteiligten ergaben, daß durch die frühe Präsentation des Prototypen die Akzeptanz zur Benutzung des WMS und die Motivation, weiter an der Gestaltung mitzuwirken, wesentlich gesteigert wurde. Die Rückmeldungen der Mitarbeiter insbesondere zu der Ausgestaltung des Geschäftsprozesses haben gezeigt, daß der Nutzen von Prototypen für die Nachvollziehbarkeit eines Modells, die für die partizipative Sollkonzeptentwicklung relevant ist, sehr hoch ist. Dieser Praxisfall ist für uns ein Hinweis auf die Notwendigkeit, Modelle durch zusätzliche Darstellungs- und Präsentationsmethoden zu ergänzen.

Die hier beschriebene Präsentationsform impliziert allerdings einige Restriktionen. So beschränkt sich beispielsweise die Ergänzung der Modelle lediglich auf Prototypen. Weitere Darstellungsmethoden werden nicht integriert. Desweiteren bedarf diese Form der Präsentation der Durchführung eines Workshops, bei dem die Mitarbeiter zeitlich gebunden sind und nicht selbst die Präsentation interaktiv durchführen können. Dieses Verbesserungspotential wollen wir in dem im folgenden Kapitel vorgestellten Ansatz nutzen.

Abbildung 3: Raumgestaltung des Workshops. In Anlehnung an "The typical JAD room" [Carmel et al. 94. p.43]

## 4 Integration von „Showcases" in Modelle

### 4.1 Modelle von Geschäftsprozessen als Basis

Modelle werden in vielen Fällen als Beschreibung von Geschäftsprozessen und Workflow-Anwendungen benutzt. Diese Modelle basieren dabei auf Notationen, die die Syntax und Semantik festlegen. Bekannte Beispiele solcher Notationen sind die in ARIS verwendeten ereignisgesteuerten Prozeßketten (ePK) [Keller et al. 94], Funsoft-Netze [Deiters et al. 95] oder die unified modeling language (uml) [Rational Software 97]. Modelle sollen die Geschäftsprozesse[9] so realitätsnah wie möglich wiedergeben. [Lehmann & Ortner 97] versuchen beispielsweise durch Einsatz von einer Normsprache, unter Einsatz eines eigenen Lexikons und einer Grammatik Modelle (Diagramme) aus der Umgangssprache[10] zu generieren, um so ein möglichst genaues Abbild der Arbeitsplatzrealität zu erzeugen. In unserem Projekt haben wir den Ansatz gewählt, Modelle als Basis zur Kommunikation zu verwenden, mit deren Hilfe wir den Mitarbeiter Aussagen über die gewünschte Ausgestaltung der Geschäftsprozesse ermöglichen bzw. diese provozieren wollen. Die Modelle sind evolutionär und werden kontinuierlich angepaßt.

Wir gehen davon aus, daß Modelle in den bekannten Notationen insgesamt den Nachteil haben, daß sie einerseits schwer zu lesen und zu verstehen sind und andererseits nicht alle Kontextinformationen (wie z.B. die Arbeitsumgebung) angemessen wiedergeben können. [Petre et al. 93] beschreibt im wesentlichen zwei Phänomene, die für das Verständnis einer Grafik und somit auch von Modellen von Bedeutung sind. Einerseits wird hier beschrieben, daß die Erfahrungen mit dem Umgang einer Notation von elementarer Bedeutung für deren Nachvollziehbarkeit sind. Ein wichtiger Aspekt ist hierbei, daß Grafiken und insbesondere Modelle von Geschäftsprozessen gemeinsam mit Experten in Workshops entwickelt werden sollten. Andererseits weist Petre auf die Bedeutung der sogenannten „secondary notation" hin. Anmerkungen oder zusätzliche Zeichen und Zeichnungen in mehr oder weniger komplexen Grafiken werden von dem Betrachter zum besseren Verständnis an die Grafik gebracht. Durch die „secondary notation" werden z.B. Besonderheiten herausgestellt oder einzelne Konstrukte näher erläutert und somit Kontextwissen zu der Grafik hinzugefügt. An dieser Stelle setzt die Idee an, Modelle durch weitere Visualisierungstechniken und Notationen zu ergänzen und so die Modelle einerseits verständlicher zu machen, andererseits Kontextinformationen abzubilden, die ggf. durch die eigentliche Notation nicht abbildbar sind. Wir nennen dies „Integration von Showcases". Durch die Integration von Showcases sollen Modelle als Basis der Visualisierung im stetigen Verbesserungsprozeß (s. Abbildung 2) dienen.

---

[9] also einen Ausschnitt der Realität

[10] beispielsweise Aussagen aus Interviews (aus der Erhebungsphase)

## 4.2 Showcases

Unter dem Begriff „Showcases" verstehen wir Ergänzungen zu einem grafischen Modell eines Geschäftsprozesses, die die im Modell enthaltenen Informationen detaillieren oder erklären. Showcases bedienen sich einer anderen Notation oder eines anderen Mediums als das ursprüngliche Modell und sind in elektronischer Form verfügbar.

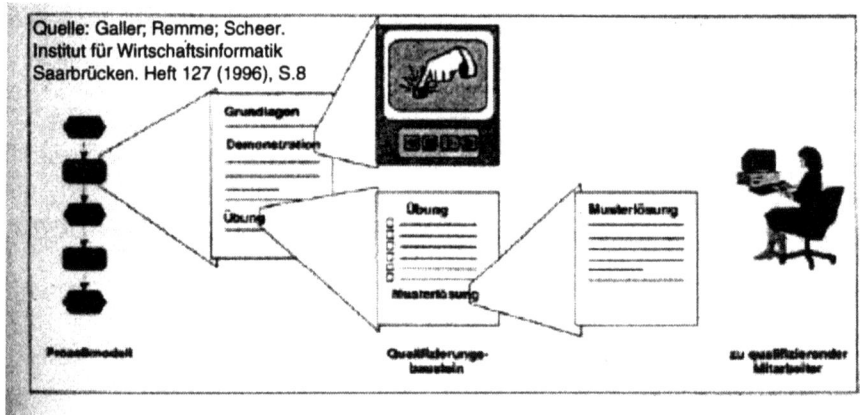

**Abbildung 4: Visualisierungs- und Qualifizierungselemete aus dem Projekt „Der Inseltrainer"**

Beispiele für Showcases sind:

- **Videoanimationen**, die die Bearbeitung einzelner Funktionen des Modells oder des gesamten Prozesses exemplarisch zeigen.

- **Screencams** (eine besondere Form von **Videoanimationen**), der Unterschied zu allgemeinen Videoanimationen liegt hierbei in der Perspektive der Kamera, die insbesondere die Bearbeitung am Bildschirm und die jeweiligen Bildschirmmasken zeigt. Dem Mitarbeiter wird während seiner Arbeit „über die Schulter geschaut".

- **Audioanimationen**, mit deren Hilfe Teile des Modells kommentiert oder erklärt werden.

- **Illustrationen** (z.B. Storyboards), die Teile des Modells oder den gesamten abgebildeten Prozeß in einer intuitiv verständlichen Darstellung (meist mit gezeichneten Bildern) darstellen.

- **Bilder** (beispielsweise Fotos von realen Personen), die zeigen wer in der Realität für eine Aufgabe verantwortlich ist oder die die Arbeitsumgebung eines Arbeitsplatzes zeigen und so Kontextinformationen zu dem Modell hinzufügen.

- **Prototypen**, die die technische Realisierung der Funktionen in dem Modell darstellen. Aus dem Modell heraus ist eine prototypische Realisierung der jeweiligen Funktion bzw. der Workflow-Management-Anwendung aufrufbar, so daß die Mitarbeiter die reale Anwendung in Abhängigkeit zu dem Modell testen können.

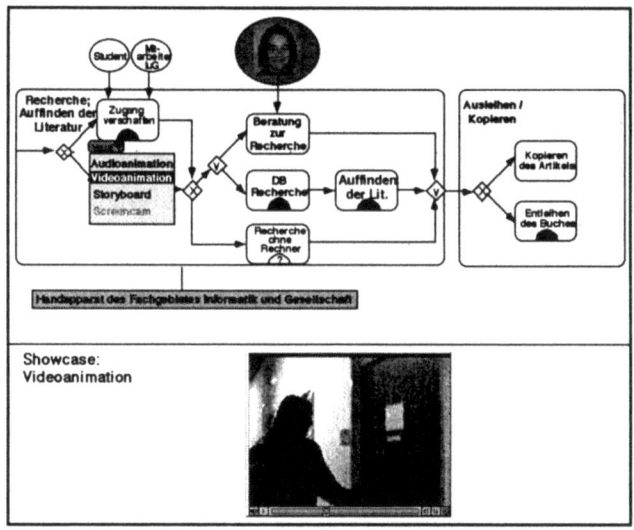

**Abbildung 5: Abruf einer Videoanimation aus einem Modell**

Die Integration von Showcases soll die organisatorischen Rahmenbedingungen (wie z.B. Workshops und Präsentationen), die bisher notwendig sind, um Mitarbeiter zu beteiligen, substituieren bzw. ergänzen. Dabei gehen wir davon aus, daß die Ergänzung der Modellen mit Hilfe von Showcases zum besseren Verständnis beiträgt. Wir stützen uns dabei einerseits auf unsere Erfahrungen, die wir mit dem Einsatz von Prototypen gemacht haben[11], andererseits zeigen Berichte zu multimedialen Präsentationen (s.z.B. [André 94]), daß die Verwendung von sogenannten Nebenbildern, Querverweisen und multimedialen Referenzen eine Schlüsselrolle für die Verständlichkeit einer Präsentation sind.

Durch die Integration der Showcases sollen Mitarbeiter anhand der Modelle, die an jedem Arbeitsplatz verfügbar sind, nachvollziehen können, wie der Geschäftsprozeß und das Softwaresystem ausgestaltet sind. Auf diese Weise können insbesondere Konzepte wie beispielsweise „learning on the job" realisiert werden. In einigen Projekten wurden bereits Modelle von Geschäftsprozessen durch Visualisierungstechniken ergänzt und miteinander verknüpft. Beispiele hierzu sind der sogenannte Inseltrainer [Galler et al. 96] oder das System KiWi (Kontinuierliche Prozeßverbesserung durch Integration von Workflow und Intranet), das an dem Institut für Wirtschaftsinformatik in Saarbrücken entwickelt wurde. Abbildung 4 zeigt exemplarisch die ergänzenden Qualifizierungs- und

---

[11] wobei wir diese Prototypen auch als Showcase verstehen

Visualisierungselemente aus dem Projekt „Der Inseltrainer" des IWi. Diese Systeme fokussieren im wesentlichen die Schulung der Mitarbeiter im Umgang mit neuen technischen und organisatorischen Konzepten. Die Integration von Showcases soll darüber hinaus bei der Erhebung, der Auswahl und Evaluation der WMS unterstützen, d.h. für alle Phasen des WLC einsetzbar sein.

## 4.3 Beispiel für die Integration von Showcases in Modelle

Die Abbildung 5 und Abbildung 6 zeigen Ausschnitte aus einem Demonstrator, den wir konzipiert haben, um die Integration von Showcases zu verdeutlichen. Dazu haben wir den Ablauf einer Literaturrecherche bis hin zum Ausleihverfahren in einem Modell abgebildet. Die dabei verwendete Notation ist für den hier beschriebenen Zweck sekundär. Wir haben uns für die Methode SeeMe entschieden, mit deren Hilfe man KKK-Prozesse[12] als sozio-technische semi-strukturierte Phänomene darstellen und bewerten kann. Diese Methode wird am Fachgebiet Informatik und Gesellschaft an der Universität Dortmund entwickelt und ist zur Zeit noch nicht vollständig dokumentiert. Abbildung 5 zeigt den Aufruf einer Videoanimation aus dem Modell heraus. Dem Betrachter wird in diesem Beispiel durch ein Video vorgeführt, wo sich der Raum (die Bibliothek) befindet und wie er sich Zugang zu der Bibliothek verschaffen kann, falls der Raum verschlossen ist. Abbildung 6 zeigt den Aufruf eines Prototypen aus dem Modell heraus. Dem Benutzer wird demonstriert, wie eine Literaturrecherche durch die elektronisch verfügbare Datenbank unterstützt wird. Dabei kann er den Prototypen selbst bedienen und in die Bildschirmmasken Eintragungen machen. An den jeweiligen Funktionen des Modells stehen verschiedene Showcases zur Verfügung, so daß der Benutzer die für sein Verständnis benötigten Kontext-informationen abrufen kann.

Die innerhalb der Disziplin „Design Rationale" [Moran & Carroll 96] diskutierten Konzepte zur Erstellung einer Historie in der Vorgängerversionen von Modellen sowie die Gründe für eine Gestaltungsentscheidung festgehalten werden, können ebenfalls in unser Konzept integriert werden. Eine Möglichkeit besteht beispielsweise darin, die Historie und Designentscheidungen als eigenen Showcase abzuspeichern und von jedem Modell aus verfügbar zu machen sowie eine Übersichtsperspektive einzuführen. Auf diese Weise kann auch mit der Dynamik des WLC umgegangen werden, die sich durch kontinuierliche Veränderungen (Verbesserungen) an den Modellen und der WMA auszeichnet.

Die Integration von Showcases kann die organisatorischen Rahmenbedingungen, die beispielsweise bei der Durchführung von Workshops entstehen, zu einem großen Teil substituieren. Durch die direkte Koppelung zwischen Modell und Showcases (insbesondere des Prototypen) kann der Mitarbeiter selbst am Bildschirm das Modell sukzessiv durchlaufen und sich die einzelnen Elemente des Modells präsentieren lassen.

---

[12] Kommunikations-, Kooperations-, Koordinations-Prozesse

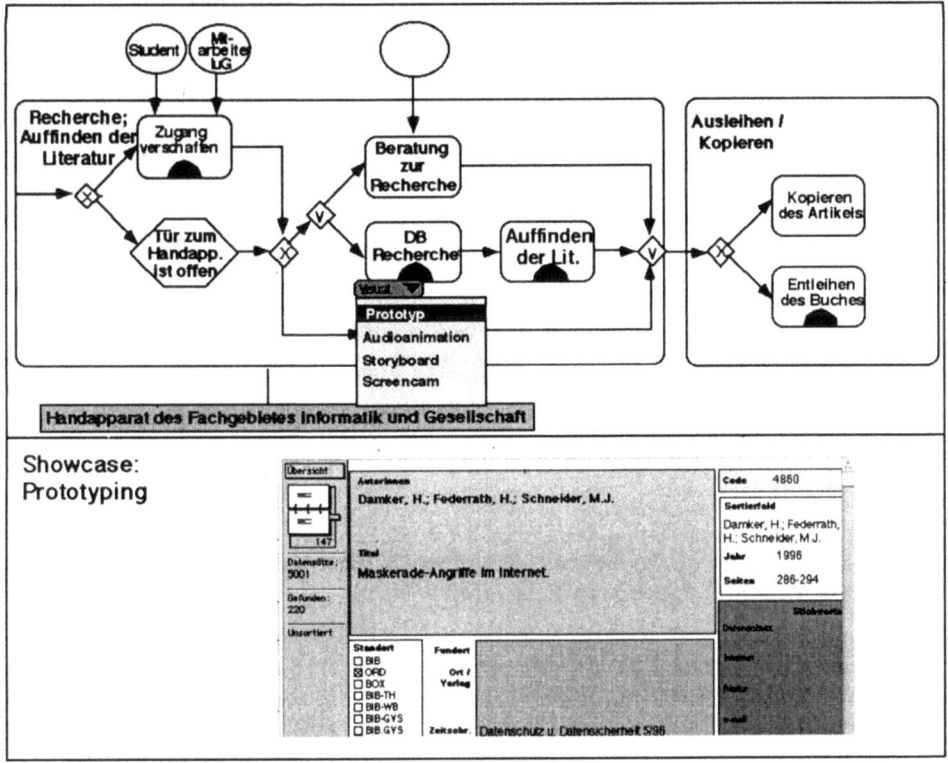

Abbildung 6: Aufruf eines Prototypen aus einem Modell

## 5 Ausblick

Zur Zeit befinden wir uns in der Phase der Konzeption eines Systems, das Showcases in Modelle zu den oben beschriebenen Zwecken integriert. Aufgrund unserer gesammelten Erfahrungen wissen wir, daß Prototypen für den partizipativen Einführungs- und Gestaltungsprozeß von WMS sehr sinnvoll sind. Es bleibt allerdings noch zu klären, wie die elektronische Integration von Prototypen und anderen Visualisierungstechniken in Modelle konkret ausgestaltet sein muß, um beteiligte Mitarbeiter optimal zu unterstützen. Insbesondere bleibt zu klären, wie man unterschiedliche alternative Modelle vergleichbar macht und die Entwicklung (Entscheidungen bzgl. des Designs) eines Modells durch die Integration eines geeigneten Showcase dokumentiert.

## Literatur

[André 94] André, Elisabeth (1996): Ein plan-basierter Ansatz zur generierung multimedialer Präsentationen. Dissertation an der technischen Fakultät der Universität des Saarlandes.

[Barghouti et al. 95] Barghouti, Nase S.; Koutsofios, Eleftherios; Cohen, Edith (1995): Improvise: Interactive Multimedia Process Visualization Environment. In: Schäfer, Wilhelms; Botella, Pere: Software engineering - ESEC 95. Lecture Notes in Computer Science No.989. Heidelberg: Springer Verlag. pp. 28-43.

[Blomberg et al. 93] Blomberg, Jeanette; Giacomi, Jean; Mosher, Andrea; Swenton-Wall, Pat (1993): Ethnographic Field Methods and Their Relation to Design. In: Participatory Design. Principles and Practices. Schuler, Douglas; Namioka, Aki (Eds.). Hillsdale, New Jersey: Lawrence Erlbaum Associates. pp. 123 -157.

[Blomberg et al. 94] Blomberg, Jeanette; Suchman, Lucy; Trigg. Randall (1994): Reflections on a Work-Orientes Design Project. In: Proceedings of the PD Conference 94, Chapel Hill, North Carolina, USA. Computer Professionals for Social Responsibility. pp. 99-109.

[Carmel et al. 93] Carmel, Erran; Whitaker, Randall D.; George, Joey F (1993): PD and Joint Application Design: A Transatlantic Comparison. In: Comunication of the acm, Volume 36, Number 4, June 93: Participatory Design, pp.40 - 49.

[Deiters et al 95] Deiters, Wolfgang.; Gruhn, Voker; Striemer, Rüdiger. (1995): Der FUNSOFT-Ansatz zum integrierten Geschäftsmanagement. In: Sinz, E.; Scheer, Aug.W.; Nüttgens, M.; Becker, J.; Rosemann, M.; Ferstl. O.; Deiters, W.; Gruhn, V. Striemer, R.: WI-Schwerpunktthema: Geschäftsprozeßmodellierung. Wirtschaftsinformatik,37 (1995) 5. S. 459-466.

[Floyd 94] Floyd, Christiane (1994): Software-Engineering und dann? In:Informatik Spektrum, Bd.17, Heft 1, Feb. 1994. S. 29-37

[Galler et al. 96] Galler, Jürgen; Remme M.; Scheer, August-Wilhelm (1996): Der Inseltrainer - Ein multimediales Lernsystem zur Qualifizierung in Planungsinseln. Saarbrücken: Veröffentlichungen des Instituts für Wirtschaftsinformatik (IWi), Heft 127.

[Goesmann et al. 98] Goesmann, T.; Krämer, K.; Löffeler, T.; Striemer, R. (1998): Prototyping bei Workflow-Projekten: Entwicklung und Einführung einer Workflow-Management-Anwendung bei der DHL Worldwide Express GmbH. In diesem Tagungsband.

[Greif 88] Greif, Irene (ed.) (1988): Computer-Supported Work: A Book of Readings. San Mateo: Morgan Kaufmann.

[Hackos 97] Hackos, JoAnn T. (1997): Online Documentation: The Next Generation. In: SIGDOC '97 Conference Proceedings- Crossroads in Communication, October 199-22, 1997 in Salt Lake City, Utah at Snowbird Ressort. pp. 99-130.

[Herrmann et al. 98] Herrmann, Thomas; Scheer; August-Wilhelm; Weber, Herbert (Hrsg.) (1998): Verbesserung von Geschäftsprozesen mit flexiblen Workflow-Management-Systemen Band 1: Von der Erhebung zum Sollkonzept. Heidelberg: Physica Verlag

[Herrmann & Walter 98] Herrmann, Thomas; Walter, Thomas (1998): Prototypischer Fahrplan zur Beteiligung von Mitarbeitern an der Geschäftsprozeßoptimierung mit Workflow Management. In: Herrmann; Scheer; Weber (ed.) (1998): Verbesserung von Geschäftsprozessen mit flexiblen Workflow-Management-Systemen. Band 1: Von der Erhebung zum Sollkonzept. Physica Verlag Heidelberg S. 73 - 109.

[Hoffmann et al. 98] Hoffmann, M.; Goesmann, T.; Herrmann, Th. (1998): Erhebung von Geschäftsprozessen bei der Einführung von Workflow- Management - Systemen. In: Herrmann, Th.;Scheer, A-W.; Weber, H.:Verbesserung von Geschäftsprozessen mit flexiblen Workflow-Management-Systemen Band 1: Von der Erhebung zum Sollkonzept. Physica-Verlag Heidelberg,. S. 15-72.

[Keller et al. 94] Keller, G.; Meinhard, Stefan (1994): Business Process Reengineering auf Basis des SAP R/3-Referenzmodells (Kapitel 2: Geschäftsprozeßoptimierung mittels ereignisgesteuerten Prozeßketten (ePK)). In: Schriften zur Unternehmensführung, Band 53. Wiesbaden.

[Landay et al. 95] James A. Landay And Brad A. Myers, Carnegie Mellon University (1995): Just Draw It! Programming by Sketching Storyboards. In: Human-Computer Interaction Institute Technical Report CMU-HCII-95-106 and School of Computer Science Technical Report CMU-CS-95-199, November 1995.

[Lehmann & Ortner 97] Lehmann, Frank; Ortner, Erich (1997): entwicklung von Workflow-Management-Anwendungen im Kontext von Geschäftsprozeß- und Organisationsmodellierung. In: Information Management 4 / 97. S. 62 - 69.

[Martin 89] Martin, James (1989): Information Engineering, Book I: Introduction. Englewood Cliffs: Prentice-Hall.

[Moran & Carroll 96] Moran, Thomas P.; Carroll, John M. (Eds.) (1996): Design Rationale. Concepts, Techniques and Use. New Jersey: Lawrence Erlbaum Associates, Publisher.

[Muller 93] Muller, Michael (1993): PICTIVE: Democratizing the Dynamics of the Design Session. In: Participatory Design. Principles and Practices. Schuler, Douglas; Namioka, Aki (Eds.). Hillsdale, New Jersey: Lawrence Erlbaum Associates. pp. 211 - 239.

[Schuler & Namioka. 93] Schuler, Douglas; Nomioka Aki (ed.) (1993): Participatory Design, Principles and Practices. Hillsdale, New Jersey: Lawrence Erlbaum Associates, Publishers

[Petre et al. 93] Petre, M.; Green, T.R.G. (1993): Learning to read Graphics: Some Evidence that "Seeing" an Information Display is an Acquired Skill. In: Journal of Visual Languages and Computing (1993), 4. Academic Press Limited. pp.. 55 - 70.

[Ramesh 97] Ramesh, Jain (1997): Visual Information Management. In: Communication of the acm. December 1997. Volume 40. Number 12. pp.31-33.

[Rational Software 97] Rational Software Corp. (Hrsg.) (1997): Unified Modeling Language. Version 1.0. 13 January 1997. UML Summary, UML Semantics, UML Semantics Appendix M1 - UML Glossary, Notation Guide, Process Specific Extensions. Santa Clara, CA: Rational Software Cooperation.

# Teil II:

# Praxisberichte

*Th. Herrmann; K. Just-Hahn (Hrsg.): Groupware und organisatorische Innovation (D-CSCW'98). Stuttgart: B. G. Teubner 1998, S. 283-296*

# Teleseminare über ISDN-basierte Videokonferenzsysteme

Andreas Böhm, Matthias Huwer, Wolfgang Oberndorfer, Roland Schmitz und Stefan Uellner

Deutsche Telekom AG, Darmstadt

## Zusammenfassung

Videokonferenz-Systeme haben sich im Bereich von Telelearning und Tele-teaching etabliert. In diesem Kontext ist die individuelle Wahrnehmung des übertragenen audiovisuellen Signals durch den Benutzer von besonderer Bedeutung. Während es ohne Problem möglich ist, mit der Benutzung von Breitband-Verbindungen eine ausreichend gute Service-Qualität zu erreichen, ist diese Frage für Schmalband-ISDN-Verbindungen nicht geklärt.

Das Ziel des vorliegenden Dokumentes ist es, herauszufinden, ob bestehende, auf ISDN basierende Videokonferenz-Systeme ausgereift genug sind, eine ausreichende Qualität aus Nutzersicht für die Übertragung zu garantieren. Weiterhin ist zu untersuchen, ob, bzw. wie die audiovisuelle Wahrnehmung in Tele-Seminaren unterschiedlich zu der von Seminaren ist, bei denen man persönlich anwesend ist.

Um diese Frage zu beantworten, wurden verschiedene, von der EURESCOM (European Institute for Research and Development in Telecommunications) durchgeführte Seminare, mit solchen Videokonferenz-Systemen übertragen. Die übertragenen Seminare konnten z.B. zum einen von Einzelpersonen auf einem Desktop-PC und zum anderen von verschiedenen Personen gleichzeitig in einem Konferenzraum verfolgt werden. Insgesamt wurden sechs Seminare zwischen Februar 1996 und November 1996 ausgewertet.

An diesen Tele-Seminaren nahmen bis zu 30 Teilnmehmer mit unterschiedlichsten technischen Vorkenntnisse an vier verschiedenen Orten teil. Nach den Übertragungen wurden Fragebögen unter den Teilnehmern verteilt. Durch die Fragebögen wurden die Einschätzungen und die eventuell notwendigen Verbesserungen von Audio- und Videoqualität bei diesen Seminaren ermittelt. Weiterhin wurde nach der Lesbarkeit der übertragenen Folien und der allgemeinen Akzeptanz (Einschätzung, Erwartung) der neuen Technologie gefragt.

Durch die Auswertung dieser Fragebögen konnten wertvolle Einsichten in die Einschätzungen der Teilnehmer über den Einsatz von ISDN-basierenten Tele-Seminaren in Abhängigkeit der verschiedenen Benutzerprofile gewonnen werden.

## 1 Einleitung

Der Bereich von Telelearning und Teleteaching ist ein wichtiges Anwendungsgebiet für Videokonferenz-Systeme.

Tele-Seminare werden bereits seit einiger Zeit mit IP-basierenden Videokonferenz-Systemen über das Internet verbreitet [RiLi95], [Succ96a], [Pede96], [Eise96].

Jedoch leiden solche Übertragungen oft unter der geringen Bandbreite des Internets, mit der Folge gestörter Audio- und Videoverbindungen. Auf der anderen Seite sind aber die Kosten von Breitbandübertragungen oft sehr hoch. Deshalb stellt sich die Frage, ob Tele-Seminare über Netzwerke mit geringer, jedoch garantierter Bandbreite, wie z.B. Schmalband-ISDN (s. [Godb96]), in einer annehmbaren Qualität zu übertragen sind.

Hierfür sind heutzutage verschiedene H.320 [H.320] -konforme Videokonferenz-Systeme erhältlich(z.B. [Pict96], [ProS96], [PSS96], [Tele96]). In einem europaweiten Forschungs-Projekte [Back96] mit bis zu 30 Teilnehmern wurden mit der Unterstützung dieser ISDN-basierenden Systeme getestet, ob eine ausreichende audio-visuelle Qualität für Tele-Seminare erreicht werden kann. Im Laufe des Projektes kamen zusätzlich T.120 [T.120] -konforme Videokonferenz-Systeme zum Einsatz, die "Multipoint Application Sharing" erlaubten, d.h. Anwendungen, die auf einem PC laufen, können auch von einem anderen PC aus gesehen und bedient werden.

Dies ist besonders bei rechnerbasierten Präsentationen von besonderer Bedeutung. Diese Option wurde besonders bei den späteren Seminaren eingesetzt. Nach den Seminaren wurden die Einschätzungen der Teleseminarteilnehmer mit vorher ausgeteilten Fragebögen erfragt.

Der zweite Teil zeigt neben der Haupthypothese den verwendeten Ansatz auf, der bei der Erstellung der Fragebögen verwandt wurde, um die gemachten Hypothesen zu verifizieren.

Der dritte Teil dieser Arbeit beschreibt einige mögliche Probleme, die bei der Durchführung von Teleseminaren auftreten, die einerseits durch die Auswertung der Fragebögen deutlich wurden, andererseits aber auch bereits durch den technischen Aufbau verhindert wurden.

Der vierte Teil erklärt kurz den technischen Aufbau der Übertragung, während der fünfte Abschnitt eine detaillierte Beschreibung der Fragebögen und der ausgewerteten Ergebnisse wiedergibt, wobei der Hauptaugenmerk auf die Ausgereiftheit der verwendeten Technologie und den Vergleich zwischen Teleseminarteilnahme und herkömmlicher Seminarteilnahme gerichtet war.

Der letzte Teil enthält aufgrund dieser Ergebnisse einige Schlußfolgerungen und Vorschläge für zukünftige Teleseminare.

## 2 Ansatz

Das primäre Ziel in diesem Projekt war es, den Teleseminarteilnehmern ein System anzubieten, welches ein Teleseminar mit einem Seminar, bei dem man persönlich anwesend ist, vergleichbar macht. Das Ziel des Papers ist somit die folgende Haupthypothese zu prüfen:

> *ISDN-basierende Videokonferenz-Systeme bieten eine ausreichende Übertragungsqualität aus Sicht des Nutzers, wenn man die in Teil 3 aufgelisteten Schwierigkeiten vermeiden kann.*

Der Maßstab für das System war natürlich die Qualität und den Eindruck zu erreichen, als wäre man physikalisch in dem Konferenzraum anwesend. Aus den Fragebögen ging hervor, bis zu welchem Grad es geschafft wurde, dieses Gefühl zu vermitteln.

Wohnt man einer Konferenz persönlich bei, so hat der Teilnehmer folgende Informationsquellen:

- Die visuelle Quelle (Blickkontakt mit dem Redner, Folien, visuellen Kontakt zu anderen Teilnehmern)
- Die akustische Quelle (Unterhaltung mit dem Redner, Fragestellungen danach, Informationsaustausch mit anderen Teilnehmern)
- Die „physikalische Quelle": Informationsmaterial zu den präsentierten Folien

Diese Informationsquellen sind in Zusammenhang mit Teleseminaren natürlich begrenzt. Es kann weder der visuelle Kontakt zu anderen Teilnehmern noch der Informationsaustausch nach den Sitzungen simuliert werden. Es ist zwar möglich Fragen zu stellen, jedoch nicht so spontan wie bei persönlicher Anwesenheit möglich gewesen wäre. Auf der anderen Seite kann der Teleseminarteilnehmer sich die Präsentationsfolien vor jedem Seminar auf seinen PC herunterladen, so daß die „physikalische Quelle" ebenfalls vorhanden ist.

Weiterhin sollte herausgefunden werden, ob es Unterschiede zwischen der audiovisuellen und der physikalischen Wahrnehmung von Seminaren gegenüber Teleseminaren gibt:

> *Nutzen die Teleseminarteilnehmer die kognitiven Informationsquellen genauso, als wären sie persönlich anwesend.*

Unter der Annahme, daß Seminarteilnehmer die Video- als auch die Audio-Quellen gleichermaßen nutzen, soll herausgefunden werden, ob dies bei Teleseminaren auch der Fall ist, bei denen beide Quellen nur eingeschränkt zur Verfügung stehen. Die Antworten zu den Fragebögen werden hierzu beitragen.

## 3  Mögliche Schwierigkeiten bei Teleseminaren

Neben den offensichtlichen Vorteilen der Einsparungen von Zeit und Geld bei der Durchführung von Teleseminaren, können eine Reihe von Problemen potentielle Teilnehmer davon abhalten, an solchen Seminaren teilzunehmen.

Einige von diesen sind:

- schlechte Audio-Qualität:

  Die Wichtigkeit von Audio-Signalen in Teleseminaren kann nach Rettinger [Rett95] nicht überbewertet werden. Jedoch ist es oftmals das größte Problem, eine gute Audio-Verbindung bei den Vorbereitungen eines Teleseminars zu erhalten. In den Fragebögen wird gefragt, wie die Teilnehmer die Qualität des Audio-Signals einschätzen und ob die Qualität zukünftig noch weiter zu verbessern ist (die gleiche Frage wurde auch bezüglich des Video-Signals gestellt).

- Übertragung von Folien:

  Heute werden die meisten Vorträge mit am PC erstellten Folien gehalten. Bei der Übertragung von Präsentationsfolien kann es große Probleme geben, da über den Video-Kanal übertragene Folien meist nicht gelesen werden können. In den meisten früheren Studien, die IP-basierenden Systeme verwendeten, wurde ein "shared whiteboard tool" (z.B. wb) zur Übertragung der Folien benutzt, jedoch war dies aufgrund der begrenzten Dateigröße, die wb verarbeiten konnte [Succ96b] problematisch. In den späteren Seminaren konnte durch die Verwendung von T.120-fähigen Systemen dieses Problem durch einfaches Teilen der Präsentationsanwendung (z.B. MS Powerpoint) unter den Teilnehmern (Abschnitt 3) gelöst werden. Hierfür wurden die Teleseminarteilnehmer befragt, ob und wie sie der Präsentation folgen konnten.

- Schwierigkeiten der Interaktion zwischen Lehrer und Schüler:

  Bei einem Teleseminar ist der Austausch zwischen dem *"Schüler"*, z.B. der Person, die zuhört, und dem *"Lehrer"*, z.B. der Person, die präsentiert, schwierig, weil es normal nicht möglich ist, zwischendurch spontane Fragen zu stellen oder Anmerkungen zu machen. Es war jedoch mit den Aufbauten möglich, nach der Präsentation Fragen zu stellen und Bemerkungen auf die Kopien der Folien zu machen.

- Verlust des persönlichen Kontakts:

  Ein Teleseminar kann niemals den persönlichen Kontakt zwischen dem Vortragenden und dem Hörer oder zwischen den Hörern an verschieden Standorten ersetzen.

  Deswegen wurde in den Fragebögen gefragt, ob die Teleseminarteilnehmer weiterhin an Konferenzen teilnehmen würden, die Videokonferenz-Systeme benutzen, bzw. ob sie weitere solcher Übertragungen empfehlen oder nicht.

## 4 Technischer Aufbau

Die übertragenen Seminare wurden von der EURESCOM (European Institute for Research and Strategic Studies in Telecommunications), organisiert und beinhalteten Präsentationen der Forschungsergebnisse von EURESCOM-Mitgliedern. Die Vorträge (in der Regel computerunterstützte Präsentationen) hatten eine Länge von etwa 20 Minuten einschließlich einer kurzen Diskussion. Die Seminare finden üblicherweise am Hauptsitz der EURESCOM in Heidelberg statt und werden von bis zu 150 Teilnehmern aus ganz Europa besucht. Mit Hilfe des Projektes Teleseminar konnten zusätzlich sechs Seminare an verschiedenen Orten in Europa abgehalten werden (Abbildung 1).

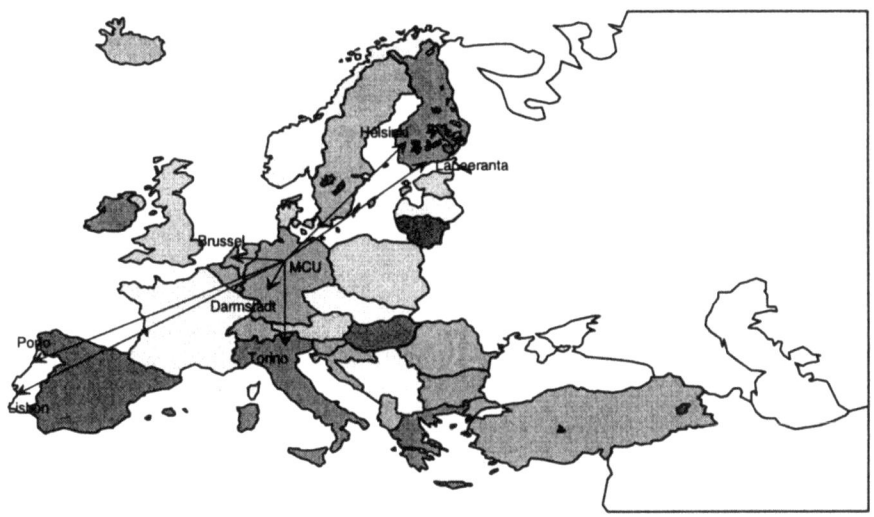

**Abbildung 1: Teleseminarteilnehmer in Europa**

Für die Übertragungen wurde eine Multipoint Videokonferenz zwischen den verschiedenen Teilnehmern abgehalten. Dies ist in Abbildung 2 schematisch dargestellt. Mit dieser Konfiguration wurde ein komplettes Seminar, bestehend aus den oben erwähnten Präsentation, während eines ganzen Tages stabil und ohne jegliche Probleme durchgeführt.

Die Seminare wurden mit H.320- bzw. T.120-fähigen Videokonferenz-Tools (Intel ProShare 1.9 bzw. 2.0) via Euro-ISDN übertragen. Eine Multipoint Control Unit (MCU) mit Standort in Deutschland ermöglichte die Multipoint-Verbindung.

Durch die Benutzung von Multipoint Application Sharing war es möglich die Powerpoint-Präsentation auf dem PC des Redners mit den PCs der Teleseminarteilnehmer zu teilen, d.h. sie sahen die gleichen Präsentationsfolien wie der Redner.

Verschiedene technische Einstellungen kamen für die Übertragung zum Einsatz. Einerseits gab die Projektion des Computer-Bildschirmes an die Leinwand etwa 20 Teilnehmern die Möglichkeit in einem entfernten Konferenzraum dem Teleseminar zu folgen. Andererseits konnten andere Teilnehmer das Seminar an ihrem Schreibtisch mit Hilfe eines videokonferenzfähigem Desktop PC verfolgen. Ebenfalls wurde die Möglichkeit des Rückfragens von den entfernten Standorten aus untersucht.

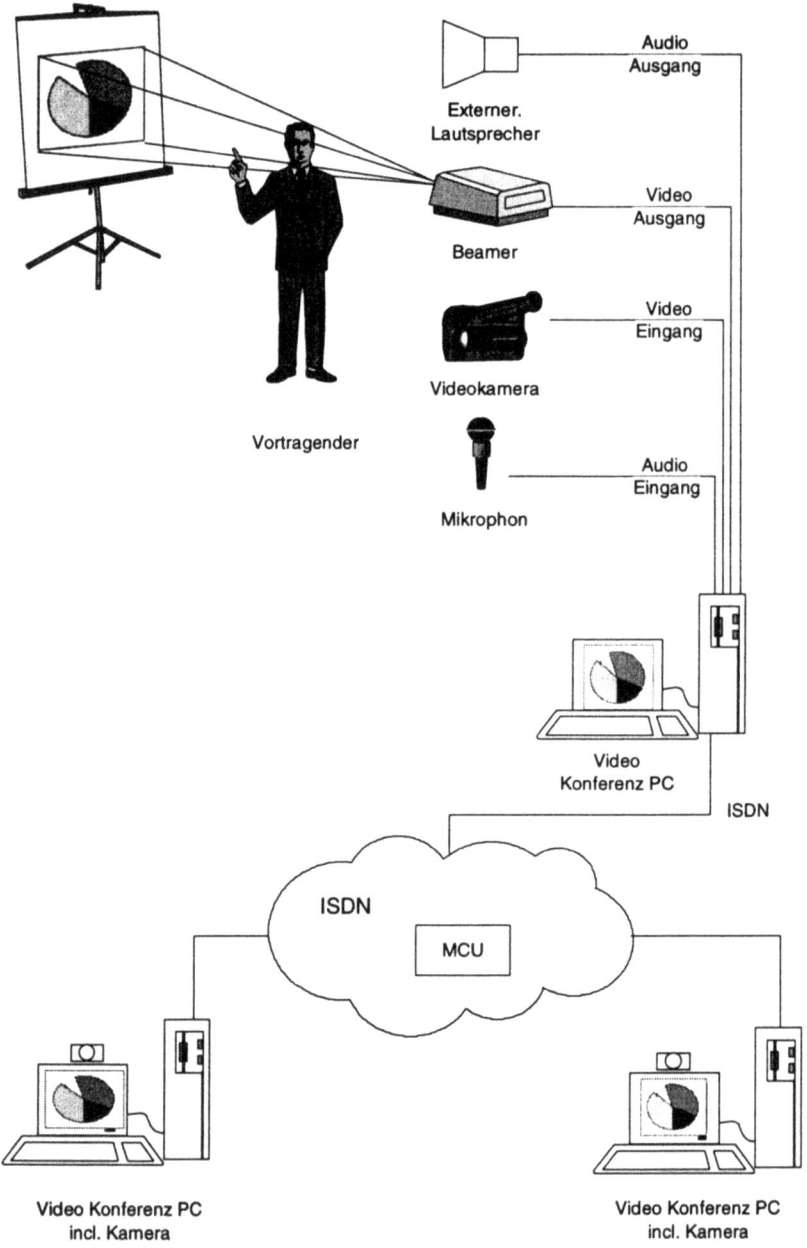

**Abbildung 2: Prinzipieller Aufbau einer Seminarübertragung über ISDN**

## 5 Auswertungsergebnisse

Im Laufe des Projekts zwischen Februar und November 1996 konnten sechs Seminarübertragungen evaluierten werden.

Diesen Seminaren wohnten Teilnehmer von jeweils wenigstens vier verschiedenen Standorten und mit unterschiedlichem technischen Hintergrundwissen bei. Um die Einschätzungen der Teilnehmer über solche Seminare herauszufinden, wurden nach den Übertragungen umfangreiche Fragebögen ausgeteilt, von denen über 50 ausgefüllt zurückgeschickt wurden.

Sie fragten nach der Einschätzung und gewünschten Verbesserung von Audio- und Video-Qualität. Weiter interessierte die Lesbarkeit der Seminarfolien und die generelle Akzeptanz solcher Seminare. Die wichtigsten Fragen waren im einzelnen:

- "Wie erfahren sind Sie im Umgang mit multimedialen Kommunikationssystemen (Abbildung 3)
- "Wie schätzen Sie die Qualität des Audio-Signals ein?" (Abbildung 4)
- "Wie schätzen Sie die Qualität des Video-Signals ein?" (Abbildung 5)
- "Ist es notwendig die Qualität des Audio-Signals zu verbessern?" (Abbildung 6)
- "Ist es notwendig die Qualität des Video-Signals zu verbessern?" (Abbildung 7)
- "Konnten Sie der Präsentation gut folgen?" (Abbildung 8)
- "Wie beurteilen Sie die Eignung der benutzten Technologie für Teleseminare?" (Abbildung 9)

Im folgenden werden die ausgewerteten Ergebnisse präsentiert, die aus den beantworteten Fragebögen hervorgingen.

Abbildung 3 zeigt, daß die Benutzer ganz unterschiedliche Erfahrung mit Multimedia Technologie besitzen und in ihrer Gesamtheit als repräsentative Benutzer angesehen werden können.

Abbildung 4 und 5 zeigen, daß die audio-visuelle Qualität der Übertragungen für die Teilnehmer mindestens befriedigend war. Auf den ersten Blick sieht es so aus, als hätte die Audio-Qualität besser abgeschnitten, aber bildet man einen Durchschnittswert, so stellt sich heraus, daß beide nahezu gleiche Werte aufweisen. Wie bereits erwähnt, ist es eines der größten Probleme eine ausreichend gute Audio-Qualität bei einem Teleseminar herzustellen, besonders, wenn die Teleseminarteilnehmer in einem großen Konferenzraum sitzen. Hinsichtlich dessen sind die Beurteilungen der Audio-Qualität durchaus ermutigend. In einigen Übertragungen kam es allerdings zu Echoprobleme, was erklären könnte, warum die Meinungen über die Qualität des Audio-Signals gespalten sind (vergleiche den zweiten Balken "schlecht" in Abbildung 4).

Die Abbildungen 6 und 7 zeigen, wie die Befragten die Notwendigkeit zur Verbesserung des Audio- bzw. Video-Signals beurteilten. 68% sind der Meinung, daß es *"unbedingt notwendig"* ist, die Audio-Qualität zu verbessern, obwohl die Bewertung des Audio-Signals nicht so schlecht war. Dies zeigt die große Wichtigkeit der Audio-Qualität, wenn man sie mit der Video-Qualität vergleicht. Hier wollen nur 64% der Befragten die Qualität verbessert haben, obwohl die Übertragung des Video-Signals eine etwas schlechtere Bewertung als die Audio-Übertragung erfuhr.

Die Antworten auf die Frage, wie der Präsentation gefolgt werden konnte, in Abbildung 8 dargestellt, fallen sehr positiv aus. Obwohl die Bewertung für die Audio-Video-Qualität nur mittelmäßig ausfiel, konnten über 70% der Teilnehmer dem Vortrag *"immer"* oder *"fast immer"* folgen. Dies könnte zum Teil auf die verwendete Technik der gesonderten Folienübertragung zurückzuführen sein, zeigt aber ebenfalls, daß die Audio-Qualität mindestens ausreichend war.

Abbildung 9 zeigt deutlich, daß die Teilnehmer im allgemeinen mit der benutzten Technologie zufrieden sind: über 60% bewerten die Verwendung von Videokonferenz-Systeme in Zusammenhang mit Schmalband-ISDN bei Teleseminaren als *"geeignet"* oder *"sehr geeignet"*.

Schließlich wurden die Teilnehmer gefragt, ob sie zukünftig, falls es angeboten wird, wieder an einem Teleseminar teilnehmen würden. Abbildung 10 stellt die Antworten auf diese Frage dar.

Auch hier zeigt der Teilnehmer eine sehr positive Haltung gegenüber der verwendeten Technologie. Sie befanden also die Teilnahme an einem Teleseminar über ISDN offensichtlich nicht als Zeitverschwendung.

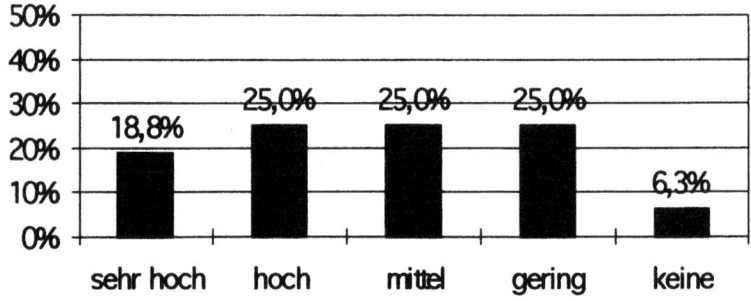

**Abbildung 3: Erfahrung im Umgang mit Multimedia Technologie**

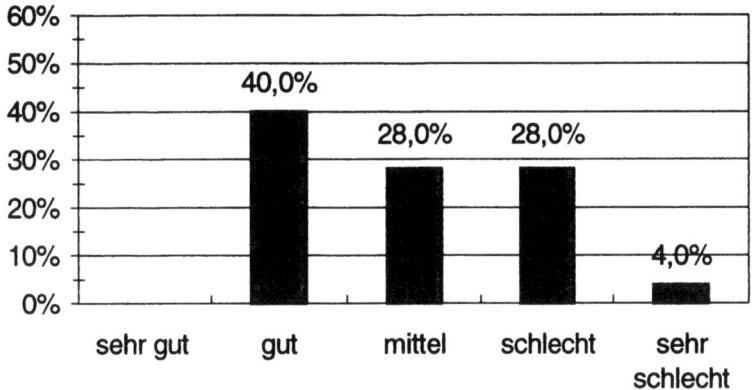

**Abbildung 4: Qualität des Audio-Signals**

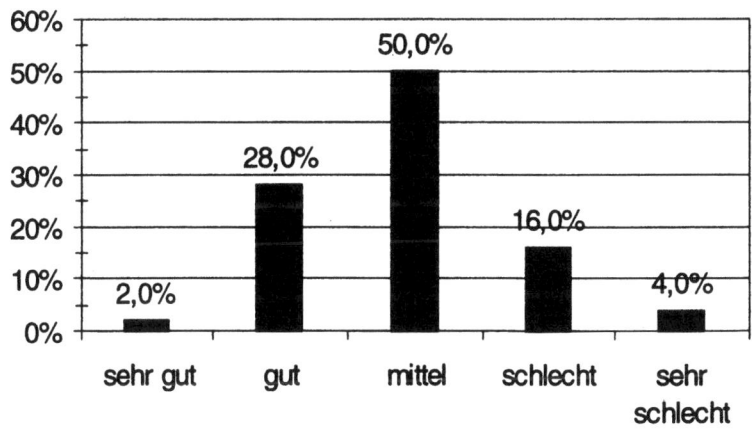

**Abbildung 5: Qualität des Video-Signals**

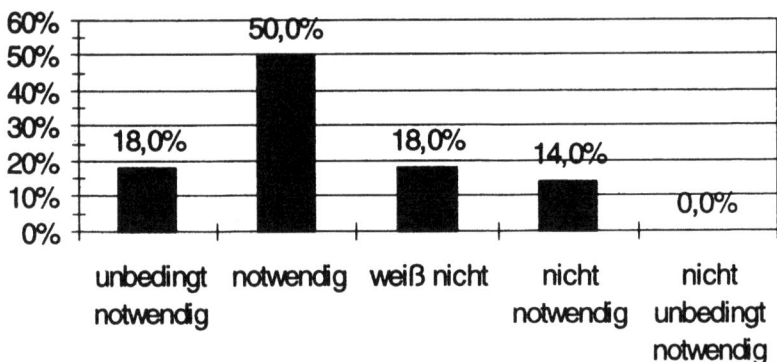

Abbildung 6: Notwendigkeit für die Verbesserung des Audio-Signals

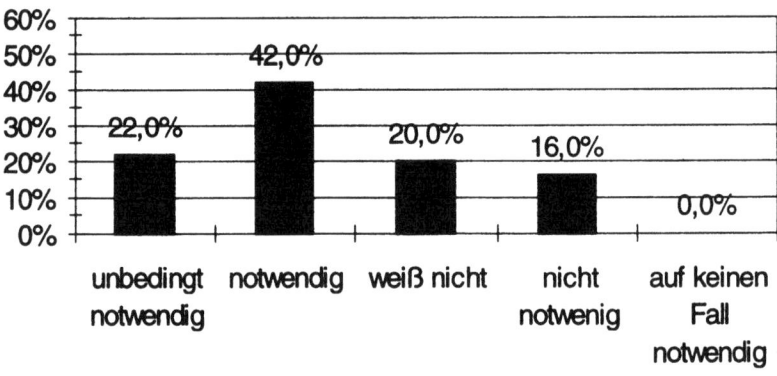

Abbildung 7: Notwendigkeit für die Verbesserung des Video-Signals

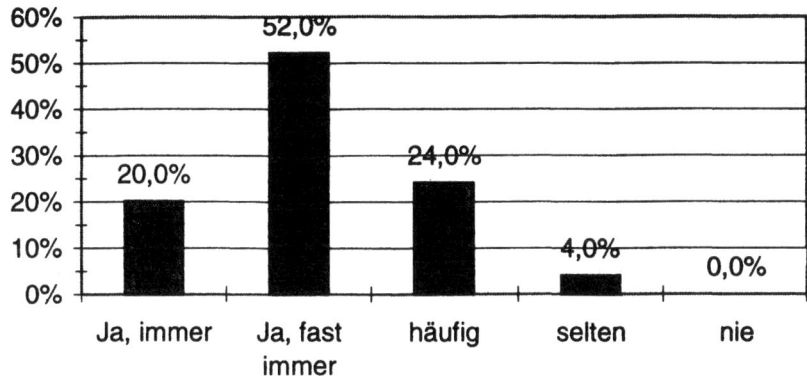

Abbildung 8: Wie gut konnte der Präsentation gefolgt werden

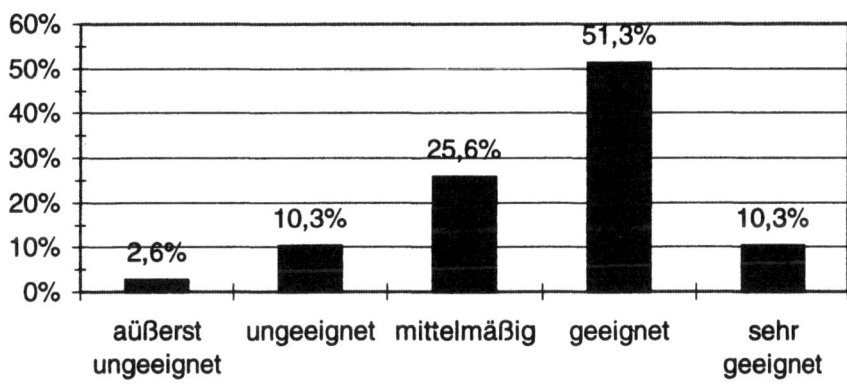

Abbildung 9: Eignung der benutzten Technologie für Teleseminare

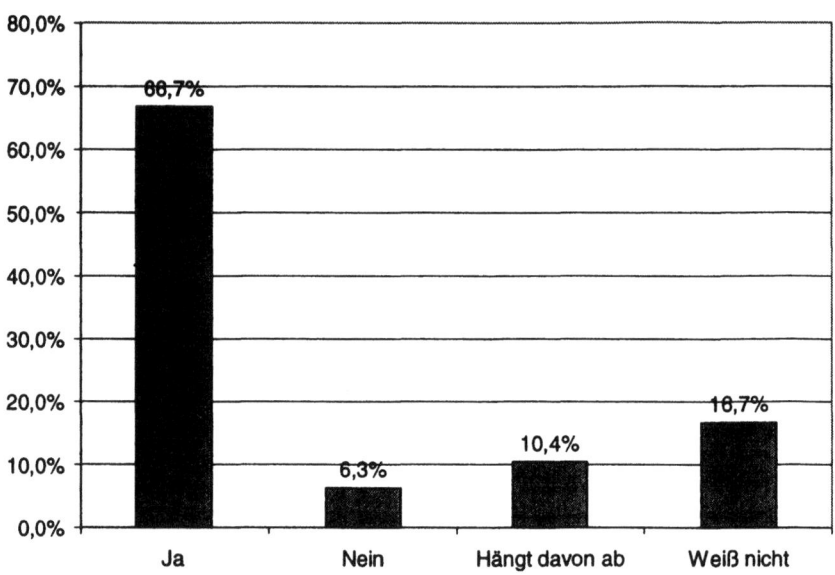

Abbildung 10: Bereitschaft an zukünftigen Teleseminaren teilzunehmen

## 6 Zusammenfassung und Ausblick

Die Erfahrungen, die aufgrund der sechs übertragenen Seminare über ISDN gewonnen werden konnten, haben gezeigt, daß solche Übertragungen relativ leicht und mühelos vorbereitet werden können. Aus den möglichen Schwierigkeiten die es zu überwinden gilt, ist es am wichtigsten den Teleseminarteilnehmern eine ausreichend gute Audio-Qualität anzubieten und daß sie sich mit der Benutzungsoberfläche der verwendeten Videokonferenz-Systeme vertraut gemacht haben.

Die Konfiguration des Übertragungssystem arbeitete sehr stabil, was natürlich eine unabdingbare Voraussetzung ist um ein erfolgreiches Teleseseminar durchzuführen.

Die Ergebnisse der Fragebögen zeigen eine kritische Haltung der Teleteilnehmer gegenüber der audio-visuellen Qualität der Übertragungen. Aus den Auswertungen der Fragebögen ist zu schließen, daß aus Sicht der Teleseminarteilnehmer die Qualität des Audio-Signals von größerer Bedeutung ist als das Video-Signal. Offenbar gibt es bei dem Vergleich zwischen einem Teleseminar und einem herkömmlichen Seminar eine Art Verschiebung zwischen der Bedeutung von der Video-Informations-Quelle und der Audio-Informations-Quelle. Dies ist vielleicht eine Folge davon, daß es weder möglich ist, während eines Teleseminars spontane Fragen zu stellen, noch daß man nach dem Vortrag mit den anderen Teilnehmern diskutieren kann. Damit könnte sich der Teleseminarteilnehmer unwohl fühlen, falls er nicht alle Worte des Redners versteht, obwohl die Folien auf dem

Bildschirm vorliegen. Der akustischen Verständlichkeit der Seminar-Vorträge wird also eine sehr hohe Bedeutung zugewiesen.

Trotz der nur mittelmäßigen Bewertung der audio-visuellen Qualität, scheint diese jedoch ausreichend für die Teleseminar-Anwendung zu sein, da die meisten der Teilnehmer ohne Probleme folgen können und die Eignung dieser Technologie relativ hoch einschätzen. Die Anwendung von "Multipoint Application Sharing" für die Übertragung von Folien ist hierbei ebenfalls ein Punkt, der zur Eignung dieser Technologie wesentlich beiträgt. Aus diesem Grund wird diese Technik für zukünftige Übertragungen besonders empfohlen.

Natürlich kann und will man nicht alle persönlichen Kontakte zwischen den einzelnen Teilnehmern eines Seminars durch Telekontakte ersetzen. Aber offensichtlich sind die Teilnehmer der Teleseminare mit den Eigenschaften dieser der Art zufrieden, daß sie weiterhin an einzelnen Teleseminaren teilnehmen würden.

Generell zeigte sich, daß ISDN-basierende Videokonferenz-Systeme, die mit dem T.120 Standard arbeiten, relativ wirtschaftlich arbeiten und leicht zu handhaben sind. Die audio-visuellen Qualitäten dieser Systeme sind zwar für Teleseminare ausreichend, sollten jedoch weiterhin noch verbessert werden. Demgegenüber ist die Übertragung von Folien, die auf dem PC vorbereitet wurden, per Application-Sharing im Moment eine sehr gute Wahl für den Bereich des (synchronen) Teleteachings.

## Literaturverzeichnis

[Back96] Backstrom (1996): Telecooperation Services - Trials performed by European PNO R&D Staff. In: Proceedings of the 1996 IEEE Global Telecommunications Conference, GLOBECOM '96, S. 686-693

[Eise96] Eisenstadt,M. (1996): Teaching, Learning and Collaborating in a Virtual Summer School. In: Dix, A., Beale, R.: Remote Cooperation, Springer (1996), S. 177 - 219.

[Godb96] Godbole, A. (1996): ProShare Personal Conferencing Video System: an Evaluation of Technology in Distance Learning. http://www.cse.ogi.edu/~godbole/proshare_proj.html

[H.320] H.320: ITU-T Recommendation H.320, Narrow-band visual telephone systems and terminal equipment

[Pede96] Pedersen, G. (1996): Distributed Electronic Classrooms-The MUNIN-Project http://munin.uio.no/English/intro.html

[Pict96] PictureTel (1996): PictureTel Live 200 Series, PictureTel Corp., Danvers MA, USA

[ProS96] ProShare (1996): ProShare Video Systems 200, Intel Corp., St Clara CA, USA

[PSS96] PSS (1996): Personal Communicator Computer, Olivetti & C, Ivrea, Italien

[Rett95] Rettinger, L. A. (1995): Desktop Videoconferencing: Technology and Use for Remote Seminar Delivery, Thesis, Raleigh NC 1995 http://www2.ncsu.edu/eos/service/ece/project/succeed_info/larettin/thesis/

[RiLi95] Rice-Lively, M. L. (1995): Crossing the Borders: Summary of the Teleseminar Experience http://fiat.gslis.utexas.edu/~marylynn/sum.html

[Succ96a] Succeed (1996): Distance Learning, North Carolina
http://www.visc.vt.edu/succeed/distance.html

[Succ96b] Succeed (1996a): Shared Lectures over the MBONE, North Carolina
http://www.visc.vt.edu/succeed/distance.html

[T.120] T.120: Data Protocols for Multimedia Conferencing, ITU-T Recommendation T.120

[Tele96] Teles (1996): TelesVision, Teles AG, Berlin, Deutschland

*Th. Herrmann; K. Just-Hahn (Hrsg.): Groupware und organisatorische Innovation (D-CSCW'98). Stuttgart: B. G. Teubner 1998, S. 297-309*

# Erfahrungen mit der organisationsübergreifenden Einführung von Teamarbeitsräumen

Andreas Engel, Siegfried Kaiser und Andreas Mayer
Forschungsstelle für Verwaltungsinformatik, Universität Koblenz

## Zusammenfassung

Im Unterschied zu Einführungsprozessen, die innerhalb einer Organisationseinheit stattfinden, sind Teamarbeitsräume als Anwendungslösung für Telebesprechungen zwischen dislozierten Arbeitsgruppen in der Regel in mehreren Organisationseinheiten einzuführen. Mit Bezug auf die Erfahrungen im POLIWORK-Projekt werden die spezifischen Anforderungen „verteilter Einführungsprozesse" beschrieben, die vor allem auf die besonderen Rahmenbedingungen bei der Systeminstallation, der organisationsübergreifenden Akzeptanzsicherung und Qualifizierung sowie dem organisatorischen Regelungsbedarf zurückzuführen sind.

## 1 Einleitung

Obwohl die Nutzung von Telekooperationssystemen zur Realisierung innovativer Organisationsformen immer wieder gefordert wird, wurden die spezifischen Probleme der Einführung von Telekooperationssystemen bisher eher am Rande untersucht und erst in jüngster Zeit intensiver analysiert (vgl. [Wulf & Rohde 95]; [Kirschmer 96]; [Wulf 97]; [Fuchs-Kittowski et al. 97]; [Reichwald et al. 98], S. 41-46; [Schwabe & Krcmar 98]). Im vorliegenden Beitrag werden daher Erfahrungen mit der Einführung von Teamarbeitsräumen beschrieben, mit denen Telebesprechungen zwischen räumlich getrennten Arbeitsgruppen unterstützt werden können.

Unter *Einführung* wird im folgenden die Summe aller Aktivitäten verstanden, mit denen erreicht wird, daß Informationssysteme in einer Anwenderorganisation genutzt werden. Die Nutzung von Informationssystemen ist das Ziel des Einführungsprozesses. Um dieses Ziel zu erreichen, müssen vor allem drei Aufgaben erfüllt werden (vgl. auch [Kirschmer 96], S. 26):

1. *Installation des technischen Systems.* Dabei geht es um die Integration von Hard- und Software in eine vorhandene informationstechnische Infrastruktur (technischzentrierte Einführungsmaßnahmen).

2. *Akzeptanzsicherung und Qualifizierung zur Nutzung im Arbeitsprozeß.* Durch geeignete Maßnahmen soll erreicht werden, daß Organisationsmitglieder ein installiertes System nutzen bzw. sich zur Aufgabenerledigung aneignen (nutzer- bzw. akzeptanzzentrierte Einführungsmaßnahmen).

3. *Organisatorische Einbettung.* Die Installation und Nutzung von Informationssystemen zieht organisatorischen Regelungsbedarf nach sich oder setzt ihn gar voraus. Deshalb sind begleitend zur technischen und nutzerbezogenen Einführung die notwendigen organisatorischen Voraussetzungen zu schaffen, um eine koordinierte Anwendung von Informationssystemen zu erreichen.

Es ist leicht nachvollziehbar, daß Systeme zur Unterstützung der Kooperation zwischen verschiedenen, selbständigen Organisationseinheiten spezifische Konzepte und Vorgehensstrategien bei der Einführung erfordern. Im Unterschied zu Einführungsprozessen, die nur eine Organisation betreffen, kann deshalb von *verteilten Einführungsprozessen* gesprochen werden. Im vorliegenden Beitrag konzentrieren wir uns auf die Probleme und organisatorischen Lösungen, die sich aus der organisationsübergreifenden, verteilten Einführung von Teamarbeitsräumen ergeben haben.

## 2 Teamarbeitsräume als Anwendungslösung und Projektkontext

Das Projekt POLIWORK[1] erprobt Telekooperationslösungen in zwei separaten Anwendungsfeldern der Bundesverwaltung. Während im Wirtschaftsministerium vor allem Video- und Datenkonferenzsysteme am Arbeitsplatz erprobt und evaluiert werden, liegt der Arbeitsschwerpunkt im Geschäftsbereich des Bundesministeriums des Innern beim Einsatz von arbeitsplatznahen Teamarbeitsräumen, mit denen dislioziertes Arbeiten zwischen Kleingruppen unterstützt wird. Die nachfolgende Darstellung bezieht sich ausschließlich auf dieses Anwenderfeld.

Die Anwender im Geschäftsbereich des Bundesministeriums des Innern (BMI) bestehen aus 6 Organisationseinheiten, die in Bonn auf 4 verschiedene Standorte verteilt sind:

- die Arbeitsgruppe O I 3 des BMI ("Koordinierungs- und Beratungsstelle der Bundesregierung für Informationstechnik in der Bundesverwaltung" (KBSt)),
- das Referat IS 6 des BMI ("Sicherheit in der Informationstechnik") in der Abteilung IS ("Innere Sicherheit") und
- 7 Referate an zwei Standorten im "Bundesamt für Sicherheit in der Informationstechnik" (BSI).

Der Kooperationszusammenhang zwischen den Anwenderorganisationen BMI und BSI ergibt sich aus der von KBSt und IS 6 gemeinsam ausgeübten Fachaufsicht über das BSI. Daraus resultiert ein regelmäßiger und hoher Kooperationsbedarf, der vor Einführung der Teamarbeitsräume vor allem durch persönliche und telefonische Besprechungen gedeckt wurde. Diese Besprechungen werden durch Schriftverkehr, in erster Linie FAX- und E-Mailversand, vor- und nachbereitet.

Weil absehbar war, daß mit dem Umzug des Ministeriums nach Berlin und dem Verbleiben des BSI in Bonn der Aufwand bei persönlichen Besprechungen erheblich ansteigen wird, wurde als Ergänzung zu den etablierten Kooperationsformen nach Möglichkeiten für *Telebesprechungen* gesucht. Unter Telebesprechungen werden im POLIWORK-Kontext Sitzungen zwischen dislozierten Teilnehmern verstanden, die durch Audio-/Video-Konferenzsysteme und dokumentenbezogene Telekooperationswerkzeuge unterstützt werden.

Da außerdem an den Besprechungen im Anwenderkontext in der Regel pro Organisationseinheit mehr als ein Vertreter teilnimmt, wurden sogenannte *Teamarbeitsräume* konzipiert und installiert. Es handelt sich dabei um arbeitsplatznahe Besprechungsräume, die mit Kommunikations- und Kooperationstechnik ausgestattet sind und die Möglichkeit bieten, Dokumente zu präsentieren, zu annotieren, zu bearbeiten und mit einer hohen

---

[1] POLIWORK ist ein Verbundprojekt im Rahmen des vom Bundesministerium für Bildung, Wissenschaft, Forschung und Technologie geförderten Programms POLIKOM, Förderkennzeichen: 01 IT 403C/6. Die Konsortialpartner des Projekts sind Hewlett-Packard GmbH, GMD Forschungszentrum Informationstechnik GmbH, Universität zu Köln (Lehrstuhl für Wirtschaftsinformatik, insbesondere Informationsmanagement) und die Forschungsstelle für Verwaltungsinformatik, Universität Koblenz.

Übertragungsqualität von Bild und Ton zwischen kleinen Gruppen zu diskutieren (vgl. [Engel et al. 97, S. 166 ff.; Haake & Bapat 97, S. 180 ff.; Haake et al. 97, S. 56 ff.; Tietze et al. 98]).

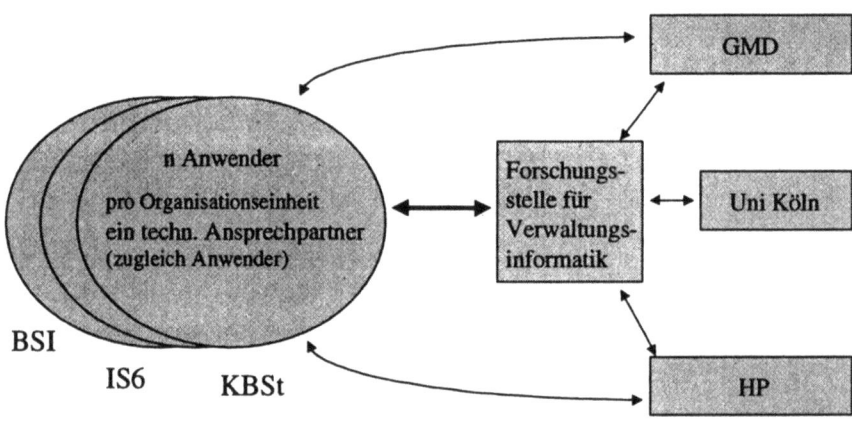

**Abbildung 1: Beteiligte und Kommunikationsstruktur im Anwendungsbereich BMI/BSI**

Im Anwenderfeld werden Teamarbeitsräume sowohl für Besprechungen auf der horizontalen Arbeitsebene (Sachbearbeitung) als auch vertikal zum Vortrag und zur Rücksprache mit Vorgesetzten eingesetzt. Sie stellen dafür im wesentlichen folgende Funktionalität bereit (vgl. Abbildung 2):

- Das Vor- und Nachbereiten von Telebesprechungen geschieht, soweit es nicht im Teamarbeitsraum erfolgt, vom persönlichen Arbeitsplatz aus. Die Anwender werden darin durch Werkzeuge zur Konferenz- und Teamarbeitsraumreservierung sowie durch Konferenzablagen unterstützt, die das Zusammenstellen, Verteilen und Weiterbearbeiten von gescannten Papier- und elektronischen Dokumenten erlauben (vgl. in Abbildung 2 die Komponenten *Ablagenverwaltung, Konferenzverwaltung, Benutzerverwaltung, Scannen, Konferenzablageserver*). Dafür steht dem Anwender eine spezielle Benutzerschnittstelle zum Konferenz- und Ablagenmanagement zur Verfügung (vgl. in Abbildung 2 K/A-GUI).

- Das Durchführen von Telebesprechungen zwischen kleinen Teams in einer den persönlichen Besprechungen möglichst ähnlichen Form wird durch eine hohe Übertragungsqualität von Bild und Ton ermöglicht (Audio-/Video-Komponente, Codec, vgl. Abbildung 2). Während einer Telebesprechung können weitere Teilnehmer hinzugezogen werden und Teilnehmer die Telebesprechung vorzeitig verlassen.

- Eine multilaterale Zusammenarbeit in Mehrpunkt-Audio-/ Videokonferenzen wird durch den Einsatz einer Multipoint Conferencing Unit (MCU, vgl. Abbildung 2 und Abbildung 3) ermöglicht.

- Gemeinsames Betrachten (Joint Viewing) und gemeinsames Bearbeiten (Joint Editing) von Papier- und elektronischen Dokumenten werden über Whiteboarding und Application Sharing (T.120-Server, vgl. Abbildung 2) realisiert. Dazu kann entweder auf Dokumente aus Konferenzablagen zugegriffen werden, oder Papierdokumente können über eine Scannerschnittstelle in Telebesprechungen eingebracht werden.

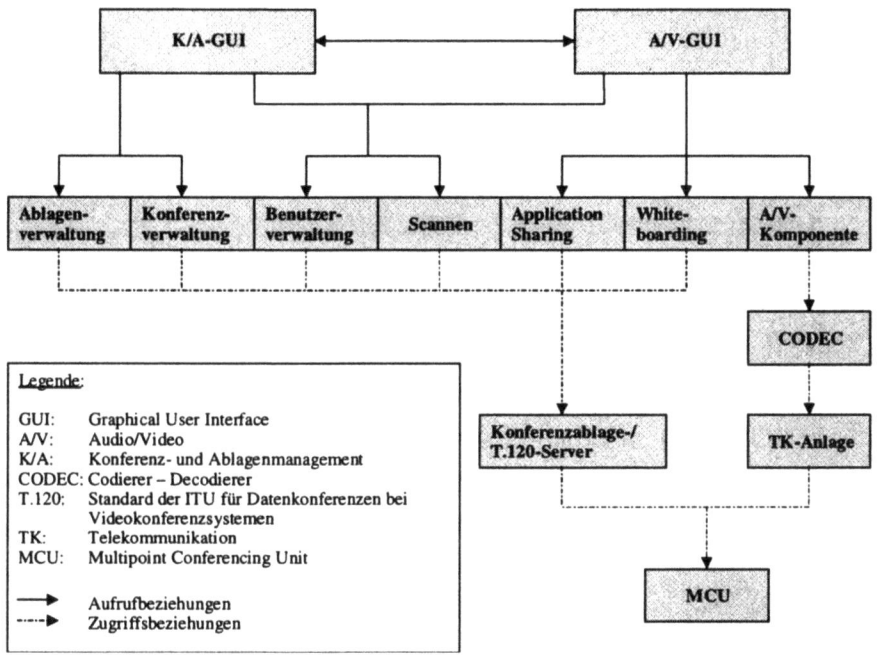

Abbildung 2: Komponenten des Teamarbeitsraumes

## 3 Einführung der Teamarbeitsräume in POLIWORK

Im Anwenderfeld wurden die Teamarbeitsräume Anfang 1997 installiert und im März 1997 nach einer Vorführung vor den Anwendern (bzw. deren Vertretern) für den Einsatz freigegeben. Es war uns wichtig, daß der technischen Lösung von den Anwendern die für den Einsatz notwendige Reife und Stabilität attestiert wurde, bevor sie tatsächlich genutzt wurde. Vorausgegangen waren detaillierte Untersuchungen zu Aufgaben, Arbeitsprozessen und Kooperationszusammenhängen im Anwenderfeld.

Verzögert wurde die Inbetriebnahme durch einige technische Probleme. So stellte in einer Anwenderorganisation die TK-Anlage anstatt des benötigten EURO-ISDN lediglich 1TR6-ISDN zur Verfügung. Außerdem reichen teilweise die zur Verfügung stehenden Kanäle nicht für hohe Übertragungsbandbreiten. Größere Schwierigkeiten bereitete jedoch die Gewährleistung des Zugriffs auf die Konferenzablage und den Konferenzreservierungsserver. Aus sicherheitstechnischen Gründen war es nicht möglich, von allen Arbeitsplätzen diesen Zugriff zu gewährleisten, da noch nicht alle Anwender an den IP-Backbone der Bundesverwaltung angeschlossen sind, der Konferenzablageserver aber sinnvollerweise dort installiert sein soll (vgl. Abbildung 3, *Konferenzablage-/T.120-Server* und Zugriff der Arbeitsplätze und Teamarbeitsräume auf den IVBB-IP-Backbone; vgl. [IVBB-Realisierungskonzept 1998]).

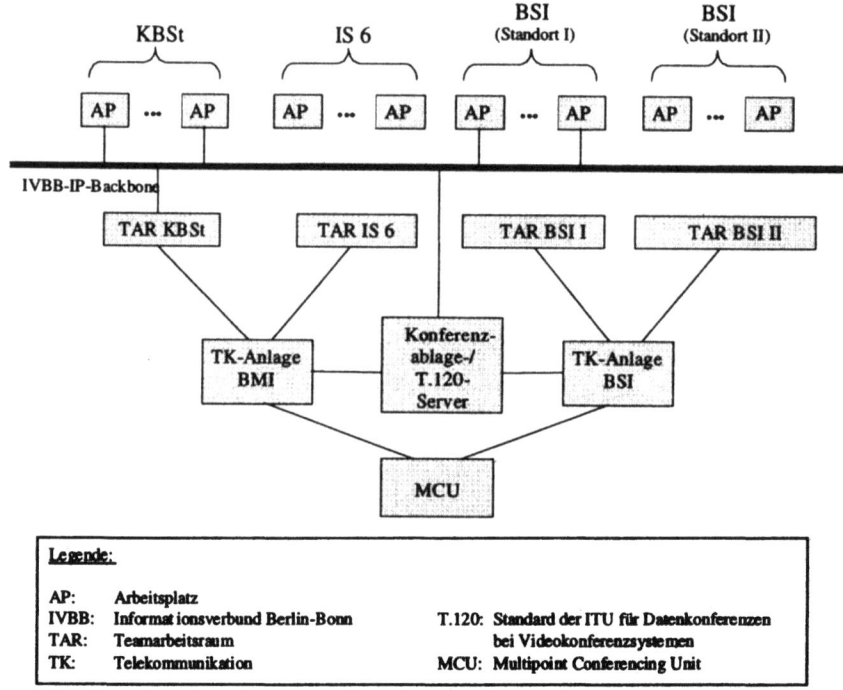

**Abbildung 3: Netzinfrastruktur im Anwenderfeld BMI/BSI von POLIWORK**

Da diese Infrastrukturvoraussetzungen (v. a. WAN-Zugang und Kapazität der Telefonanlagen) kurzfristig nicht zu ändern waren, mußte nach einer Lösung gesucht werden, die Datenkonferenzen sowohl über den IP-Backbone als auch über die TK-Anlagen anbietet. Erst dadurch wurde es allen Anwendern möglich, wenigstens von ihren Teamarbeitsräumen aus auf den Konferenzablage- bzw. den T.120-Datenkonferenzserver zuzugreifen. Von den Arbeitsplätzen ist der Zugriff z. Zt. nur zum Teil möglich, da aus den o. g. Sicherheitsgründen vom Arbeitsplatz nicht gleichzeitig WAN- und LAN-Zugriff erlaubt ist und die eingerichteten Firewalls das für den Zugriff notwendige Protokoll (noch) nicht vermitteln.

Ende April 1997 fanden dann vier Schulungen statt, an denen ca. zwanzig Anwender teilnahmen. Die Gruppen wurden ursprünglich nach Organisationseinheiten gebildet. Durch Terminprobleme kamen jedoch unbeabsichtigt Mischungen zustande. Wie nicht anders zu erwarten, war in den Gruppen, in denen zwischen den Teilnehmern Kooperationsbeziehungen im Arbeitsprozeß bestanden, die Aufmerksamkeit für die Gegenseite deutlich stärker als in Gruppen, in denen diese Arbeitsbeziehungen fehlten.

Im Anschluß an die Schulung wurden die Teilnehmer zur Bewertung und zu den Einsatzmöglichkeiten der Technik befragt. Generell wurde die Lösung hinsichtlich der Funktionalität und Ergonomie positiv eingeschätzt. Kritische Anmerkungen gab es vor allem zur Audioqualität, die mittlerweile durch den Einsatz weiterer Komponenten zum Echo Cancelling behoben werden konnten. Aus den Aussagen zur Einschätzung der Einsatzmöglichkeiten konnten wir schlußfolgern, daß alle Anwender eine hinreichend klare Vorstellung davon bekommen hatten, in welchen Arbeitsprozessen die Teamarbeitsräume eingesetzt werden können. Die ersten beobachteten Nutzungsfälle bestätigten diesen Eindruck.

Dennoch blieb die Nutzung zunächst hinter den Erwartungen zurück. Telefonische Nachfragen ergaben, daß v. a. die Verwendbarkeit der Lösung zur Kooperationsunterstützung in konkreten Arbeitsprozessen nicht oder erst auf Nachfrage im Nachhinein erkannt wurde. Telebesprechungen hatten sich also in den Kooperationsgruppen nicht allein durch das Bereitstellen einer als den Aufgaben angemessen eingestuften Anwendungslösung etabliert. Die Zusammenarbeit fand statt dessen weiterhin größtenteils in den gewohnten Formen statt. Ein Grund dafür mag gewesen sein, daß im Vergleich zu Arbeitsplatzanwendungen in der unmittelbaren Arbeitsumgebung keine äußeren Anreize bzw. Hinweise (Kamera, Lautsprecher, Mikrophon) vorhanden sind, die an die Möglichkeit zu Telebesprechungen in Teamarbeitsräumen erinnern. Als Anwendungsforscher waren wir in dieser Situation auch nur eingeschränkt in der Lage, Hilfestellungen zu geben, da wir die spontanen Einsatzmöglichkeiten in konkreten Arbeitsprozessen aufgrund fehlender Präsenz vor Ort nicht antizipieren konnten.

Das Zwischenfazit zur Nutzung ergab also, daß die POLIWORK-Lösung zwar gelegentlich angewendet wurde, jedoch gegenüber den etablierten Kooperationsformen im Hintergrund stand. Wir versuchten deshalb in einem nächsten Schritt, die Nutzung der Teamarbeitsräume durch einen Workshop anzuregen, auf dem die Einsatzmöglichkeiten der Lösung diskutiert und konkrete Telebesprechungen vereinbart wurden.

Erst nachdem auf diese Weise in den Kooperationsgruppen konkrete Termine und Anwendungsgelegenheiten vereinbart worden waren, fand eine Nutzung in dem Umfang statt, wie wir sie aufgrund der Erhebung zur Besprechungshäufigkeit zwischen den Anwendern im Vorfeld der Einführung vermutet hatten. D. h., für Gruppenbesprechungen, wie sie für die Nutzung von Teamarbeitsräumen charakteristisch sind, wurden im Anwenderfeld ein bis zwei Treffen pro Woche ermittelt.

## 4 Aspekte der Einführung von Teamarbeitsräumen

### 4.1 Aufbau organisationsübergreifender Strukturen für den Einführungsprozeß

Teamarbeitsräume sind vor allem zur Unterstützung dislozierter, organisationsübergreifender Kooperationsprozesse gedacht. Unter diesen Bedingungen kann nicht davon ausgegangen werden, daß ein organisationsübergreifender, institutioneller Rahmen vorhanden ist, in dem der Einführungsprozeß durchgeführt werden kann. So waren auch bei den Anwenderorganisationen in POLIWORK anfangs weder das notwendige Problembewußtsein noch organisatorische Strukturen vorhanden, um die technischen, nutzer- und organisationsbezogenen Einführungsprozesse koordinieren zu können. Für die Einführung der Teamarbeitsräume mußten diese organisatorischen Strukturen also erst geschaffen werden.

Im Projekt übernahmen die Forschungspartner die Moderation und Koordination des Einführungsprozesses, indem bei Bedarf Workshops und Telebesprechungen durchgeführt wurden und ein zentraler Ansprechpartner bereitstand. Er kann von allen am Projekt beteiligten Organisationseinheiten und Personen in prinzipiell allen Fragen der Anwendung angesprochen werden (one-face-to-the-customer, vgl. Abbildung 1), und bei Terminen mit Bezug zur Anwendungslösung (auch innerhalb der einzelnen Organisationseinheiten) wurde dieser Ansprechpartner wenn möglich hinzugezogen. Er konnte dann auch je nach Situation stellvertretend die Sicht nicht beteiligter Anwender authentisch und umfassend vertreten. Im Verlauf des Projekts erwies sich dies als ausgesprochen wichtig, weil die meisten Anwendungsprobleme nicht auf *eine* Problemursache bzw. *eine* Problemlösung reduziert werden konnten, sondern ein Verständnis des Gesamtzusammenhangs erforderten (so mußten z.B. technische Restriktionen — wie ein fehlender Zugriff auf die Konferenzablage — durch organisatorische Regelungen aufgefangen werden).

### 4.2 Installation und Anpassung der technischen Infrastruktur

Der Einsatz einer kooperativen, organisationsübergreifenden Anwendungslösung mit technischen Komponenten, die allen Kooperationspartnern zugänglich sein sollen, setzt voraus, daß bei allen Beteiligten zueinander kompatible Systemumgebungen vorhanden sind. Zudem stellt die Videokonferenztechnik als dislozierte, synchrone, Sprache und Bild einbeziehende Telekooperationslösung auf Grund der Komplexität der aufeinander abzustimmenden Hard- und Softwarekomponenten hohe Anforderungen an die technischen Systeme. Dies betrifft für Teamarbeitsräume folgende Bereiche:

- Leistungsstarke Rechner mit einem Betriebssystem, unter dem die Anwendungslösung betrieben werden kann,
- LAN/WAN-Zugang vom Arbeitsplatz und aus den Teamarbeitsräumen zum Konferenzablageserver und Konferenzreservierungsserver und

- ausreichende Kapazität der Telefonanlage zur Durchführung von Telebesprechungen mit der benötigten Audio-/Videoqualität.

Da die technischen Infrastrukturen der beteiligten Organisationseinheiten in der Regel historisch voneinander unabhängig gewachsen sind, bedeutet dies, daß Rechnerausstattung, Betriebssysteme, Anwendungsprogramme, LAN-, WAN-Zugänge und die Telefonanlagen nicht zwangsläufig miteinander kompatibel sind. Im Kooperationsverbund gilt jedoch das Prinzip, daß alle sich nach den Möglichkeiten des „schwächsten" Teilnehmers richten müssen, was im Falle der Teamarbeitsräume vor allem die zur Verfügung stehende Bandbreite für die Übertragung der Videosignale betrifft.

Darüber hinaus werden bei organisationsübergreifender Kooperationsunterstützung z.T. Komponenten benötigt, die zentrale Dienste für den gesamten Kooperationskontext zur Verfügung stellen, ohne daß sie einer bestimmten Organisationseinheit zugerechnet werden können (Konferenzablage, Multipoint Conferencing Unit, etc.). Auch diese Komponenten müssen installiert und administriert und es muß sichergestellt werden, daß der Zugang aller Kooperationsteilnehmer zu den zentralen Ressourcen gewährleistet ist. Erschwert wird diese Aufgabe oft durch die Vielzahl zu beteiligender Ansprechpartner, gerade dann, wenn auch noch innerhalb der beteiligten Organisationen die Zuständigkeiten für organisatorische und technische Fragen auf mehrere Stellen verteilt sind.

## 4.3 Identifikation der zu unterstützenden Kooperationszusammenhänge und Anwendungsmöglichkeiten als zentrale Probleme der nutzerbezogenen Einführung

Ein zentrales Problem der nutzerbezogenen Einführung lag bei den Projektanwendern im Erkennen und Einschätzen der Einsatzmöglichkeiten von Teamarbeitsräumen zur Unterstützung der Aufgabenerledigung. Zunächst muß eine Kooperationssituation als multilateral wahrgenommen werden. Hinzu kommen, daß die zur Verfügung stehende Funktionalität und deren aufgaben- und situationsangemessene Anwendung bekannt sein muß, daß die Möglichkeit zu Telebesprechungen in einer konkreten Kooperationssituation präsent ist und die Kooperationspartner der Wahl von Telebesprechungen als angemessenem Kooperationsmedium zustimmen.

Üblicherweise sind Telefonate das bevorzugte Kommunikationsmedium für mündliche Abstimmungsprozesse mit entfernten Partnern. In der Regel sind sie nur bilateral möglich. Eine Abstimmung mit mehreren Kooperationspartnern kann deshalb am Telefon nur durch eine Reihe bilateraler Gespräche erreicht werden. Damit an Stelle dessen multilaterale Telebesprechungen in Teamarbeitsräumen durchgeführt werden, ist es notwendig, daß Anwender zunächst eine Kooperationssituation als multilateral erkennen, dann überlegen, ob die Kooperationsform angemessen ist und alle Partner per Teamarbeitsraum erreichbar sind und schließlich abschätzen, ob eine Serie bilateraler Gespräche aufwendiger ist als eine synchrone, multilaterale Telebesprechung. Um den einzelnen von diesen Entscheidungen zu entlasten, ist es angebracht, daß eine Kooperationsgruppe sich über Gelegenheiten und Einsatzmöglichkeiten von Teamarbeitsräumen verständigt.

Zusätzlich muß die Anwendungslösung durch geeignete Maßnahmen im alltäglichen Arbeitsprozeß mental präsent gehalten werden. Dies kann sowohl durch äußere Anreize (materielle Hinweise, Nachfrage und Motivation durch lokale Ansprechpartner oder engagierte Anwender) als auch durch das Herausbilden von Anwendungsregeln im Handlungswissen der Anwender geschehen. Da Arbeitsprozesse in der Ministerialverwaltung hauptsächlich unstrukturiert und schwer vorhersagbar sind, müssen diese Anreize zur Systemnutzung mit bestimmten Arbeits- und Kooperationskonstellationen in Verbindung stehen, um handlungswirksam zu werden. Ziel muß es sein, dem einzelnen Anwender eine klare Vorstellung der Einsatzmöglichkeiten von Telebesprechungen zu vermitteln und entsprechende Regeln im arbeitsbezogenen Handlungswissen zu integrieren.

Ergänzend zum Handlungswissen des einzelnen muß in der Kooperationsgruppe ein gemeinsames Verständnis von Anwendungsmöglichkeiten aufgebaut werden, damit Vorschläge zum Einsatz von Telebesprechungen nicht an der Unsicherheit über die Reaktionen, an einer antizipierten oder tatsächlichen Ablehnung durch die Kooperationspartner scheitern. Dafür erwies es sich als hilfreich, wenn in der Kooperationsgruppe Anwendungskontexte für Telebesprechungen im Vorhinein vereinbart werden.

Auch für die nutzerorientierte Einführung von Teamarbeitsräumen hängt die Art der Nutzung vom „schwächsten Glied" im Kooperationszusammenhang ab. Dies stellt hohe Anforderungen an die Benutzerqualifizierung im Rahmen des Einführungsprozesses, um zu verhindern, daß Telebesprechungen deshalb nicht stattfinden, weil ein Kooperationspartner das System nicht bedienen kann.

Zentrale Aufgaben im nutzerbezogenen Einführungsprozeß sind daher, beim einzelnen Anwender Vorstellungen zu verankern, wann Telebesprechungen sinnvoll eingesetzt werden können. Gleichzeitig ist in den Kooperationsgruppen ein Konsens über die Einsatzmöglichkeiten von Telebesprechungen herbeizuführen, der die Nichtverwendung für bestimmte Kooperationsaufgaben begründungsbedürftig werden läßt.

## 4.4 Entwicklung von Konventionen, Regeln und einer gemeinsamen Anwendungskultur als Aufgabe der organisationsbezogenen Einführung

Teamarbeitsräume sind für die Anwender ein neues Interaktionsmedium. Die seltene Nutzung der Teamarbeitsräume durch den einzelnen Anwender, angesichts zunehmender Aufgabenbelastungen knapper werdende Einarbeitungszeiten, die fehlende Möglichkeit, eine synchrone Telekooperationstechnik im Selbststudium zu erschließen, und die eingeschränkte Kontrolle über die Wirkungen des eigenen Handelns erfordern Verhaltensempfehlungen für die Nutzung von Teamarbeitsräumen.

Schon mit der ersten Schulung wurden den Anwendern Empfehlungen zur Bedienung des Systems und zum Verhalten in Telebesprechungen gegeben, um eine Orientierung in dem bis dato nicht bekannten Kommunikationsmedium zu ermöglichen. Inhalte der Empfehlungen waren:

- In welcher Situation kann welche Funktion im Teamarbeitsraum sinnvoll verwendet werden?
- Wie lassen sich die Teamarbeitsraumfunktionen möglichst effizient verwenden? Wie können am Arbeitsplatz installierte Anwendungssysteme in Telebesprechun-

gen bedient werden, ohne daß die Reaktionszeiten des Teamarbeitsraumsystems zu lang werden?[2]
- Wie verhält man sich in Telebesprechungen? Was ist die Wirkung des medial vermittelten eigenen Verhaltens beim Gegenüber (Sprechverhalten, Mimik, Gestik, Blickrichtung: Gesprächspartner und Dokumente/Konferenzsteuerung)?

Mit den ersten Besprechungen erkannten die Anwender weitergehenden Regelungsbedarf, z. B. nach Moderation und Sprechdisziplin, und sie begannen, gruppenspezifische Regeln zu vereinbaren. Es sind beispielsweise Regeln zu finden, welche Dokumente in die Gruppenablage eingestellt werden sollen, wie Ablagen und Dokumente zu benennen sind und wann eine dezentrale Vorbereitung/Nachbereitung per Gruppenablage im Unterschied zum Dienstweg sinnvoll ist.

Nach der erfolgreichen Einführung und Qualifizierung der Anwender muß ein institutioneller Rahmen vorhanden sein bzw. geschaffen werden, um die bisher gefundene Nutzungskultur zu verfestigen und die Qualifizierung und Betreuung neuer Anwender zu gewährleisten. Bei einer ausreichenden Größe des Anwendungsfeldes sind zentrale Servicestellen zur Betreuung von Teamarbeitsräumen und zur Unterstützung der Anwender einzurichten.

## 5 Zusammenfassung und Ausblick

Im Vergleich zu Einführungsprozessen, die innerhalb einer Organisationseinheit stattfinden, entsteht bei *verteilten Einführungsprozessen* ein zusätzlicher Koordinationsbedarf, weil heterogene technische Systemumgebungen unterschiedlicher Domänen angepaßt werden müssen. Sofern eine technische Integration nicht oder nur partiell gelingt, sind organisatorische Regelungen zu finden, um etwa den Zugriff auf zentrale Ressourcen oder den organisationsübergreifenden Informationsaustausch zu garantieren. Für die Installation, den Betrieb und die Administration zentralen Komponenten von Telekooperationssystemen ist demnach der Aufbau geeigneter Organisationsstrukturen notwendig.

Eine weitere, zentrale Rahmenbedingung organisationsübergreifender Kooperationsprozesse besteht darin, daß die beteiligten Aufgabenträger den Kooperationszusammenhang oft nur partiell überschauen und deshalb potentielle Unterstützungsmöglichkeiten durch Telekooperationssysteme nicht wahrnehmen. Der Identifikation von Kooperationszusammenhängen und der Verständigung über die Anwendung spezifischer Unterstützungsformen in bestimmten Kooperationssituationen kommen deshalb eine entscheidende Bedeutung für den Erfolg von Einführungsprozessen zu.

Wenn zu unterstützende Kooperationszusammenhänge bzw. -anlässe erkannt wurden, und es in diesen Situationen zur Nutzung von Telekooperationssystemen kommt, entwickelt sich eine kooperative Anwendungskultur, in der nicht nur technische Systeme zur Aufgabenerledigung eingesetzt, sondern auch neue Organisationsformen etabliert werden sollen.

---

[2] Diese Empfehlungen waren notwendig, weil einige Funktionen im Teamarbeitsraum je nach gewählten Parametern deutliche Performanceeinbußen aufwiesen.

Im Einführungsprozeß tritt daher gleichberechtigt neben das Erlernen der Systemfunktionalität die Praktizierung neuer Kooperationsformen in veränderten Organisationsstrukturen, die zum Teil erst mit der Einführung aufgebaut werden können. Die Einführung von Telekooperationssystemen ist deshalb stärker noch als im Falle individueller, organisationsinterner Einführungsprozesse ein Prozeß der integrierten Organisations- und Technikentwicklung (vgl. [Wulf & Rohde 95]).

## Danksagungen

Die Autoren möchten sich an dieser Stelle bei allen Projektpartnern bedanken, die an der Entwicklung der Teamarbeitsräume beteiligt waren. Besonderer Dank gilt Jan Schümmer, Ajit Bapat und Daniel Tietze (GMD) für ihre Kommentare zu einer Vorversion dieses Artikels. Schließlich danken wir den Anwendern des Projekts für ihre große Bereitschaft zum Gespräch und zur Mitarbeit.

## Literatur

[Engel et al. 97] Engel, A.; Kaack, H.; Kaiser, S. Teamarbeitsräume zur Unterstützung verhandlungsorientierter Vorgangsbearbeitung. In: [Mambrey et al. 97], S. 163-176.

[Fuchs-Kittowski et al. 97] Fuchs-Kittowski, Frank; Lutz Nentwig; Kurt Sandkuhl. Einsatz von Telekooperationssystemen in großen Unternehmen: Ergebnisse einer empirischen Untersuchung. In: [Mambrey et al. 97], S. 50 – 63.

[Haake & Bapat 97] Haake, J.M.; Bapat, A. IT-gestützte Telebesprechungen in verteilten Arbeitsgruppen: Ansatz und gegenwärtige Lösungen im Projekt POLIWORK. In: [Mambrey et al. 97], S. 177 – 187.

[Haake et al. 97] Haake, J.M.; Bapat, A.; Kaiser, S. (1997): IT-gestützte Telebesprechungen in verteilten Arbeitsgruppen. In: Online/ÖVD, Juli 1997, S. 56-60.

[IVBB-Realisierungskonzept 98] Informationsverbund Berlin-Bonn - Übersicht und Realisierungskonzept, Schriftenreihe der KBSt, Bd. 39, 1998.

[Kirschmer 96] Kirschmer, Mathias. Geschäftsprozeßorientierte Einführung von Standardsoftware. Vorgehen zur Realisierung strategischer Ziele. Wiesbaden: Gabler 1996, Schriften zur EDV-orientierten Betriebswirtschaft.

[Knopik et al. 97] Knopik, Th., Tietze, D., Volz, M., Paul, B., Heite, R., Speichermann, H., and Wittinger, C. Towards a Collaborative Document Archive for Distributed Governmental Agencies. In: Lehner, F. and Dustdar, S. (Hrsg.): Telekooperation in Unternehmen, Wiesbaden: Gabler 1997, S. 65-78.

[Mambrey et al. 97] Mambrey, P.; Streitz, N.; Sucrow, B.; Unland, R. (Hrsg.). Rechnergestützte Kooperation in Verwaltungen und großen Unternehmen, Essen: Universität-GHS-Essen, Fachbereich Mathematik und Informatik, Datenverwaltung und Wissensrepräsentation 1997.

[Reichwald et al. 98] Reichwald, Ralf; Kathrin Möslein; Hans Sachenbacher; Hermann Englberger; Stephan Oldenburg. Telekooperation. Verteilte Arbeits- und Organisationsformen. Berlin, Heidelberg: Springer 1998.

[Schwabe & Krcmar 98] Gerhard Schwabe und Helmut Krcmar. Wettbewerb als Einführungsstrategie von Telekooperation für Entscheidungsträger – Erfahrungen aus dem Projekt Cuparla. In: Wirtschaftsinformatik 40 (1998), S. 200-204.

[Tietze et al. 98] Daniel A. Tietze, Ajit Bapat, Rolf Reinema. Document-Centric Groupware for Distributed Governmental Agencies. In: Proceedings of the 10th International Conference on Advanced Information Systems Engineering (CAiSE'98). Pisa, Italien. 1998. S. 173-190.

[Wulf & Rohde 95] Wulf, Volker; Markus Rohde. Towards an Integrated Organization and Technology Development. In: Proceedings of the Symposium an Designing Interactive Systems, Ann Arbor (Michigan), 23. – 25. 8.1995, New York: ACM-Press 1995, S. 55-64.

[Wulf 97] Volker Wulf. Organisatorischer Wandel bei Einführung von Groupware. In: Proceedings der 3. Internationalen Tagung „Wirtschaftsinformatik '97" am 26.-28.2.1997 in Berlin.

Th. Herrmann; K. Just-Hahn (Hrsg.): Groupware und organisatorische Innovation (D-CSCW'98).
Stuttgart: B. G. Teubner 1998, S. 311-318

# Prototyping bei Workflow-Projekten: Entwicklung und Einführung einer Workflow-Management-Anwendung bei der DHL Worldwide Express GmbH[1]

Thomas Goesmann[1], Kirsten Krämer[2], Thorsten Löffeler[1] und Rüdiger Striemer[1]

[1] Fraunhofer-Institut für Software- und Systemtechnik ISST, Dortmund
[2] DHL Worldwide Express GmbH, Frankfurt/Main

## Zusammenfassung

Bei der DHL Worldwide Express GmbH wird derzeit eine Workflow-Management-Anwendung für die Vertragsverwaltung konzipiert und realisiert. Im Rahmen dieses Vorhabens erwies sich die frühzeitige Realisierung eines Prototypen als äußerst bedeutend für den Erfolg des Vorhabens. Ziele und Erfahrungen dieses Vorgehens werden im vorliegenden Beitrag dargestellt.

---

[1] Diese Arbeit entstand im Rahmen des durch das Bundesministerium für Bildung, Wissenschaft, Forschung und Technologie BMBF geförderten Projektes MOVE (Fördernummer 01 HB 9604/6)

## 1 Eine Workflow-Management-Anwendung für das Contract Management bei der DHL Worldwide Express GmbH

Die DHL Worldwide Express GmbH ist internationaler Marktführer im Segment der Kurier-Express-Dienstleistungen und beschäftigt in Deutschland derzeit ca. 2.300 Mitarbeiter. Bedingt durch ein kontinuierliches Wachstum (1996 ca. 12%) ist das Unternehmen zu einer stetigen Verbesserung und Anpassung der internen und externen Abläufe sowie der sie unterstützenden Informationssysteme gezwungen. Dabei ist auch der Einsatz eines Workflow-Management-Systems (WFMS) von besonderem Interesse. Aus diesem Grund hat sich die DHL Worldwide Express GmbH als Kernanwender dem MOVE-Verbund [Goesmann et al. 97] angeschlossen. Ziel ist es dabei, neben der Verbesserung ausgewählter Geschäftsprozesse auch Erfahrungen bei der Entwicklung und dem Einsatz von WFMS zu sammeln und anderen Unternehmen zur Verfügung zu stellen.

Nachdem in einem durch das Fraunhofer-Institut für Software- und Systemtechnik ISST unterstützten Prozeß unter Anwendung eines speziellen Fragenkataloges [Goesmann et al. 98] der Geschäftsprozeß „Contract Management" ausgewählt wurde, fanden zunächst umfangreiche Erhebungsarbeiten organisatorischen und technischen Inhalts statt. Technische Informationen zu dem Geschäftsprozeß wurden aufgrund der starken technischen Restriktionen, die bei der Entwicklung von Workflow-Management-Anwendungen zu berücksichtigen sind [Goesmann & Striemer 98], bereits in dieser frühen Phase erhoben. Nachdem eine Reorganisation des Geschäftsprozesses stattgefunden hatte [Hoffmann et al. 98], wurde zunächst mit der Entwicklung eines Prototypen einer Workflow-Management-Anwendung[2] begonnen. Vorgehen, geplante und erreichte Ziele der Prototyp-Entwicklung sind Inhalt dieses Beitrages.

Der Geschäftsprozeß „Contract Management" beinhaltet die Verhandlung, die Wirtschaftlichkeitsberechnung, die Erstellung und das Management von Sonderratenvereinbarungen mit Kunden, die ein bestimmtes Sendungsvolumen aufweisen. Dabei kommunizieren die dezentral organisierten Verkaufseinheiten (Verkäufer, Verkaufsunterstützungsdienst) mit zentral angesiedelten Organisationseinheiten (Preiskomitee, Vertragsverwaltung, etc.) des Unternehmens. Der Geschäftsprozeß startet in einer der lokalen Business Units mit der Verhandlung von Sonderraten mit dem Kunden. Anschließend wird durch den Verkäufer eine sog. Rabattanfrage erstellt, die zentral in der Hauptverwaltung auf Wirtschaftlichkeit hin simuliert und evaluiert wird. Dabei kann es jederzeit zu Rückfragen und Ausnahmefällen kommen. In einigen Fällen ist ein Approval durch unterschiedliche Stellen des Unternehmens notwendig. Der Ablauf bei Rückfragen und Sonderfällen ist dabei nicht generell planbar, da je nach spezifischer Situation eines Kunden verschiedene Kompetenzträger im Hause einbezogen werden müssen. Ist die Rabattanfrage entschieden, wird die Entscheidung an den Verkäufer zurückgeleitet, der

---

[2] Eine Workflow-Management-Anwendung (WFMA) besteht aus einem WFMS, einem Workflow-Modell sowie einer Menge von integrierten Anwendungen. [Goesmann & Striemer 98]

dann die Möglichkeit hat, einen Eskalationsprozeß anzustoßen, wenn bei der Entscheidung aus seiner Sicht nicht zufriedenstellend ausgefallen ist (z.B. bei strategisch wichtigen Kunden). Auch dieser Eskalationsprozeß ist schwach strukturiert und im Vorhinein nur partiell planbar. Der Geschäftsprozeß endet mit der automatischen Erstellung und Archivierung des Vertrages und der Rateneingabe in das Billing-System.

Es wurde ein großes Verbesserungspotential durch die Vermeidung von Medienbrüchen und doppelten Dateneingaben, die Beschleunigung der Durchlaufzeiten und eine jederzeitige Auskunftsbereitschaft gegenüber dem Kunden diagnostiziert. Aus diesem Grund wurde die Einführung eines WFMS als besonders geeignet angesehen.

## 2 Ziele des Prototyping

Der Prototyp der Workflow-Management-Anwendung für das Contract Management wurde durch das Fraunhofer ISST mit einem Aufwand von ca. 5 Personenmonaten erstellt. Das Konzept für die Realisierung konnte aus dem mittlerweile entstandenen Sollkonzept für die organisatorische Gestaltung und unter Verwendung der schon frühzeitig erhobenen technischen Rahmenbedingungen abgeleitet werden. Als WFMS wurde ein kommerzielles System eingesetzt, welches eine schnellstmögliche Umsetzung des Konzeptes versprach. Dabei war der Prototyp von Beginn an als ein reiner „throw-away-prototype" [Fairley 85] geplant. Dies bedeutet, daß er lediglich zur frühzeitigen abschließenden Gewinnung von sowohl technischen als auch organisatorischen Anforderungen diente und komplett durch eine neu zu entwickelnde WFMA abgelöst werden sollte.

Die mit dem Prototyping angestrebten Ziele waren dabei die folgenden:
- Ermittlung der Anforderungen an die Workflow-Management-Anwendung durch
  a) die späteren Benutzer (Mitarbeiter aller involvierten Organisationseinheiten),
  b) das Management,
  c) den Betriebsrat und
  d) die IT-Verantwortlichen.
- Diese Anforderungen sollten bezogen sein auf
  e) die organisatorische Gestaltung des Geschäftsprozesses,
  f) die Realisierung der Unterstützung durch die WFMA sowie
  g) die in die Workflow-Management-Anwendung einzubindenden Applikationen und
  h) die Auswahl des WFMS.
- Ein weiteres Ziel bestand in der Schaffung einer breiten Akzeptanz des Projektes, indem
  i) den Benutzern bereits frühzeitig der Nutzen einer Workflow-Management-Anwendung demonstriert werden sollte,
  j) zumindest partiell die Realisierbarkeit unter Beweis gestellt werden sollte und
  k) eine realistische Abschätzung des notwendigen Aufwandes ermöglicht werden sollte.

Nach der Darstellung der Architektur des Prototypen im nächsten Kapitel wird in Kapitel 4 beschrieben, inwieweit die einzelnen hier dargestellten Ziele erreicht werden konnten.

## 3 Architektur des Prototypen

Die technische Realisierung der prototypischen WFMA wurde unter den Prämissen durchgeführt, daß

- alle wesentlichen Anforderungen an die zu entwickelnde WFMA vom Prototypen abgedeckt werden,
- die Benutzerschnittstellen der im Prototypen integrierten operativen Anwendungen die Benutzerschnittstellen der zu entwickelnden WFMA widerspiegeln, so daß etwaige Benutzeranforderungen miterhoben werden konnten, und
- die Entwicklung des Prototypen mit möglichst geringem Aufwand durchgeführt werden kann.

Aus diesen Anforderungen entstand die folgende Architektur. Das WFMS ruft die operativen Anwendungen auf und übergibt diesen jeweils die aktuelle Auftragsnummer. Mit Hilfe der Auftragsnummer werden von der jeweils aufgerufenen operativen Anwendung die zum Auftrag gehörenden Daten aus der zentralen Produktionsdatenbank gelesen. Bei der Entwicklung der WFMA kamen RAD- (Rapid-Application-Development-) Werkzeuge zum Einsatz.

Bei der Entwicklung der WFMA für den Geschäftsprozeß Contract Management wurden zwei semi-strukturierte[3] Teilprozesse identifiziert, die aufgrund ihrer speziellen Charakteristik mit kommerziellen WFMS nur schwer zu unterstützen waren. Bei den o.g. semi-strukturierten Teilprozessen handelt es sich um das Approval und die Eskalation. Beim Teilprozeß Approval müssen z.B. in Abhängigkeit von bestimmten Vertragsdaten zusätzliche Genehmigungsschritte durchgeführt werden, ohne daß die beteiligten Personen zum Modellierungszeitpunkt festgelegt werden können. Der Teilprozeß Eskalation weist einen ähnlichen Verlauf auf.

Als weitere Randbedingung bei der Konzeption und Realisierung mußte diesbezüglich beachtet werden, daß die an diesen Teilprozessen beteiligten Personen keine der sonst im Prozeß vorkommenden Aktivitäten durchführen und daß diese Teilprozesse nur selten durchgeführt werden.

Da bei der DHL Worldwide Express GmbH bereits ein Intranet vorhanden ist, wurde zur Unterstützung der semi-strukturierten Teilprozesse folgende Lösung im Prototypen realisiert. Wird vom WFMS erkannt, daß das Approval oder die Eskalation ausgeführt wer-

---

[3] Vgl. zur Identifizierung und Klassifikation semi-strukturierter Prozesse [Deiters et al. 96] und [Löffeler et al. 98].

den müssen, werden alle notwendigen Informationen zur Genehmigung oder Ablehnung in eine Datei im HTML-Format geschrieben und im Intranet eingespeist. Die Person, die den Teilprozeß durchführen muß, erhält per E-mail eine Benachrichtigung darüber, daß der Teilprozeß auszuführen ist, und den Verweis auf die entsprechende Seite im Intranet. Auf dieser Seite kann dann die Entscheidung über die Genehmigung oder Ablehnung getroffen werden. Die Entscheidung wird mit Hilfe eines CGI-Skripts in die Produktionsdatenbank geschrieben. Das WFMS liest die Entscheidung aus der Produktionsdatenbank aus und löst die weiteren Arbeitsschritte, die von dieser Entscheidung abhängen, aus.

Mit Hilfe dieser Intranet-basierten Lösung konnte darauf verzichtet werden, daß sehr selten am Prozeß beteiligte Personen (im Approval bzw. in der Eskalation) diese Aufgaben über einen Workflow-Client durchführen müssen. Die Nutzung des Kommunikationsmediums E-mail erschien in diesem Fall sinnvoller und ergonomischer. Ein weiterer Vorteil besteht darin, daß die in HTML-Dokumente transferierten Informationen auch nach Beendigung des Gesamtprozesses noch zur Verfügung stehen und somit eine Archivierungs- und Retrievalkomponente mit geringem Mehraufwand realisiert werden kann.

## 4 Erfahrungen mit dem Prototyping

Nach Fertigstellung der Entwicklungsarbeiten wurde der Prototyp zunächst den involvierten Mitarbeitern vorgestellt (a, vgl. Abschnitt 2), dabei konnten ca. 50 weitere Anforderungen gesammelt werden, die in ihrem Granularitätsgrad sehr differierten und häufig auch redundant waren. Als ungefähre Größe für die Einschätzung der Relevanz dieser Anforderungen ist von Interesse, daß ca. ein Drittel direkt in das überarbeitete Sollkonzept eingingen. Nachfolgend einige Beispiele für die sehr unterschiedlichen Anforderungen, die sich ergeben haben:

- Sehr viele Anforderungen bezogen sich auf die Gestaltung der Benutzerschnittstelle der eingebundenen Anwendungen, wie die Anordnung von Auswahllisten, die Eingabe und automatische Umrechnung von DM in Euro, etc.

- Eine Reihe von Anforderungen betraf das verwendete Workflow-Management-System, und zwar teilweise den Benutzerclient (wie etwa die Möglichkeit, beliebige Sortierungen der Aufgabenliste vorzunehmen), teilweise die Funktionalität allgemein (wie etwa die Möglichkeit, eine Statusüberwachung für bestimmte, aber nicht alle Benutzer zuzulassen).

- Überdurchschnittlich viele Anforderungen beschäftigten sich mit der Gestaltung des Geschäftsprozesses im Sinne von zusätzlichen oder überflüssigen Schleifen im Ablauf, der Reduktion von doppelten Kontrollen, etc.

Die Präsentation des Prototypen erfolgte in Workshops, in denen den Teilnehmer zu Beginn Notizkarten ausgehändigt wurden, auf denen sie Verbesserungsvorschläge notieren konnten. Diese wurden gegen Ende der Veranstaltung gruppiert und diskutiert, um redundante Anforderungen zu eliminieren. Schon im Workshop wurde den Benutzern eine Einschätzung gegeben, in welcher Phase des Projektes die einzelnen Anforderungen wahrscheinlich umgesetzt werden können. Ein Abgleich der gesammelten Anforderungen mit den Eigenschaften des späteren Systems wird dann wiederum mit den Benutzern durchgeführt. Neben der Präsentation des Prototypen wurde das Modell des Geschäftsprozesses erläutert, um den Gesamtablauf möglichst genau beschreiben zu können.

Von Seiten des Managements (b) kamen nur wenige neue Anforderungen, jedoch konnten mit Hilfe des Prototypen bereits vor der Einführung des Piloten organisatorische Gestaltungsvarianten überprüft und eine Variante festgelegt werden. Weiterhin konnte die Akzeptanz des Projektes und die Unterstützung durch das Management nochmals gesteigert werden. Bzgl. der Anforderungen durch den Betriebsrat (c) hat sich gezeigt, daß der Prototyp eine geeignete Diskussionsgrundlage für die Thematik der Protokollierungs- und Monitoring-Funktion und einer möglichen Leistungs- und Verhaltenskontrolle [Herrmann 96] bot. Bei den IT-Verantwortlichen der DHL (d) konnte ein grundlegendes Verständnis der Business-Anforderungen erzielt werden. Darüber hinaus konnten anhand des Prototypen die unternehmensspezifischen technischen Restriktionen festgelegt werden.

Eine wesentliche Erkenntnis ergab sich aus der Tatsache, daß während der Demonstration des Prototypen insbesondere auch solche Anforderungen gesammelt werden konnten, die sich weniger auf die technische Realisierung als vielmehr auf die organisatorische Gestaltung des Geschäftsprozesses bezogen, da den späteren Benutzern der Geschäftsprozeß visualisiert wurde (zu Visualisierungsmethoden siehe den Beitrag von Walter in diesem Band) (e). Diese Erfahrung konnte den vermuteten Umstand belegen, daß eine Diskussion über organisatorische Prozeßverbesserungen mit den beteiligten Benutzern anhand von Geschäftsprozeßmodellen nur unbefriedigende Ergebnisse liefert. Die Diskussion anhand eines Prototypen ist dagegen geeignet, den Benutzern eine genauere Vorstellung zu vermitteln. Die geeignete Visualisierung von Verbesserungspotentialen ist u.a. Bestandteil des MOVE-Projektes.

Bezüglich der Workflow-Management-Anwendung (f) konnten abgesehen von den organisatorischen Zusammenhängen wesentliche Anforderungen erhoben werden, die sich z.B. auf die Gestaltung von Dialogmasken bezogen. Weniger ergiebig waren dagegen die Erfahrungen mit der Einbindung der externen Applikationen (g), sofern sie sich auf bestehende (Host-)Anwendungen bezogen, da der Prototyp an dieser Stelle aus Aufwandsgründen vereinfacht werden mußte. Externe Applikationen sowie die benutzten Datenbanken wurden nachgebildet. Die Integrationsfähigkeit der bestehenden (Host-) Anwendungen wurde unabhängig vom Prototypen in einem parallelen Arbeitsschritt betrachtet. Dies geschah u.a. deshalb, weil den Benutzern möglichst schnell eine lauffähige Anwendung gezeigt werden sollte (i). Eine Reihe für den Auswahlprozeß bedeutender Anforderungen konnten jedoch bzgl. des WFMS gesammelt werden (h). Diese betrafen beispielsweise die Konfigurierbarkeit der Worklist oder zur Verfügung stehende Notifikationsmechanismen. Diese Anforderungen gingen direkt in den sich anschließenden Auswahlprozeß ein.

Als besonders wichtig für die Akzeptanz des Gesamtprojektes kann die frühzeitige Präsentation einer Lösungsalternative anhand des Prototypen bezeichnet werden (i). Die

Benutzer äußerten dabei teilweise den Wunsch, den Prototypen in einem Testfeld intensiverer Prüfung zu unterziehen. Dieses Testfeld wurde realisiert und führte zu einer Verstärkung des Interesses auch über diese Benutzer hinaus. Allerdings ist einschränkend anzumerken, daß eine frühe Verfügbarkeit des Prototypen die Entwicklungsgruppe gleichsam unter Zeitdruck setzt, da auf Seiten der Benutzer ein starker Bedarf nach der neuen Anwendung geweckt wurde.

Für die Darstellung der Realisierbarkeit (j) gilt die oben bereits angebrachte Einschränkung, daß ein ausgiebiger Test der zu integrierenden Anwendungen bisher noch aussteht. Andere Eigenschaften der Lösung (wie etwa das Vermeiden von Doppeleingaben durch Medienbrüche) konnten dagegen bereits gezeigt werden. Die Frage der vereinfachten und sichereren Aufwandsschätzung durch die Erfahrungen mit dem Prototyping befindet sich derzeit in Bearbeitung und kann daher noch nicht abschließend beantwortet werden.

Zusammenfassend kann festgestellt werden, daß die frühzeitige Realisierung eines Prototypen einer Workflow-Management-Anwendung bei der DHL Worldwide Express GmbH als äußerst positiv bewertet werden kann. Dies ergibt sich zum einen aus der Schaffung einer breiten Akzeptanz auf allen beteiligten Ebenen, zum anderen aus der Chance, notwendige Diskussionsprozesse über die Gestaltung von Organisation und Technik bereits frühzeitig im Entwicklungsprozeß anzustoßen.

Die weiteren Schritte sind nun die Auswahl eines geeigneten WFMS (derzeit kurz vor dem Abschluß) und die Entwicklung einer Pilotanwendung, die in ausgewählten Organisationseinheiten im Echtbetrieb evaluiert werden soll. Eine deutschlandweite Einführung ist bis Anfang 1999 geplant.

## Literatur

[Fairley 85] Fairley, R.E. (1985): Software Engineering Concepts. New York et al.: McGraw-Hill.

[Deiters et al. 96] Deiters, W.; Herrmann, Th.; Löffeler, T.; Striemer, R. (1996): Identifikation, Klassifikation und Unterstützung semi-strukturierter Prozesse in prozessorientierten Telekooperationssystemen. In: Krcmar, H.; Lewe, H.; Schwabe, G. (Hrsg.): Herausforderung Telekooperation (Tagungsband zur D-CSCW '96). Berlin et al.: Springer, S. 261-274

[Goesmann & Striemer 98] Goesmann, T.; Striemer, R. (1998): Entwicklung von Workflow-Management-Anwendungen in der Praxis - Erfahrungen und Konsequenzen. ISST-Bericht 44/98, Berlin: Fraunhofer-Institut für Software- und Systemtechnik, Januar 1998

[Goesmann et al. 97] Goesmann, T.; Hagemeyer, J.; Löffeler, T.; Rolles, R.; Striemer, R. (1997): Einführung von Workflow Management in die Praxis aus der Sicht verschiedener Perspektiven - Das Projekt MOVE. In: Becker, J.; Rosemann, M. (Hrsg.): Organisatorische und technische Aspekte beim Einsatz von Workflowmanagementsystemen, Proceedings zum Workshop vom 10. April 1997, Arbeitsberichte des Instituts für Wirtschaftsinformatik, Nr. 54, Westfälische Wilhelms-Universität Münster, S. 51-68

[Goesmann et al. 98] Goesmann, T.; Krämer, K.; Striemer, R.; Wernsmann, C. (1998): Ein Kriterienkatalog zur Bestimmung der Eignung von Workflow-Management-Technologie zur

Unterstützung von Geschäftsprozessen. In: Herrmann, T.; Scheer, A.-W.; Weber, H. (Hrsg.): Verbesserung von Geschäftsprozessen mit flexiblen Workflow-Management-Systemen, Band 2, Heidelberg: Physica, 1998

[Herrmann 96)] Herrmann, Th. (1996): Geschäftsprozeßorientierung und Workflowmanagementsysteme. Reihe Arbeit, Gesundheit, Umwelt, Technik, Heft 25, Oberhausen: Technologieberatungsstelle (TBS)

[Hoffmann et al. 98] Hoffmann, M.; Krämer, K.; Striemer, R. (1998): Erfahrungen mit kooperativer Erhebung und Modellierung von Geschäftsprozessen in der Praxis - eine Fallstudie. In: Herrmann, T.; Scheer, A.-W.; Weber, H. (Hrsg.): Verbesserung von Geschäftsprozessen mit flexiblen Workflow-Management-Systemen, Band 2, Heidelberg: Physica

[Löffeler et al. 98] Löffeler, T.; Striemer, R.; Deiters, W. (1998): A Framework for Identification, Classification and IT Support of Semi-structured Business Processes. In: Knowledge And Process Management (1998), Volume 5, Number 1.

*Th. Herrmann; K. Just-Hahn (Hrsg.): Groupware und organisatorische Innovation (D-CSCW'98).*
*Stuttgart: B. G. Teubner 1998, S. 319-330*

# Einführung von Telekooperation in der Landeshauptstadt Stuttgart

Andreas Majer[1] und Gerhard Schwabe[2]
[1] Landeshauptstadt Stuttgart
[2] Lehrstuhl für Wirtschaftsinformatik, Universität Hohenheim

## Zusammenfassung

Telekooperation bedeutet nicht nur eine technische, sondern auch eine organisatorische Herausforderung. Da die Telekooperation nur dann erfolgreich ist, wenn alle wesentlichen an der Kooperation beteiligten Personen es nutzen, kommt der Motivation der Akteure bei der Einführung eine Schlüsselrolle. Dabei spielen mikropolitische Faktoren eine mindestens so bedeutende Rolle wie rationalökonomische Faktoren. Wir konnten zeigen, daß - richtig eingesetzt - Wettbewerb auf allen Ebenen eine fördernde Rolle für die Einführung von Telekooperation spielen kann. In der öffentlichen Verwaltung ist Wettbewerb dann ein fruchtbarer Anreiz, wenn er an der Mikropolitik ansetzt.

# 1 Einleitung

Die Landeshauptstadt Stuttgart befindet sich im Umbruch: Die steigenden Haushaltsausgaben und die sinkenden Haushaltseinnahmen seit Anfang der 90er Jahre sind nicht mehr nur durch reine Sparmaßnahmen aufzufangen. Vielmehr müssen die Arbeitsprozesse in der Stadtverwaltung reorganisiert und die Leistungsfähigkeit der Mitarbeiter und Mitarbeiterinnen auf allen Ebenen erhöht werden. Hierzu wird auch auf den Einsatz von Telekooperation gesetzt (vgl. z.B. [Landeshauptstadt Stuttgart 98; Murawski 98]). Telekooperative Anwendungen werden in der Landeshauptstadt Stuttgart in erster Linie mit Lotus Notes/Domino realisiert, womit die Zusammenarbeit zwischen räumlich verteilten Personen, Abteilungen, Ämtern und Referaten unterstützt wird.

In diesem Beitrag werden am Beispiel von vier Lotus Notes/Domino-Anwendungen Einführungserfahrungen und Einführungskonzepte vorgestellt: Zu Beginn wird ein Gesamtkonzept für eine Einführungsstrategie vorgestellt. An diesem Gesamtkonzept wird deutlich, daß für verschiedene Führungsebenen unterschiedliche Einführungsstrategien sinnvoll sind, aber der Wettbewerb auf allen Ebenen (wenn auch nicht auf allen Ebenen gleich) als Einführungsstrategie eingesetzt werden kann. Anschließend werden in eigenen Kapiteln die Einführung der Cuparla-Lösung für den Gemeinderat, die Planung der Einführung eines Telemanager-Systems für die Verwaltungsspitze, die erfolgte Einführung eines kommunalen Sitzungsdienstes auch für die mittlere Führungsebene und das gerade aktuell in der Einführung befindliche System für einen mobilen Benutzerservice vorgestellt.

# 2 Gesamtkonzept für die Einführung von Telekooperation in der LHS Stuttgart

Die Einführung von Telekooperation in der Landeshauptstadt Stuttgart ist die Aufgabe eines DV-Organisators; in der privaten Wirtschaft würde man seine Aufgaben dem Informationsmanagement zuordnen (vgl. [Krcmar 97; Schwabe 98b]. Seine Arbeit hat primär einen organisatorischen Fokus: Die Organisation soll an neue, externe Anforderungen angepaßt werden; die Technologie ist der Hebel, mit dem diese organisatorischen Maßnahmen umgesetzt werden können. Deshalb ist es nicht verwunderlich, daß die Einführung von Telekooperation dann an organisatorischen Hindernissen scheitern kann. Der DV-Organisator benötigt eine geeignete Einführungsstrategie, um diese Hindernisse zu umschiffen. Diese Einführungsstrategie hat zwei Dimensionen: Eine öffentliche, rationalökonomisch geprägte Dimension und eine im mehr Untergrund wirkende, mikropolitische Dimension (zur Mikropolitik bei der Einführung von Informationssystemen vgl. [Ortmann et al. 90]): Rationalökonomisch wird mit Zeitersparnissen, Qualitätsverbesserung und Kostenersparnis argumentiert; mikropolitisch stehen beispielsweise die persönliche Profilierung, Macht, Risikovermeidung ("nur nichts falsch machen") und die möglichst gute Vereinbarkeit von Beruf und Privatleben im Vordergrund[1].

Eine Einführungsstrategie muß immer an beiden Größen zugleich ansetzen: Sie muß sowohl rationalökonomisch begründet als auch den mikropolitischen Interessen der Akteure entgegenkommen. Sowohl die rationalökonomische Argumentation als auch die mikropolitischen Interessen der beteiligten Akteure hängen von der Rolle und der hierarchischen Position der Akteure ab. Abbildung 1 stellt das Zusammenwirken von rationalökonomischer Dimension und von mikropolitischer Dimension exemplarisch dar. Es sei aber vorausgeschickt, daß diese Grafik bewußt verkürzt und überzeichnet ist, um das Zusammenwirken der beiden Dimensionen und den Ansatzpunkt für eine Einführungsstrategie darzustellen und in dieser Deutlichkeit die Situation in Stuttgart nicht beschreibt.

Die Bürgerschaft als Gesamtheit fordert vom Gemeinderat Qualität bei seinen Entscheidungen. Telekooperationstechnologie kann die Erreichung dieses Qualitätsziels rationalökonomisch dadurch fördern, daß es die Informationsversorgung verbessert. Das mikropolitische Ziel jedes einzelnen Stadtrats ist seine Profilierung, denn in Baden-Württemberg werden die Stadträte in einem Personenwahlrecht gewählt. Ein mikropolitischer Ansatzpunkt liegt demnach darin, daß man den einzelnen Stadträten mit der Einführung Publicity verschafft und somit zu ihrer Profilierung beiträgt. Zu ihrer Profilierung kann man auch beitragen, indem man ihnen einen individuellen Wettbewerbsvorteil gegenüber den anderen Gemeinderatsmitgliedern gewährt.

Der Gemeinderat gibt der Verwaltungsspitze mit den Aufgaben häufig ein Zeitziel vor, bis zu denen die Aufgabe erledigt sein soll. Dieses Zeitziel - ein rationalökonomisches Ziel - kann durch die Beschleunigung der Geschäftsprozesse besser erreicht werden. Deshalb ist die Verwaltungsspitze dann für die Einführung von Telekooperation besonders empfänglich, wenn sie sich eine Beschleunigung der Geschäftsprozesse verspricht. Als individuelle Ziele auf der mikropolitischen Ebene strebt die Verwaltungsspitze Machterhalt und Machtausweitung an. Deshalb sind diese Führungskräfte für Telekooperation besonders empfänglich, wenn sie über einen individuellen Wettbewerbsvorteil ihre Machtposition verbessern können.

Die Verwaltungsspitze gibt dem Mittleren Management typischerweise Zeit- und Kostenziele vor. Rationalökonomisch sinnvoll ist Telekooperationstechnologie auf dieser Ebene dann, wenn sie zur Rationalisierung beiträgt. Diese Führungsebene ist häufig sehr risikoscheu. Ihrem Drang nach Risikovermeidung kann Telekooperationstechnologie dadurch entgegenkommen, daß sie Transparenz über die gerade laufenden Aktivitäten in dem Bereich der Führungskraft und an den ihn betreffenden anderen Bereichen herstellt. Dann lassen sich Risiken rechtzeitig erkennen und auch vermeiden. Wirkungsvoll ist auf dieser Ebene auch der institutionelle Wettbewerb, indem z.B. angedroht wird, Aktivitäten über Aufträge an freie Unternehmen auszulagern oder ganze Abteilungen über Outsourcing dem Marktdruck auszusetzen.

---

[1] Zu den theoretischen Implikationen der Unterscheidungn zwischen der rationalökonomischen und der mikropolitischen Perspektive vgl. [Schwarzer et al. 95].

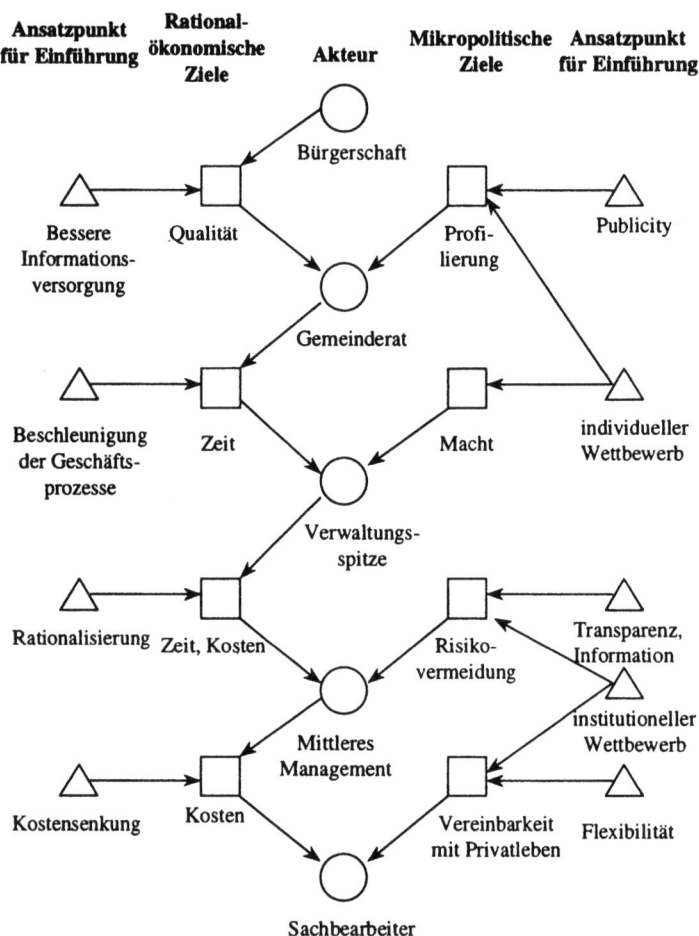

Abbildung 1: Ansatzpunkte für eine Einführungsstrategie

Das mittlere Management gibt insbesondere die Kostenziele an die Sachbearbeiter weiter. Deshalb ist Telekooperation auf dieser Ebene rationalökonomisch sinnvoll, wenn sie zu Kostensenkungen führt. Das mikropolitische Ziel des Sachbearbeiters (der keine Führungsposition anstrebt) ist eine möglichst gute Vereinbarkeit von Beruf und Privatleben. Durch einen institutionellen Wettbewerb kann er dieses Ziel gefährdet sehen und ist dann bereit, zur Abwehr der "Gefahr" Telekooperation einzusetzen. Telekooperation kann aber auch direkt die Vereinbarkeit von Beruf und Privatleben verbessern, indem sie dem Sachbearbeiter räumliche und zeitliche Flexibilität einräumt.

## 3 Einführung von Telekooperation für den Gemeinderat

Gemeinderäte sind zeitlich sehr stark belastet. Neben dem Hauptberuf sind sie ehrenamtlich z.T. mehr als 40 Stunden pro Woche für die Kommune tätig. Da sie in der Verwaltung im Regelfall kein Büro haben, müssen sie sich abends und am Wochenende zu Hause auf Ihre Sitzungen und Entscheidungen vorbereiten. Zu dieser Zeit sind in der in der kommunalen Verwaltung und den Fraktionsgeschäftsstellen keine Mitarbeiter verfügbar. Das Projekt Computerunterstützung der Parlamentsarbeit (Cuparla)[2] versetzt sie in die Lage, mit Hilfe eines Notebooks Gemeinderatsarbeit zu Hause und an jedem anderen Ort durchzuführen und dabei auf Informationsbestände der Verwaltung, der Fraktion und von anderen Gemeinderatsmitgliedern zuzugreifen (für eine umfassende wissenschaftliche Behandlung von Cuparla vgl. [Schwabe 98]).

In Stuttgart wurden im Laufe des Jahres 1997 56 von 60 Gemeinderäten mit Notebooks ausgestattet. Auf den Notebooks befindet sich eine Telekooperationsumgebung auf der Basis von Lotus Notes und GroupSystems (vgl. [Schwabe et al. 97; Schwabe&Vöhringer 98]. Dadurch können die Gemeinderäte mobil auf die Informationsbestände der Verwaltung zugreifen und innerhalb der Fraktion miteinander per Email kommunizieren und kooperieren.

Dadurch soll für den Anwender

- die Gemeinderatsarbeit effizienter und flexibler gestaltet,
- der Informationszugang der Gemeinderäte verbessert und
- Kommunikations- und Kooperationsbarrieren innerhalb des Parlaments und zwischen Parlament und Verwaltung abgebaut werden.

Das Projekt Cuparla bringt der Stadt Stuttgart vermutlich langfristig den größten Nutzen durch die Optimierung der Geschäftsprozesse in der Verwaltung sowie an der Schnittstelle zum Gemeinderat. Bei aller öffentlichen Rhetorik scheint dieses eher ökonomische Kriterium für die betroffenen Entscheidungsträger (Stadträte, Bürgermeister ...) kein besonderer Anreiz zu sein, Telekooperationstechnologie _persönlich_ zu nutzen. Interessant wird es dann für den einzelnen Entscheidungsträger, wenn er einen erfahrbaren, individuellen Nutzen davon hat. Einer der stärksten Anreize für einen Entscheidungsträger ist der Wettbewerbsvorteil gegenüber einem Mitwettbewerber oder die Beseitigung eines Wettbewerbsnachteils.

Diese These soll im folgenden durch Beobachtungen untermauert werden, die wiederum in Thesen verdichtet werden. Der Wettbewerb spielt auf kommunaler Ebene eine große Rolle: Der einzelne Stadtrat steht im Wettbewerb um Listenplätze, Stimmen und Ämter. Die Parteien stehen in einem Wettbewerb um Stimmen und die Macht auf kommunaler

---

[2] Das Projekt Cuparla wurde von Universität Hohenheim (Projektkoordinator), der Datenzentrale Baden-Württemberg und der ITM GmbH im Auftrag der Deutschen Telekom Berkom GmbH von 1995-1997 durchgeführt. Seit Anfang 1998 arbeitet die LHS Stuttgart mit Unterstützung der Projektpartner in Eigenregie daran weiter.

Ebene. Charakteristisch für die Kommunalpolitik ist ein Wettbewerb zwischen Gemeinderat und Verwaltung um jeweils Freiräume für die bessere Gestaltung der Stadtpolitik zu erhalten sowie der Wettbewerb zwischen Kommunen (Standortpolitik). Die Betonung des Wettbewerbs auf allen vier Ebenen stellte in Cuparla einen wesentlichen Faktor für die erfolgreiche Einführung der Telekooperationstechnologie dar. Die Wirkung des Wettbewerbs sei in einer Gesamtbeobachtung zusammengefaßt, die durch vier Teilbeobachtungen gestützt wird (vgl. [Schwabe & Krcmar 98]:

**Gesamtbeobachtung: Der Wettbewerb stellt für Entscheidungsträger einen wesentlichen Anreiz für die Nutzung von Telekooperationstechnologie dar.**

**Teilbeobachtung W1 zum Wettbewerb auf individueller Ebene: Größere Unabhängigkeit bei der Informationsbeschaffung beseitigt einen Wettbewerbsnachteil für einen Entscheidungsträger; besserer Informationszugang und bessere Vernetzungsfähigkeit bei der Umsetzung seiner Anliegen bringen ihm einen Wettbewerbsvorteil.**

**Teilbeobachtung W2 zum Wettbewerb auf Fraktionsebene: Eine Verbesserung der Kampagnefähigkeit führt zu einem Wettbewerbsvorteil für eine Fraktion.**

**Teilbeobachtung W3 zum Wettbewerb auf Organisationsebene: Eine Verbesserung der Informationsversorgung führt zu einer Vergrößerung der Handlungsspielräume für den Entscheidungsträger (Gemeinderat).**

**Teilbeobachtung W4 zum Wettbewerb auf interkommunaler Ebene: Effizientere Entscheidungsprozesse in einer Kommune sind ein nach außen sichtbarer Standortvorteil.**

## 4  Einführung eines telekooperativ nutzbaren Führungsinformationssystems: Telemanager

Die Informationsversorgung des Gemeinderats der Landeshauptstadt Stuttgart wurde durch Cuparla quantitativ und qualitativ erheblich verbessert. Hinzu kommt eine Beschleunigung in der Bereitstellung von Informationen. Dieser „Vorsprung" für das oberste Organ der Landeshauptstadt Stuttgart ist zwangsläufig für die Verwaltungsführung nicht ganz unproblematisch. Anträge und Anfragen des Gemeinderats können durch die Nutzung der Möglichkeiten von Cuparla wesentlich konkreter als bisher gestellt werden. Zudem wurden durch den Einsatz von Telekooperationstechnologie gemeinsame Ad-hoc-Initiativen einzelner Stadträte oder von Fraktionen erheblich vereinfacht. Die Verwaltungsführung, die die Antwortschreiben erstellen muß, benötigt dagegen zahlreiche Mitarbeiter, die sie bei der Recherche nach den notwendigen Informationen unterstützt. Der Verwaltung verliert damit zwangsläufig ihren „Exklusivzugriff" auf den eigenen Informationsbestand. Dies ist auch in der politischen Auseinandersetzung während der Sitzungen zu beobachten: Jeder einzelne Stadtrat kann bequem über die Volltextsuche in Vorlagen und Protokollen recherchieren. Die Verwaltungsführung muß dagegen häufig erst ihren „Apparat" in Bewegung setzen, um zumeist nach der Sitzung Argumente bereitzustellen.

Cuparla hat somit ein über viele Jahre gewachsenes Gleichgewicht in einem konstruktiven Sinne verschoben und für eine - zur Zeit noch einseitige - Verbesserung der Informationsbereitstellung gesorgt.

Dieses Gleichgewicht kann durch den Einsatz von Telekooperationstechnologie für Bürgermeister und Amtsleitungen wieder hergestellt werden. Dies aber nicht aus einer Lust am „technologischen Abenteuer". Vielmehr stehen die Ziele der Verwaltungsreform im Mittelpunkt. Bürgerorientierung, um nur eines dieser Ziele zu nennen, wird für Gemeinderat und Verwaltung zur gemeinsamen Meßlatte [Landeshauptstadt Stuttgart 98]. Die Bürger werden eine bessere Effizienz von Gemeinderatssitzungen verlangen, wollen die Ergebnisse und Leistungen ihrer gewählten, ehrenamtlich tätigen Stadträte wie auch der Bürgermeister und der gesamten Verwaltung besser kontrollieren können. Stadträte wie Bürgermeister benötigen aber zunächst den direkten Zugriff auf alle entscheidungsrelevanten Informationen - und zwar an jedem Ort und möglichst zu jeder Zeit. Dies führte zu der Projektidee des „Telemanagers", die Telekooperation und Führungsinformation für die Verwaltungsführung beinhalten soll:

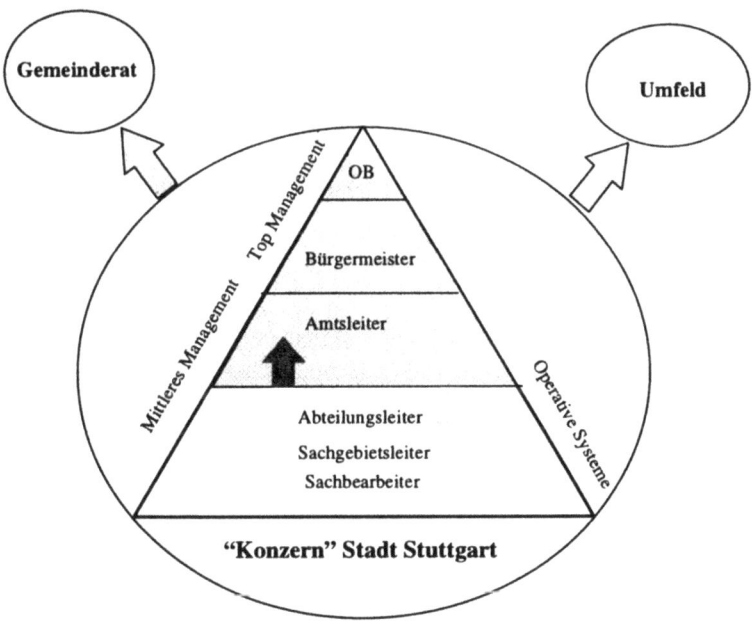

**Abbildung 2: Einordnung des Telemanagers**

Mit Telemanager sind folgende Inhalte und Ziele verbunden:

- Nutzung und Ausbau der bereits durch Cuparla geschaffenen Infrastruktur für die Betreuung und Informationsversorgung von Oberbürgermeister, Bürgermeistern und Amtsleitungen

- Schaffung einer gemeinsamen Telekooperationsumgebung für Gemeinderat und Führungskräfte, die ein kooperatives Arbeiten ermöglicht.
- Aufbau eines Ratsinformationssystems, das als Controllinginstrument aller Aufträge aus dem Gemeinderat dient und ein standardisiertes Berichtswesen integriert
- Integration statistischer Auswertungen und Kennzahlen
- Ausbau des vorhandenen Intranets zur Basisinformationsversorgung
- Im Ergebnis soll eine Verwesentlichung und Beschleunigung von Entscheidungen und für den Bürger eine Qualitätsverbesserung erzielt werden.

Die Etablierung von Telekooperationstechnologie als gemeinsame Basis für die Zusammenarbeit von Gemeinderat und Verwaltungsführung kann nur gelingen, wenn die erfolgskritische Masse an Personen auf beiden Seiten erreicht wird (zur kritischen Masse vgl. z.B. [Markus 90]). Auf der Seite des Gemeinderats ist dies bereits erfolgt. Zwangsläufig entsteht so eine Wettbewerbssituation: Nur Führungskräfte, die ihrerseits aktiv die angebotene Technik nutzen, können die Aufträge des Gemeinderats in der geforderten Zeit erfüllen. Gegenüber dem Bürger wie auch dem Gemeinderat wird so die Nutzung von Telekooperation ein wesentlicher Prestige- und Erfolgsfaktor.

## 5 Einführung von Telekooperation für das mittlere Management

Die Landeshauptstadt Stuttgart hat Ende 1995 parallel zu Cuparla die Einführung eines Sitzungsdienstverfahrens beschlossen. Ziel war ein einheitliches Verfahren zur Erstellung von Vorlagen, das stadtweit auf allen damals gängigen Betriebssystemplattformen (MS DOS/WFW, IBM OS/2, später MS Windows NT) und Netzwerken (TCP-IP, IPX-SPX) eingesetzt werden konnte. Letztlich wurde ein Verfahren des Rechenzentrum Frankens auf der Basis von Lotus Notes ausgewählt. Die Abbildung 3 zeigt die Eingangshalle der aktuellen Version 2.0:

Sämtliche Anträge, Anfragen (aus Cuparla), Tagesordnungen, Protokolle und Vorlagen werden in diesem Verfahren abgebildet. Zudem sind die Kurzfassungen der Vorgänge der letzten 10 Jahre in einer separaten Notes-Datenbank verfügbar. Öffentliche Dokumente werden über einen Domino-Server auch im städtischen Intranet angeboten und sollen zu einem späteren Zeitpunkt für den Ausbau der Internet-Präsenz (Bürgerinformation) der Landeshauptstadt Stuttgart genutzt werden.

Das Verfahren unterstützt die gesamte elektronische Erstellung und Bearbeitung von Vorlagen. Dabei kann der jeweilige Ersteller alle mitzuzeichnenden Referate und Bearbeiter vorgeben. Die Version 2.0 beinhaltet darüber hinaus ein umfangreiches Wiedervorlagemodul, das eine laufende Statuskontrolle über alle Vorgänge ermöglicht.

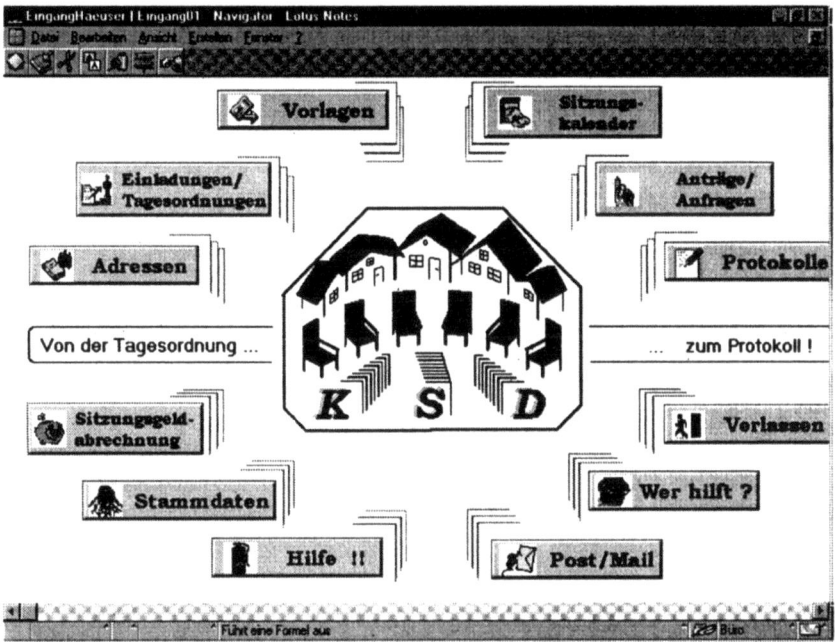

Abbildung 3: Der Kommunale Sitzungsdienst

Obwohl mittlerweile nahezu jedes Fachamt und Referat über einen Anschluß an den Kommunalen Sitzungsdienst verfügt, werden auch heute noch häufig Vorlagen nicht mit dem Sitzungsdienstverfahren erstellt, sondern im Nachgang zum Beschluß als Word-Datei aufwendig in das System eingepflegt. Die Ursachen hierfür sind vielfältig:

- Aufgrund der nur beschränkt verfügbaren Administrationspersonals können nicht alle vorlagenerstellenden Stellen versorgt werden.
- Für die Erstellung von Vorlagen genügt - funktional betrachtet - ein einfacher Texteditor. Die ausführliche Begründung und spezielle Dokumente wie Pläne oder Berechnungen können an das Vorlagendokument in verschiedenen Formaten (MS Word, Excel etc.) angehängt werden. Hier bestehen teilweise Akzeptanzprobleme, da der gängige Word-Editor klare Präferenz genießt.
- Mit dem Kommunalen Sitzungsdienst kann der Status eine Vorlage transparent dargestellt werden, was bislang nur sehr schwer möglich war. Damit werden aber verwaltungsintern über Jahre eingespielte „Abläufe" verändert. Die per Verfahren vorgegebene Bearbeitungs- und Mitzeichnungsabfolge stößt damit zwangsläufig auf Widerstand, z.T. verbunden mit einer generellen Ablehnung von Technik und wird dann häufig wieder durch die konventionelle „Papiermethode" ersetzt. Die Mitzeichnung – ein primär sequentieller Vorgang – kann technikunterstützt nur funktionieren, wenn alle daran Beteiligten das Verfahren annehmen und „leben".

Die Einführungsstrategie für die nun anstehende Version 2.0 muß diese Erfahrungen berücksichtigen. Letztlich wird aber ein stärkeres Einwirken der Referatsbereiche auf die angeschlossenen Fachämter bzw. des Gemeinderats notwendig werden. Die Vorteile des Verfahrens sind unbestritten. Die damit verbundene Transparenz wird aber zu Widerständen bei der Nutzung führen. Letztlich wird der Grad eines kooperativen Zusammenwirkens von Rat und Verwaltung – im Interesse der Bürger - aber vom gegenseitigen Vertrauen bestimmt.

## 6 Einführung von Telekooperation für den operativen Verwaltungsbereich

Es ist zu erwarten, daß der Benutzerservice der Landeshauptstadt Stuttgart nicht in dem Maße personell verstärkt werden kann, wie die Zahl der PC-Nutzer und deren Ansprüche bzgl. Betreuungsqualität wachsen werden. Aus dieser Erwartung heraus wurde die Philosophie „Mobiler Benutzerservice" geboren, die Synonym und Leitbild für das Selbstverständnis und die räumlich und zeitlich flexible Einsatzbereitschaft der Mitarbeiter und Mitarbeiterinnen werden soll.

Ein wesentliches Kriterium für die Erhöhung der Produktivität in diesem Bereich ist die durchgängige Abbildung wesentlicher Geschäftsprozesse in einer Softwarelösung - ohne jeglichen Medienbruch. Die aktuelle Situation ist gekennzeichnet durch:

- Die häufige Mehrfacherfassung von Daten (z.B. Bestands- und Auftragsdaten) vor Ort und in der Zentrale.

- Das vorhandene Host-basierende Verfahren für das Bestandsmanagement bietet einen unzureichenden, z.T. lückenhaften oder gar falschen Überblick über die aktuell installierte Hard- und Software eines Amtes. Der Benutzerservice muß diese Informationen während eines Servicefalls dann erneut erheben, was Reaktionszeit und Kosten erhöht.

- Keine zentrale Sammlung von Know-how über die Lösung bestimmter Vorgänge (z.B. Reparatur eines PCs). Ein Qualitätssicherungssystem fehlt.

- Eine Workflowlösung, die eine Statusverfolgung und Delegation innerhalb eines Servicefalles erlauben würde, ist bis heute noch nicht vorhanden.

Das Kundenportfolio ist durch räumliche Verteilung und unterschiedliche Arbeitszeiten gekennzeichnet. Die derzeit noch vergleichsweise starre Personaldisposition, die aus einem mangelnden Überblick über den Aufenthaltsort und die Auslastung einzelner Personen beim Benutzerservice resultiert, genügt dem Anspruch einer im Sinne der Verwaltungsreform zunehmend als Dienstleister proklamierten Serviceeinheit nicht mehr.

Der Benutzerservice wird der Erwartungshaltung nur gerecht werden können, wenn alle Servicemitarbeiter und -mitarbeiterinnen die notwendigen Informationen über Hard- und Software, bisher aufgetretene Probleme, deren Lösung und die komplette Auftragsabwicklung möglichst in einer Arbeitsumgebung auf ihrem PC bzw. vor Ort auf einem Notebook abrufen können. Die aus dem Projekt Cuparla bekannte Oberfläche würde sich bei entsprechender Modifikation sehr gut dafür eignen. Das „Raumdesign" könnte dabei vor allem für die Statusverfolgung eines Serviceauftrags ideal eingesetzt werden.

Folgende Datenbanken müßten u.a. implementiert werden:

*Bestandsdatenbank*: Informationen über Hard- und Software werden mit dem Notebook vor Ort aktualisiert und mit dem zentralen Server synchronisiert. Die zentrale Disposition für einen Serviceeinsatz verfügt so über alle erforderlichen Informationen. Hardwareinformationen (z.B. Typenbezeichnung und Seriennummer) könnten z.T. direkt von den Lieferanten in elektronischer Form bezogen werden. Teilweise sind diese Informationen bereits vor der Lieferung direkt über das Internet abrufbar.

*Know-how-Datenbank*: Probleme und Lösungen müssen strukturiert gesammelt werden. Damit soll vermieden werden, daß zeitlich versetzt mehrfach an der gleichen Problemstellung gearbeitet wird. Die gesammelten Erfahrungen - z.B. über bestimmte Installationsabläufe - können zu Handlungsanweisungen verdichtet werden, die die Basis für ein Qualitätssicherungssystem bilden.

*Treiberdatenbank*: Die für den Serviceeinsatz erforderlichen Treiber sollen im jeweils aktuellen Releasestand zentral gepflegt werden.

*Prozeßdatenbank*: Die Anwender werden bei einem technischen Problem oder einer Frage zunächst bei der zentralen Hotline anrufen. Der Anruf wird hier erfaßt und - falls keine sofortige Lösung möglich ist - vom Disponenten an den Second-Level-Support als „Ticket" weitergeleitet (Einsatz des „Raumdesigns" vgl. [Schwabe et al. 97]). Der jeweilige Status und die zuständige Person können abgerufen werden. Alle Servicefälle werden in ihrem gesamten Ablauf erfaßt. Zudem werden Auswertungen über die Häufigkeit bestimmter Störungen und Empfehlungen für künftige Beschaffungen ermöglicht. Die Transparenz, die gerade mit dieser Datenbank geschaffen wird, könnte das Vertrauen in die Leistungsfähigkeit des Benutzerservices stärken. Auf der anderen Seite können Kennzahlen z.B. für die durchschnittliche Bearbeitungszeit von bestimmten Störfällen ermittelt werden. Die Transparenz erzeugt damit zwangsläufig auch eine bessere Vergleichbarkeit mit internen wie externen Anbietern. Der „totale Wettbewerb" wie ihn Städte wie z.B. Christchurch in Neuseeland bereits vorleben, wird aber auch in deutschen Kommunen zunehmend in die Überlegungen zur Verwaltungsreform einbezogen.

Für die Implementierung von „Mobiler Benutzerservice" ist ein Leistungsanreizsystem zu etablieren, das trotz der bescheidenen finanziellen Möglichkeiten des öffentlichen Dienstes, Leistung zu honorieren, den bei allen Beteiligten vorhandenen Wunsch nach Verbesserung der Situation aufgreift und als treibende Kraft für die notwendigen organisatorischen Änderungen nutzt. Ansonsten ist der Wettbewerbsnachteil gegenüber externen Anbietern nicht auszugleichen. Wesentliche Elemente hierfür sind:

- Die bessere Vereinbarkeit von Beruf und Familie. Flexiblere Arbeitszeiten im Sinne der Kunden müssen auf der anderen Seite für eine auf die persönliche Lebenssituation der Mitarbeiter abgestimmte Freizeitgestaltung genutzt werden können.

- Die Nutzung von Telekooperationstechnologie muß als exklusives, zusätzliches „Bonbon" empfunden werden. Die Mobilität, die mit dem Einsatz von Notebooks, Handys, PDAs etc. abverlangt wird, ist für die Servicemitarbeiter zumeist mit einer erhöhten Einsatzfrequenz verbunden. Für viele Servicemitarbeiter ist aber gerade der Besitz solchen Equipments von großer, persönlicher Bedeutung.

- Die Stellensituation führt zwangsläufig zu einem stärkeren Wettbewerb um attraktive Positionen. Die Beherrschung von Telekooperation in allen technischen wie auch sozialen Facetten wird zunehmend zum Wettbewerbsfaktor.

## Literatur

Krcmar, H.: Informationsmanagement, Springer; Heidelberg u.a. 1997.

Landeshauptstadt Stuttgart: Gemeinderatsdrucksache GRDrs 264/1998 zur Verwaltungsreform, Stuttgart 1998.

Markus, M.: Toward a 'critical mass' theory of interactive media. In: Fulk, J.; Steinfeld, C.: Organizations and communication technology, Sage, Beverly Hills 1990, S. 194-218.

Murawski, K.: Die Verantwortung des Rates im Reformprozeß. Vortrag auf der Fachkonferenz 'Bürger -Politik-Verwaltungsreform' am 12/13.3. 1998 in Koblenz.

Ortmann, G.; Windeler, A.; Becker, A.; Schulz, H.: Computer und Macht in Organisationen. Westdeutscher Verlag, Opladen 1990.

Schwabe, G.; Krcmar, H.: Wettbewerb als Einführungsstrategie von Telekooperation für Entscheidungsträger - Erfahrungen aus dem Projekt Cuparla. In: Wirtschaftsinformatik, Vol. 40, Nr. 3. 1998, S. 200-204.

Schwabe, G., Hertweck, D.; Krcmar, H.: Partizipation und Kontext bei der Erstellung einer Telekooperationsumgebung. In: Jarke, M.; Pasedach, K.; Pohl, K.: Informatik 97 - Informatik als Innovationsmotor, Springer, Heidelberg. et al. 1997, S. 370-379.

Schwabe, G., Vöhringer, B.: Computerunterstützung der Parlamentsarbeit - ein Baustein zum Umbau der Verwaltung. In: Verwaltung und Management Vol. 4, Nr. 3, 1998, S. 140-147.

Schwabe, G.: Telekooperation für den Gemeinderat. Eingereichte Habilitationsschrift an der Universität Hohenheim, Stuttgart 1998.

Schwabe G.: Informationsmanagement für den Gemeinderat: Erscheint in: Hummeltenberg, W.: Information Management for Business Intelligence, Proceedings der Frühjahrstagung der Wissenschaftlichen Kommission Wirtschaftsinformatik in Hamburg, Vieweg 1998b.

Schwarzer, B.; Zerbe, S.; Krcmar, H.: An Eclectic Framework For Understanding New Organisational Forms. In: social sciences, COST A3, Volume 3, Management and network technology. Hrsg.: European Commission, Office for Official Publications of the European Communities, Luxembourg, 1997, S. 85-97.

# Ein WWW-basiertes CSCW-System zur Optimierung der Bauplanung, Bauausführung und des Facility Managements

Gerhard Partsch[1,2], Alexander Specker[1] und Michael Weber[1]

[1] Abteilung Verteilte Systeme, Fakultät Informatik, Universität Ulm
[2] Dr. Partsch Consulting, Meitingen

## Zusammenfassung

Die fast einjährige Praxiserprobung und die hohe Zahl der Nutzer (über 3500 Bauherrn und 250 Baufirmen) hat gezeigt, daß ein "Bau-CSCW"-System sehr gut angenommen wird und maßgeblich dazu beiträgt, die Sichtweisen der Baupartner auf den komplexen und oftmals zeitkritischen Vorgang des Planens und Bauens zu vereinfachen [3, 4, 5]. Darüber hinaus trägt das "Bau-CSCW"-System zu einem effizienteren, kostengünstigeren und variantenreicheren Bauen bei.

# 1 Einleitung

Die Baubranche ist wie kaum eine andere Branche auf die intensive Kooperation aller am Bau beteiligten Partner angewiesen. Bei mittleren oder großen Bauvorhaben arbeiten oftmals hunderte von Planungs- und Ausführungsunternehmen Hand in Hand, um ein Objekt zu erstellen. Dabei hat jeder der beteiligten Partner entsprechend seiner Aufgaben eine individuelle und zeitabhängige Sichtweise auf die Daten des Bauobjekts.

So steht am Anfang der Bauprozeßkette der Bauherr, der die gewünschte Nutzungsart eines Objektes vorgibt. Basierend auf diesen Vorgaben erzeugt der Architekt in Übereinstimmung mit den Bauvorschriften einen Bauwerksentwurf. Dieser Entwurf wird mit dem Bauherrn abgestimmt und mündet in die Eingabeplanung, die von den Baubehörden genehmigt wird. Die Vorarbeiten des Architekten wiederum dienen anderen Planungspartnern (Statiker, Installateur für Gas, Wasser, Strom etc.) als Vorlage für weiterführende Arbeiten. So erstellt z.B. ein Statiker aus den Planvorgaben des Architekten ein statisches Tragwerkssystem und ermittelt die erforderlichen Tragwerksquerschnitte. Diese Berechnungen wiederum werden von einem Konstruktionsbüro umgesetzt in Ausführungspläne und dienen den Baufirmen als Hilfsmittel zur eigentlichen Bauausführung.

Um den kommunikationsintensiven und zeitkritischen Bauplanungs- und Ausführungsprozeß zu optimieren, wurde im Herbst 1996 ein WWW-basiertes CSCW-System für die Bauwirtschaft (nachfolgend "Bau-CSCW"-System genannt) konzipiert und im Frühjahr 1997 schrittweise im Internet unter http://www.bau.net zur Verfügung gestellt. Inzwischen haben über 3500 Bauherren und mehr als 250 ständig vertretende Bau- und Handwerksfirmen einzelne Komponenten dieses System genutzt. Aus Platzgründen geht die nachfolgende Beschreibung nur auf die wesentlichsten Merkmale dieses "Bau-CSCW"-Systems beim Einsatz während der Bauplanungsphase ein.

# 2 Systembeschreibung

Abbildung 1 verdeutlicht den generischen Bauplanungs-, Bauausführungs- und Baunutzungsprozeß zwischen den an einem Bauobjekt beteiligten Partnern. Rückkopplungsschleifen wurden dabei aus Übersichtlichkeitsgründen weggelassen. Während dieses Prozesses konkretisieren und verdichten sich die Informationen um ein zu erstellendes Objekt, wobei die verschiedenen Baupartner zu unterschiedlichen Zeiten in den Bauproduktionsprozeß integriert werden und auch wieder ausscheiden.

Dieser Workflow stellt die Grundlage der Ablaufsteuerung im "Bau-CSCW"-System dar und jeder der Baupartner hat durch die Benutzung des "Bau-CSCW"-Front-End-Systems eine ganz individuelle Sicht auf die im Laufe der Zeit aggregierten Baudaten - siehe Abbildung 2.

So erhält der Bauherr, der am Anfang der Bauprozeßkette steht, über das "Bau-CSCW"-Front-End-System eine ganz spezielle und geführte Sichtweise dargeboten, um seine Bauidee zu konkretisieren. Behilflich hierbei ist dem Bauherrn z.B. ein integrierter Bauherren-Fragebogen zur detaillierten Bedarfsanalyse und eine Architekturbibliothek mit exemplarischen Gebäudegrundrissen und Ansichten - siehe Abbildung 3. Für Personen, die nicht bauen, sondern nur renovieren wollen, steht ein entsprechender Modernisierungsfragebogen mit den Bereichen Dach-, Außenwand-, Fenster-, Sanitär- und Heizungsmodernisierung zur Verfügung.

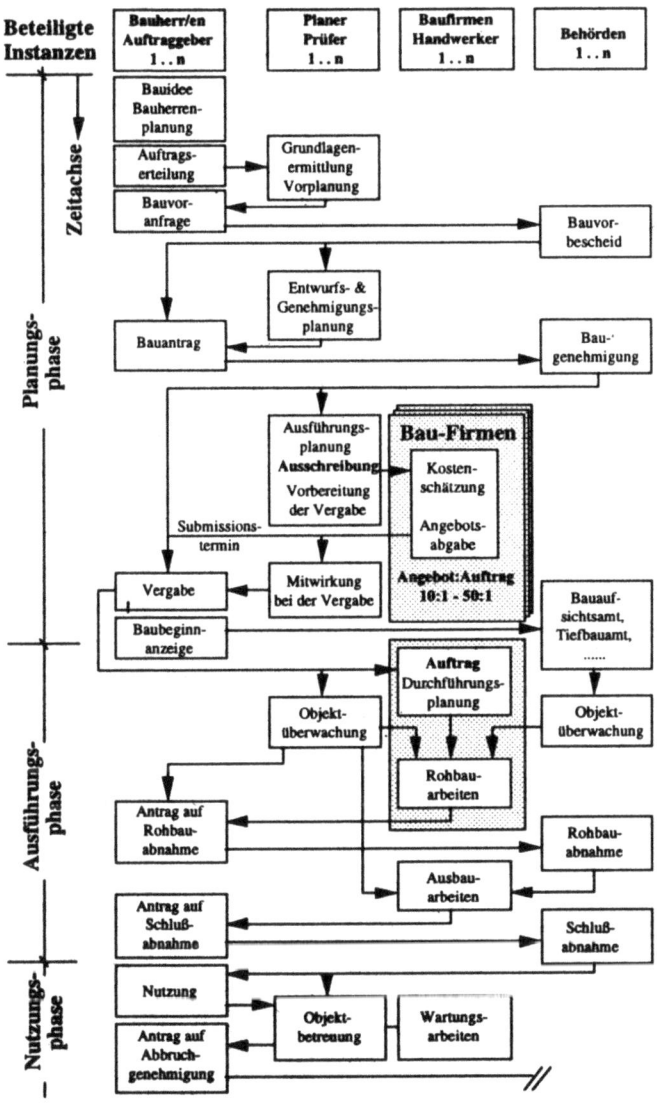

Abbildung 1: Generischer Bauplanungs-, Bauausführungs- und Baunutzungs-Workflow

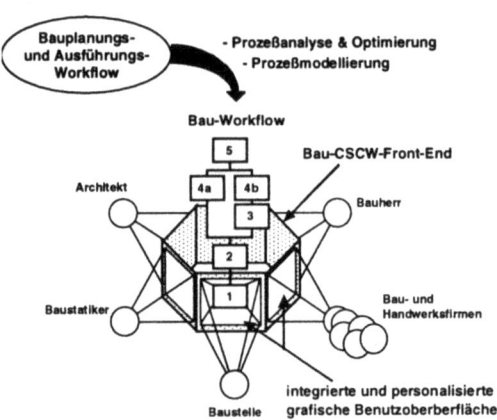

**Abbildung 2: Individuelle Sicht der Baupartner auf den Workflow mittels des "Bau-CSCW"-Front-End-Systems**

Der Benutzer kann die vom "Bau-CSCW"-System vorgegebenen Baukonkretisierungshilfen online bearbeiten und bei Bedarf eine synchrone Audio-/Videounterstützung zu einem Experten aufbauen. Dazu klickt der Benutzer einfach auf das Symbol "Unterstützung durch Experten", woraufhin eine Verbindung zu einem menschlichen "Bau-CSCW"-Berater (i.d.R. ein unabhängig beratender Architekt oder Bauingenieur) aufgebaut wird.

Sobald die Bauideen des Bauherrn einen gewissen Detaillierungsgrad erreicht haben, blendet das System auf der Funktionsauswahlleiste des Bauherrnbildschirms automatisch den Knopf "Architekt suchen" ein. Beim Anwählen dieser Funktion werden die Bauvorgaben des Bauherrn vom "Bau-CSCW"-System in eine spezielle Architektensicht, das "Bauherrndatenblatt", transferiert. Des weiteren werden im "Bau-CSCW"-System registrierte Architekten per E-Mail über das beabsichtigte Bauvorhaben informiert. Die benachrichtigten Architekten können nun die Planungsvorgaben des Bauherrn sichten und, bei Interesse, synchron oder asynchron Kontakt zum Bauherrn aufnehmen, um die weiteren Planungsmaßnahmen abzustimmen.

Am Ende der Planungsphase erstellt der vom Bauherrn beauftragte Architekt eine Bauausschreibung, um die zur Erstellung des Objekts erforderlichen Bauleistungen an geeignete Bau- und Handwerksfirmen vergeben zu können. In dieser Bauausschreibung (siehe Abbildung 4) werden alle Gewerksarbeiten beschrieben und zur Angebotsabgabe an möglichst viele qualifizierte Bau- und Handwerksfirmen verteilt. Auch bei dieser Tätigkeit unterstützt das "Bau-CSCW"-System den Architekten, indem per Formular oder Freitext die Ausschreibung eingegeben und automatisch verteilt werden kann. Dabei ist der Ausschreibungstext aber nicht statisch, sondern kann entsprechend des Bauverlaufs dynamisch an den Baufortschritt angepaßt werden. Auf diese Weise wird beispielsweise nach der Vergabe des Gewerks "Bauaushub" dieses Gewerk entfernt und gleichzeitig der z.B. neu hinzugekommene Bauherrnwunsch nach einem "Wintergarten" hinzugefügt. Diese Änderungen werden dann vom "Bau-CSCW"-System neu publiziert und verteilt. Im vorhergehenden Beispiel bedeutet dies, daß ohne weiteres Zutun des Architekten, Anbieter von Wintergärten automatisch per E-Mail informiert werden. Um bestehende Ausschreibungen nur autorisiert ändern zu können, vergibt der ausschreibende Architekt einer jeden seiner Ausschreibungen ein nur Ihm bekanntes Paßwort.

Abbildung 3: Der Bauherrn-Bildschirm mit Blick in die Architekturbibliothek

Abbildung 4: Der Architekten-Bildschirm mit Blick auf eine Bauausschreibung

Zur automatischen Publikation und Verteilung einer Bauausschreibung legt das "Bau-CSCW"-System die Ausschreibungen auf einem allgemein zugänglichen WWW-Server ab und sendet Benachrichtigungs-E-Mails an dem System bekannte Bau- und Handwerksfirmen. Die Praxis hat gezeigt, daß ein frei zugängliches Ausschreibungssystem von den Bau- und Handwerksfirmen wesentlich besser angenommen wird und einen Betrieb des Systems maßgeblich vereinfacht. Durch einfaches Anklicken der in der Benachrichtigungs-E-Mail enthaltenen Internet-Adresse (URL), können die Baufirmen dann die volle Bauausschreibung sichten.

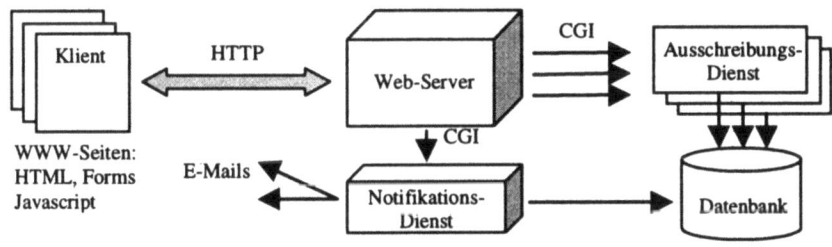

Abbildung 5: Bau-CSCW Systemarchitektur

Damit die Bau- und Handwerksfirmen nur Bauausschreibungen erhalten, die Ihrem Dienstleistungsprofil entsprechen, bietet das "Bau-CSCW"-System auch für diese Firmen eine eigene Sichtweise (ein eigenes Fenster). Über dieses Fenster können die Firmen ihr spezifisches Firmenprofil paßwortgeschützt anlegen und pflegen - z.B. Dachdecker- und Blitzschutzarbeiten im PLZ-Bereich 89xxx. Entsprechend diesem Profil werden dann vom

"Bau-CSCW"-System neu eingehende Ausschreibungen analysiert und weitergeleitet. Wenn keine automatische Benachrichtigung gewünscht oder möglich ist, kann das angelegte Profil von der Firma auch dazu benutzt werden, den gesamten Ausschreibungsdatenbestand entsprechend des Profils zu durchsuchen.

Das "Bau-CSCW"-System basiert auf einer offenen, web-basierten, dreistufigen Client/Server-Architektur (siehe Abbildung 5) und ist beliebig erweiterbar um Module für Bauherrn, Planer und Baufirmen [1, 2]. Auch können dynamisch neue Baupartner (z.B. Statiker, Prüfingenieure, Genehmigungsbehörden etc.) und deren spezifische Sichtweisen in das "Bau-CSCW"-System integriert werden.

## Literatur

[1] Robert Orfali, Dan Harkey, Jeri Edwards; The Essential Client/Server Suvival Guide, Addison-Wesley-Longman, 1997

[2] Eric Herrmann; CGI Programming with Perl, sams.net, 1996

[3] Erfolgreich auf Auftragssuche: Elektronische Ausschreibungen; Computern im Handwerk, März 1998, ISSN 0931-4679

[4] Hilfe für den Bauherren, Südwestpresse, 2. 5. 1998

[5] Bauherren und Handwerker treffen sich im Internet, Haus & Markt, Juli 1997

# Teil III:

# Workshops

*Th. Herrmann; K. Just-Hahn (Hrsg.): Groupware und organisatorische Innovation (D-CSCW'98). Stuttgart: B. G. Teubner 1998, S. 339-340*

# Erfahrungen mit der Entwicklung und Einführung von Workflow-Management-Anwendungen: Herausforderungen in der Praxis

Wolfgang Deiters[1], Yven Schmidt[2] und Rüdiger Striemer[1]

[1] Fraunhofer-Institut für Software- und Systemtechnik ISST, Dortmund
[2] Institut für Wirtschaftsinformatik, Universität des Saarlandes

Die Entwicklung und Einführung von Workflow-Management-Anwendungen (WFMA) stellt viele Unternehmen heute noch vor nicht zu unterschätzende Schwierigkeiten. Ein Wissensdefizit in den Bereichen Mitarbeiterorientierung, Organisationsentwicklung und Technologiegestaltung ist zu konstatieren. Diesen Aspekten nimmt sich u.a. das Projekt MOVE[1] an. Eine Projekterfahrung ist, daß die Herausforderungen bei der Entwicklung und Einführung von WFMA sehr unterschiedlicher Natur sind und ein Erfahrungsaustausch zwischen Anwendern verschiedener Branchen unabdingbar ist. Dieser Erfahrungsaustausch ist unter Fokussierung auf die genannten Aspekte im Rahmen des Symposiums vertieft worden. Dabei haben nicht nur Anwender des MOVE-Verbundes, sondern auch weitere Unternehmen berichtet. Der Schwerpunkt der Beiträge lag dabei auf den unterschiedlichen Herausforderungen, die eine Einführung von WFMA mit sich bringen und von denen im folgenden einige kurz exemplarisch skizziert werden.

*Organisatorische Komplexität*
WFMA steuern Geschäftsprozesse auf eine ganzheitliche Art, indem sie übergreifend über Organisationseinheiten eingesetzt werden. Dies führt dazu, daß der Gestaltungs- und Einführungsprozeß komplexerer Natur ist als bei isolierten Fachanwendungen, die in einzelnen Organisationseinheiten eingeführt werden.

*Integration von Legacy Applications und Datenbeständen*
Eine der wesentlichen Herausforderungen bei der Entwicklung von WFMA ist die Integration der bestehenden Fachanwendungen in den Workflow. Diese Fachanwendungen sind häufig monolithischer Natur und lassen sich nur schwer in die gewünschten Einzelfunktionalitäten aufbrechen. Eine ähnliche Problematik betrifft auch die Haltung workflow-relevanter Daten, die oftmals in den Datenbeständen der integrierten Anwen-

---

[1] Das Projekt MOVE wird durch BMBF gefördert (Fördernummer 01 HB 9604/6).

dungen vorhanden sind und nur schwer auf der Ebene des Workflow-Management-Systems verwendet werden können, so daß eine redundante Datenhaltung resultiert.

*Performanz und Robustheit bei hohen Benutzer- und Fallzahlen*
In vielen Fällen hat sich herausgestellt, daß ungenügende Performanz und fehlende Robustheit von WFMA zur Ablehnung des Systems führt, wenn mit hohen Benutzer- und Fallzahlen gearbeitet wird. Dies liegt nur zum Teil an den verwen-deten WFMS, vielmehr ist das Gesamtsystem aus WMS und integrierten Anwendungen bei diesen Mengengerüsten oftmals überfordert.

*Einbettung von WFMA in eine IuK-Infrastruktur*
Neben den direkt in den Workflow integrierten Fachanwendungen kommt einer anderen Art der Integration gesteigerte Bedeutung zu: WFMS sind ihrerseits als Komponente in einer übergreifenden Informations- und Kommunikations-Infrastruktur zu sehen. So ist eine geeignete Anbindung an Groupware-Kompo-nenten, Dokumenten-Management-Systeme oder das Intranet wünschenswert und im Sinne einer ganzheitlichen Architektur zu beachten.

*Geringer Standardisierungsgrad*
Insbesondere wenn WFMS als Middleware verstanden werden, ist der heute noch geringe Standardisierungsrad als Herausforderung zu nennen. Er ist die Ursache dafür, daß Auswahlprozesse in der Regel die Verantwortlichen in den Unternehmen überfordern und sehr komplexer Natur sein können. Anders als bei anderen Middleware-Technologien unterscheiden sich WFMS heute sehr stark vonein-ander und unterstützen meist eine bestimmte Art von Geschäftsprozeßklassen.

*Konsequente Mitarbeiterorientierung über lange Zeiträume*
WFMA können immer dann besonders effektiv eingesetzt werden, wenn flexible Organisationsstrukturen vorliegen und zukünftige Änderungen an Ablauf und System voraussehbar sind. Dies erfordert die Implementierung eines kontinuierlichen Verbesserungsprozesses für die WFMA. Die Herausforderung liegt in der konsequenten Bereitschaft der beteiligten Mitarbeiter, diesen Verbesserungsprozeß zu unterstützen und auch über lange Zeiträume aufrecht zu erhalten.

*Visualisierung bei organisatorischer und technischer Gestaltung*
Ein kontinuierlicher, workflowbasierter Verbesserungsprozeß erfordert vor allem geeignete Mittel zur Kommunikation zwischen technisch orientierten Mitarbeitern und den Mitarbeitern aus den Fachabteilungen. Diese Erkenntnis ist für WFMA im Vergleich zur konventionellen Informationssystementwicklung nur deshalb neu, weil die Einführung und Verbesserung von WFMA in der Regel mit tiefgreifenden organisatorischen Veränderungen einhergeht, die ebenfalls geeignet visualiert werden müssen.

Die vorstehend nur beispielhaft dargestellten Herausforderungen sind heute in der Praxis weitgehend erkannt. Im Rahmen des Symposiums wurden Erfahrungen mit dem Umgang mit diesen Herausforderungen berichtet. Insbesondere war die Frage von Bedeutung, ob und falls ja, wie die Erfahrungen generalisiert werden und so anderen Unternehmen eine Hilfestellung bieten können.

Th. Herrmann; K. Just-Hahn (Hrsg.): Groupware und organisatorische Innovation (D-CSCW'98).
Stuttgart: B. G. Teubner 1998, S. 341-342

# Intelligent Agents in CSCW

## H. J. Müller[1], C. Branki[2] and B. Lees[2]

[1] Deutsche Telekom AG, Darmstadt
[2] University of Paisley, U.K.

In parallel with the advances made in Computer Supported Cooperative Work (CSCW) in recent years there have been interesting developments in the field of Distributed Artificial Intelligence, notably in the concepts, theories and deployment of intelligent agents as a means of distributing computer-based problem solving expertise. The application of agents (intelligent or otherwise) to provide engineering design support is an active area of research. Furthermore, the ideas inherent in such an approach are also applicable to other domains, for example, support for interactive learning. However, many organisations, that seek to exploit the advantages offered through CSCW, could derive benefit from the integration of agents in the management and use of their corporate knowledge.

The specific aims of this workshop are:

- to bring together researchers in the areas of CSCW, intelligent agents and their overlap
- to provide a forum for presentations and discussions of relevant current theory and applications in the field
- to identify important research issues and potential areas for future work
- to explore the particular benefits of, and technological problems in the employment of agents in CSCW
- to identify common and complementary research interests among participants which may lead to possible collaboration in future research into the application of intelligent agents to CSCW

*Workshop Committee:*

Cherif Branki, University of Paisley (U.K.)

Nikos Karacapidilis, EPFL Lausanne (Switzerland).

Stefan Kirn, TU Ilmenau (Germany)

Brian Lees, University of Paisley (U.K.)

H. J. Müller, Deutsche Telekom (Germany)

Julian Newman, Glasgow Caledonian University (U.K.)

Donald Steiner, Siemens AG (Germany)

Rainer Unland, University of Essen (Germany)

K. Zreik, Universite de Caen (France)

*Th. Herrmann; K. Just-Hahn (Hrsg.): Groupware und organisatorische Innovation (D-CSCW'98).*
*Stuttgart: B. G. Teubner 1998, S. 343*

# Von Groupware zu GroupAware

Uta Pankoke-Babatz und Wolfgang Prinz

GMD – FIT, Forschungszentrum Informationstechnik GmbH, St. Augustin

Erfahrungen mit dem Einsatz von Groupware-Anwendungen zeigen, daß der erfolgreiche Einsatz die Unterstützung einer Gruppenwahrnehmung (awareness) erfordert. Dazu gehört die Wahrnehmbarkeit wichtiger Ereignisse und relevanter Handlungen von Kooperationspartnern in synchronen oder asynchronen Kooperationssituationen.

In einer Gruppe von kooperierenden Teilnehmern ist es erforderlich, daß alle über relevante Handlungen informiert werden, um ihre Aktionen situativ aufeinander abstimmen zu können. Insbesondere beim Einsatz asynchroner Kooperationsmedien erfordert dies, daß geeignete Modelle und Techniken zur Erfassung, Verarbeitung, Aggregation, Verteilung und Darstellung von Informationen über Geschehnisse im kooperativen Umfeld entwickelt werden. Einerseits müssen die Informationen eine Verfolgung des Geschehens ermöglichen, andererseits dürfen aber die Teilnehmer nicht durch zu viele Meldungen überflutet werden. Verarbeitungs- und Darstellungsmöglichkeiten zur Unterstützung situativen Handelns werden diskutiert.

Die Gruppenwahrnehmung muß so unterstützt werden, daß sich Geschehnisse auch über längere Zeiträume beobachten und rekonstruieren lassen. Hierbei muß der Schutz der Privatsphäre der einzelnen Teilnehmer bewahrt werden. Folglich müssen Techniken bereitgestellt werden, die sicherstellen, daß sich durch die zusätzliche Transparenz keine unkontrollierbaren oder unethischen Kontrollmöglichkeiten ergeben.

Faktoren, die für eine Gruppenwahrnehmung relevant sind, müssen unter sozial- und verhaltenswissenschaftlicher Perspektive erforscht und bewertet werden. Es wird diskutiert, wie Unterstützungsmöglichkeiten für Gruppenwahrnehmung die Gestaltung von sozialen Prozessen in elektronischen Umgebungen beeinflussen und welche Konsequenzen sich daraus ergeben.

Potential und Grenzen dieses CSCW Forschungsthemas werden in dem Workshop aus der Sicht der Entwickler, Anwender sowie aus sozial und gesellschaftspolitischer Sicht diskutiert. Die Komplexität dieses Themas erfordert eine enge Zusammenarbeit zwischen verschiedenen Disziplinen in Theorie und Praxis. Der Workshops bietet allen an diesem wichtigen CSCW Problem Interessierten eine Plattform zur Präsentation und Diskussion von Modellen, Anwendungen, Ideen und Erfahrungen. Workshopbeiträge stehen im WWW: http://orgwis.gmd.de/dcscw98-groupaware/

Th. Herrmann; K. Just-Hahn (Hrsg.): Groupware und organisatorische Innovation (D-CSCW'98).
Stuttgart: B. G. Teubner 1998, S. 345-346

# Computerunterstützte Kooperation aus Arbeitnehmersicht

M. Rittenbruch[1], V. Wulf[1], B. Busch[2] und U. Buchholz[2]

[1] Projektbereich Software-Ergonomie und CSCW, Institut für Informatik III, Universität Bonn
[2] Technik & Leben e.V., Bonn

Der Einsatz von Groupware in Betrieben wirft eine Vielzahl von Fragestellungen bezüglich der Berücksichtigung von Interessen von Arbeitnehmer/-innen auf. Diese Fragestellungen beziehen sich auf den gesamten Lebenszyklus von Groupware – von der Gestaltung und Auswahl über den Einführungsprozeß bis hin zum alltäglichen Einsatz. Im Rahmen des Workshops soll durch die Beteiligung eines möglichst breiten Kreises von Arbeitnehmer/innen, betrieblichen Interessenvertretern/-innen, Wissenschaftler/-innen und arbeitnehmerorientierter Technologieberatern/-innen eine kontroverse Bearbeitung dieses Themenspektrums ermöglicht und konkrete Lösungsansätze diskutiert werden, insbesondere für betriebliche Interessenvertreter/-innen. Folgende Fragestellungen dienen als Diskussionsgrundlage:

## Gestaltung von Groupware:

Der Gestaltungsprozeß von Groupware ist der früheste Zeitpunkt, um mögliche Interessen von Arbeitnehmern/-innen zu wahren. Neben dem Aspekt, wie Arbeitnehmer/-innen frühzeitig am Softwaregestaltungsprozeß partizipieren können, stellt sich die Frage, ob es generelle Kriterien gibt, denen Groupware aus Sicht von Arbeitnehmer/-innen gerecht werden sollte. Insbesondere ist zu fragen:

- Welche Gestaltungsnotwendigkeiten an Groupware ergeben sich aus Problemstellungen im betrieblichen Alltag, sowie den Vertretungsinteressen von Betriebs- und Personalräten?

- Sind betriebliche Interessenvertreter/-innen bei der Implementierung datenschutzrelevanter Rollenkonzepte (Administrator, Hauptbenutzer, etc.) berücksichtigt?

- Wie können Interessen von Arbeitnehmer/-innen durch den Einsatz partizipativer Methoden frühzeitig in den Prozeß der Gestaltung von Groupware einfließen?

## Einführungsprozeß:

Groupware-Applikationen werden von seiten des Managements häufig im Kontext neuer Formen der Arbeitsorganisation eingeführt. Der Einführungsprozeß birgt daher auch für die Arbeitnehmer/-innen Chancen zu einer ganzheitlichen Gestaltung der Arbeitsorganisation. Ob diese Chancen genutzt werden, hängt unter anderem davon ab, inwieweit es der betrieblichen Interessenvertretung und dem Management gelingt, die Einführung von Groupware und die damit einhergehende Änderung der Arbeitsorganisation als gemeinsame Aufgabe zu begreifen und im Rahmen eines Co-Managements entsprechend zu regeln. Hieraus ergeben sich folgende Fragen:

- Wie kann die Einführung von Groupware genutzt werden um neue, ganzheitliche Formen von Arbeitsgestaltung zu realisieren?
- Wie werden Interessen von Arbeitnehmer/-innen in einem Prozeß integrierter Organisations- und Technikentwicklung gewahrt?
- Wie werden "klassische" Problemfelder wie Leistungs- und Verhaltenskontrolle und Rationalisierungsaspekte angemessen berücksichtigt?

## Betrieb des Groupwaresystems:

Es hat sich in der Praxis gezeigt, daß die zunehmende Komplexität von Groupware-Systemen mit ihren vielfältigen Einstellungs- und Entwicklungsmöglichkeiten (hinsichtlich z.B. Zugriffsrechten, Monitoring oder Awareness-Funktionen) es Betriebs- und Personalräten erschwert, klassische Regelungsinstrumente wie Dienstvereinbarungen zu nutzen und deren Einhaltung zu kontrollieren. Wie auch schon beim Einführungsprozeß werden hier neue Formen der Zusammenarbeit von Management und betrieblicher Interessenvertretung notwendig. Erste Ansätze hierzu gibt es in einigen Betrieben bspw. hinsichtlich der Wahrung gemeinsamer Interessen im Bereich Datensicherheit (Abschottung von Intranets gegen unberechtigten Zugriff von Außen). In diesem Zusammenhang ist auch die Rolle von Vereinbarungen zu diskutieren, die nicht den Einsatz einzelner Software, sondern den Aufbau und die Zielsetzungen der gesamten IT-Infrastruktur eines Unternehmens einvernehmlich regeln. Hier stellen sich u.a. auch Fragen nach der Qualifizierung von Betriebs- und Personalräten/-innen und der Rolle und dem Selbstverständnis von Technologieberatern/-innen.

Ein weiterer Aspekt des Themenbereiches "Betrieb von Groupwaresystemen" ist die Frage, inwieweit Groupware zur Effektivierung und Vernetzung der Arbeit betrieblicher Interessenvertretungen eingesetzt werden kann.

*Th. Herrmann; K. Just-Hahn (Hrsg.): Groupware und organisatorische Innovation (D-CSCW'98). Stuttgart: B. G. Teubner 1998, S. 347-348*

# Flexibilität und Kooperation in Workflow-Management-Systemen

## Reiner Siebert[1] und Mathias Weske[2]

[1] Institut für Parallele und Verteilte Höchstleistungsrechner, Universität Stuttgart
[2] Institut für Wirtschaftsinformatik, Universität Münster

In diesem Workshop werden mit Flexibilität und Kooperation zwei wichtige Erweiterungen von Workflow-Management-Systemen thematisiert, deren Realisierung zum adäquateren Einsatz und damit zur weiteren Verbreitung dieser Systeme führen kann. Flexibilisierung umfaßt alle Maßnahmen, um zur Ausführungszeit von Workflows auf geeignete und effektive Weise auf unvorhergesehene Ereignisse reagieren zu können. Die Unterstützung von Kooperation zwischen verschiedenen Personen und/oder Workflow-Instanzen wird von Workflow-Management-Systemen derzeit nicht adäquat unterstützt, obwohl dies für viele Anwendungen durchaus wünschenswert wäre. Es ist zu beobachten, daß bekannten Techniken aus dem Groupware-Bereich im Workflow-Kontext bislang zu wenig Beachtung geschenkt wird. Umgekehrt könnte der Groupware-Bereich auch von Methoden und Techniken aus dem Workflow-Bereich profitieren. Nachfolgend sollen nun die beiden Schwerpunktthemen des Workshops kurz skizziert werden.

## Flexibilität

Derzeit kommerziell verfügbare Workflow-Management-Systeme sind zur kontrollierten Ausführung von Prozessen mit einer statischen Struktur gut geeignet; die Anpassung von Workflow-Schemata an sich dynamisch verändernde Umweltbedingungen ist hingegen meist nicht oder nur in eingeschränkter Form möglich. Beispiele für solche Veränderungen in der Umwelt von Workflow-Ausführungen sind etwa neue gesetzliche Regelungen, die Auswirkungen auf die Ablauforganisation besitzen; dynamische Veränderungen können auch durch Veränderungen des Marktes notwendig werden, etwa um durch Veränderung der Ablauforganisation die Wettbewerbsfähigkeit zu steigern.

In diesem Zusammenhang sind Methoden und Techniken zu entwickeln, die es ermöglichen, auf veränderte Umweltanforderungen schnell und effizient reagieren zu können. Fragen der flexiblen Workflow-Modellierung werden ebenso unter dem Begriff der Flexibilisierung subsumiert wie dynamische Veränderungen von Workflow-Schemata zur Laufzeit und aktive Benutzereingriffe in Workflow-Ausführungen. Eine zentrale Fragestellung ist die Kontrolle dynamischer Modifikationen, d.h. die Frage, welche Personen welche Modifikations-operationen ausführen dürfen und auf welche aktiven oder zukünftigen Workflow-Instanzen diese Modifikationen wirken sollen. Darüber hinaus spielt die Modellierung und die systemseitige Unterstützung von ad hoc Workflows und von evolutionären Workflows eine wichtige Rolle.

## Kooperation

Die Aktivitäten eines Workflows stellen aus der Sicht des Workflow-Management-Systems isolierte Einheiten dar; das System sorgt lediglich dafür, daß diese in definierter Reihenfolge ausgeführt werden, daß sie korrekt mit Daten versorgt und generierte Daten wie im Workflow-Schema spezifiziert an Folgeaktivitäten weitergeleitet werden; diese Eigenschaften werden durch Kontroll- bzw. Datenfluß spezifiziert. Formen der Kooperation die darüber hinausgehen oder eine Kooperation von Aktivitäten, die zu unterschiedlichen Workflow-Instanzen gehören, werden von derzeit kommerziell verfügbaren Workflow-Management-Systemen nicht unterstützt.

Da Groupware-Systeme und Workflow-Management-Systemen bei der zukünftigen Gestaltung von Informationssystemen eine große Bedeutung zukommen wird, soll im vorgeschlagenen Workshop untersucht werden, wie der Spalt zwischen Workflow-Management und Groupware überbrückt werden kann. Durch die Kombination von Methoden und Techniken einerseits und die Integration von Systemkomponenten andererseits, sollen neue Ansätze diskutiert werden, mit denen konkret auftretende Problemstellungen zur Unterstützung von Kooperation und von semi-strukturierten Vorgängen gelöst werden können. Unter semi-strukturierten Vorgängen verstehen wir solche Vorgänge, bei denen die Ablaufstruktur für einige Teile vor dem Start des Vorgangs bereits festgelegt ist, während dies für andere Teile des Vorgangs nicht möglich oder wünschenswert ist. Zu untersuchende Fragestellungen betreffen die Modellierung von Kooperation im Workflow-Kontext sowie Design, Architektur und Verwendung von Systemen zur Unterstützung von Kooperation in Workflow-Anwendungen bzw. Techniken zur aktiven Koordination von Aktivitäten in Groupware-Anwendungen.

*Th. Herrmann; K. Just-Hahn (Hrsg.): Groupware und organisatorische Innovation (D-CSCW'98). Stuttgart: B. G. Teubner 1998, S. 349-350*

# Flexible Kooperation durch computergestützte Teamarbeit

Stefan Wiedenmaier, Christopher Schlick und Martin Wolf

Institut für Arbeitswissenschaft der RWTH Aachen

Die Erkenntnisse und die Erfahrungen bei der Gestaltung, der Einführung und der Bewertung von computergestützter Teamarbeit werden im Workshop von Forschern und Experten aus namhaften Unternehmen anhand ausgewählter Fallstudien erörtert. Hierbei stehen die Analyse und Modellierung von übergreifenden Arbeitsprozessen im Vordergrund. Nach der Vorstellung von innovativen Lösungen werden die Ergebnisse durch moderierte Diskussionen erarbeitet, mitlaufend dokumentiert und stehen anschließend allen Teilnehmern auf elektronischem Wege zur Verfügung.

## Einführung

Gerade im Bereich der Produktentwicklung läßt sich der Trend feststellen, die neue Formen der Zusammenarbeit sowohl innerhalb der Unternehmen als auch zwischen Herstellern und Zulieferern erfordern. Die immer komplexeren Produkte können nicht mehr alleine von einem Unternehmen entwickelt werden. Gleichzeitig sind bei steigenden Anforderungen die Entwicklungszeiten immer kürzer. Um diese Randbedingungen zu erfüllen, ist flexibles Kooperieren in übergreifenden Arbeitsprozessen wichtig. Da die Partner innerhalb und außerhalb des eigenen Unternehmens oft nicht direkt miteinander kommunizieren und damit kooperieren können, kann die Teamarbeit computergestützt wesentlich erleichtert werden.

Um jedoch die notwendigen Groupware-Werkzeuge effizient und produktiv einsetzen zu können, bedarf es der Analyse und Modellierung der Arbeitsprozesse. Gerade im Bereich der Entwicklung sind diese Arbeitsprozesse oft unstrukturiert und von vielen Einflußfaktoren geprägt. Dennoch sind in diesem Bereich viele Methoden entwickelt und Analysen und Modellierungen durchgeführt worden. Sie werden bereits erfolgreich in Einführungskonzepten in Unternehmen angewendet und weiterentwickelt.

## Ziel und Ablauf des Workshops

Das Ziel des Workshops ist ein Erfahrungs- und Erkenntnisaustausch von Anwendern, Forschern sowie Interessenten im Bereich der Analyse und Modellierung von Kooperations-, Koordinations- und Kommunikationsprozessen sogenannten $K^3$-Prozessen. Hierbei sollen vor allem die Veränderungen der Prozesse im Hinblick auf die Rechnerunterstützung von Teamarbeit und deren Flexibilität im Blickpunkt stehen. Mitarbeiter aus namhaften Unternehmen erörtern die Gestaltung, die Einführung und die Bewertung dieser Prozesse praxisnah anhand ausgewählter Fallstudien. Die Vorstellung und die Diskussion von innovativen Lösungen aus verschiedenen Bereichen der Wirtschaft soll die unterschiedlichen Anforderungen zur Nutzung von Telekooperation zeigen. Beiträge aus dem Bereich der Methodenforschung und -entwicklung sollen neue Erkenntnisse zu unterschiedlichen Prozeßsichten darlegen und die anwenderbezogene Veranstaltung abrunden.

Es handelt sich um eine moderierte Veranstaltung, welche durch praxisnahe Vorträge, Statements und Beispiele zu den Themen geprägt ist. Die Beiträge der Vortragenden werden zu Beginn der Veranstaltung als Folienkopien zur Verfügung gestellt. Im Anschluß an jeden Vortrag steht ausreichend Zeit zur Verfügung, um Fragen zu stellen und verschiedene Positionen zu diskutieren. Nach jedem Vortrag soll eine moderierte, kreative Diskussionsrunde greifbare Ergebnisse auf Basis der vorgestellten Konzepte erarbeiten. Alle Ergebnisse werden mitlaufend dokumentiert und den Teilnehmern auf elektronischem Wege unter http://www.iaw.rwth-aachen.de (/Service/Veranstaltungen/D-CSCWë98) zugänglich gemacht.

# Teil IV:

# Poster

*Th. Herrmann; K. Just-Hahn (Hrsg.): Groupware und organisatorische Innovation (D-CSCW'98).*
*Stuttgart: B. G. Teubner 1998, S. 353*

# Kooperative Managementwerkzeuge für den effizienten Betrieb von vernetzten Systemen

Sebastian Abeck und Christian Mayerl

Forschungsgruppe C&M IT Research, Institut für Telematik, Universität Karlsruhe

Die Bedeutung der Informationsverarbeitung (IV) sowie die Komplexität heutiger IV-Systeme führen in vielen Fällen dazu, den Betrieb von IV-Systemen aus Kostengründen zu zentralisieren und z.T. als eigenständigen Unternehmensbereich auszugliedern (*Outsourcing*). Der Betreiber von IV-Systemen wandelt sich dadurch vom einstigen Systemspezialisten hin zum Dienstleister rund um die IV. Als Schnittstelle definiert er Dienste, die er entsprechend festgelegter Dienstleistungsvereinbarungen (DLVs) bereitstellt.

Der Betrieb von (weltweit) vernetzten Systemen erfordert die Kommunikation und Kooperation von unterschiedlichen, am Betrieb beteiligten Rollen. Damit die vereinbarten Anforderungen an die IV-Dienste erfüllt werden können, ist ein koordiniertes Vorgehen notwendig. Folglich sind die Betriebsabläufe auf die effektive und effiziente Bereitstellung der IV-Dienste auszurichten. Der Einsatz von rechnergestützten Managementwerkzeugen verspricht zudem einen effizienten Betrieb. Bestehende Werkzeuge erfüllen jedoch nur bedingt die Anforderungen des Betreibers. Die Forschungsgruppe C&M am Institut für Telematik der Universität Karlsruhe verfolgt daher einen prozeßorientierten Ansatz zur Entwicklung von betreibergerechten Managementwerkzeugen, für deren Spezifikation und Entwicklung ein hinreichendes Verständnis des Betriebs von vernetzten Systemen Voraussetzung ist. Dieses Verständnis kann nicht theoretisch abgeleitet werden, sondern muß vielmehr aus den in der Praxis vorhandenen Erfahrungen gewonnen werden. In zahlreichen Projekten mit Betreibern komplexer vernetzter Daten- und Telekommunikationssysteme wurden Abläufe, Rollen und einzusetzende Hilfsmittel für den Betrieb von vernetzten Systemen analysiert und in einem Prozeßmodell beschrieben. Es strukturiert den Betrieb von vernetzten Systemen und schafft die notwendige Transparenz für das Verständnis.

Das Modell dient als Ausgangspunkt für die Entwicklung von betreibergerechten Managementwerkzeugen. Die Forschungsgruppe C&M implementiert diese Managementwerkzeuge in Zusammenarbeit mit der Industrie und setzt sie erfolgreich bei Betreibern von vernetzten Systemen ein.

Th. Herrmann; K. Just-Hahn (Hrsg.): Groupware und organisatorische Innovation (D-CSCW'98). Stuttgart: B. G. Teubner 1998, S. 354

# Modellierung von flexiblen Kooperationsprozessen mit aktionsspezifischen Rollen

Michael Becht, Jürgen Klarmann und Matthias Muscholl

Institut für Parallele und Verteilte Höchstleistungsrechner (IPVR), Universität Stuttgart

Wir stellen in diesem Poster eine Spezifikationssprache zur Beschreibung kooperativer Prozesse vor und präsentieren das zugrundeliegende Kooperationsmodell, dessen Begriffe und deren Beziehungen in Abbildung 1 veranschaulicht sind.

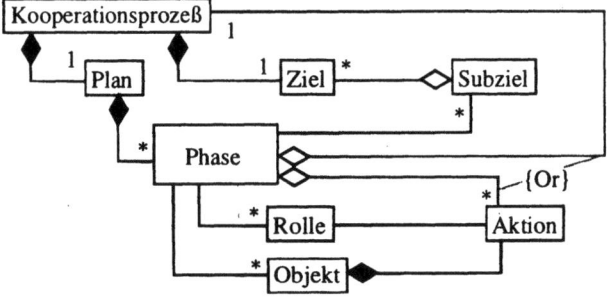

**Abbildung 1: Begriffe des Kooperationsmodells in UML-Notation**

Dieses Kooperationsmodell verwendet einen feineren Rollenbegriff mit einer aktionsbezogenen Rollenverwaltung, wodurch ein Flexibilitätsgewinn bereits in der Modellebene erreicht wird. Es werden Ansätze vorgestellt, wie über dieses neue Rollenverständnis eine modulare und flexiblere Modellerstellung für kooperative Abläufe erreicht werden kann.

# Promotoren für die Einführung von Telekooperation

Detlef Herbst und Ralf Hunecke

Institut für Arbeitswissenschaft der RWTH-Aachen

Die Einführung der Innovation Telekooperation in ein Kooperationsnetzwerk ist von einer Vielzahl von Barrieren geprägt. Die Existenz von Schlüsselpersonen zur Überwindung dieser Barrieren ist eine notwendige (keine hinreichende) Bedingung für den Innovationserfolg.

Das vorliegende Poster erläutert die Einführung von Telekooperation in Entwicklungsnetzwerken mittels Promotoren als Schlüsselpersonen. Ausgegangen wird von einem Einführungsmodell für Telekooperation, dessen Variablen (bspw. „Technische Infrastruktur", „Kooperationsstruktur", „Einführungskonzept"), deren Ausprägungen und direkten/indirekten Wirkungen untereinander dargestellt und erläutert werden.

Aus dem Einführungsmodell werden Erfolgsfaktoren der Telekooperationseinführung abgeleitet. Des weiteren wird die Ausprägung „Promotorenkonzept" der Variable „Einführungskonzept" detailliert dargestellt. Es werden unterschiedliche Promotorenrollen (Prozeß-, Beziehungs- und Fachpromotoren) aus der Literatur (bspw. Witte, Hauschildt, Chakrabarti) und ihre Interpretation auf die Einführung von Telekooperation erläutert. Hauptkraft in diesem Konzept ist der Telekooperationspromotor, der Aufgaben unterschiedlicher Promotorenrollen in Personalunion wahrnimmt. Die Rollen und ihre Beziehungen werden in ein Promotorenmodell für die Telekooperationseinführung in Unternehmen unterschiedlicher Größe überführt. Aus dem Promotorenmodell, den Erfolgsfaktoren und einer Expertenbefragung werden Aufgaben für Telekooperationspromotoren abgeleitet. Anhand von Unternehmensbeispielen wird dargestellt, wie die Wirkung der Telekooperationspromotoren mittels der Erfolgsfaktoren bewertet werden kann.

Th. Herrmann; K. Just-Hahn (Hrsg.): Groupware und organisatorische Innovation (D-CSCW'98).
Stuttgart: B. G. Teubner 1998, S. 356

# BPAFrame - ein Business Objekt-basiertes WfMS

Margret Hesselmann und Christian Mittasch

Institut für Informatik, Technische Universität Bergakademie Freiberg

In diesem Beitrag wird die Wiederverwendung von Softwarekomponenten beispielhaft an Business Objekten in BPAFrame[*] (Framework for Business Process Automation) vorgestellt.

BPAFrame ist ein Framework für Workflow Management Systeme. Es steuert auf Basis der Verteilungsplattform CORBA (Common Object Request Broker Architecture) Workflows dezentral auf den vernetzten Rechnern der Organisation und nutzt so die verteilt vorhandenen Kapazitäten der Rechner aus.

Ressourcen, wie Organisationseinheiten, Rollen und Mitarbeiter, und Prozesse, wie Workflows und Aktivitäten von Ressourcen, werden von BPAFrame als Business Objekte verwaltet. Dadurch war es möglich, eine redundanzarme und vor allem skalierbare und adaptierbare Architektur für WfMS zu entwickeln und auf dieser Basis auch die Wiederverwendung von Softwarekomponenten in anderen Informationssystemen einfach zu ermöglichen.

## Literatur

[1] http://www.informatik.tu-freiberg.de/forschung/bpaframe/bpaframe2.html

---

[*] Das Projekt BPAFrame wird arbeitsteilig am Lehrstuhl Rechnernetze der TU Dresden und am Institut für Informatik der TU Bergakademie Freiberg bearbeitet.

Th. Herrmann; K. Just-Hahn (Hrsg.): Groupware und organisatorische Innovation (D-CSCW'98).
Stuttgart: B. G. Teubner 1998, S. 357

# „Spuren" in vernetzten Dokumenten als Datenquelle für die Analyse computerunterstützter Gruppenaktivitäten

Torsten Holmer und Norbert Streitz

GMD- IPSI, Darmstadt

Bei der Evaluation von Software zur Computerunterstützung von Gruppenarbeit in Meetings hat sich gezeigt, daß es einen Bedarf nach neuen Datenquellen gibt. Insbesondere besteht ein Interesse an Daten, die detailliertere Untersuchungen zum zeitlichen Verlauf des Interaktions- und Kommunikationsverhaltens in Gruppen erlauben als dies mit traditionellen Beobachtungsmethoden wie z.B. Video- und Beobachtungsprotokollen möglich ist. In diesem Poster stellen wir das Programm LOGAN vor, eine Logfile-Analyse von Interaktionen in vernetzten Dokumentstrukturen verbunden mit neuen Aggregations- und Auswertungsverfahren. LOGAN gestattet die Analyse der Gruppen-, Untergruppen- und Einzelaktivitäten in einem gemeinsamen Hypermedia-Dokument. Eine weitere Auswertungsmethode gestattet es, den Wissensstand der Gruppenmitglieder bezüglich der Dokumentstruktur und des Inhaltes zu erheben, um damit den Grad der Awareness, also des Wissens um die Aktivitäten der anderen Mitglieder zu bestimmen. Damit wird ein Teil der bisherigen Unvollständigkeit traditioneller Beobachtungsmethoden überwunden. Neben einer allgemeinen Darstellung der Prinzipien und Möglichkeiten von LOGAN illustrieren wir die Verwendung von LOGAN an Daten aus einem von uns durchgeführten Experiment zu computerunterstützten Gruppensitzungen. Wir zeigen, welche zusätzlichen Ergebnisse man durch die Analyse und Auswertung mit LOGAN gewinnen kann.

Th. Herrmann; K. Just-Hahn (Hrsg.): *Groupware und organisatorische Innovation (D-CSCW'98)*. Stuttgart: B. G. Teubner 1998, S. 358

# CSCW als Innovationskonzept für die Produktentwicklung

Ralf Hunecke und Detlef Herbst

Institut für Arbeitswissenschaft, RWTH Aachen

Das vorliegende Poster visualisiert die Potentiale der Nutzung von CSCW in Entwicklungsnetzwerken der Produktentwicklung. Neben den Potentialen für Innovationsprozesse werden die Gestaltungsanforderungen an CSCW verdeutlicht, die als Ergebnisse aus zahlreichen Forschungsvorhaben zur informations- und kommunikationstechnischen Unterstützung von kooperativen Arbeitsprozessen des Instituts für Arbeitswissenschaft der RWTH Aachen abgeleitet wurden. Erfahrungen wurden in diesem Rahmen insbesondere mit der Implementation von CSCW für Entwicklungs- und Konstruktionstätigkeiten in der Automobilindustrie bezüglich der folgenden Aspekte gesammelt:

- Produktentwicklung und CSCW – Pull & Push
- CSCW als Enabler flexibler Organisationsformen
- Notwendigkeit des Communication & Cooperation Process Reengineerings
- CSCW und Kommunikations-/ Unternehmenskultur
- CSCW – Techniktool als soziales NetzWerkzeug
- Qualifizierung für CSCW und neue betriebliche Rollen – Promotorenmodell

CSCW wird als ganzheitlicher, d.h. die Aspekte Mensch (Arbeitsperson), Technik (Werkzeug) und Organisation (Struktur, Prozeß) integrierender Innovationsansatz für das Arbeiten in Netzwerken dargestellt. Diese Sichtweise findet sich in entsprechenden Gestaltungsempfehlungen für die Technologie-, Organisations- und Personalentwicklung zur Implementation von CSCW als Basis für das Arbeitskonzept Telekooperation (TK) wieder.

*Th. Herrmann; K. Just-Hahn (Hrsg.): Groupware und organisatorische Innovation (D-CSCW'98).*
*Stuttgart: B. G. Teubner 1998, S. 359*

# Kombination zweier Kompositionsansätze für anpaßbare Groupware

Michael Koch[1] und Gunnar Teege[2]

[1] Xerox Research Center Europe, Grenoble, Frankreich
[2] Institut für Informatik, Technische Universität München, Deutschland

Groupware (GW) erfordert in besonderem Maße eine Anpaßbarkeit der Anwendung. Eine Möglichkeit, Anpassbarkeit zu erreichen, ist die Aufteilung der Funktionalität der Software auf einzelne Komponenten. Im Unterschied zu anderen Gebieten, in denen Komponenten angewendet werden wird die Komposition bei GW zumindest teilweise durch die Endbenutzer zur Laufzeit des Systems vorgenommen. Die bisher bei GW eingesetzte Form von Komponenten-Komposition ist stark beeinflußt durch den Bereich der komponentenorientierten Software-Entwicklung. Existierende Komponenten werden mittels einer Kompositionssprache zusammengefügt, verknüpft und aufeinander abgestimmt.

Im Bereich der Telekommunikationsnetze wird dagegen eine andere Variante der Komposition betrachtet. Hierbei handelt es sich um die Komposition verschiedener Dienste oder Dienstteile (als *Features* bezeichnet). Diese Variante der Komposition wird als „Feature-Kombination" bezeichnet und ihre Anwendung wurde bereits im GW-Bereich untersucht. Charakteristisch dabei ist, daß die Features semantisch nicht Systemteile darstellen, sondern einzelnen Eigenschaften der Geschäftsobjekte entsprechen, also bspw. Eigenschaften von Dokumenten oder Workflows. Das Ziel unserer aktuellen Arbeiten ist die Vereinigung beider Kompositionsvarianten. Ein systematischer Ansatz dazu ergibt sich durch die Verwendung von Features für Teilsysteme anstelle für Geschäftsobjekte. Teilsysteme können nun einfach durch bloßes Hinzunehmen und Wegnehmen von Features angepaßt werden. Weiterhin lassen sich gewisse Features (z.B. bezüglich Awareness) für mehrere Teilsysteme gemeinsam definieren.

Wir verwenden diesen Ansatz zur Verbesserung der Anpaßbarkeit im Projekt IRIS (kooperative Erstellung von Dokumenten). Die aktuelle Version umfaßt eine offene Menge von Teilsystemen zur Bearbeitung unterschiedlicher Dokumentaspekte. Es hat sich gezeigt, daß dieser Ansatz zwar ein hohes Maß an Flexibilität bereitstellt, daß die Kombinationsmöglichkeiten und die Einsatzmöglichkeiten aber sehr schnell weder von den Benutzern noch von den Programmierern neuer Teilsysteme überblickt werden können.

Der Feature-Ansatz verbessert dies, indem er Eigenschaften bereitstellt, die mit verschiedenen Teilsystemen kombiniert werden können. Dies erlaubt u.a. eine feinere Granularität und die teilsystemübergreifende Auswahl von Teilfunktionalitäten. Damit wird eine einfachere und für den Benutzer nachvollziehbare Anpassung des Gesamtsystems ermöglicht.

Th. Herrmann; K. Just-Hahn (Hrsg.): Groupware und organisatorische Innovation (D-CSCW'98).
Stuttgart: B. G. Teubner 1998, S. 360

# Integrierte computergestützte Umgebungen für kooperative Entwicklungsprozesse im Maschinenbau

Mihnea Marin[1], Ileana Hamburg[2] und Csaba Jambor[3]

[1] Univ. Toulouse-France/Univ. Craiova, Department of Mechanics, Rumänien
[2] IAT, Wissenschaftszentrum NRW, Gelsenkirchen, Deutschland
[3] USUS Bukarest, Rumänien

Aus Analysen der Produktentwicklungsprozesse in Deutschland (z.B. die vom BMFT geförderte Untersuchung "Neue Wege zur Produktentwicklung" im Rahmen des Programms "Produktion 2000") und in anderen europäischen Ländern wurden Innovationsschwerpunkte abgeleitet. Wir präsentieren konkrete Maßnahmen zur Unterstützung dieser Forderungen wie z.B. die Erhöhung der Kommunikationsfähigkeit der Entwickler, Planung und Gestaltung lebenszyklusorientierter Teamarbeit, Verfahren und Werkzeuge für intern und international verteilte Arbeit die auch eine virtuelle Produktentwicklung unterstützen und flexible Gestaltung arbeitnehmergerechter Arbeitsformen. Um Prozeßketten und -netze aufzubauen und das arbeitsteilige Denken und Handeln in der Produktentwicklung zu überwinden, sollen Systeme realisiert werden, die den Produktentwicklungsprozeß in seiner Gesamtheit unterstützen und Gestaltungs-, Berechnungs- und Optimierungssysteme integriert werden. Wichtig ist, daß mit Hilfe der IT eine effiziente Erfassung und ein effizienter Zugang zu relevantem Wissen realisiert werden sowie zuverlässige Aussagen über das Verhalten des Produktes während des Entwicklungsprozesses und nicht erst am Ende. Last but not least soll die Kooperation zwischen Industrie und Wissenschaft intensiviert und die entsprechenden Resultate schnell in die Praxis transferiert werden. Im folgenden präsentieren wir ein Beispiel einer solchen erfolgreichen EU-Zusammenarbeit. Das Maschinenbauunternehmen USUS hat mit Hilfe eines Unternehmens mit ähnlichem Profil aus Dortmund und europäischer Organisationen die organisatorischen und technischen Bedingungen für einen erfolgreichen Neuanfang erfüllt. Ziel war es, lange Entwicklungszeiten der Produkte zu verhindern und die Eigenschaften des "virtuellen" Produkts mit Hilfe einer integrierten Umgebung schon in den ersten Phasen des Entwurfs zu optimieren. Dazu gehören ein CAD-System, Berechnungs- und Optimierungsprozeduren (FEM mit dem System SAMCEF), ein kinematisches Simulationssystem und ein auf neuronalen Netzen basiertes Kostenkalkulationssystem zur Abschätzung der Material- und Herstellungskosten.

Th. Herrmann; K. Just-Hahn (Hrsg.): Groupware und organisatorische Innovation (D-CSCW'98).
Stuttgart: B. G. Teubner 1998, S. 361

# Ein Softwarewerkzeug für Multicast-Kommunikation im Rahmen neuer Formen der Kooperation

Carmen Musatescu[1], Ileana Hamburg[2] und Dumitru Burdescu[1]

[1] Department of Computer Science, Univ. Craiova, Rumänien
[2] IAT, Wissenschaftszentrum NRW, Gelsenkirchen

Heutzutage entwickeln sich neue Formen der Kooperation in Verbindung mit Computernetzwerken sowohl zw. dezentralisierten Einheiten einer Organisation als auch zw. versch. Unternehmen wie die virtuellen Unternehmen. Die Zusammenarbeit ist in diesen Formen zeitlich und räumlich (lokal oder global) verteilt: die Kooperationspartner arbeiten zumeist in Projektteams. Außer den Computernetzwerken brauchen die Partner verteilte Systeme, die ihre Arbeit und Kommunikation zu verschiedenen Zeiten und an unterschiedlichen Orten unterstützen. Häufig involviert diese Kommunikation mehrere Partner (Prozesse) und nicht nur zwei wie in den klassischen Client-Server-Modellen. Die Teams sind dynamisch, eine Person kann Mitglied mehrerer Teams sein. Die Implementierung der verteilten Systeme hängt von mehreren Faktoren, z.B. von den Netzeigenschaften ab. In einigen Netzwerken ist es möglich, eine spezielle Netzwerkadresse zu kreieren; wenn eine Nachricht zu einer dieser Adressen geschickt wird, dann ist sie automatisch an alle Prozesse die sich mit dieser Adresse sich unterhalten (Multicast) gesendet. Andere Netzwerke besitzen Broadcast- oder Unicast-Einrichtungen. Auch die Natur der unterstützten Teamprozesse (offen oder geschlossen bzw. hierarchisch oder nicht hierarchisch) beeinflussen die Implementierung.

In diesem Beitrag wird das verteilte System TGC (Toolkit for Group Communication) beschrieben, das im Rahmen des EU-Tempus-Projektes IARCOD an der Universität Craiova und dem IAT Gelsenkirchen entwickelt wurde. TGC unterstützt Multicast-Kommunikation in offenen, nicht hierarchischen Gruppen in einem Netzwerk. Das System besteht aus einer Menge von Multicast-Kommunikationsprimitiven und je einem Übermittlungsserver bzw. Verteilungsserver auf jedem Host, um Nachrichten an andere Rechner zu senden bzw. sie an Prozesse weiterzuleiten. TGC ist auf UNIX und Windows NT unter der Benutzung der Programmiersprache C und BSD datagram sockets implementiert. Das System wird im Rahmen eines virtuellen Unternehmens mit Hard- und Softwarefirmen aus Deutschland und Rumänien sowie in dem lokalen Netzwerk (Craiova) des Autokonzerns DAEWO-KIA getestet.

# Kreativität und Problemlösen in virtuellen Arbeitsgruppen

Barbara Ondrackova, Sabine Schlaeger und Joachim Zülch

Institut für Arbeitswissenschaft, Ruhr-Universität Bochum

Neue I&K-Techniken beeinflussen insbesondere Arbeitsbereiche, in denen es um die Entwicklung von Innovationen geht. Voraussetzung für die Entwicklung von Innovation ist Kreativität. Die Auswirkung der veränderten Arbeitsbedingungen auf die Entfaltung von Kreativität ist Gegenstand des Experimentes. Dazu wurden 16 Arbeitsgruppen mit jeweils drei Personen in vier unterschiedliche Arbeitsbedingungen aufgeteilt (2 x 2 Design). Die Versuchspersonen waren sowohl berufstätige Akademiker, als auch Studenten unterschiedlicher Disziplinen. Die Arbeitsbedingungen wurden durch die Art der Zusammenarbeit (virtuelle vs. reale Gruppe) sowie durch die Art der zu bearbeitenden Aufgabe (logische vs. kreative Aufgabe) variiert. Die virtuelle Gruppe arbeitete an Workstations mit Videokonferenzsystem. Anhand verschiedener Indikatoren, wie Anzahl, Originalität und Güte der Aufgabenlösung für die kreative Aufgabe und Bearbeitungdauer und richtige vs. falsche Lösung für die logische Aufgabe, wird die Leistung über die vier Arbeitsbedingungen verglichen.

# Entwicklung und Einsatz von Groupware aus der Perspektive sozial- und organisationspsychologischer Modelle zur Gruppeneffektivität

Siegfried Stumpf

Institut für Psychologie, Universität Regensburg

Das Anliegen dieser Arbeit besteht darin, computergestützte Gruppenarbeit aus der Perspektive sozial- und organisationspsychologischer Erkenntnisse zu betrachten. Hierzu wird auf traditionelle und neue sozial- und organisationspsychologische Modelle zur Gruppeneffektivität zurückgegriffen. Diese Modelle werden beschrieben und es werden Konsequenzen für die praktische Gestaltung sowie die Erforschung computergestützter Gruppenarbeit abgeleitet. Im einzelnen werden das Gruppeneffektivitätsmodell nach I. D. Steiner, Input-Prozeß-Output-Modelle der Gruppeneffektivität sowie der Reflexivitätsansatz nach M. A. West betrachtet. I. D. Steiners Ansatz stammt aus den siebziger Jahren und zielt auf eine Integration der damals vorliegenden sozialpsychologischen Forschungsbefunde ab. Zentrales Element dieses Ansatzes ist die Gruppeneffektivitätsformel, nach der sich die aktuelle Produktivität einer Gruppe aus der potentiellen Produktivität der Gruppe abzüglich der aus Motivations- und Koordinationseinbußen resultierenden Prozeßverluste ergibt. Wie zahlreiche Untersuchungen zeigen, sind diese Prozeßverluste leider eher die Regel als die Ausnahme. Eine nähere Analyse zeigt, daß computergestützte Gruppenarbeit Prozeßverluste bei der Ideengenerierung reduzieren kann, womit aber Prozeßverluste bei der Ideenbewertung noch keinesfalls ausgeschlossen sind. Aus den vorgestellten Input-Prozeß-Output-Modellen wird deutlich, daß die Gruppeneffektivität von einer Vielzahl von Variablen abhängt, die sich in Individual-, Gruppen-, Aufgaben- und Umfeldfaktoren unterteilen lassen. Insbesondere Umfeldfaktoren wie National- und Unternehmenskultur, Führung, Belohnungsstruktur und Integration der Gruppe in ihr Organisationsumfeld sind für die erfolgreiche Einführung und Gestaltung computergestützter Gruppenarbeit relevant. Aus dem Gruppeneffektivitätsmodell von M.A. West ist schließlich ableitbar, daß Groupware nicht nur dabei unterstützen soll, Vorhaben zielorientiert und strukturiert durchzuführen, sondern daß sie auch das gemeinsame Reflektieren einer Gruppe über ihre Leistung und deren Grundlagen fördern soll, damit es zu einer „gesunden" und dem Erreichen der Organisationsziele dienlichen Selbstentwicklung einer Gruppe kommt.

# Autorenverzeichnis

Dr. rer. nat. Andreas Böhm <boehm@tzd.telekom.de>
  Deutsche Telekom, Technologiezentrum
  64307 Darmstadt
  Tel.: +49 6151 83-1000

Dr. Andreas Engel <engel@informatik.uni-koblenz.de>
  Forschungsstelle für Verwaltungsinformatik, Universität Koblenz
  Rheinau 1, 56075 Koblenz
  Tel.: +49 261 9119-476

Jason Frand <jason.frand@anderson.ucla.edu>
  J. E. Anderson Graduate School of Management at UCLA
  110 Westwood Plaza, Suite E302A, Los Angeles, CA 90095-1481, USA

Ludwin Fuchs <ludwin.fuchs@PSS.Boeing.com>
  The Boeing Company
  PO Box 3707, MS 7L-70, Seattle, WA 89124
  Tel.: +1 425 865-3477

Frank Fuchs-Kittowski <Frank.Fuchs-Kittowski@isst.fhg.de>
  Fraunhofer-Institut für Software- und Systemtechnik ISST
  Mollstr. 1, 10178 Berlin
  Tel.: +49 30 24306-326

Klaus Fuchs-Kittowski <fuchs@cs.tu-berlin.de>
  Universität Hamburg, Fachbereich Informatik
  Vogt-Kölln Straße 30 D, 22527 Hamburg
  Tel.: +49 40 5494-2304

Thomas Goesmann <goesmann@do.isst.fhg.de>
  Fraunhofer-Institut für Software- und Systemtechnik ISST
  Joseph-von-Fraunhofer-Str. 20, 44227 Dortmund
  Tel.: +49 231 9700-743

Dr. Tom Gross <tom@ifs.uni-linz.ac.at>
  Institut für Angewandte Informatik, Johannes Kepler Universität Linz
  Altenbergerstr. 69, 4040 Linz, Österreich
  Tel.: +43 732 2468-9586

Prof. Jonathan Grudin <grudin@ics.uci.edu>
Information & Computer Science Department, University of California, Irvine
Irvine, CA 92697-3425 USA
Tel.: +1 714 824-8674

Dr. Guido Gryczan <Guido.Gryczan@informatik.uni-hamburg.de>
Universität Hamburg, Arbeitsbereich SWT
Vogt-Kölln-Str. 30, 22527 Hamburg
Tel.: +49 40 5494-2302

Frank Habermann <habermann@iwi.uni-sb.de>
Institut für Wirtschaftsinformatik (IWi), Universität des Saarlandes
Postfach 15 11 50, 66041 Saarbrücken
Tel.: +49 681 302-2106

Jens Hagemeyer <hagemeyer@iwi.uni-sb.de>
Institut für Wirtschaftsinformatik (IWi), Universität des Saarlandes
Im Stadtwald, Gebäude 14.1, 66123 Saarbrücken
Tel.: +49 681 302-4132

Torsten Holmer <holmer@darmstadt.gmd.de>
GMD-IPSI
Dolivostr. 15, 64293 Darmstadt
Tel.: +49 6151 869-921

Matthias Huwer <huwer@tzd.telekom.de>
Deutsche Telekom, Technologiezentrum
64307 Darmstadt
Tel.: +49 6151 83-1000

Siegfried Kaiser <kaiser@informatik.uni-koblenz.de>
Forschungsstelle für Verwaltungsinformatik, Universität Koblenz
Rheinau 1, 56075 Koblenz
Tel.: +49 261 9119-452

Anita Krabbel <Anita.Krabbel@informatik.uni-hamburg.de>
Universität Hamburg, Arbeitsbereich SWT
Vogt-Kölln-Str. 30, 22527 Hamburg
Tel.: +49 40 5494-2413

Kirstin Krämer <kkraemer@fra-co.de.dhl.com>
DHL Worldwide Express GmbH
Lyoner Str. 20, 60528 Frankfurt
Tel: +49 69 66904-225

Prof. Dr. Helmut Krcmar <krcmar@uni-hohenheim.de>
Universität Hohenheim, LS Wirtschaftsinformatik
Schloß Osthof Nord, 70593 Stuttgart

Dr. Christel Kumbruck
   Virchowstr. 30, 34121 Kassel

Thorsten Löffeler <loeffel@do.isst.fhg.de>
   Fraunhofer-Institut für Software- und Systemtechnik ISST
   Joseph-von-Fraunhofer-Str. 20, 44227 Dortmund
   Tel.: +49 231 9700-749

Andreas Mayer <mayer@informatik.uni-koblenz.de>
   Forschungsstelle für Verwaltungsinformatik, Universität Koblenz
   Rheinau 1, 56075 Koblenz
   Tel.: +49 261 9119-475

Felix Meyer <felix.meyer@dbag.ulm.DaimlerBenz.com>
   Software-Technologie - Prozesse und Qualität (FT3/SP), Daimler-Benz AG,
   Forschung und Technologie
   Postfach 2360, 89013 Ulm
   Tel.: +49 731 505-2349

Wolfgang Oberndorfer <oberndorfer@tzd.telekom.de>
   Deutsche Telekom, Technologiezentrum
   64307 Darmstadt
   Tel.: +49 6151 83-1000

Uta Pankoke-Babatz <uta.pankoke@gmd.de>
   GMD-Forschungszentrum Informationstechnik FIT-CSCW
   Schloss Birlinghoven, 53754 St. Augustin
   Tel.: +49 2241 142707

Dr. Gerhard Partsch <partsch@bau.net>
   Dr. Partsch Consulting
   Alte Dorfstr. 32, 86405 Meitingen
   Tel.: +49 8271 6206

Dr. Wolfgang Prinz <wolfgang.prinz@gmd.de>
   GMD-Forschungszentrum Informationstechnik FIT-CSCW
   Schloß Birlinghoven, 53754 Sankt Augustin
   Tel.: +49 2241 142730

Petra Rexroth <rexroth@darmstadt.gmd.de>
   deskriptum, Konzeptionelle Forschung
   Brucknerstr. 1, 64347 Griesheim
   Tel.: +49 6155 65546

Roland Rolles <rolles@iwi.uni-sb.de>
   Institut für Wirtschaftsinformatik (IWi), Universität des Saarlandes
   Im Stadtwald, Gebäude 14.1, 66123 Saarbrücken
   Tel.: +49 681 302-3644

Jörg Roth <Joerg.Roth@Fernuni-hagen.de>
Fernuniversität Hagen, Praktische Informatik II
Feithstrasse 142, 58084 Hagen
Tel.: +49 2331 987-2134

Dr. Kurt Sandkuhl <Kurt.Sandkuhl@isst.fhg.de>
Fraunhofer-Institut für Software- und Systemtechnik ISST
Mollstr. 1, 10178 Berlin
Tel.: +49 30 24306-322

Yven Schmidt <schmidt@iwi.uni-sb.de>
Institut für Wirtschaftsinformatik (IWi), Universität des Saarlandes
Im Stadtwald, Gebäude 14.1, 66123 Saarbrücken
Tel.: +49 681 302-4297

Dr. rer. nat. Roland Schmitz <schmitz@tzd.telekom.de>
Deutsche Telekom, Technologiezentrum
64307 Darmstadt
Tel.: +49 6151 83-1000

Georg Schneider <Georg.Schneider@stz.dfki.de>
Deutsches Forschungszentrum für Künstliche Intelligenz GmbH
Stuhlsatzenhausweg 3, 66123 Saarbrücken
Tel: +49 681 9375-109

Dr. Gerhard Schwabe <schwabe@uni-hohenheim.de>
Lehrstuhl für Wirtschaftsinformatik, Universität Hohenheim (510h)
70593 Stuttgart
Tel.: +49 711 459-3345

Dr. Jean Schweitzer <Jean.Schweitzer@stz.dfki.de>
SIEMENS AG, Zentrale Forschung und Entwicklung am DFKI GmbH
Stuhlsatzenhausweg 3, 66123 Saarbrücken
Tel: +49 681 9375-100

Alexander Specker <aspecker@hydra.informatik.uni-ulm.de>
Universität Ulm, Fakultät für Informatik, Abt. Verteilte Systeme
Oberer Eselsberg, 89069 Ulm

Markus Sohlenkamp
Cosa Solutions
Venloer Str. 83-85, 50259 Pulheim bei Köln

Gerry Stahl, PhD <gerry@sigi.cs.colorado.edu>
Computer Science Dep., University of CO at Boulder
Boulder, CO 80309-0430, USA

Jens Knut Stief <jens.stief@anderson.ucla.edu>
J. E. Anderson Graduate School of Management at UCLA
110 Westwood Plaza, Suite B401, Los Angeles, CA 90095-1481, USA

Oliver Stiemerling <os@informatik.uni-bonn.de>
Institut für Informatik III
Römerstraße 164, 53117 Bonn
Tel.: +49 228 734503

Dr. Dr. Norbert A. Streitz <streitz@darmstadt.gmd.de>
GMD-IPSI
Dolivostr. 15, 64293 Darmstadt
Tel.: +49 6151 869-919

Rüdiger Striemer <striemer@do.isst.fhg.de>
Fraunhofer-Institut für Software- und Systemtechnik ISST
Joseph-von-Fraunhofer-Str. 20, 44227 Dortmund
Tel.: +49 231 9700-741

Dr.-Ing. Stefan Uellner <uellner@tzd.telekom.de>
Deutsche Telekom, Technologiezentrum
64307 Darmstadt
Tel.: +49 6151 83-1000

Claus Unger <Claus.Unger@Fernuni-hagen.de>
Fernuniversität Hagen, Praktische Informatik II
Feithstrasse 142, 58084 Hagen
Tel.: +49 2331 987-2999

Dirk Wagner <Dirk.Wagner@stz.dfki.de
Deutsches Forschungszentrum für Künstliche Intelligenz GmbH
Stuhlsatzenhausweg 3, 66123 Saarbrücken
Tel: +49 681 9375-115

Thomas Walter <walter@iug.informatik.uni-dortmund.de>
Universität Dortmund, Fachgebiet I&G, FB Informatik Lehrstuhl 6
44221 Dortmund
Tel.: +49 231 755-2012

Christoph Wargitsch <wargitsch@wiso.uni-erlangen.de>
Bereich Wirtschaftsinformatik I, Universität Erlangen-Nürnberg
Postfach 39 31, 90020 Nürnberg
Tel.: +49 931 85-7881

Prof. Dr. Michael Weber <weber@informatik.uni-ulm.de>
Universität Ulm, Fakultät für Informatik, Abt. Verteilte Systeme
Oberer Eselsberg, 89069 Ulm
Tel.: +49 731 502-4140

Dr. Ingrid Wetzel <Ingrid.Wetzel@informatik.uni-hamburg.de>
Universität Hamburg, Arbeitsbereich SWT
Vogt-Kölln-Str. 30, 22527 Hamburg
Tel.: +49 40 5494-2301

Prof. Dr.-Ing. Heinz Züllighoven
<Heinz.Zuellighoven@informatik.uni-hamburg.de>
Universität Hamburg, Arbeitsbereich SWT
Vogt-Kölln-Str. 30, 22527 Hamburg
Tel.: +49 40 5494-2413

Kneuper/Müller-Luschnat/Oberweis (Hrsg.)
**Vorgehensmodelle für die betriebliche Anwendungsentwicklung**

Herausgegeben von
Dr. **Ralf Kneuper**
TLC GmbH Frankfurt/Main
**Günther Müller-Luschnat**
FAST e.V. München und
Prof. Dr. **Andreas Oberweis**
Johann Wolfgang Goethe-Universität Frankfurt/Main

1998. 305 Seiten
mit 41 Bildern. 16,2 x 22,9 cm.
(Teubner-Reihe
Wirtschaftsinformatik)
Kart. DM 69,80
ÖS 510,– / SFr 63,–
ISBN 3-8154-2605-7

Vorgehensmodelle für die betriebliche Anwendungsentwicklung beantworten die Fragen: Wie, in welchen Abschnitten, mit welchen Ergebnissen und mit welchen Personen muß ein Projekt zur Anwendungsentwicklung durchgeführt werden?
Dieses Buch gibt einen Überblick über den Stand von Wissenschaft und Praxis zu dieser Thematik. Behandelt werden u.a. Begriffe und Geschichte des Themas, Standards für Vorgehensmodelle, Vorgehensmodelle für verschiedene Projekttypen und Werkzeugunterstutzung. Das Buch soll sowohl dem Praktiker bei der Diskussion, Auswahl und Erstellung von Vorgehensmodellen im Unternehmen helfen, als auch Dozenten und Studenten im Hauptstudium Informatik und Wirtschaftsinformatik einen Überblick über das Fachgebiet geben.

**Aus dem Inhalt**
Grundlagen – Begriffliche Grundlagen für Vorgehensmodelle – Genealogie von Entwicklungsschemata – Vorgehensmodelle und ihre Formalisierung – Modellierungssprachen für Vorgehensmodelle – Beschreibung von Vorgehensmodellen mit FUNSOFT-Netzen – Vorgehensmodelle für spezielle Projekttypen – Vorgehensmodelle für objektorientierte Systementwicklung – Ein Vorgehensmodell für Workflow-Management-Anwendungen – Ein Vorgehensmodell für das Software Reengineering – Vorgehensmodelle für die Entwicklung wissensbasierter Systeme – Iteratives Prozeß-Prototyping (IPP®) – Modellgetriebene Konfiguration des R/3-Systems – Praktischer Einsatz von Vorgehensmodellen – Werkzeugunterstützung beim Einsatz von Vorgehensmodellen – Organisatorische Gestaltung des Einsatzes von Vorgehensmodellen – Ein Vorgehen für das Einführen eines Vorgehens(modells) – Erste Standardaufwandsschätzung für ein größeres Projekt mit Hilfe des V-Modells

Preisänderungen vorbehalten.

**B. G. Teubner Stuttgart · Leipzig**

# Rittgen
# Prozeßtheorie der Ablaufplanung

Algebraische Modellierung von Prozessen, Ressourcenrestriktionen und Zeit

Von Dr. **Peter Rittgen**
Universität Koblenz · Landau

1998. 260 Seiten mit
94 Bildern und 41 Tabellen.
16,2 x 22,9 cm.
(Teubner-Reihe
Wirtschaftsinformatik)
Kart. DM 66,–
ÖS 482,– / SFr 59,–
ISBN 3-8154-2606-5

Gegenstand des Buches ist die algebraische Modellierung betrieblicher Prozesse, hier am Beispiel der Ablaufplanung. Nach einer Einführung in Ablaufplanung, Prozeßbegriffe und grafische Prozeßdarstellungen wird der aktuelle Stand der »Concurrency Theory« (Theorie nebenläufiger Prozesse) ausführlich dargestellt. Es werden alle gängigen Modelle, wie Petrinetze, Transitionssysteme, Ereignisstrukturen, Prozeßalgebren etc., an Beispielen erläutert und miteinander verglichen. Für die Prozeßtheorie wird dann ein prozeßalgebraischer Ansatz gewählt.

Die Vorteile einer Algebra für Prozesse liegen zum einen in der eindeutigen und exakten Prozeßsemantik und zum anderen in ihrer modularen Struktur. So kann das Basismodell sehr leicht erweitert werden und an spezielle Anforderungen angepaßt werden.

**Aus dem Inhalt**
Einführung – Taxonomie – Graphen der Ablaufplanung – Modelle nebenläufiger Systeme – Vergleich der Prozeßmodelle – Geplante Prozesse – Ressourcen – Zeit – Effiziente Optimierung auf der Basis der Prozeßtheorie – Zusammenfassung und Ausblick

Preisänderungen vorbehalten.

B. G. Teubner Stuttgart · Leipzig

If you have any concerns about our products,
you can contact us on
**ProductSafety@springernature.com**

In case Publisher is established outside the EU,
the EU authorized representative is:
**Springer Nature Customer Service Center GmbH
Europaplatz 3, 69115 Heidelberg, Germany**

Printed by Libri Plureos GmbH
in Hamburg, Germany